इस्मत चुग़ताई

इस्मत चुग़ताई का जन्म 21 जुलाई, 1915 को बदायूँ उत्तर प्रदेश में हुआ था। उन्होंने निम्न मध्यवर्गीय मुस्लिम तबक़े की दबी-कुचली-सकुचाई और कुम्हलाई लेकिन जवान होती लड़कियों की मनोदशा को उर्दू कहानियों व उपन्यासों में पूरी सच्चाई से बयान किया है। उनकी मशहूर कहानी 'लिहाफ़' के लिए उनपर लाहौर हाईकोर्ट में मुक़दमा चला, लेकिन ख़ारिज हो गया। 'गेन्दा' उनकी पहली कहानी थी जो 1949 में उर्दू साहित्य की सर्वोत्कृष्ट साहित्यिक पत्रिका 'साक़ी' में छपी। उनका पहला उपन्यास 'ज़िद्दी' 1941 में प्रकाशित हुआ। 'मासूमा', 'सैदाई', 'जंगली कबूतर', 'टेढ़ी लकीर', 'दिल की दुनिया', 'अजीब आदमी', 'एक क़तरा ख़ून' और 'बाँदी' उनके अन्य उपन्यास हैं। 'कलियाँ', 'चोटें', 'एक रात', 'छुई-मुई', 'दो हाथ', 'दोज़ख़ी', 'शैतान' आदि कहानी-संग्रह हैं। हिन्दी में 'कुँवारी' व अन्य कई कहानी-संग्रह तथा अंग्रेज़ी में उनकी कहानियों के तीन संग्रह प्रकाशित हैं जिनमें 'काली' काफ़ी मशहूर हुआ। कई फ़िल्में लिखीं और 'जुनून' में एक रोल भी किया। 1943 में उनकी पहली फ़िल्म 'छेड़-छाड़' थी। कुल 13 फ़िल्मों से वे जुड़ी रहीं। उनकी आख़िरी फ़िल्म 'गर्म हवा' (1973) को कई अवार्ड मिले।

'साहित्य अकादेमी पुरस्कार' के अलावा उन्हें 'इक़बाल सम्मान', 'मख़दूम अवार्ड' और 'नेहरू अवार्ड' भी मिले। अदबी दुनिया में 'इस्मत आपा' के नाम से विख्यात इस लेखिका का निधन 24 अक्टूबर, 1991 को हुआ। उनकी वसीयत के अनुसार मुम्बई के चन्दनबाड़ी में उन्हें अग्नि को समर्पित किया गया।

इस्मत चुग़ताई

काग़ज़ी है पैरहन

लिप्यंतरण

इफ्तिख़ार अंजुम

राजकमल पेपरबैक्स

पहला पुस्तकालय संस्करण
राजकमल प्रकाशन प्राइवेट लिमिटेड द्वारा
1998 में प्रकाशित

राजकमल पेपरबैक्स में
पहला संस्करण : 2004
दसवाँ संस्करण : 2024

राजकमल पेपरबैक्स : उत्कृष्ट साहित्य के जनसुलभ संस्करण

राजकमल प्रकाशन प्रा.लि.
1-बी, नेताजी सुभाष मार्ग, दरियागंज
नई दिल्ली-110 002
द्वारा प्रकाशित

शाखाएँ : अशोक राजपथ, साइंस कॉलेज के सामने, पटना-800 006
पहली मंजिल, दरबारी बिल्डिंग, महात्मा गांधी मार्ग, प्रयागराज-211 001
1, अनमोल सोराबजी संतुक लेन, धोबी तलाव, मरीन लाइंस, मुम्बई-400 002
वेबसाइट : www.rajkamalprakashan.com
ई-मेल : info@rajkamalprakashan.com

विकास कंप्यूटर एंड प्रिंटर्स
ट्रॉनिका सिटी-201 102
द्वारा मुद्रित

मूल्य : ₹350

KAGHAZI HAI PAIRAHAN
An Autobiography by Ismat Chughtai

ISBN : 978-81-267-0875-8

फेहरिस्त

ग़ुबारे-कारवाँ

मैं ज़ारो-क़तार[1] रो रही थी।

कोई किसी को बड़ी बेदर्दी से मार रहा था। मारनेवाला बहुत देवज़ाद[2] था और पिटनेवाला मख़नी[3] सा काला-कलूटा बच्चा था। कौन मार रहा था, किसे और क्यों मार रहा था, यह क़तई याद नहीं, क्योंकि मैं उस वक़्त बहुत छोटी थी। मगर मोटा बेंत जब पिटनेवाले की हड्डियों पर बजता था तो बड़ी ख़ौफ़नाक चटाख़ेदार आवाज़ निकलती थी जो अब तक मेरे कान में महफ़ूज़[4] है और अकसर सुनाई देती है।

शायद जब ही से मुझे मालूम हो गया कि बड़ा छोटे को मारता है, और ताक़तवर कमज़ोर को मारता है। ताक़तवर एक क़द्दे-आदम सुतून[5] की तरह मेरे लाशऊर[6] में खड़ा हो गया, जिसके पैरों तले कमज़ोर कूड़े की तरह फैला हुआ था। तब मेरा सर ताक़तवर के हुज़ूर में झुक गया और कमज़ोर से घिन आने लगी।

फिर भी दिल में एक चोर था, जो ख़ुद मुझसे छिपकर बैठ गया। जब कभी मैं किसी आलीशान महल को देखती जिस पर काई जम जाती और घास बेरहमी से छा जाती तो दिल में दुबका चोर चुपके-चुपके मुस्कुरा उठता और घासफूस की बे-बिसात[7] ताक़त का रोब मेरे दिल पर बैठ जाता।

हम इतने सारे बच्चे थे कि हमारी माँ को हमारी सूरत से क़ै आती थी। एक के बाद एक हम उनकी कोख को रौंदते-कुचलते चले आए थे। उलटियाँ और दर्द सह-सहकर वह हमें एक सज़ा से ज़्यादा अहमियत नहीं देती थीं। कमउम्री में ही फैलकर चबूतरा हो गई थीं। पैंतीस बरस की उम्र में वह नानी भी बन गईं और सज़ा-दर-सज़ा झेलने लगीं। हम बच्चे नौकरों के रहमो-करम पर पलते थे और उनसे बेतरह मानूस[8] थे।

---

1. फूट-फूटकर 2. दानव 3. मरियल 4. सुरक्षित 5. खंभा 6. अवचेतन 7. तुच्छ 8. परिचित, हिले-मिले हुए

नौकरों के दो रुख़ होते हैं। एक आक़ा के सामने, दूसरा आक़ा के पीछे। सामने वो हाथ-पैर चूमते हैं, पीठ पीछे गालियाँ देकर दिल की भड़ास निकालते हैं। घरेलू नौकर से ज़्यादा कोई बदक़िस्मत और मजबूर तबक़ा नहीं। ख़ास तौर पर हिंदुस्तान में, जहाँ बेकारी और ग़ुरबत ने एक कसीर तादाद[9] को एक महदूद[10] तबक़े का महकूम[11] और ग़ुलाम बना रखा है। हमारे यहाँ चंद ऐसे नौकर थे जो पुश्त-हा-पुश्त से हमारे ही ख़ानदान की ख़िदमत करते आए थे; जिस्म के साथ उनका ज़ेह्न भी ग़ुलाम बन चुका था। ये नौकर निहायत निकम्मे, ग़ब्बी[12] और मक्कार थे। तंग आकर निकाल दिए जाते तो इधर-उधर धक्के खाकर फिर खूँटे पर लौट आते। बिलकुल पालतू कुत्तों की तरह से। अब तो मुल्क तरक़्क़ी कर गया है और कुछ बेकारी कम हो गई है, इसलिए अब ऐसे ग़ुलामाना ज़ेह्नियत के नौकर नहीं मिलते। अपने बचपन में मैंने नौकरों की ऐसी दुर्गत देखी कि मुझे आक़ा और नौकर के निज़ाम[13] से ही नफ़रत हो गई। मेरी बहुत-सी कहानियों में नौकरों के किरदार[14] नज़र आते हैं। कमज़ोर, लाचार नौकर, झूटे, मक्कार और चालबाज़ नौकर; मेरी कहानियाँ नौकरों से भरी पड़ी हैं। मेरी महदूद दुनिया में तबक़ाती तफ़रीक[15] नौकर और आक़ा के रिश्ते में नज़र आई। इसने मुझे मुतास्सिर[16] किया। जब बाक़ी की वसीअ[17] दुनिया से साबक़ा पड़ा तो पता चला ऊँच-नीच, ज़ात-पाँत, सिर्फ़ ढोंग है। अस्ल चीज़ अमीरी और ग़रीबी है; यह एक रवैया है। अमीर ख़्वाह कितना भी अल्लाहवाला हो और क़ौमपरस्त हो, गरीब के साथ नौकर जैसा बर्ताव करता है। लाड़-प्यार की किसे फ़ुर्सत थी, नौकरों से सीखी हुई ही कार-आमद[18] साबित हुई। जब किसी चीज़ की ज़रूरत महसूस की, इधर-उधर हाथ मारकर हासिल की।

रोने और गला फाड़कर चिल्लाने में हम सब बहन-भाइयों को ख़ासी महारथ हासिल थी। हमारी अम्माँ बौखलाकर हमारा कहना मानने पर मजबूर हो जातीं, हमें अपनी इस ताक़त का शिद्दत[19] से एहसास था। बच्चे रो-पीटकर ही अपनी नापसंदीदगी का इज़हार कर सकते हैं।

एक दिन एक मजलिस[20] में पहली बार मर्सियों और नौहों का मतलब समझ में आया। और जब अली असग़र के हलक़ में तीर पैवस्त होने का ज़िक्र आया तो ख़ौफ़ से मेरी घिग्घी बँध गई। मैंने बुरी तरह दहाड़ें मारकर रोना शुरू किया, मातम करनेवाली बीबियाँ एकदम चुप हो गईं और बड़ी हैरत से मुझे देखने लगीं। समझीं, शायद तबर्रुक[21] के इंतज़ार की ज़हमतें नाक़ाबिले-बरदाश्त हो गई हैं, या कहीं चोट-चपेट आ गई, या किसी कीड़े-मकोड़े ने डस लिया।

---

9. बड़ी संख्या 10. सीमित 11. अधीन 12. कमअक़्ल 13. व्यवस्था 14. पात्र 15. वर्गभेद 16. प्रभावित 17. लंबी-चौड़ी 18. उपयोगी 19. तीव्रता 20. मुहर्रम की शोकसभा 21. प्रसाद

"क्यों मारा ? हलक़ में तीर क्यों मारा ?" मैंने हस्बे-आदत[22] मचल-मचलकर पूछा। किसी ने मेरे सवाल का जवाब न दिया। मुझे पागल और ज़िद्दी समझकर मजलिस से भगा दिया गया। घर वापस आकर फ़ौरन भाइयों ने मेरी शिकायत की कि मैंने मजलिस में फ़ैल[23] मचाया, बदतमीज़ी की और सबको शरमिंदा करवाया। सख़्त ज़िल्लत से निकाली गई।

"तीर क्यों मारा ? हाथ में मार दिया होता, बेचारे के हलक़ में क्यों मारा ?" मैं अपनी बात पर अड़ी रही।

"अच्छा बस बकबक बंद करो और सो जाओ।" डाँट पड़ी।

मगर मेरे हिस्से की नींद कहाँ ! जैसे ही आँख बंद करती, सामने बच्चे के मुँह में चुभा हुआ तीर नज़र आता।

"अबे ग़ारत हो बदनसीब, सो जा चुड़ैल नहीं तो गला घोंट दूँगी।" बारी-बारी सब बुज़ुर्गों ने मुझे क़त्ल करके मुझसे निजात पाने की धमकियाँ दीं, मगर मेरी सिसकियाँ न रुकीं। तब डर के मारे मैं शेख़ानी बुआ के पास घुस गई क्योंकि अकेले पलंग पर मुझे डर लग रहा था।

"क्यों मारा तीर ? मैंने शेख़ानी बुआ की बग़ल में सिसककर पूछा।

"ऊ अजीद हरामी रहे !" उन्होंने समझाया।

"तो उसके पास बच्चे को क्यों ले गए ?"

"बच्चा पियासा रहे।"

"तो उसे दूध दिया होता ?"

"दूध माँ का खुसक होई गवा रहे।"

"तो पानी ही दे दिया होता।"

"पानी कहाँ रहे ? नहर पे तो ओकी फौज का पहरा रहे।"

"क्यों ?"

"अब ई हम का जानें। रहे कुछ गड़बड़।"

"फिर?"

"बच्चा का पानी पीयाए खातिर नहर प लै के गए। तो मार दिहिस तीर।"

"हलक़ में ?"

"हाँ।"

और मेरे हलक़ में बड़े-बड़े काँटेदार गोले फँसने लगे।

"तीर की बच्ची न सोती है, न सोने देती है।" मेरी अम्माँ ने ऐसे कस-कस के थप्पड़ और घूँसे लगाए कि सचमुच मेरी कर्बला कर दी।

बरसों घर में मेरा इस वाक़िया पर मज़ाक़ उड़ता रहा। जब कोई मेहमान

---

22. आदतवश 23. हंगामा

आता तो भाई मुझे ज़लील करने के लिए कहते—

"यह मजलिस में भों-भों रोई थी। निकाली गई। फिर अम्माँ ने उसकी खूब ठुकाई की।" मैं शर्म से पानी-पानी हो जाती। ये मेरी ज़िंदगी का पहला अहम अलमिया[24] था और बरसों असर रहा। मजलिसों में जाते मेरा दम निकलता था। फिर हलक़ में तीर मारने का ज़िक्र होगा और काँटेदार गोले मेरे गले में अटकेंगे। मजलिस का तक़द्दुस[25] भंग होगा।

अभी चंद साल हुए, हिटलर के कारनामों के बारे में एक फ़िल्म देखी। लाखों गली-सड़ी लाशों को देखकर मेरे ज़मीर में अली असग़र के हलक़ में अटका हुआ तीर खटकने लगा। वियतनाम में बारह साल से खून की होली खेली जा रही है। सब कहाँ हैं, कोई रोकता क्यों नहीं ! इनसानियत कब तक यूँ ही बेबस तमाशा देखती रहेगी। इनसान ने इनसान का बज़ाहिर गोश्त खाना बंद कर दिया है, लेकिन उसकी मोमियाई[26] बनाकर अब भी हज़्म कर रहा है। मुझे ऐसी दुनिया से प्यार नहीं, इसके उसूलों से घिन आती है।

एक और वाक़िया मेरे बचपन का है जिसने मुझे बहुत मुतास्सिर किया। वालिद काफ़ी रौशनख़याल थे। बहुत-से हिंदू ख़ानदानों से मेलजोल था, यानी एक ख़ास तबक़े के हिंदू-मुसलमान निहायत सलीक़े से घुले-मिले रहते थे। एक दूसरे के जज़्बात का ख़याल रखते। हम काफ़ी छोटे थे जब ही एहसास होने लगा था कि हिंदू-मुसलमान एक दूसरे से कुछ न कुछ मुख़्तलिफ़[27] ज़रूर हैं। ज़बानी भाईचारे के प्रचार के साथ-साथ एक तरह की एहतियात का एहसास होता था। अगर कोई हिंदू आए तो गोश्त-वोश्त का नाम न लिया जाए, साथ बैठकर एक मेज़ पर खाते वक़्त भी ख़याल रखा जाए कि उनकी कोई चीज़ न छू जाए। सारा खाना दूसरे नौकर लगाएँ, उनका खाना पड़ोस का महाराज लगाए। बर्तन भी वहीं से मँगा दिए जाएँ। अजब घुटन सी तारी हो जाती थी। बेहद ऊँची-ऊँची रौशनख़याली की बातें हो रही हैं। एक दूसरे की मुहब्बत और जाँनिसारी[28] के क़िस्से दुहराए जा रहे हैं। अंग्रेज़ों को मुजरिम ठहराया जा रहा है। साथ-साथ सब बुज़ुर्ग लरज़[29] रहे हैं कि कहीं बच्चे कि छूटे बैल हैं, कोई ऐसी हरकत न कर बैठें कि धरम भ्रष्ट हो जाए।

"क्या हिंदू आ रहे हैं ?" पाबंदियाँ लगते देखकर हम लोग बोर होकर पूछते।

"ख़बरदार ! चाचाजी और चाचीजी आ रहे हैं। बदतमीज़ी की तो खाल खींचकर भूसा भर दिया जाएगा।"

और हम फ़ौरन समझ जाते कि चाचाजान और चचीजान नहीं आ रहे हैं। जब वो आते हैं तो सीख़कबाब और मुर्ग़-मुसल्लम पकता है, लौकी का रायता और दही-बड़े नहीं बनते। ये पकने और बनने का फ़र्क़ भी बड़ा दिलचस्प है।

---

24. त्रासदी 25. पवित्रता 26. ममी 27. भिन्न 28. जान देना 29. काँप

हमारे पड़ोस में एक लालाजी रहते थे। उनकी बेटी से मेरी दाँत-काटी रोटी थी। एक उम्र तक बच्चों पर छूत की पाबंदी लाज़मी नहीं समझी जाती। सूशी हमारे यहाँ खाना भी खा लेती थी। फल, दालमोट, बिस्कुट में इतनी छूत नहीं होती, लेकिन चूँकि हमें मालूम था कि सूशी गोश्त नहीं खाती, इसलिए उसे धोखे से किसी तरह गोश्त खिलाके बड़ा इतमीनान होता था। हालाँकि उसे पता नहीं चलता था, मगर हमारा न जाने कौन सा जज़्बा तसल्ली पा जाता था। वैसे दिन भर एक दूसरे के घर में घुसे रहते थे मगर बक़रीद के दिन सूशी ताले में बंद कर दी जाती थी। बकरे अहाते के पीछे टट्टी खड़ी करके काटे जाते। कई दिन तक गोश्त बँटता रहता। उन दिनों हमारे घर से लालाजी से नाता टूट जाता। उनके यहाँ भी जब कोई तेहवार होता तो हम पर पहरा बिठा दिया जाता।

लालाजी के यहाँ बड़ी धूमधाम से जश्न मनाया जा रहा था। जन्माष्टमी थी। एक तरफ़ कड़ाह चढ़ रहे थे और धड़ाधड़ पकवान तले जा रहे थे। बाहर हम फ़क़ीरों की तरह खड़े हसरत से तक रहे थे। मिठाइयों की होशरुबा[30] ख़ुशबू अपनी तरफ़ खींच रही थी। सूशी ऐसे मौक़ों पर बड़ी मज़हबी बन जाया करती थी। वैसे तो हम दोनों बारहा[31] एक ही अमरूद बारी-बारी दाँत से काटकर खा चुके थे, मगर सबसे छिपकर।

"भागो यहाँ से," आते-जाते लोग हमें धुतकार जाते। हम फिर खिसक आते। फूले पेट की पूरियाँ तलते देखने का किस बच्चे को शौक़ नहीं होता है।

"अंदर क्या है ?" मैंने शोख़ी से पूछा। सामने का कमरा फूल-पत्तों से दुल्हन की तरह सजा हुआ था। अंदर से घंटियाँ बजने की आवाज़ें आ रही थीं। जी में खुदबुद हो रही थी—हाय अल्ला, अंदर कौन है !

"वहाँ भगवान बिराजे हैं।" सूशी ने गुरूर से गरदन अकड़ाई।

"भगवान !" मुझे बेइंतिहा एहसासे-कमतरी[32] सताने लगा। उनके भगवान क्या मजे से आते-जाते हैं। एक हमारे अल्ला मियाँ हैं, न जाने कहाँ छिपकर बैठे हैं। न जाने कौन सी रग फड़की कि फ़क़ीरों की सफ़ से खिसक के मैं बरामदे में पहुँच गई। घर के किसी फ़र्द[33] की नज़र न पड़ी। मेरे मुँह पर मेरा मज़हब तो लिखा नहीं था। उधर से एक देवीजी आरती की थाली लिए सबके माथे पर चंदन-चावल चिपकाती आईं। मेरे माथे पर भी लगाती गुज़र गईं। मैंने फ़ौरन हथेली से टीका छुटाना चाहा, फिर मेरी बदज़ाती आड़े आ गई। सुनते थे, जहाँ टीका लगे उतना गोश्त जहन्नम में जाता है। ख़ैर मेरे पास गोश्त की फ़रावानी[34] थी, इतना सा गोश्त चला गया जहन्नम में तो कौन टोटा आ जाएगा। नौकरों की सोहबत में बड़ी होशियारियाँ आ जाती हैं। माथे पर सर्टिफ़िकेट लिए, मैं मज़े से उस कमरे

---

30. होश उड़ानेवाली 31. अनेकों बार 32. हीनभाव 33. व्यक्ति 34. बहुतायत

में घुस गई जहाँ भगवान बिराज रहे थे।

बचपन की आँखें कैसे सुहाने ख़्वाबों का जाल बुन लेती हैं। घी और लोबान की ख़ुशबू से कमरा महक रहा था। बीच कमरे में एक चाँदी का पलना लटक रहा था। रेशम और गोटे के तकियों और गद्दों पर एक रुपहली बच्चा लेटा झूल रहा था। क्या नफ़ीस[35] और बारीक काम था ! बाल-बाल ख़ूबसूरती से तराशा गया था। गले में माला, सर पर मोरपंखी का मुकुट।

और सूरत इस ग़ज़ब की भोली ! आँखें जैसे लहकते हुए दिये ! ज़िद कर रहा है, मुझे गोदी में ले लो। हौले से मैंने बच्चे का नरम-गरम गाल छुआ। मेरा रोआँ-रोआँ मुस्कुरा दिया। मैंने बे-इख़्तियार उसे उठाकर सीने से लगा लिया।

एकदम जैसे तूफ़ान फट पड़ा और बच्चा चीख़ मारकर मेरी गोद से उछलकर गिर पड़ा। सूशी की नानी माँ का मुँह फटा हुआ था। हज़ियानी कैफ़ियत[36] तारी[37] थी जैसे मैंने रुपहली बच्चे को चूमकर उसके हलक़ में तीर पैवस्त कर दिया हो।

चाचीजी ने झपटकर मेरा हाथ पकड़ा, भगाती हुई लाईं और दरवाज़े से बाहर मुझे मरी हुई छिपकली की तरह फेंक दिया। फ़ौरन मेरे घर शिकायत पहुँची कि मैं चाँदी के भगवान की मूर्ति चुरा रही थी। अम्माँ ने सर पीट लिया और फिर मुझे भी पीटा। वह तो कहो, अपने लालाजी से ऐसे भाईचारेवाले मरासिम[38] थे; इससे भी मामूली हादिसों पर आजकल आए-दिन ख़ूनख़राबे होते रहते हैं। मुझे समझाया गया कि बुतपरस्ती[39] गुनाह है। महमूद ग़ज़नवी बुतशिकन[40] था। मेरी ख़ाक समझ में न आया। मेरे दिल में उस वक़्त परस्तिश[41] का एहसास भी पैदा न हुआ था। मैं पूजा नहीं कर रही थी, एक बच्चे को प्यार कर रही थी।

इसी सिलसिले में लोगों को मेरी आक़बत[42] सँवारने का ख़याल आ गया। मेरे दिल में इस्लाम की बरतरी कूट-कूटकर भरी गई—इस्लाम, जो दुनिया के हर मज़हब से अरफ़ा[43] और आला[44] है। यह भाई-भाई का नारा अपनी जगह है, मगर हक़ीक़त यह है कि मुसलमान फिर मुसलमान है। बग़दादी क़ायदा भी शुरू करवाया गया, और अलिफ़ दो ज़बर अन, अलिफ़ दो ज़ेरइन, अलिफ़ दो पेश उन, रटते वक़्त बड़ी शिद्दत से नींद आने लगती। अलफ़ाज के तरन्नुम में लोरी का तास्सुर[45] है और जब मुल्लानीजी की क़मची पड़ती तो सारी नींद रफ़ू-चक्कर हो जाती। मुल्लानीजी बहरी और बला की बद-दिमाग़ थीं। सुना है उनके मरहूम शौहर उन्हें चारपाई से बाँधकर भीगी हुई रस्सी से उनकी चमड़ी उधेड़ा करते थे। बुढ़िया फ़ी लफ़्ज़ एक-दो थप्पड़ रसीद करती थी। कोई बीस या बाईस बच्चों को पढ़ाती थी और सबको

---

35. सुंदर 36. प्रलाप की हालत 37. छाई हुई 38. मेलमिलाप 39. मूर्तिपूजा 40. मूर्तिभंजक 41. पूजा 42. परलोक 43. ऊपर 44. श्रेष्ठ 45. प्रभाव

मुस्तक़िल चाँटे, थप्पड़, घूँसे मारती थी। सूखी-सूखी उँगलियों से मेरी मोटी-मोटी रानों में ऐसी चुटकियाँ लेती थी और हाथ नहीं टूटते थे। हम आयतें पढ़-पढ़कर उसके मरने की दुआएँ माँगा करते थे। मैंने कभी किसी इनसान से ऐसी शदीद[46] नफ़रत नहीं की जैसी उस बुढ़िया से की। साथ-साथ उसने जो कुछ पढ़ाया, वह भी मुझे अज़ाबे-इलाही[47] मालूम हुआ।

बचपन जैसे-तैसे बीता। यह कभी पता न चला कि लोग बचपन के बारे में ऐसे सुहाने राग क्यों अलापते हैं। बचपन नाम है बहुत सी मजबूरियों का, महरूमियों का। बड़े होकर एक पोज़ीशन बनती है जो नाइंसाफ़ियों का मुक़ाबला करने की ताक़त बख़्शती है। आठ बड़े भाई-बहनों की शफ़क़तें[48] झेलने के बाद बड़े होने का बेचैनी से इंतज़ार था। जब घर में छोटे भांजे, भतीजे पैदा होने लगे तो अपनी बुज़ुर्गी का एहसास निहायत तसल्लीबख़्श साबित हुआ। मसावात[49] का फ़ुक़दान[50] अमीर-ग़रीब के मामले में ही नहीं, औरत और मर्द के मुक़ाबले में तो और भी ज़्यादा है। मेरे वालिद तो रौशनख़याल थे, उसूलन भी लड़कों से लड़कियों के हुक़ूक़[51] का ज़्यादा ख़याल रखते थे, मगर वही बात थी जैसे हिंदू-मुस्लिम भाई-भाई। लड़का-लड़की बराबर। चंद नारे थे जिनकी लेप-पोत निहायत ज़रूरी समझी जाती थी।

यह मेरी ख़ुशनसीबी या बदनसीबी थी कि होश आया तो बाक़ी की तीन बहनों की शादी हो चुकी थी। कई भाइयों में अकेली लड़की घाटे में नहीं रहती, और फिर ज़रा भी मेरी हक़तलफ़ी[52] होने का अंदेशा पैदा होता तो फ़ौरन अब्बा के हुज़ूर में मुक़द्दमा पेश कर दिया जाता। मेरी बहनें निहायत सुघ्घड़ थीं। उर्दू-फारसी, क़ुरान-शरीफ़ के अलावा कशीदाकारी, बुनाई-सिलाई और ख़ाने-पकाने में मश्शाक[53]। मैं निहायत फूहड़। पित्ता मारने की आदत, न दिलचस्पी। भाइयों की नक़ल में पेड़ों पर चढ़ना, साइकिल दौड़ाना, हर जगह मुझे अपनी शिकस्त का एहसास होता। भाइयों के मुक़ाबले में निहायत फिसड्डी। उन्हें भी मुझ पर तरस क्यों आता ! मैं अब्बा की शह पर उनकी बराबरी पर तुली हुई थी। बारी-बारी सबको घोड़े की सवारी का मौक़ा मिलता था, जहाँ मैं घोड़े पे बैठी और भाइयों ने बड़बड़ाया। गुल्ली-डंडा खेलती तो पिदते-पिदते भूसा निकल जाता। फ़ुटबाल खेलने की ज़िद करती तो सारे किक मेरी चाँद पर ही पड़ते। भाई मेरी इस ढिठाई से सख़्त नाँलाँ[54] थे। मेरी बड़ी बहनों की शादी से पहले घर पर हुकूमत चलती थी। गोदाम की कुंजी क़ब्ज़े में रहती थी। कपड़े सीती थीं। इसलिए भाई उनके महकूम[55] रहते थे। मैं तो दर्दे-सर ही थी।

---

46. तीव्र 47. दैवी प्रकोप 48. वात्सल्य 49. समानता 50. अभाव 51. अधिकारों 52. अधिकारहनन 53. सिद्धहस्त 54. शिकायत से भरे 55. अधीन

अज़ीम भाई[56] हमेशा के बीमार ही थे, मैं लड़की होने की वजह से भाइयों के साथ न निभा सकती थी और वह बीमारी की वजह से मजबूर थे। उन्हें कुछ मुझ पर तरस आ गया। उन्होंने मुझे बताया कि लड़के तो बैल हैं, तुम बैल क्यों बनो ! पढ़ाई में तुम उनसे टक्कर लो, वहाँ तुम उन्हें मार लोगी।

फिर उन्होंने मुझे बड़ी मेहनत से पढ़ाना शुरू किया। दो बार मुझे डबल प्रोमोशन दिलवाया और एक बार मुझसे बड़े भाई फ़ेल हुए। वह मुझसे डेढ़ साल बड़े थे, मगर तीन दर्जे आगे थे। फिर एक दिन हम दोनों जब एक क्लास में आ गए और मैंने उनका होमवर्क करके उनकी मदद करनी शुरू की, तब मैं उनसे बड़ी हो गई। अज़ीम बेग चुग़ताई की शह पाकर मैंने क़ुरान का तरजुमा, हदीसें और मुस्लिम हिस्ट्री पढ़ी और अपने अब्बा के बुज़ुर्ग दोस्तों के बीच में बैठकर अपनी ताज़ा-ताज़ा मालूमात का इज़हार करना शुरू किया। मेरी अम्माँ धक से रह गईं और हस्बे-आदत जूती सँभाली, मगर अब्बा की शह पाकर मैंने अपने वालिद के मुअम्मर[57] दोस्तों की सोहबत में बहुत-कुछ सीखा।

मेरी अम्माँ को मेरी हरकतें एक आँख न भाती थीं। मेरे अंजाम की उन्हें सख़्त फ़िक्र थी। ये मर्दमार बातें औरतों को ज़ेब[58] नहीं देतीं। वह इतनी गहराई से न इन बातों को समझती थीं और न समझा सकती थीं; मगर मुझे मालूम हुआ कि मेरी अम्माँ क्यों डरती थीं। यह मर्द की दुनिया है, मर्द ने बनाई और बिगाड़ी है। औरत एक टुकड़ा है उसकी दुनिया का जिसे उसने अपनी मुहब्बत और नफ़रत के इज़हार का ज़रिया बना रखा है। वह उसे मूड के मुताबिक़ पूजता भी है और ठुकराता भी है। औरत को दुनिया में अपना मुक़ाम पैदा करने के लिए निस्वानी हर्बों से[59] काम लेना पड़ता है। सब्र, होशियारी, दानिशमंदी,[60] सलीक़ा जो मर्द को उसका मुहताज बना दे। शुरू ही से लड़के को मुहताज बनाना कि वह अपना बटन टाँकते शरमाए। रोटी ठोकते डूब मरे। आसान-आसान छोटे-छोटे काम जो नौकर कर सकते हैं, अपने हाथ से करना। उसकी ज़्यादतियों को सर झुकाकर सहना कि वह शरमिंदा होकर क़दमों पर गिर पड़े।

मगर मैंने तो भाइयों के हलक़े में ज़िंदगी गुज़ारी थी। उनकी हिर्स[61] की थी और उनसे सबक़त[62] ले जाने की क़सम खाई थी। ये निस्वानियत[63] मुझे ढोंग लगती थीं। मस्लहत मुझे झूट मालूम होती थीं, सब्र, बुज़दिली और शकर-मक्कारी। मैंने हाथ घुमाकर कभी नाक नहीं पकड़ी। यहाँ तक कि बनना, सँवरना, सिंगार करना और भड़कीले कपड़े पहनना भी मुझे ऐसा लगता था जैसे मैं अपने अयूब[64] छिपाकर धोखा दे रही हूँ।

---

56. अज़ीम बेग़ चुग़ताई, प्रसिद्ध उर्दू व्यंग्यकार 57. वयप्राप्त 58. शोभा 59. स्त्रैण साधनों से 60. बुद्धिमानी 61. मुक़ाबला 62. श्रेष्ठता 63. स्त्रीत्व 64. दोष

"कोई लड़का ऐसी लड़की पर जान नहीं देगा," मेरी होशियार सहेलियों ने समझाया। सहमकर मैंने थोड़ा बहुत समझने की कोशिश की और मेरे भाइयों की बन आई। तकल्लुफ़ तो रहा नहीं था जो उलटी-सीधी बात न कहते। मैं साफ़गो[65] तो वो चार हाथ साफ़गो। मेरे पीछे घेरी लग गई। लड़के फाँसने को फटकनियाँ लगा रही हूँ। भला फिर मेरी क्या मजाल थी जो सोलह सिंगार कर जाती !

और तजरबा से मुझे मालूम हुआ कि सोलह या बत्तीस सिंगार कत्तई ज़रूरी नहीं। मुझे दोस्तों की कभी कमी महसूस न हुई। यही दोस्तियाँ अकसर इश्क़ की हदों को छू गईं। रूस में मैं जब ऐसी लड़कियों से मिली जो मसनूआत[66] में क़त्तई दिलचस्पी नहीं लेतीं और निहायत सीधे-साधे कामचलाऊ कपड़े पहनती हैं तो मैंने उनसे पूछा, वो सिंगार क्यों नहीं करतीं।

"ज़रूरत महसूस नहीं की। क्यों, क्या मैं बुरी लगती हूँ ?" उसने मुझसे पूछा।

"नहीं, मगर और ज़्यादा अच्छी लगोगी।"

"मैं खरा माल पेश करने की क़ायल हूँ। मेरी अपनी जिल्द, अपने होंट, मेरी निस्वानियत ही काफ़ी है।" उसने बड़े वसूक़[67] से जवाब दिया।

यूरोप में भी नौजवान तबक़ा मसनूआत से बोर हो चुका है। औरत और मर्द के अज़ली[68] रिश्ते को क़ायम रखने के लिए मर्द का मर्द और औरत का औरत होना काफ़ी है। मुझे रूसी लड़कियों ने बहुत मुतास्सिर किया। मैंने अपनी कहानियों में औरत की इक़्तसादी[69] महकूमी और मजबूरी का हमेशा रोना रोया है। एक लड़की अगर अपने वारिसों का सिर्फ़ इसलिए हुक्म मानती है कि इक़्तसादी तौर पर मजबूर है तो फ़रमाँबरदार नहीं, धोखेबाज़ ज़रूर हो सकती है। एक बीवी शौहर से सिर्फ़ इसलिए चिपकी रहती है कि रोटी-कपड़े का सहारा है तो वह तवायफ़ से कम मजबूर नहीं। ऐसी मजबूर औरत की कोख से मजबूर और महकूम-ज़ेह्नियत इनसान ही जन्म ले सकेंगे। हमेशा दूसरी तरक़्क़ीयाफ़ता कौमों के रहमो-करम पर इक्तफ़ा[70] करेंगे। जब तक हमारे मुल्क की औरत मजबूर, लाचार, जुल्म सहती रहेगी, हम इक़्तसादी और सियासी मैदान में एहसासे-कमतरी का शिकार बने रहेंगे।

रशीदजहाँ ने मुझे कमसिनी ही में बहुत मुतास्सिर किया था। मैंने उनसे साफ़गोई और ख़ुद्दारी सीखने की कोशिश की।

बचपन में मेरी एक और बड़ी प्यारी सहेली थी। हमारे कोचवान की बेटी मंगू। थोड़ी सी मुझसे बड़ी थी और बड़ा रोब गाँठा करती थी। तेरह-चौदह बरस की थी कि शादी होकर लखनऊ चली गई। जब अपनी पहली बेटी लेकर आई तो बड़ी बुझी-बुझी सी हो गई थी। सारा खिलंडरापन ग़ायब, हँसी गुम। लड़की

---

65. स्पष्टवादी 66. कृत्रिमताओं 67. विश्वास 68. शाश्वत 69. आर्थिक 70. संतोष

जनने के जुर्म में उसकी सास उसे बहुत मारती थी और उसके मियाँ से भी पिटवाती थी।

जब वह तीसरी बेटी लेकर आई तो अब्बा पेंशन लेकर आगरा आ गए थे। आगरे की घुटी फ़िज़ा[71] में मुझे औरत की बेकसी का तजरबा हुआ। पास-पड़ोस की सभी औरतें मदक़ूक़,[72] मुरझाई और शौहरों और सास-नंदों की सताई हुई थीं। तावीज़, गंडों और जानतोड़ ख़िदमत के बलबूते पर टिकी हुई थीं। मुझे अपने औरतपने से और भी घिन आ गई।

मंगू भी दिक़[73] की मरीज़ा मालूम होती थी। सास दूसरी बहू लाने के प्लान बना रही थी जो बेटा जन सके। मंगू के माँ-बाप रो-पीट रहे थे। मंगू और उसकी तीन बेटियों के बोझ के ख़याल से काँप रहे थे। मंगू की तीन रोती-बिलखती लड़कियाँ औरत ज़ात की नाअह्ली[74] का खुला इश्तहार थीं। मुझे ख़ुदा की इस नाइंसाफ़ी पर गुस्सा आता था कि उसने मुझे भी लड़की बनाया था। मैं गिड़गिड़ाकर दुआएँ माँगा करती थी कि अल्लाह-पाक किसी तरह मुझे लड़का बना दे।

अब्बा ने लखनऊ में पुलिस सुपरिंटेंडेंट के ज़रिये मंगू के मियाँ पर ज़ोर डलवाया कि वह उसे बुला ले और अगर उस पर सौत लाया तो, हथकड़ियाँ डलवा दी जाएँगी। साल भर बाद जो मंगू आई तो पहचान न पड़ती थी। लड़का भी नहीं जना था, फिर भी चिकनी-चुपड़ी हो रही थी। मालूम हुआ, मंगू पर भूतों का साया हो गया था। निहायत ख़तरनाक क़िस्म के मरखने भूत, जो मंगू के जिस्म में समाकर उसे बरग़लाते थे और वह अपनी सास की ठुकाई करती। मियाँ तक कि पिंडली में एक दिन काट खाया। सब पर उसकी दहशत बैठ गई। भूत उतारनेवाले आए, उन्होंने कहा कि सास मनहूस है। अगर बहू इसके साथ रही तो सात बेटियाँ जनेगी और सारे कुटुम का नास हो जाएगा। सास बेचारी का पटरा हो गया। मंगू का मियाँ उसे अपनी नई नौकरी पर डालीगंज ले गया। वहाँ वह साहब लोगों के घोड़ों पर लग गया था। तब मुझे मालूम हुआ कि मंगू जाहिल और अनपढ़ थी, बिलकुल अहमक़ न थी। अपनी बिसात भर जो कुछ कर सकती थी, कर डाला। औरत कमज़ोर हो सकती है, नाक़िस-अक़्ल[75] होना ज़रूरी नहीं। मेरे दिल से कुछ एहसासे-कमतरी निकल गया। लड़का होना ज़रूरी नहीं, लड़कों जैसी अक़्ल और सूझ-बूझ चाहिए। फिर तो मैंने सीना-पिरोना और सुघरापा धरा ताक़ पर और पढ़ने की तरफ़ मुतवज्जह[76] हो गई।

मज़हब हमारी जानों पर कभी सिर्फ़ जन्नत की लालच और जहन्नम का ख़ौफ़ बनकर लागू नहीं किया गया। अब्बा के दोस्त हर ख़याल और अक़ीदे[77] के थे। उनकी बातें सुनकर बहुत से वह्म और वसवसे दिल से दूर हो गए। हर

---

71. वातावरण 72. क्षयरोगी 73. क्षयरोग 74. तुच्छता 75. बुद्धिहीन 76. आकर्षित 77. आस्था

इनसान अपनी क़ब्र में जाएगा, अपने ख़ुदा से ख़ुद भुगतेगा। दुनिया का भी कोई ख़ास ख़ौफ़ न था। मुग़ल वैसे ही सरफिरे और झक्की होते हैं और हमारा ख़ानदान इतना लंबा-चौड़ा था कि वहीं सारी दुनिया सिमटी नज़र आती थी। हर शख़्स अपनी चमड़ी में मगन और ख़ुदमुख़्तार।

लड़कों के लिए यह आम रवैया मुनासिब समझा जाता है, मैं लड़की थी। अम्माँ, ख़ालाएँ, फूफियाँ, चचियाँ हैबतज़दा[78] थीं। औरत ज़ात को ये मुँहज़ोरियाँ ज़ेब[79] नहीं देतीं। ससुराल में कैसे गुज़र होगी ? समाज ने औरत का एक ठिकाना मुक़र्रर कर दिया है। उससे बाहर क़दम रखा तो पैर छाँट दिए जाएँगे। ज़्यादा तालीम भी बलाए-जान होती है। हमारे यहाँ क़ौलो-फ़ेल[80] पर पाबंदी नहीं थी। मगर यह शर्त सिर्फ़ मर्दों तक थी। मुझे इन हरकतों पर डाँट खानी पड़ती थी। पता नहीं अज़ीम भाई को क्या मज़ा आता था, वह मुझे और शह देते थे। शाम दफ़्तर से आकर अब भी वह मुझसे घंटा दो घंटा इधर-उधर की बातें किया करते थे। बक़ौल किसे, मुझे भड़काया करते थे। उन्होंने संजीदा और ख़ुश्क मज़ामीन छोड़कर कहानियाँ लिखना शुरू कर दी थीं। जो काम वह संजीदा मज़ामीन से न कर पाए, इन कहानियों ने कर दिखाया। उनकी हीरोइन एक निहायत शरीर[81] और दिलचस्प लड़की की मिसाली सूरत इख़्तियार कर गई। उनसे मैंने सीखा कि अगर कुछ कहना है तो कहानियों, क़िस्सों में लपेटकर कहो, कम गालियाँ मिलेंगी। ज़्यादा लोग पढ़ेंगे और मुतास्सिर होंगे। कहानियाँ लिखने से पहले मैंने कई मज़ामीन लिखे जो छपे भी, मगर किसी ने तवज्जोह न दी। दो-चार कहानियाँ लिखी थीं कि ले-दे शुरू हो गई। जैसे टेलीफ़ोन पर आप जो चाहें कह दीजिए, कोई थप्पड़ नहीं मार सकता। वैसे ही कहानियों में कुछ भी लिख मारिए, कोई हाथ आपके गले तक नहीं पहुँचेगा। दूसरे, मुझे शुरू में लोगों के रद्दे-अमल[82] का पता भी न था। सिर्फ़ *साक़ी* में लिखती थी। उनके पास जो ख़त मेरे नाम आते थे, वह उन्हें ज़ाया कर देते थे। बदक़िस्मती से 'लिहाफ़' वो पहली कहानी थी जो ऐन शादी के बाद छपी और शाहिद अहमद साहब ने अब मुझे ज़िम्मेदार समझकर सारे ख़ुतूत हिफ़ाज़त से मेरे सुपुर्द कर दिए। इन ख़तों का लहजा इतना भयानक था कि पहले तो मेरे पसीने छूट गए। मैंने सहमकर अपने क़लम की लगाम खींची और अपनी दानिस्त में तो मैंने उसके बाद ढील नहीं छोड़ी, लेकिन बुरा हो उस माहौल का, जहाँ मैंने परवरिश पाई। धड़ल्ले से बात कहने की आदत नहीं छूटी, और लोग झल्लाकर गालियों पर उतारू हो जाते हैं तो मुझे उनसे कोई ज़ाती अनाद[83] नहीं होता। बहुत सी मार-पीट, नोच-खसोट के बाद फिर मिल बैठने की आदत रही। कभी चुटकी लेने में मज़ा आता है, अगर कोई पलटकर पत्थर दे मारे तो उससे बुग्ज़ नहीं[84] नहीं पैदा होता।

---

78. भयभीत 79. शोभा 80. वचन और कर्म 81. शरारती 82. प्रतिक्रिया 83. व्यक्तिगत शत्रुता 84. नफ़रत

ज़िंदगी में सबसे ज़्यादा मुझे किताबों ने मुतास्सिर किया है। मुझे हर किताब से कुछ न कुछ मिला है, अपनी ज़्यादातर उलझनों का जवाब उनमें ही ढूँढा और पाया है। किताबें क़रीबतरीन दोस्त और ग़मगुसार साबित हुई हैं। हज़ारों महरूमियाँ, तारीकियाँ[85] इन्हीं दोस्तों के सहारे झेली हैं। हर किताब के मुसन्निफ़[86] को मैंने एक क़िस्म का रिश्तेदार महसूस किया है। नाम कहाँ तक गिनाऊँ। हार्डी, ब्रांटी सिस्टर्ज़ से शुरू करके बर्नार्ड शा तक पहुँची। मगर रूसी अदीबों ने ज़्यादा मुतास्सिर किया कि जब अक़्ल और होश को किसी राहबर की तलाश थी तब इन किताबों से मुडमेड़ हुई। पोलिटिकल फ़िलासफ़ी ख़ुश्क़ मज़मून रही और रूसी अदब ज़ेह्न के कोने-कोने में जज़्ब हो गया। चेख़व को तो मैं आज भी बरकत के लिए आमोख़्ता[87] के तौर पर पढ़ती हूँ। जब कोई कहानी क़ाबू में नहीं आती, पता नहीं चलता कहाँ से शुरू करूँ, कहाँ ख़त्म करूँ, तो मैं दिमाग़ी वर्ज़िश के लिए चंद कहानियाँ चेख़व की पढ़ डालती हूँ। एकदम ज़ेह्न पर धार सी रख जाती हैं, और क़लम चल निकलता है।

पढ़ने के बाद बातों का नंबर आता है। हमारा ख़ानदान निहायत बक्कू है। जब दो-चार मिल बैठते हैं तो बस होश ही नहीं रहता। चलते-फिरते, खाते-पीते बस बके जा रहे हैं। एक साहब मजबूरन गुस्ल करते जा रहे हैं, मुबाहिसा[88] में हिस्सा लेते जा रहे हैं। थोड़ी-थोड़ी देर बाद खिड़की से सर निकालते हैं, साबुन मलते जाते हैं और बातों का सिलसिला चलाए हुए हैं। मुझे हर इनसान से बात करने में मज़ा आता है—दुकानदारों से, सौदा-सुलफ़वालों से, टैक्सीवालों से, यहाँ तक कि भीख माँगनेवालों से। बुढ़ियों-बुड्ढों को छेड़कर उनकी मलामतें, गालियाँ सुनने में भी अजीब लुत्फ़ आता है। तालीमयाफ़्ता आलिम-फ़ाज़िल होने की कोई शर्त नहीं, निहायत जाहिल और सीधे-सादे इनसानों से बात करके बाज़-वक़्त[89] दिमाग़ में खिड़कियाँ खुल जाती हैं। इनसान को पहचानने के लिए उससे बात करना बहुत ज़रूरी है। बात करने की इतनी प्रेक्टिस हो गई है कि पाँच मिनट में पूरी ज़िंदगी का ख़ुलासा हाथ आ जाता है। बस चंद निहायत सीधे, मुख़्तसर से सवाल पूछ लीजिए, मुलाक़ात भरपूर तरीक़े पर हो जाएगी।

बातें करना दिलचस्पतरीन मशग़ला है। सूफ़िया जाँनिसार[90] से तो उसकी मुख़्तसर सी ज़िंदगी में इतनी बातें हुईं कि औरों से बरसों मिलकर भी न हो पाईं। मंटो से बातें करके एहसासात पर धार आ जाती थी। छः-छः, सात-सात घंटे मिनटों में गुज़र जाते थे। उसकी बीवी सूफ़िया भी एक बातूनी औरत है। सुल्ताना जाफ़री से तो बस गप्पें होती हैं। सरदार जाफ़री से कज-बहसी[91] और जुम्लाबाज़ी में मज़ा

---

85. अँधेरे 86. लेखक 87. सीखा हुआ 88. बहसबाज़ी 89. कभी-कभी 90. जाँनिसार अख़्तर की पत्नी, मजाज़ की बहन और जावेद अख़्तर की माँ 91. वितंडा

आता है। जिन लोगों ने सरदार से बात की है उन्हें अंदाज़ा होगा कि जितनी तल्ख़ी,[92] तुर्शी[93] और काट उस शख़्स की ज़बान में है, उतनी ही नर्मी और मिठास भी है। जलाने पर आए तो भूनके रख दे। एक ज़माना था जब महफ़िलों में जिसकी शामत आ जाती, सरदार उसे रुलाके ही दम लेते। बस चौमुखी चोटों पर चोटें, जब से बीमार हुए हैं, महफ़िलें कुछ बुझी-बुझी, मोहतात सी हो गई हैं। क़ुद्सिया ज़ैदी से बातें करके जी ही नहीं भरता था। अब उनकी बेटी शमा बातें करती है तो उनकी याद ताज़ा हो जाती है। सलमा सिद्दीक़ी[94] से बस दो बातें कर लो, कामो-दहन[95] मुअत्तर[96] हो जाएगा। ऐनी[97] इंतिहाई बक्की वाक़ा हुई हैं। निहायत सरपट बोलती हैं जैसे बोलने को बहुत है और वक़्त भागा जा रहा है।

मगर साहब, बातों के मामले में मेरी मामूज़ाद बहनों अख़्तर और जमीला का कोई जवाब नहीं। उनके मुक़ाबले में आम तौर पर लोग गूँगे मालूम होते हैं। उनसे घंटों बातें करने के बाद ऐसा मालूम होता है, मेरी अपनी ज़बान पर से सारा रंग खुरच गया। आप ही आप जुमले होंटों पर से फिसलने लगते हैं। टूटे, अधूरे, कटे-कटे जुमले मगर मानी से भरपूर। उनकी ज़बान में अपनी ननिहाल के नाते दिल्ली की बेगमात की मीठी बोली का अजीब लटका है। मेरी कहानियों में मकालमे[98] उन्हीं की ज़बानों से निकले हुए हैं। पढ़ने, बकवास करने के बाद लिखने की बारी आती है। फ़ारसी हमारे ख़ानदान की मादरी ज़बान समझी जाती थी। हमारे ताया फ़ारसी की हिमायत में अकेले सिपाही की तरह हमेशा दीवारपाखों से लड़ते रहे। अपने बेटों को उन्होंने अंग्रेज़ी तालीम क़त्तई नहीं दी। फरफर फ़ारसी बोलते, पढ़ते और लिखते थे मगर किसी नौकरी में नहीं खपे। क़ल्लाश मरे, फिर भी उन्हें ज़िद थी कि सब भतीजों को भी फ़ारसी ही पढ़ाई जाए। हमारे अब्बा जो उनकी हर बात पर साद[99] कर देते थे, इस बात पर अड़ गए। लड़कों को नहीं, हाँ लड़कियों को फ़ारसी पढ़ाइए, कोई मुज़ायक़ा[100] नहीं। यह उस वक़्त की बात है जब बड़ी तीन बहनें फ़ारसी पढ़कर ब्याही जा चुकी थीं। तख़्त-ए-मश्क़[101] बनने के लिए ख़ाकसार हाथ आई। भाइयों ने इस फ़ैसले पर अपनी बरतरी और मुझे मदे-फ़ाज़िल[102] क़रार देकर इतना चिढ़ाया कि फ़ारसी से मेरी चिढ़ हो गई, मगर ताया अब्बा को सिवाय नमाज़ पढ़ने के और मुझे फ़ारसी पढ़ाने के कोई काम न था। लिहाज़ा वह जीते और मैं हारी। 'पढ़ो फ़ारसी बेचो तेल !' भाई जले पर तेल छिड़कते और मैं आँसू बहाती जाती, फ़ारसी रटती जाती। जूँही मेरा बस चला, मैंने फ़ारसी से बग़ावत कर दी, मगर जब तक ताया अब्बा इतनी पढ़ा चुके थे कि

---

92. कड़वाहट 93. तीखापन 94. प्रसिद्ध लेखिका और कृश्नचंदर की पत्नी 95. मुँह आदि 96. सुगंधित 97. कुर्रतुल-ऐन हैदर 98. संवाद 99. हाँ 100. हानि 101. अभ्यास की तख़्ती 102. फ़ालतू मद

बाद में अपने शौक़ से जब क़दीम[103] और जदीद[104] फ़ारसी अदब पर तायराना नज़र[105] डालने का मौक़ा मिला तो ज़बान मानूस[106] मालूम हुई। उस वक़्त ताया अब्बा का इंतक़ाल हो चुका था और मैं उनका शुक्रिया भी अदा न कर सकती थी। फिर भी अनजाने तौर पर मुझे फ़ारसी अलफ़ाज़ के इस्तेमाल में तकल्लुफ़ होता था। दूसरे, जो ज़बान घर में बोली जाती थी, इतनी सरपट थी कि कहानियाँ लिखते वक़्त कभी रुककर सोचने की क़बाहत[107] नहीं हुई। इनसान अपने हर ख़याल का इज़हार रोज़मर्रा की बोली में कर सकता है। तब मेरी ज़बान हिंदी से ज़्यादा क़रीब थी क्योंकि हिंदी जब इतनी गाढ़ी नहीं हुई थी। निहायत रवाँ[108] और मीठी ज़बान थी जो अब दिल्ली-आगरा की औरतों के लबों पर ज़िंदा रह गई है।

लिखने में मैंने हमेशा पढ़ने जैसा लुत्फ़ महसूस किया। मैंने अपनी ज़िंदगी के निहायत दिलचस्प और निहांयत ही कठिन लम्हे लिखने के सहारे झेले हैं। कितने बोझ उतारे हैं और कितने चढ़ाए हैं। यह क़लम मेरा रज़्ज़ाक़[109] भी है और हमदम भी; तनहाई का बोलता-चालता दोस्त भी। उसकी मौजूदगी में मैंने कभी अकेलापन महसूस नहीं किया; मैं जब चाहूँ, इस उड़नखटोले के ज़रिए से जिसे चाहूँ, बुला लूँ। और जब वो आ जाएँ तो जो जी चाहे उनसे कहूँ, हँसाऊँ, रुलाऊँ या जी जलाकर ख़ाक कर दूँ, फिर मूड आ जाए तो पुर्ज़ा-पुर्ज़ा करके फ़ना[110] कर दूँ। कठपुतलियों की तरह पुतले बनाकर जैसे चाहूँ, नचाऊँ। उस वक़्त मुझे एक ख़ालिक़[111] की सी तक़वियत[112] महसूस होती है। अगर यह बताने लगूँ कि मुझे किसने मुतास्सिर नहीं किया तो आसान होगा। ज़िंदगी में जिससे भी वास्ता पड़ा उसने अपना नक़्श दिमाग़ पर छोड़ा। अज़ीम भाई के बाद मेरे दोस्त, सहेलियाँ, उस्ताद और राह चलते मिलनेवाले। डॉक्टर अशरफ़ ने कितने ही सवालों को सुलझाया। डॉक्टर रामबिलास शर्मा ने बिखरे हुए तारों को जोड़कर एक सिलसिला क़ायम करने में सहारा दिया। कृश्नचंदर की कहानियों में अजीब-अजीब नाज़ुक पत्थरों से मुलाक़ात हुई।

फ़ज़्लुर्रहमान, प्रो-वाइस चांसलर अलीगढ़ मुस्लिम यूनिवर्सिटी, से तो जब भी मिलती हूँ उन्हें डिक्शनरी की तरह इस्तेमाल करती हूँ। किसी भी ड्रामा या शे'र का हवाला दीजिए, फिर वह सुनाते चले जाएँगे। उन्होंने अनजाने तौर पर मुझे बहुत पढ़ाया है। शाहिद लतीफ़ से शौहर के अलावा एक और रिश्ता था; जब दोस्ती के मूड में आ जाते थे तो बहुत घुटती थी। गो शादी दोस्ती की मौत है मगर हमारी दोस्ती ने बड़ी ढिटाई से साथ दिया। मेरी तमाम नाविलों और कहानियों पर वह नज़रे-सानी[113] किया करते थे। कभी उन्हें बताने की तौफ़ीक़[114] नहीं हुई। मगर

---

103 प्राचीन 104. अर्वाचीन 105. विहंगम दृष्टि 106. सुपरिचित 107. उलझन 108. प्रवाहमय 109. रोज़ी देनेवाला 110. नष्ट 111. सृष्टा 112. शक्ति 113. पुनर्दृष्टि 114. क्षमता, हिम्मत

उनसे छिपाकर मैं उनकी राय को बहुत अहमियत देती थी। पकड़ लेते थे तो बहुत रोब गाँठते थे।

बच्चों की नाविल *तीन अनाड़ी* में मैंने अपने तीन भतीजों को बजिंसहा[115] उठाकर रख दिया है। अगर उसे उनकी सवानह-उम्री[116] कहा जाए तो बेजा न होगा।

अलीगढ़ में हमारे ख़ानदानी धोबी नत्थाराम मेरे ख़ासे गहरे दोस्त हैं। जब जाती हूँ ख़ुद कपड़े लेने आते हैं, घंटों उकड़ूँ बैठे गप्पें मारा करते हैं। मैंने उनकी ज़बान से वो कहानियाँ सुनी हैं जो किताबों में नहीं मिलतीं। ज़्यादातर अपनी लरज़ती[117] हुई बूढ़ी आवाज़ में कथाएँ गाकर सुनाते हैं। चाँदी की अँगूठीवाली उँगली से चौखट पर ताल देते जाते हैं। मिंकारे से म्यूज़िक पीस भी लगाते जाते हैं। उनके गुरू एक सक़्क़ा[118] हैं जो बहुत ज्ञानी हैं। बीच-बीच में गुरू के अक़वाल[119] दुहराते जाते हैं। आल्हा-ऊदल बड़ी धूम से सुनाते हैं। पाँच रुपया फ़ीस और एक रुपया आने-जाने का रिक्शे का किराया वसूल करके चार-पाँच घंटे सुना जाते हैं। पूछो तो ठेठ ब्रज भाषा में तशरीह[120] भी कर देते हैं। मैंने उनके तबक़े[121] की ज़बान उन्हीं से सीखी है।

कालेज में मुख़्तलिफ़ मज़ाहिब[122] के बारे में डॉक्टर टकर की क्लास में लेक्चर सुनने के बाद उनकी रहनुमाई में बहुत-कुछ पढ़ने का मौक़ा मिला। मज़हब के बारे में जो कुछ जाले दिमाग़ में तन गए थे, साफ़ हो गए। बौद्ध मज़हब ने बेहद मुतास्सिर किया। बी.ए. करने के बाद जायदाद के सिलसिले में अपने आबाई[123] वतन आगरा जाने का इत्तफ़ाक़ हुआ। मालूम हुआ, दूसरे दिन सूशी, मेरी बचपन की गुइयाँ, की शादी है। सारे घर का बुलावा आया है। मुझे ताज्जुब हुआ कि लालाजी जैसे तंगख़याल, कट्टर इनसान से मेरे भाई का लेनदेन कैसे क़ायम है। मैं ख़ुद तो तमाम बंधन तोड़कर एक ऐसे मुक़ाम पर पहुँच चुकी थी जहाँ इनसानियत ही वाहिद[124] ख़ुदा रह जाता है, मेरा और सूशी का क्या जोड़ ! सूशी फ़्रॉड है, जिससे माँ-बाप ने पल्ले बाँधने का फ़ैसला कर लिया उसी को ख़ुदा-ए-मजाज़ी[125] बनाने को तैयार हो गई। मुझे वह जन्माष्टमीवाला दिन था गो उसके बाद आगरा छूट चुका था और हम लोग अलीगढ़ चले आए थे। लालाजी को पता चला तो झट से छोटे बेटे सुरेश को भेजा। मैंने टालना चाहा।

"शाम को आऊँगी।"

"दीदी कहती है, बस दो घड़ी को आ जाओ। फिर रस्में शुरू हो जाएँगी तो बात न हो सकेगी।" सुरेश पीछे पड़ गया।

---

115. सशरीर 116. जीवनी 117. काँपती 118. भिश्ती 119. वचन 120. व्याख्या 121. वर्ग 122. धर्मों 123. पैतृक 124. एकमात्र 125. लौकिक ईश्वर

मैं गई तो सूशी हल्दी लगाए उसी कमरे में बैठी थी जहाँ एक दिन भगवान कृष्ण का झूला सजाया गया था। जहाँ से मुझे बेयकबीनी और दोगोश[126] निकाला गया था। जी चाहा उलटे क़दम वापस चली आऊँ, मगर मुझे देखकर वह लपकी।

"कैसी है री चुन्नी," उसने मेरा प्यार का नाम लेकर पुकारा। बचपन के साथ यह नाम भी कहीं दूर छोड़ आई थी। अजीब सा लगा, जैसे वह मुझ से नहीं किसी और से मुख़ातिब हो रही थी। उसने हाथ पकड़कर मुझे अंदर घसीटा और कुंडी चढ़ा दी। बाहर नानी-माँ बड़बड़ा रही थी–

"ऐसे समय हर कोई का आना-जाना ठीक नहीं।"

वह देर तक भरी-भरी आँखों से मुझे देखती रही। मेरी झूटी पुरतकल्लुफ़ मुस्कुराहट से उसने धोखा नहीं खाया। उसने शरारत से मुस्कुराहट दबाकर देखा, जैसे रूठे हुए बच्चे को देखते हैं।

"हाय राम, कितनी लंबी ताड़ की ताड़ हो गई।" फिर भी दीवार में कोई शिगाफ़[127] न मिला तो उसने अलमारी खोली और मिठाई की थाली निकाली। मैं लड्डू हाथ में लेने लगी कि बाहर जाकर कूड़े पर फेंक दूँगी। जो हमसे छूत करे, हम उसका छुआ क्यों खाएँ !

"ऊँहुक, मुँह खोल।"

मैंने मजबूरन ज़रा सा लड्डू कतर लिया। बाक़ी का बचा हुआ लड्डू सूशी ने मुँह में डाल लिया। तो वह भी नहीं भूली थी !

दीवार ने बाँहें खोल दीं। देर तक हम सर जोड़े बचपन की सुहावनी हिमाक़तों को याद करके हँसते रहे। चलते समय सूशी ने एक नन्हा-सा पीतल का घुटनों चलता भगवान कृष्ण का मुजस्समा[128] मेरी हथेली पर रख दिया।

"ले चुड़ैल ! अब तो तेरे कलेजे में ठंडक पड़ी।"

मैं मुसलमान हूँ, बुतपरस्ती शिर्क[129] है। मगर देवमाला[130] मेरे वतन का विरसा[131] है। इसमें सदियों का कल्चर और फ़लसफ़ा समोया हुआ है। ईमान अलाहदा है, वतन की तहज़ीब अलाहदा है। इसमें मेरा बराबर का हिस्सा है जैसे उसकी मिट्टी, धूप और पानी में मेरा हिस्सा है। मैं होली पर रंग खेलूँ, दीवाली पर दिये जलाऊँ तो क्या मेरा ईमान मुतज़लज़ल[132] हो जाएगा ? मेरा यक़ीन और शऊर[133] क्या इतना बोदा है, इतना अधूरा है कि रेज़ा-रेज़ा[134] हो जाएगा ?

और मैंने तो परस्तिश की हदें पार कर लीं।

ग़रज़ कोई कहाँ तक लिखे ! खुली आँखें, खुले कान क्या-क्या देखते सुनते हैं। दिमाग़ में एक नुक्ता सा लग जाता है। ये नुक्ते जुड़कर अलफ़ाज की शक्ल

---

126. बेइज़्ज़त करके 127. दरार 128. मूर्ति 129. अल्लाह की ज़ात में किसी को शरीक करना जो पाप है 130. पुराण, माइथालोजी 131. धरोहर 132. कंपायमान 133. चेतना 134. टुकड़े-टुकड़े

में ढल जाते हैं। अलफ़ाज़ से इबारत की लड़ी बनती है।

कभी ऐसा भी होता है कि नुक्ते के मोती की जगह ज़ख़्म लगता है। ज़ख़्म से ज़ख़्म जुड़कर लफ़्ज़ नहीं बनता, इबारत की लड़ी नहीं सँवरती, एक ख़िला[135] सा पैदा हो जाता है। जब हिंदू-मुस्लिम फ़साद की मुल्क के किसी हिस्से से ख़बरें आती हैं तो मेरा क़लम मेरा मुँह चिढ़ाता है। और सूशी का खिलाया हुआ लड्डू हलक़ में ज़हरीला काँटोंवाला गोला बनकर फटने लगता है। तब मैं अलमारी में रखे हुए बालकृष्ण से पूछती हूँ–

"क्या तुम वाक़ई किसी मनचले शायर का ख़्वाब हो ? क्या तुमने मेरी जन्मभूमि पर ही जन्म नहीं लिया ? बस एक वहम, एक आरजू से ज़्यादा तुम्हारी हक़ीक़त नहीं। किसी मजबूर और बंधनों में जकड़ी हुई अबला के तख़य्युल[136] की परवाज़[137] हो कि तुम्हें रचने के बाद उसने ज़िंदगी का ज़हर हँस-हँसके पी लिया ?

"क्या तुम इस धरती के हलक़ में अटका हुआ तीर नहीं निकाल सकते ?"

मगर पीतल का भगवान मेरी हिमाक़त पर हँस भी नहीं सकता कि वह धात के ख़ोल में मुंजमिद[138] हो चुका है। सियासत कि दुनिया का सबसे मुनाफ़ाबख़्श पेशा है, दुनिया का ख़ुदा है। सियासत के मैदान में खाई हुई मात के स्याह धब्बे मासूमों के खून से धोए जाते हैं। एक-दूसरे की नाअह्ली साबित करने के लिए इनसानों को कुत्तों की तरह लड़ाया जाता है।

क्या एक दिन पीतल का यह खोल तोड़कर ख़ुदा बाहर निकल आएगा ?

---

135. शून्य 136. कल्पना 137. उड़ान 138. जड़, अचल।

उन ब्याहताओं के नाम

जिनके बदन
बे-मुहब्बत रियाकार[1] सेजों पर सज-सज
के उकता गए हैं

—फ़ैज़ अहमद 'फ़ैज़'

शाम के चार बजे होंगे या शायद साढ़े चार कि बड़े ज़ोर से घंटी बजी। नौकर ने दरवाज़ा खोला और हैबतज़दा[2] होकर पीछे हट गया।

"कौन है ?"

"पुलिस !" मुहल्ले में कहीं चोरी हो, नौकर ही टटोले जाते हैं।

"पुलिस ?" शाहिद हड़बड़ाकर उठ बैठे।

"जी हाँ !" नौकर थर-थर काँप रहा था। "मगर साहब, मैंने कुछ नहीं किया। क़सम से साहब।"

"क्या क़िस्सा है ?" शाहिद ने दरवाज़े के पास जाकर पूछा।

"सम्मन है।"

"सम्मन ? मगर...ख़ैर लाइए।"

"सॉरी, आपको नहीं दे सकते।"

"मगर...कैसा सम्मन...और किसका सम्मन ?"

"इस्मत चुग़ताई के नाम ! उन्हें बुलाइए।" नौकर की जान में जान आई।

"मगर ये तो बताइए..."

"आप उनको बुलाइए। लाहौर से सम्मन आया है।" मैं सीमा, अपनी दो महीने की बच्ची, का दूध बनाकर बोतल को ठंडा कर रही थी। "लाहौर से

---

1. मक्कारी भरे 2. भयभीत

सम्मन ?'' मैंने बोतल ठंडे पानी में हिलाते हुए पूछा।

''हाँ भई, लाहौर से आया है।'' शाहिद झुँझला गए।

मैं हाथ में बोतल लिए नंगे पैर निकल आई।

''अरे भई, कैसा सम्मन है ?''

''पढ़ लीजिए।'' पुलिस इंस्पेक्टर ने रुखाई से कहा।

और सम्मन की सुर्ख़ी पढ़कर मेरी हँसी छूट गई। लिखा था : Ismat Chughtai Vs. The Crown.

''अरे, ये बादशाह सलामत को मुझसे क्या शिकायत हो गई जो मुक़द्दमा ठोंक दिया ?''

''मज़ाक़ न कीजिए।'' इंस्पेक्टर साहब सख़्ती से बोले, ''पढ़कर दस्तख़त कर दीजिए।''

मैंने सम्मन आगे पढ़ा। बड़ी मुश्किल से समझ में आया। मेरी कहानी 'लिहाफ़' पर फ़ुहाशी[3] के इलज़ाम में सरकार ने मुक़द्दमा चला दिया है और मुझे जनवरी में लाहौर कोर्ट में हाज़िर होना है। दूसरी सूरत यानी मेरी ग़ैरहाज़िरी पर सख़्त कार्रवाई की जाएगी।

''भई, मैं नहीं लेती सम्मन।'' मैंने काग़ज़ वापस करते हुए कहा। और दूध की बोतल हिलाने लगी। ''मेहरबानी करके वापस ले जाइए।''

''आपको लेना पड़ेगा।''

''क्यों ?'' मैं हस्बे-आदत[4] बहस करने लगी।

''अरे भई, क्या क़िस्सा है ?'' मोहसिन अब्दुल्ला ने जल्दी-जल्दी सीढ़ियाँ चढ़ते हुए पूछा। वह गर्द में अटे हुए न जाने कहाँ से ख़ाक छानकर आ रहे थे।

''देखो, ये लोग मुझे ज़बरदस्ती सम्मन दे रहे हैं। मैं क्यों लूँ ?'' मोहसिन ने वकालत पढ़ी थी और अव्वल नंबर पास हुए थे।

''हूँ।'' उन्होंने सम्मन पढ़कर कहा। ''कौन सी कहानी है ?''

''भई है एक कमबख़्त कहानी, जान की मुसीबत हो गई है।''

''सम्मन तुम्हें लेना पड़ेगा।''

''क्यों ?''

''फिर वही कठहुज्जती।'' शाहिद भड़क उठे।

''मैं हरगिज़ नहीं लूँगी।''

''नहीं लोगी तो...तुम्हें गिरफ़्तार कर लिया जाएगा।'' मोहसिन गुर्राए।

''कर लेने दो गिरफ़्तार, मगर मैं सम्मन नहीं लूँगी।''

''जेल में बंद कर दी जाओगी।''

---

3. अश्लीलता 4. आदतवश

"जेल में ? अरे मुझे जेल देखने का बहुत शौक़ है। कितनी दफ़ा यूसुफ़ से कह चुकी हूँ मुझे जेल ले चलो, मगर हँसता है कमबख़्त और टाल जाता है। इंस्पेक्टर साहब, मुझे जेल ले चलिए। आप हथकड़ियाँ लाए हैं ?" मैंने बड़े प्यार से पूछा।

इंस्पेक्टर साहब का पारा चढ़ गया। गुस्सा ज़ब्त करके बोले–

"मज़ाक मत कीजिए, दस्तख़त कीजिए।"

और फिर शाहिद और मोहसिन फट पड़े। मैं बिलकुल मज़ाक़ के मूड में हँस-हँसकर बके जा रही थी। अब्बा मियाँ जब साँभर में जज थे तो कचहरी बिलकुल घर के मर्दाने हिस्से में लगती थी। हम लोग खिड़की से चोर-डाकुओं को हथकड़ियों, बेड़ियों में जकड़ा हुआ देखा करते थे। एक दफा बड़े ख़तरनाक डाकू पकड़े गए। उनके साथ एक बड़ी ख़ूबसूरत, तरहदार[5] नौजवान औरत भी थी। बाक़ायदा बिरजिस और कोट पहने, शिकरे जैसी आँखें, चीते जैसी कमर और लंबे स्याह बाल। मेरे ऊपर उसका बहुत रोब पड़ा था।

शाहिद और मोहसिन ने बौखला दिया। मैंने बोतल इंस्पेक्टर साहब को पकड़ानी चाही ताकि दस्तख़त कर सकूँ।

मगर वह ऐसे बिदके जैसे मैंने उनकी तरफ़ पिस्तौल की नाल बढ़ा दी हो। जल्दी से मोहसिन ने बोतल मुझसे छीन ली और मैंने दस्तख़त कर दिए।

"आप थाना चलकर ज़मानत दीजिए। पाँच सौ की ज़मानत।"

"मेरे पास इस वक़्त तो पाँच सौ नहीं।"

"आपको नहीं, किसी और साहब को आपकी ज़मानत देनी पड़ेगी।"

"मैं किसी को फँसाना नहीं चाहती। अगर मैं नहीं गई तो ज़मानत ज़ब्त हो जाएगी।" मैंने अपनी मालूमात का रोब डाला। "आप मुझे गिरफ़्तार कर लीजिए।"

अबके इंस्पेक्टर साहब को गुस्सा नहीं आया। उन्होंने मुस्कुराकर शाहिद की तरफ़ देखा जो सोफ़े पर सर पकड़े बैठे थे। और मुझसे बड़ी नर्मी से कहा–

"चलिए भी। ज़रा सी देर की बात है।"

"मगर ज़मानत !" मैंने नर्म होकर कहा। अपने अहमक़ाना मज़ाक़ पर शरमिंदा हो गई।

"मैं दूँगा," मोहसिन बोले।

"मगर मेरी बच्ची भूखी है। उसकी आया बिलकुल नई है और छोटी सी लड़की है।"

"आप बच्ची को दूध पिला दीजिए," इंस्पेक्टर साहब बोले।

"तो आइए, अंदर बैठिए।" मोहसिन ने पुलिसवालों को बिठाया।

---

5. नाज़-नखरेवाली

इंस्पेक्टर साहब शाहिद के फ़ैन निकले और ऐसी मीठी-मीठी बातें कीं कि उनका मूड भी ठीक होने लगा।

मैं, शाहिद और मोहसिन पुलिस स्टेशन माहिम गए।

ख़ानापूरी करके मैंने पूछा–

"क़ैदी कहाँ हैं ?"

"देखेंगी ?"

"ज़रूर।"

एक जँगले के पीछे छोटी सी जगह में दस-पंद्रह आदमी आड़े-तिरछे लेटे थे। "ये मुलज़िम हैं, क़ैदी नहीं। इन्हें कल कोर्ट में पेश किया जाएगा," इंस्पेक्टर साहब बोले।

"इनका जुर्म ?"

"दंगा-फ़साद, पॉकिट मारना, दारू पीके दंगा करना।"

"इन्हें क्या सज़ा मिलेगी ?"

"जुर्माना या चंद दिन की क़ैद।" मुझे बड़ा अफ़सोस हुआ कि इतने फुसफुसे मुलज़िम देखने को मिले। दो-चार क़ातिल और डाकू होते तो बात भी थी।

"आप मुझे कहाँ रखते ?"

"औरतों का इंतज़ाम यहाँ नहीं। उन्हें उधर ग्रांट रोट या माटुंगा ले जाते हैं।"

वापस आकर शाहिद और मोहसिन मुझसे खूब लड़े, और शाहिद तो सारी रात लड़ते रहे। तलाक़ तक की नौबत आ गई। मोहसिन को तो मैंने यह कहकर चुप कर दिया कि अगर ज़्यादा जान खाओगे तो अंडरग्राउंड हो जाऊँगी। पाँच सौ का फटका बैठ जाएगा। मगर शाहिद किसी तरह मुक़द्दमेबाज़ी की ज़िल्लत और बदनामी को बरदाश्त नहीं कर सकते थे। उनके वालिदैन और बड़े भाई सुनेंगे तो क्या सोचेंगे !

फिर जब अख़बारों में ख़बर निकली तो मेरे ससुरजी का बड़ा दर्द भरा ख़त आया। "दुल्हन को समझाओ। कुछ अल्लाह-रसूल की बातें लिखें कि आक़बत[6] दुरुस्त हो। मुक़द्दमा और वह भी फ़ुहाशी पर। हम लोग बहुत परेशान हैं। अल्लाह रहम करे।"

मंटो के फ़ोन से मालूम हुआ, उन पर भी मुक़द्दमा चला है। उसी कोर्ट में, उसी रोज़ उनकी भी पेशी है। फिर सूफ़िया और मंटो दौड़े आए। मंटो निहायत हश्शाश-बश्शाश[7] जैसे किसी ने विक्टोरिया क्रॉस दे दिया हो। मैं दिल में बड़ी नादिम[8] थी। बज़ाहिर बहादुरी जता रही थी। मगर मंटो से मिलकर शाहिद की भी ढारस बँध गई और मुझे भी बड़ी तसल्ली हुई। दिल में तो धकड़-पकड़ हो रही

---

6. परलोक 7. प्रसन्नचित्त 8. शरमिंदा

थी मगर मंटो ने वह शह दी कि मेरा भी डर निकल गया।

"अरे, एक ही तो मार्के की चीज़ लिखी है आपने। अमाँ शाहिद, तुम भी क्या आदमी हो ! यार तुम भी चलना, तुमने जाड़ों का लाहौर नहीं देखा। ख़ुदा की क़सम, हम तुम्हें अपना लाहौर दिखाएँगे। क्या तीखी सर्दी पड़ती है ! तली हुई मछली अहा-हा। व्हिस्की के साथ। आतिशदान में दहकती हुई आग जैसे आशिक़ों के दिल जल रहे हों, और ब्लड-रेड माल्टे। आहा। जैसे माशूक़ के बोसे।"

"अरे चुप करो मंटो साब," सूफ़िया नर्वस होने लगी। और फिर मुग़ल्लज़ात[9] से भरे ख़तों का ताँता लग गया। ऐसी अनोखी, पेंचदार, भारी-भरकम गालियाँ कि मुर्दे के सामने बक दी जाएँ तो उठकर भाग जाए। मुझे ही नहीं, मेरे पूरे ख़ानदान को, शाहिद को और मेरी दो महीने की बच्ची को कि उसकी पैदाइश की ख़बर कहीं छप गई थी।

मुझे फिसलनी कीचड़, छिपकली और गिरगिट से बड़ा डर लगता है। बहुत से लोग बड़ी बहादुरी से बातें बना लेते हैं, लेकिन मरी हुई चुहिया से डरते हैं। मुझे अपनी डाक से डर लगता था जैसे लिफ़ाफ़ों में साँप, बिच्छू और अजगर बंद हों। डरते-डरते ख़त खोलती। अगर साँप, बिच्छू दिखाई पड़ते तो दो लफ़्ज़ पढ़कर ख़त जला देती। मगर शाहिद के हाथ ख़त पड़ जाता तो फिर तलाक़ की नौबत आ जाती।

उन ख़तों के अलावा अख़बारों में जो मज़मून निकल रहे थे, महफ़िलों में जो बहसें होतीं, उन्हें मुझ जैसी सख़्तजान ही झेल सकती थी। मैंने कभी किसी की बात का जवाब न दिया। कभी अपनी ग़लती को मानने से इन्कार नहीं किया। हाँ, मुझसे ग़लती हो गई थी। मुझे अपने जुर्म का एतराफ़[10] था। सिर्फ़ मंटो एक ऐसा इन्सान था जो मेरे इस बुज़दिलाना रवैये पर भड़क उठता था। मैं ख़ुद अपने ख़िलाफ़ थी और वह मेरी हिमायत करता था। मेरे और शाहिद के जितने भी दोस्त थे, इसे कोई अहमियत नहीं देते थे। ठीक से याद नहीं मगर शायद अब्बास ने तो 'लिहाफ़' का अंग्रेज़ी में तर्जुमा कहीं छपवाया था। तरक़्क़ीपसंदों ने न मुझे फटकारा, न मेरी तारीफ़ की। और मुझे इस रवैये से बड़ा इत्मीनान होता था।

जब मैंने यह कहानी लिखी तो मैं अपने भाई के साथ रहती थी। रात को मैंने कहानी लिखी, सुबह में अपनी भावज को सुनाई। उन्होंने तो यह नहीं कहा कि यह गंदी कहानी है, मगर पहचान गईं कि किसकी कहानी है। फिर मैंने अपनी ख़ालाज़ाद बहन को जो चौदह बरस की थी, कहानी पढ़कर सुनाई। वह कहने लगी—क्या लिखा है, हमारी तो कुछ समझ में नहीं आया। मैंने कहानी *अदबे-लतीफ़* को भेजी। उन्होंने कुछ न कहा, फ़ौरन छाप दी और शाहिद अहमद देहलवी मेरी

---

9. गालियाँ 10. स्वीकार

कहानियों का मजमूआ[11] छाप रहे थे, उन्होंने किताबी सूरत में छाप दी। यह कहानी 1942 में छपी थी और मेरी और शाहिद की दोस्ती शादी के इरादे तक पहुँच चुकी थी। शाहिद ने यह कहानी पढ़कर नापसंदीदगी का इज़हार किया था और हमारी चिख़चिख़ भी हुई थी मगर उस वक़्त 'लिहाफ़' पर जो हमले हो रहे थे वह बंबई तक नहीं पहुँचे थे। मेरे पास सिर्फ़ *साक़ी* और *अदबे-लतीफ़* आते थे। शाहिद ज़्यादा बदज़न[12] नहीं हुए थे और हमारी शादी हो गई थी।

1944 में दिसंबर के महीने में सम्मन मिला कि हमें जनवरी में कोर्ट में हाज़िर होना है। सब कह रहे थे जेल-वेल नहीं, बस जुर्माना हो जाएगा। और हम बड़े जोश से लाहौर के लिए गर्म कपड़े तैयार करवाने लगे।

सीमा बहुत छोटी और कमज़ोर थी और बड़ी ऊँची आवाज़ से रोती थी। चाइल्ड स्पेशलिस्ट को दिखाया तो उसने कहा, बिलकुल तनदुरुस्त है, यूँ ही गुल मचाती है। उसे लाहौर की सर्दी में ले जाना ठीक न था। एकदम इतनी सर्दी न झेल सकेगी। तो हमने बच्ची को अलीगढ़, सुल्ताना जाफ़री की अम्माँ के पास छोड़ा और लाहौर रवाना हो गए। देहली से शाहिद अहमद देहलवी और वह कातिब जिन्होंने किताबत की थी, साथ हो गए थे क्योंकि बादशाह सलामत ने उन्हें भी मुलज़िम क़रार दिया था। यह मुक़द्दमा *अदबे-लतीफ़* पर नहीं, बल्कि उस किताब पर चला था जो शाहिद अहमद देहलवी ने छापी थी।

हमें सुल्ताना लेने आ गई। वह उन दिनों लाहौर रेडियो स्टेशन पर काम करती थी और लुक़मान साहब के यहाँ रहती थी। उनकी बड़ी शानदार कोठी थी। बीवी-बच्चे मैके गए हुए थे, इसलिए बस अपना ही राज था।

मंटो भी पहुँच गए थे और पहुँचते ही हमारी ख़ूब दावतें हुईं। ज़्यादातर तो मंटो के दोस्त थे मगर मुझे भी अजूबा जानवर समझकर देखने आ जाते थे। हमारी एक दिन पेशी हुई, कुछ भी न हुआ। बस जज ने नाम पूछा और यह कि मैंने यह कहानी लिखी है या नहीं। मैंने इक़बाले-जुर्म किया कि लिखी है। बस।

बड़ी ना-उम्मीदी हुई। सारे वक़्त कुछ हमारे वकील साहब बोलते रहे। हम चूँकि आपस में खुसर-फुसर कर रहे थे, कुछ पल्ले नहीं पड़ा। उसके बाद दूसरी पेशी पड़ गई और हम आज़ाद होकर गुलछर्रे उड़ाने लगे। मैं, मंटो, शाहिद ताँगे में बैठकर खूब शॉपिंग करते फिरे। कश्मीरी दोशाले और जूते ख़रीदे। जूतों की दुकान पर मंटो के नाज़ुक सफ़ेद पैर देखकर मुझे बड़ा रश्क आया। अपने भद्दे पैर को देखकर मोर की तरह मातम को जी चाहा।

"मुझे अपने पैरों से घिन आती है," मंटो ने कहा।

"क्यों ? इत्तने ख़ूबसूरत हैं।" मैंने बहस की।

---

11. संग्रह 12. चिढ़े हुए

"मेरे पैर बिलकुल ज़नाने हैं।"

"मगर ज़नानियों से तो इतनी दिलचस्पी है आपको !"

"आप तो उलटी बहस करती हैं। मैं औरत से मर्द की हैसियत से प्यार करता हूँ। इसका मतलब यह तो नहीं कि ख़ुद ज़नाना बन जाऊँ।"

"हटाइए भी ज़नाने और मर्दाने की बहस को, इनसानों की बात कीजिए। पता है नाजुक पैरोंवाले मर्द बड़े हिस्सास[13] और ज़हीन होते हैं। मेरे भाई अज़ीम बेग चुग़ताई के पैर भी बड़े खूबसूरत हुआ करते थे। मगर..."

और मुझे अपने भाई के मरने से पहले सूजन से घिनावने हो जानेवाले पैर याद आ गए। और सेब और आलूचे के फूलों से नौखेज़[14] दुल्हन की तरह आरास्ता[15] लाहौर, जोधपुर का वह चटियल रेतीला क़ब्रिस्तान बन गया जहाँ मेरा भाई मनों मिट्टी के नीचे सो रहा है। जिसकी ताज़ा कब्र पे काँटे लगा दिए गए थे ताकि बिज्जू न खोद डालें। वो काँटे मेरी रगों में तैर गए और मैंने तोस की नर्म शाल काउंटर पर डाल दी।

लाहौर कितना खूबसूरत था ! आज भी वैसा ही शादाब[16] क़हक़हे लगाता हुआ, बाँहें फैलाकर आनेवालों को समेट लेनेवाला। टूटकर चाहनेवाले बे-तकल्लुफ़ ज़िंदा-दिलों का शहर, पंजाब का दिल।

खूब शहर में घूमे। जेबों में चिलग़ोज़े भरे सड़कों पर खाते, बातों में ग़र्क़ चले जा रहे हैं। गली में खड़े तली हुई मछली पर हाथ साफ़ कर रहे हैं। भूख कितनी लगती है ! खाते जाओ, चलते जाओ, सब हज़म। एक होटल में घुस गए, हैंबर्गर और हॉट डॉग देखकर मुँह में पानी भर आया।

"हैंबर्गर में हैम यानी सुअर का गोश्त होता है, हॉट डॉग खा सकते हैं।" शाहिद ने राय दी और हमने शरीफ़ मुसलमानों की तरह धरम का पालन करते हुए, डटके हॉट डॉग खाए और कंधारी अनार का रस पिया।

बाद में मालूम हुआ, यह गोरी क़ौम बड़ी चालबाज़ है। हैंबर्गर में मीट होता है और हॉट डॉग में सुअर की सासेज। हालाँकि हॉट डॉग खाए दो दिन बीत चुके थे मगर शाहिद का यह सुनते ही जी मतलाने लगा। फिर एक मौलवी साहब ने फ़तवा दिया कि भूल-चूक में खा जाओ तो मुआफ़ी है। तब कहीं जाके शाहिद की मतली रुकी।

मगर शाम को जब मंटो और शाहिद खूब पी गए तो फिर दोनों की यही राय हुई कि हैंबर्गर क़त्तई बे-ज़रर[17] हैं। हॉट डॉग खाने में ही ख़ैरियत है। बहस ख़तरनाक सूरत इख़्तियार करने लगी तो फ़ैसला हुआ कि एहतियातन[18] इन दोनों से परहेज़ किया जाए कि उनकी जनमपतरी का कोई भरोसा नहीं कौन हराम है,

---

13. संवेदनशील 14. नई-नवेली 15. सजा हुआ 16. प्रसन्नचित्त 17. अहानिकर 18. सावधानीवश

कौन हलाल। इसलिए चिकन-तिक्के खाए जाएँ। अनारकली में चक्कर लगाए, शालीमार में घूमे, नूरजहाँ का मक़बरा देखा और फिर दावतें और मुशायरे और हू-हक़।[19]

तब मेरे दिल से बेसाख़्ता शहंशाह बर्तानिया के हक़ में दुआइया कलमे[20] निकलने लगे कि उन्होंने हम पर मुक़द्दमा चलाकर लाहौर में ऐश करने का सुनहरा मौक़ा दिया। हम दूसरी पेशी का बड़ी बेक़रारी से इंतज़ार करने लगे। चाहे फाँसी भी हो तो कोई परवा नहीं, अगर लाहौर में हुई तो यक़ीनन शहादत का रुतबा पाएँगे और लाहौरवाले बड़ी धूम से हमारे जनाज़े उठाएँगे।

दूसरी पेशी नवंबर के ख़ुशगवार मौसम में पड़ी, यानी 1946 ई. में। शाहिद अपनी फ़िल्म में उलझे हुए थे। सीमा की आया बहुत होशियार थी और अब सीमा बहुत मोटी-ताज़ी और तनदुरुस्त थी। इसलिए मैंने उसे बंबई में छोड़ा और ख़ुद हवाई जहाज़ से देहली और वहाँ से शाहिद अहमद देहलवी और उनके कातिब के साथ रेल में गई। कातिब साहब से बड़ी शरमिंदगी होती थी; वह बेचारे मुफ़्त में घसीट लिए गए। बड़े ख़ामोश, मिस्कीन[21] से थे। हमेशा आँखें झुकीं, चेहरे पर उकताहट, उन्हें देखकर एहसासे-जुर्म[22] एकदम उभर आता था। मेरी किताब की किताबत में फँस गए। मैंने उनसे पूछा–

''आपकी क्या राय है ? क्या हम मुक़द्दमा हार जाएँगे ?''

''मैं कुछ कह नहीं सकता, मैंने कहानी नहीं पढ़ी।''

''मगर कातिब साहब, आपने किताबत की है।''

''मैं अलफ़ाज़ जुदा-जुदा देखता हूँ और लिख देता हूँ। उनके मानी पर ग़ौर नहीं करता।''

''कमाल है ! और छपने के बाद भी नहीं पढ़ते ?''

''पढ़ता हूँ, कहीं ग़लती तो नहीं रह गई।''

''अलग-अलग अलफ़ाज़ !''

''जी हाँ !'' उन्होंने नदामत[23] से सर झुका लिया। थोड़ी देर बाद बोले–

''एक बात कहूँ, बुरा तो नहीं मानेंगी !''

''नहीं।''

''आप कियाँ (के यहाँ) इमला की बहुत गलतियाँ होती हैं।''

''हाँ, वो तो होती हैं। अस्ल में सीन, से और साद में गड़बड़ा जाती हूँ। ज़ो, ज़ाद, ज़े, ज़ाल में भी बहुत कनफ़्यूज़न होता है। यही हाल छोटी हे, बड़ी हे और दोचश्मी हे का है।''

''आपने तख़्तियाँ नहीं लिखीं ?''

---

19. शोर-शराबा 20. दुआ के बोल 21. घामड़ 22. अपराधबोध 23. शरमिंदगी

"बहुत लिखीं। और मुस्तक़िल इन्हीं ग़लतियों पर बहुत मार खाई मगर..."

"दरअस्ल जैसे मैं अलफ़ाज़ पर ध्यान देता हूँ, मानी की तरफ़ तवज्जह नहीं देता, इसी तरह आप अपनी बात कहने में ऐसी उतावली होती हैं कि हरूफ़[24] पर तवज्जह[25] नहीं देतीं।"

"ऊँह !" अल्लाह कातिबों को जीता रखे, वो मेरी आबरू रख लेंगे। मैंने सोचा और टाल दिया।

शाहिद साहब के साथ मैं भी एम. असलम साहब के यहाँ ठहर गई। सलामो-दुआ भी ठीक से नहीं हुई थी कि उन्होंने मुझे झाड़ना शुरू किया। मेरी उरियाँ-निगारी[26] पर बसरने लगे। मुझ पर भी भूत सवार हो गया। शाहिद साहब ने बहुत रोका मगर मैं उलझ पड़ी।

"और आपने जो 'गुनाह की रातें' में इतने गंदे-गंदे जुमले लिखे हैं ! बाक़ायदा सेक्स ऐक्ट की तफ़सील बताई है। सिर्फ़ चटख़ारे के लिए।"

"मेरी और बात है। मैं मर्द हूँ।"

"तो इसमें मेरा क्या क़ुसूर ?"

"क्या मतलब ?" वह गुस्सा से सुर्ख़ हो गए।

"मतलब यह कि आपको ख़ुदा ने मर्द बनाया इसमें मेरा कोई दख़ल नहीं, और मुझे औरत बनाया इसमें आपका कोई दख़ल नहीं। मुझसे आप जो चाहते हैं वह सब लिखने का हक़ आपने नहीं माँगा, न मैं आज़ादी से लिखने का हक़ आपसे माँगने की ज़रूरत समझती हूँ।"

"आप एक शरीफ़ मुसलमान ख़ानदान की तालीमयाफ़्ता लड़की हैं।"

"और आप भी तालीमयाफ़्ता हैं और शरीफ़ मुसलमान ख़ानदान से हैं।"

"आप मर्दों की बराबरी करना चाहती हैं ?"

"हरगिज़ नहीं। क्लास में ज़्यादा से ज़्यादा नंबर पाने की कोशिश करती थी और अकसर लड़कों से ज़्यादा नंबर ले जाती थी।"

मैं जानती थी कि मैं अपनी ख़ानदानी कज-बहसी[27] पर उतर आई हूँ। मगर असलम साहब का चेहरा तमतमा उठा और मुझे डर हुआ कि या तो वह मेरे थप्पड़ मार देंगे या उनके दिमाग़ की शहरग[28] फट जाएगी। शाहिद साहब की रूह फ़ना हो रही थी; वह बस रोने ही वाले थे। मैंने बड़ी नर्म आवाज़ में इंकसारी[29] से कहा—

"अस्ल में असलम साहब, मुझे कभी किसी ने नहीं बताया कि 'लिहाफ़' वाले मौज़ू[30] पर लिखना गुनाह है। न मैंने किसी किताब में पढ़ा कि इस...मर्ज़...या लत के बारे में नहीं लिखना चाहिए। शायद मेरा दिमाग़ अब्दुर्रहमान चुग़ताई का ब्रश

---

24. अक्षरों 25. ध्यान 26. नग्नचित्रण 27. वितंडा 28. मुख्य नस 29. विनम्रता 30. विषय

नहीं, एक सस्ता-सा कैमरा है; जो कुछ देखता है, खट से बटन दब जाता है और मेरा क़लम मेरे हाथ में बेबस होता है। मेरा दिमाग़ उसे बरग़ला देता है। दिमाग़ और क़लम के क़िस्से में दख़लअंदाज़ नहीं हो पाती।''

''आपको मज़हबी तालीम नहीं मिली।''

''अरे असलम साहब, मैंने *बहिश्ती ज़ेवर* पढ़ा उसमें ऐसी खुली-खुली बातें लिखी हैं,'' मैंने बड़ी मासूम सूरत बनाकर कहा। असलम साहब कुछ परेशान से हो गए। मैंने कहा–

''जब बचपन में मैंने ज़्यादा किताबें पढ़ीं तो मेरे दिल को धक्का सा लगा। वो बातें गंदी लगीं। फिर मैंने बी.ए. के बाद पढ़ा तो पता चला कि वो बातें गंदी नहीं, बड़ी समझ-बूझ की बातें हैं जो हर ज़ी-होश[31] इनसान को मालूम होनी चाहिए। वैसे लोग चाहें तो नफ़सियात[32] और डॉक्टरों के कोर्स में जो किताबें हैं उन्हें भी गंदा कह दें।''

दनादन ख़त्म होकर बातें नर्म लहजे में होने लगीं। असलम साहब काफ़ी ठंडे हो गए। इतने में नाश्ता आ गया और हम चार इनसानों के लिए इतना लंबा दस्तरख़ान सजा कि ब-आसानी पंद्रह आदमी नाश्ता कर सकते थे। तीन-चार क़िस्म के अंडे, सादा तले हुए ख़ागीना, उबले हुए शामी कबाब और क़ीमा, पराठे भी और पूरियाँ भी और तोस भी, सफ़ेद और पीला मक्खन, दही और दूध, शहद और खुश्क-तर मेवे। अंडे का हलवा, गाजर का हलवा और हलवासोहन।

''या अल्लाह, क्या क़त्ल करने का इरादा है ?''

मैंने बहुत जलाया था, इसलिए उनकी तहरीरों की तारीफ़ शुरू कर दी। मैंने उनकी *नरगिस* और *गुनाह की रातें* पढ़ी थीं। बस इन्हीं को ख़ूब आसमान पर चढ़ाया। आख़िर में वह कुछ क़ायल-से हो गए कि बाज़ वक़्त[33] उरियानी[34] साफ़गोई[35] का काम करती है और सबक़ देती है। फिर उन्होंने खुद अपनी एक-एक किताब की ख़ूबियाँ गिनानी शुरू कीं और मूड बहुत खुशगवार हो गया। बड़ी नर्मी से बोले–

''तुम जज के सामने मुआफ़ी माँग लो।''

''क्यों ? हमारे वकील साहब तो कहते हैं, हम मुक़द्दमा जीत जाएँगे।''

''नहीं, वह साला बकता है। तुम और मंटो अगर मुआफ़ी माँग लो तो यह मुक़द्दमा ख़त्म हो सकता है। पाँच मिनट की बात है।''

''यहाँ के मुअज़्ज़िज़[36] लोगों ने सरकार पर ज़ोर डालकर हम पर यह मुक़द्दमा चलवाया है।''

''बकवास !'' असलम साहब बोले, मगर आँख न मिला सके।

---

31. चिंतनशील 32. मनोविज्ञान 33. कभी-कभी 34. नग्नता 35. स्पष्टवादिता 36. सम्मानित

"तो फिर क्या सरकार ने या शाह बर्तानिया ने ये कहानियाँ पढ़ीं जो उन्हें मुक़द्दमा चलाने की सूझी !"

"असलम साहब, यह तो सच है कि कुछ अदीबों, नक़्क़ादों[37] और शुरफ़ा[38] ने गवर्नमेंट की तवज्जह उस तरफ़ मब्ज़ूल कराई[39] कि ये किताबें मुख़रिबे-इख़लाक़[40] हैं, इन्हें ज़ब्त कर लिया जाए," शाहिद साहब धीरे से बोले।

"अगर मुख़रिबे-इख़लाक तहरीरों पर पाबंदी न लगाई जाए तो क्या उनको सर पर रखा जाए !" असलम साहब फट पड़े। शाहिद साहब कुछ नादिम[41] से हो गए।

"तब तो हम सज़ा के ही मुस्तहक़[42] हैं," मैंने कहा।

"फिर वही कठहुज्जती !"

"नहीं असलम साहब, यह भी कोई बात हुई कि जुर्म किया, शरीफ़ इनसान गुमराह हुए और मुआफ़ी माँगके साफ़ निकल गए। मैंने अगर जुर्म किया है और वह साबित हो जाता है तो सिर्फ़ सज़ा ही मेरे ज़मीर को सुकून दे सकती है," मैंने तंज़ से नहीं, सच्चे दिल से कहा।

"हठधर्मी न करो। मुआफ़ी माँग लो।"

"सज़ा मिल गई तो क्या होगा ? जुर्माना ?"

"साथ में बदनामी होगी।"

"अरे, बदनामी तो हो चुकी। अब क्या कसर बाक़ी रह गई है ! यह मुक़द्दमा तो कुछ भी नहीं। जुर्माना कितना होगा ?" मैंने पूछा।

"अरे, यही कोई दो-तीन सौ," शाहिद साहब बोले।

"बस ?"

"पाँच सौ भी हो सकता है," असलम साहब ने डराया।

"बा...स ?"

"बहुत रुपया आ गया है ?" असलम साहब चिढ़ गए।

"आपकी दुआ है। और अगर न भी होता तो क्या आप मुझे जेल जाने से बचाने के लिए पाँच सौ न दे देंगे ! आपका शुमार तो लाहौर के रईसों में है।"

"ज़बान बहुत चलती है।"

"मेरी अम्माँ को भी यही शिकायत थी। कहती थीं, बस जीब चलय्यो रोटी खय्यो।" बात हँसी में टल गई। मगर थोड़ी देर बाद फिर वही कि मुआफ़ी माँग लो।

जी चाहा, अपना और उनका सर फोड़ लूँ। मगर दम घोंटे बैठी रही।

फिर एकदम बात बदलकर बोले—

---

37. आलोचकों 38. शरीफ़ों 39. ध्यान खींचा 40. नैतिकता की शत्रु 41. शरमिंदा 42. अधिकारी

"तुमने 'दोज़ख़ी' क्यों लिखा ?"

मेरे दिमाग़ में एक धमाका सा हुआ।

"तुम कैसी बहन हो कि अपने सगे भाई को तुमने दोज़ख़ी[43] लिखा ?"

"वो दोज़ख़ी थे या जन्नती। मेरा जो जी चाहा, मैंने लिखा। आप कौन होते हैं ?"

"वह मेरा दोस्त था।"

"मेरा भाई था।"

"लानत है ऐसी बहन पर।"

मैंने आज तक किसी को नहीं बताया कि मैंने 'दोज़ख़ी' लिखा था तो मेरे ऊपर क्या बीती थी ! मैं ख़ुद किस दोज़ख़ के शोलों से गुज़री थी, मेरा क्या कुछ जलकर राख हुआ था ! रात के दो बजे थे जब मैंने यह मज़मून ख़त्म किया। कैसी हैबतनाक[44] रात थी ! समंदर घर की सीढ़ियों तक चढ़ आया था। जब तक अहाते की दीवार नहीं बनी थी। मुझ पर अजीब वहशत सी तारी[45] हो गई। जो मैंने लिखा था वह मेरे चारों तरफ़ सिनेमा की रील की तरह चल रहा था। मैंने लैंप बुझाया तो दम घुटने लगा, जल्दी से फिर जला दिया। अँधेरे से डर लग रहा था। मुझे वह क़ब्र याद आ रही थी जिसे देखकर आने के बाद मैं महीनों अकेले कमरे में नहीं सो पाती थी। अकेले पलंग पर मुझे वहशत होती थी। मैं अपने साथ अपनी छोटी सी ख़ालाज़ाद बहन को सुलाने लगी थी। जोधपुर से मुझे वहशत होने लगी थी, इसलिए मैं बंबई भाग आई थी। दस सुतूनों[46] में से एक ढह गया था। उस ख़िला[47] को कौन नाप सकता था !

मैंने कोई जवाब नहीं दिया। कमरे में जाके अपना बक्स बंद किया और सुल्ताना को फ़ोन किया कि फ़ौरन आओ और मुझे ज़बरदस्ती ले जाओ। अगर असलम साहब रोकें तो बुरा मानकर खूब बिगड़ना। सुल्ताना ने पूछा, "क्या बात है ? मैं पाँच बजे छुट्टी होते ही पहुँचूँगी।"

"तब तक तो एक-आध ख़ून हो जाएगा। तुम फ़ौरन आओ।" सुल्ताना फ़ौरन आ गई मगर असलम साहब ने कह दिया कि मैं नहीं जा सकती। सुल्ताना ज़िद करती जाती थी और मैं उस ड्रामे पर हँस-हँसके बेहाल हुई जा रही थी। मैं सुल्ताना के साथ भागी।

पेशी के दिन हम कोर्ट में हाज़िर हुए और वह गवाह पेश हुए जिन्हें यह साबित करना था कि मंटो की 'बू' और मेरा 'लिहाफ़' फ़ुहश[48] हैं। मेरे वकील ने मुझे समझा दिया कि जब तक मुझसे बराहे-रास्त[49] सवाल न किया जाए, मैं मुँह न खोलूँ। वकील ख़ुद जो मुनासिब समझेगा कहेगा।

---

43. नरकगामी 44. भयानक 45. छाई हुई 46 खंभों 47. शून्य 48. अश्लील 49. प्रत्यक्षतः

पहले 'बू' का नंबर आया।

"ये कहानी फ़ुह्श है ?"—मंटो के वकील ने पूछा।

"जी हाँ," गवाह बोला।

"किस लफ़्ज़ से आपको मालूम हुआ कि फ़ुह्श है ?"

गवाह : "लफ़्ज़ 'छाती'।"

वकील : "माइ लॉर्ड, लफ़्ज़ छाती फ़ुह्श नहीं है।"

जज : "दुरुस्त।"

वकील : "लफ़्ज़ छाती फ़ुह्श नहीं है ?"

गवाह : "नहीं, मगर यहाँ मुसन्निफ़[50] ने औरत के सीने को छाती कहा है।" मंटो एकदम से खड़ा हो गया और बोला—

"औरत के सीने को छाती न कहूँ तो क्या मूँगफली कहूँ ?"

कोर्ट में क़हक़हा पड़ा। मंटो भी हँसने लगा।

"अगर मुलज़िम ने फिर इस क़िस्म का छिछोरा मज़ाक किया तो कंटेंप्ट ऑफ़ कोर्ट के जुर्म में बाहर निकाल दिया जाएगा या माक़ूल सज़ा दी जाएगी।" मंटो को उसके वकील ने चुपके-चुपके समझाया और वह समझ गया। बहस चलती रही और घूम-फिरके गवाहों को बस एक 'छाती' मिलता था जो फ़ुह्श साबित न हो पाता था।

"लफ़्ज़ छाती फ़ुह्श है, घुटना या कुहनी क्यों फ़ुह्श नहीं ?" मैंने मंटो से पूछा।

"बकवास !" मंटो भड़क उठा। बहस चलती रही। हम लोग उठकर बरामदे में डगर-डगर करती बेंचों पर जा बैठे। अहमद नदीम क़ासमी एक टोकरा माल्टे लाए थे। उन्होंने नफ़ासत से माल्टे खाने की तरकीब बताई। माल्टे को आम की तरह पिलपिलाकर छोटा सा सुराख़ कर लो और मज़े से चूसते रहो। टोकरा भर माल्टे हम बैठे-बैठे चूस गए। माल्टों से पेट भरने के बजाय और शिद्दत[51] से भूख जाग उठी। लंच ब्रेक में किसी होटल पर धावा बोल दिया। सीमा की पैदाइश के सिलसिले में मैं बहुत बीमार रही थी, सारी चर्बी छट गई थी, मुरग्ग़न[52] खानों का परहेज़ नहीं रहा था। मुर्ग़ी इतनी क़वी-हेकल[53] थी कि बिलकुल गिद्ध या चील के टुकड़े लग रहे थे। मोटी-मोटी, काली मिर्च छिड़ककर गर्म-गर्म कुल्चों के साथ और पानी की जगह क़ंधारी अनार का रस। बे-इख़्तियार जी से मुक़द्दमा चलानेवालों के लिए दुआ निकल रही थी।

शाम को लुक़मान ने चंद अदीबों और शायरों की दावत की थी। वहाँ पहली बार मेरी मिसेज़ हिजाब इम्तियाज़ अली से मुलाक़ात हुई। बेहद मेक-अप, आँखों

---

50. लेखक 51. तीव्रता 52. रौग़नदार 53. भारी-भरकम

में धड़ियों काजल, कुछ उदास, कुछ रूठी-सी। अमूमन बात के जवाब में ख़िला में घूरने लगतीं।

'फ़्रॉड है।'' मंटो ने अपनी बड़ी-बड़ी आँखें और फैलाकर मेरे कान में कहा।

''नहीं, वह उस फ़िज़ा में खोई हुई है जो उसके क़लम से ख़्वाबनाक[54] धुएँ की तरह निकली है और उसके गिर्द एक सतरंगा ख़ोल तामीर कर देती है।''

हिजाब इम्तियाज़ अली ख़िला में घूरती रहीं और मैं इम्तियाज़ अली को ढूँढकर उनसे बातें करने लगी। किस क़दर फ़ासला था मियाँ-बीवी के मिज़ाज में ! इम्तियाज़ साहब निहायत बातूनी, क़हक़हाबाज़ और खुले दिल के मालिक थे। महफ़िल लाला-ज़ार[55] बनी हुई थी। ऐसा लगा, बरसों की मुलाक़ात है। उनकी बातें उनकी तहरीरों से भी ज़्यादा पुरबहार थीं। हाल ही में जब पाकिस्तान गई तो लाहौर में मिसेज़ हिजाब इम्तियाज़ अली से फिर मुलाक़ात हुई। हलका-सा मेक-अप, पहले से बहुत कमसिन और खिली हुई, बड़ी बे-तकल्लुफ़ और बातूनी, जैसे उन्होंने दूसरा ही जनम ले लिया हो।

मुझे आरग़नूँ देखने का बड़ा शौक़ था जिसका हिजाब के अफ़सानों में बेहद ज़िक्र होता है। मैंने कभी आरग़नूँ नहीं देखा था। हिजाब के यहाँ गई तो मैंने उनसे कहा, ''क्या आपके पास वाक़ई आरग़नूँ है ?''

''हाँ ! देखेंगी ?''

''ज़रूर, वह लफ़्ज़ जिसे आपके अफ़सानों में पढ़कर ही नशा तारी हो जाता था। आँखों में बे-बात आँसू छलक उठते थे।'' मैंने उन्हें यह भी बताया कि किसी ज़माने में आपकी नक़ल में मैंने भी नस्री शायरी[56] की थी, जो बाद में जला दी।''

ऑरग़नूँ देखकर मेरे सारे जोश और रोमांस पर ओस पड़ गई। अरे, यह तो वही बचकाना सा प्यानो का बच्चा है जो फ़िल्मी गानों की रिकार्डिंग में डी मेलो बजाया करता है और रिकार्डिस्ट उसे अकसर डाँटा करता है। कभी इधर खिसकवाता है, कभी उधर, और बैकग्राऊंड मौसीक़ी[57] में जब हीरोइन बहुत गरमाती है तो उसी के सुर उसके दिमाग़ी भूँचाल को नग़्मा के रूप में पेश करते हैं। ऑर्ग़न, कितना भोंडा नाम है और ग़ैन की शमोलियत[58] से कितना नाज़ुक, गुनगुनाता हुआ आसावरी का सुर बन जाता है।

कोर्ट में बड़ी भीड़ थी। कई असहाब[59] हमें राय दे चुके थे कि हम मुआफ़ी माँग लें। वो जुर्माना हमारी तरफ़ से अदा करने को तैयार थे। मुक़द्दमा कुछ ठंडा पड़ता जा रहा था। 'लिहाफ़' को फ़ुहश साबित करनेवाले हमारे गवाह हमारे वकील की जिरह से कुछ बौखला से रहे थे। कहानी में कोई लफ़्ज़ क़ाबिले-गिरफ़्त नहीं मिल रहा था। बड़े सोच-विचार के बाद एक साहब ने फ़रमाया कि ये जुमला

54. स्वप्निल 55. चमन 56. गद्यकाव्य 57. संगीत 58. शामिल होना 59. साक्षी

''...आशिक़ जमा कर रही थीं,'' फ़ुहश है।

''कौन सा लफ़्ज़ फ़ुहश है ? जमा या आशिक़ ?'' वकील ने पूछा।

''लफ़्ज़ आशिक़ !'' गवाह ने ज़रा तकल्लुफ़ से कहा।

''माई लॉर्ड, लफ़्ज़ आशिक़ बड़े-बड़े शुअरा[60] ने बड़ी फ़रावानी[61] से इस्तेमाल किया है और नातों[62] में इस्तेमाल किया गया है। इस लफ़्ज़ को अल्लाहवालों ने बड़ा मुक़द्दस[63] मुक़ाम दिया है।''

''मगर लड़कियों का आशिक़ जमा करना बड़ी मायूब[64] बात है,'' गवाह ने फ़रमाया।

''क्यों ?''

''इसलिए, क्योंकि...ये शरीफ़ लड़कियों के लिए मायूब बात है।''

''जो लड़कियाँ शरीफ़ नहीं उनके लिए मायूब नहीं ?''

''अ...नहीं।''

''मेरी मुवक्किल ने उन लड़कियों का ज़िक्र किया है जो शरीफ़ नहीं होंगी। क्यों साहब, बक़ौल आपके, ग़ैर-शरीफ़ लड़कियाँ आशिक़ जमा करती हैं ?''

''जी हाँ।''

''उनका ज़िक्र करना फ़ुहाशी[65] नहीं। मगर एक शरीफ़ ख़ानदान की तालीमयाफ़्ता औरत का उनके बारे में लिखना क़ाबिले-मलामत है,'' गवाह साहब ज़ोर से गरजे।

''तो शौक़ से मलामत फ़रमाइए, मगर क़ानून की गिरफ़्त के क़ाबिल नहीं।''

मुआमला बिलकुल फुसफुसा हो गया।

''अगर आप लोग मुआफ़ी माँग लें तो हम आपका सारा ख़र्चा भी देंगे और...'' एक साहब न जाने कौन थे, चुपके से मेरे पास आकर बोले।

''क्यों मंटो साहब, मुआफ़ी माँग लें ! जो रुपये मिलेंगे, मज़े से चीज़ें ख़रीदेंगे।'' मैंने मंटो से पूछा।

''बकवास,'' मंटो ने अपनी मोरपंखी आँखें फैलाकर कहा।

''मुझे अफ़सोस है, यह सरफिरा मंटो राज़ी नहीं।''

''मगर आप ! अगर आप ही...।''

''नहीं, आप नहीं जानते। यह शख़्स बड़ा फ़ित्तीन[66] है। बंबई में मेरा रहना दूभर कर देगा। इसके गुस्से से वह सज़ा बदर्जहा[67] बेहतर होगी जो मुझे मिलनेवाली है।''

वह साहब उदास हो गए क्योंकि हमें सज़ा नहीं मिली। जज साहब ने मुझे

---

60. शायरों 61. बहुतायत 62. पैग़ंबर की स्तुति में कही गई कविता 63. पवित्र 64. ऐबवाली 65. अश्लीलता 66. फ़िलाबाज़ 67. बहुत अधिक

कोर्ट के पीछे एक कमरे में तलब किया और बड़े तपाक् से बोले, "मैंने आपकी अकसर कहानियाँ पढ़ी हैं और वो फ़ुहश नहीं। और न 'लिहाफ़' फ़ुहश है। मगर मंटो की तहरीरों में बड़ी ग़लाज़त[68] भरी होती है।"

"दुनिया में भी ग़लाज़त भरी है," मैं मख़नी[69] आवाज़ में बोली।

"तो क्या ज़रूरी है कि उसे उछाला जाए !"

"उछालने से वह नज़र आ जाती है और सफ़ाई की तरफ़ ध्यान जा सकता है।"

जज साहब हँस दिए।

न मुक़द्दमा चलने से परेशानी हुई थी, न जीतने की ख़ुशी हुई। बल्कि ग़म ही हुआ कि अब फिर लाहौर की सैर ख़ुदा जाने कब नसीब होगी।

लाहौर कितना सलोना लफ़्ज़ है ! लाहौरी नमक ! जैसे नगीने। गुलाबी और सफ़ेद। जी चाहता है कि तराशकर चंदनहार में जड़ लूँ और किसी मुटियार की हंस जैसी सफ़ेद गर्दन के गिर्द डाल दूँ।

"निम्मी-निम्मी तारियाँ दी लो" सुरेंद्र कौर के गले में लाहौरी नमक के नगीने पिघलकर सुर बन गए हैं। साथ में उसके मियाँ सोडी की आवाज़ में अतलसो-दीबा की सरसराहट अजीब रस घोल देती है। लाहौर को देखकर सुरेंद्र और सोडी के सुर दिल में जागकर एक पुरसुकून-सी हलचल मचा देते हैं। आप ही आप जी भर आता है। अनजाने ग़ैर-मरई[70] महबूब की याद हूक बनकर उठती है। लाहौर की हवा में नूर घुला हुआ है। ख़ामोश घुँघरू गूँजते हैं और मिसेज़ हिजाब इम्तियाज़ अली के अफ़सानों की नारंगी की कलियाँ महकने लगती हैं और उम्र का वह ज़माना याद आ जाता है जब उनके रस में डूबे शफ़क़-आलूद[71] अफ़सानों में खो जाते थे। फिर जाने क्या हुआ ?

चार्ल्स डिकेंस को पढ़ा, डेविड कॉपरफ़ील्ड, ओलिवर ट्विस्ट, टोनो बंगे !

और गोर्की की *माँ* ने आसमान से उठाकर धरती पर पटख़ दिया।

चेख़व, एमिली ज़ोला, गोगोल, तालस्ताय, दास्तायेव्स्की, मोपासाँ।

ख़्वाबों के सारे क़िले अड़ड़धम !

और मैं फिसलकर उस फूस के बंगले में आन गिरी जहाँ हम अलीगढ़ में लालडिग्गी के किनारे रहते थे। ये बंगले कच्ची ईंटों के थे और कील ठोंको तो भुर-भुर करके कच्ची मिट्टी बहने लगती थी। छप्पर में कबूतरों के घोंसलों से बीट टपका करती थी और चमगादड़ें लटकती थीं और कमरों के फ़र्श कच्चे थे। आँधी चलती तो घर में बगूले नाचने लगते। न बिजली थी न नल। भिश्ती सर पर लाल झाड़न डालकर पानी भरने आता था। बान के पलंगों पर दरी और मैली खद्दर की

---

68. गंदगी 69. मिनमिनी 70. अदृश्य 71. उषा की लालिमा से भरे

चादरें और चीकट तकिये। अम्माँ ने बारह गज़ का फ़र्शी पाजामा छोड़कर पाँच गज़ की धोती पहननी शुरू कर दी थी।

एक ज़माना था जब घर में बीस नौकर थे। जो ग़रीब भूखा-नंगा आता, अम्माँ उसे पनाह दे देतीं। फिर पेंशन के बाद अब्बा मियाँ ने किफ़ायत की कैंची चलाई और सिर्फ़ अली बख़्श, उसकी बीवी शेख़ानी बुआ, जो खाना पकाती थीं, और कोचवान और उसकी बीवी रह गए क्योंकि अब भी दो घोड़े और एक भैंस थी।

शायद मिसेज़ इम्तियाज़ अली की शायराना फ़िज़ा[72] से मुझे जलन पैदा हो गई। अपने ख़ानदान में रोमानी फ़िज़ा कुछ वैसे भी फल-फूल नहीं सकती थी और मैंने बड़े सोच-विचार के बाद अपनी पहली कहानी 'बचपन' लिखी। घर में सिर्फ़ *तहज़ीबे-निस्वाँ* आता था। मैंने वह कहानी भेज दी, कहानी वापस आ गई, और साथ में इम्तियाज़ अली ताज के वालिद और *तहज़ीबे-निस्वाँ* के एडीटर मुमताज़ अली साहब का डाँट-फटकार भरा ख़त। इस कहानी में मैंने अपने और मिसेज़ हिजाब इम्तियाज़ अली के बचपन का मुवाज़ना[73] किया था। क़ाबिले-एतराज़ बात यह थी कि मुझे क़ुरान-शरीफ़ क़िरअत से[74] पढ़ाने पर मौलवी साहब की मार पड़ती थी और हलक़ से अैन साफ़ नहीं निकलता था, कोशिश करने पर क़ै आ जाती थी। उन्होंने लिखा कि मैंने क़िरअत का मज़ाक़ उड़ाकर अपनी लामज़हबियत[75] और गुनाहकारी का सुबूत दिया था।

यह मज़मून बाद में जब मेरी कहानियाँ छपने लगीं तो *साक़ी* में छपा और बहुत पसंद किया गया। मुझे अज़ीम भाई के रोमांटिक छेड़छाड़ से भरी कहानियों से भी चिढ़ आने लगी। वो झूठी थीं, उनमें उनकी ज़िंदगी के कर्ब[76] का कोई शायबा[77] न था। वह दूसरे भाइयों की शोख़ी, शरारत और ज़िंदादिली को अपना बनाकर लिखते थे।

मेरी यह हालत थी कि खिसियानी बिल्ली खंभा खसोटे। सच बोलने पर अमूमन[78] मेरी मिट्टी पलीद की जाती थी लेकिन जब बात अब्बा मियाँ तक जाती तो वह फ़ैसला मेरे हक़ में करते। बड़ी आपा जो उन्नीस बरस की उम्र में बेवा हो गई थीं, कड़वा नीम बन गई थीं। अलीगढ़ के ऊँचे तबक़े से खास तौर पर ख़्वाजा फ़ैमिली से बे-इंतिहा मरऊब[79] थीं और ख़्वाजा फ़ैमिली की बेगमों से मेरी लम्हा भर न पटी। मैं सरफिरी, ज़बानदराज़, मुँहफट, बदतमीज़ थी। मुझ पर पर्दा लागू हो चुका था, मगर ज़बान नंगी तलवार किसी के बस में न थी।

मेरे इर्द-गिर्द एक धोखा रचा हुआ नज़र आता था। बज़ाहिर शर्मीली और

---

72. वातावरण 73. तुलना 74. लय में पढ़ना 75. अधार्मिकता 76. पीड़ा 77. अंश 78. आम तौर पर 79. रोब खाए हुए

बाइज़्ज़त बेटियाँ छिपकर गुसलख़ानों और अँधेरे कोनों में रिश्ते के नौजवानों से छीन-झपट और चूमा-चाटी करती थीं और बड़ी शरीफ़ कहलाती थीं। मुझ जैसे बेनत्थे बैल से कौन लड़का दिलचस्पी लेता ! मैंने इतना पढ़ा कि अगर बहस छिड़ जाती तो मैं उन नौजवानों को धौंसा लेती जो किताब की सूरत से काँपते थे और सिर्फ़ मर्द होने के नाते अपने-आपको वो ऊँचा गरदानते थे।

फिर मैंने चोरी-छिपे *अंगारे* पढ़ी। रशीदा आपा ही मुझे एक ऐसी हस्ती नज़र आईं जिन्होंने मुझमें खुद-एतमादी[80] पैदा की। मैंने उन्हें अपना गुरू मान लिया। अलीगढ़ की छोटी ज़हर-आलूद[81] फ़िज़ा में वह बड़ी बदनाम थीं। मेरी साफ़गोई को उन्होंने सराहा और फिर मैंने उनकी बताई हुई किताबें चाट डालीं।

फिर मैंने लिखना शुरू किया और मेरा ड्रामा 'फ़सादी' *साक़ी* में छपा। उसके बाद और कहानियाँ लिखीं और कोई कहानी रद्द नहीं हुई। एकदम मुझ पर एतराज़ होने लगे, लेकिन रिसालों[82] से मेरी कहानियों की माँग बढ़ने लगी। मैंने एतराज़ात की कोई परवा न की।

मगर जब मैंने 'लिहाफ़' लिखा तो बम फट पड़ा। अदबी अखाड़े में मेरे पुर्ज़े उड़े। कुछ लोगों ने मेरी हिमायत में भी क़लम उठाया।

उस दिन से मुझे फ़ुहशनिगार[83] का लक़ब दे दिया गया। 'लिहाफ़' से पहले और 'लिहाफ़' के बाद मैंने जो कुछ भी लिखा, किसी ने उस पर ग़ौर न किया। मैं जिंसियात[84] पर लिखनेवाली फ़ुहशनिगार ही मानी गई। यह तो अभी चंद साल से नौजवान तबक़े ने मुझे बताया कि मैं फ़ुहशनिगार नहीं, हक़ीक़तनिगार[85] हूँ।

मैं ख़ुशक़िस्मत हूँ कि जीते-जी मुझे समझनेवाले पैदा हो गए। मंटो को तो पागल बना दिया गया। तरक़्क़ीपसंदों[86] ने भी उसका साथ न दिया। मुझे तरक़्क़ीपसंदों ने ठुकराया नहीं और न ही सर पर चढ़ाया। मंटो ख़ाक में मिल गया क्योंकि पाकिस्तान में वह कंगाल था। मैं बहुत आसूदा-हाल[87] थी। फ़िल्मों से हमारी बहुत अच्छी आमदनी थी और अदबी मौत या ज़िंदगी की परवा न थी। और वैसे मैं तरक़्क़ीपसंदों की खुद भी चमची बनी हुई थी। बड़े ज़ोर-शोर से इनक़लाब ला रही थी।

'लिहाफ़' का लेबिल अब भी मेरी हस्ती पर चिपका हुआ है और जिसे लोग शोहरत कहते हैं, वह बदनामी की सूरत में उस अफ़साना पर इतनी मिली कि उलटी आने लगी। 'लिहाफ़' मेरी चिढ़ बन गया था। मैं कुछ भी लिखूँ, 'लिहाफ़' की तहों में दब जाता था।

जब मैंने *टेढ़ी लकीर* लिखी और शाहिद अहमद देहलवी को भेजी तो उन्होंने

---

80. आत्मविश्वास 81. विषाक्त 82. पत्रिकाओं 83. अश्लील लेखक 84. यौनविज्ञान 85. यथार्थवादी लेखक 86. प्रगतिशीलों 87. खुशहाल

मुहम्मद हसन अस्करी को पढ़ने को दी। उन्होंने मुझे राय दी कि मैं अपनी नाविल की हीरोइन को लिहाफ़ज़दा बना दूँ। मारे गुस्सा के मेरा खून खौल उठा। मैंने वह नाविल वापस मँगवा लिया हालाँकि किताबत शुरू हो गई थी। यह नाविल मैंने लाहौर के नज़ीर अहमद को दे दी। जब लाहौर हिंदुस्तान का एक शहर था।

'लिहाफ़' ने मुझे बड़े जूते खिलवाए। इस कहानी पर मेरी और शाहिद की इतनी लड़ाइयाँ हुईं कि ज़िंदगी जंग का मैदान बन गई।

मगर मुझे 'लिहाफ़' की बहुत बड़ी क़ीमत मिली। सारी कोफ़्त मिट गई।

बहुत दिन बाद अलीगढ़ गई। वह बेगम जिन पर मैंने कहानी लिखी थी, उनके ख़याल से रौंगटे खड़े होने लगे। लोगों ने उन्हें बता दिया था कि 'लिहाफ़' उन पर लिखी गई है।

एक दावत में उनसे सामना हो गया। मेरे पैरों तले से ज़मीन खिसक गई। उन्होंने अपनी बड़ी-बड़ी आँखों से मेरी तरफ़ देखा और फूल की तरह खिल उठीं। भीड़ चीरती हुई लपकीं और मुझे गले लगा लिया। मुझे एक तरफ़ ले गईं और बोलीं–

"पता है, मैंने तलाक़ लेकर दूसरी शादी कर ली है ! माशाअल्लाह मेरा चाँद सा बेटा है !"

और मेरा जी चाहा, किसी से लिपटकर ज़ोर-ज़ोर से रोऊँ। आँसू रोके न रुके, मगर मैं क़हक़हे लगा रही थी। उन्होंने मेरी बड़ी शानदार दावत की। मैं मालामाल हो गई। उनका फूल सा बच्चा देखकर ऐसा लगा वो मेरा भी कोई है। मेरे दिमाग़ का टुकड़ा, मेरे ज़ेह्न की जीती-जागती औलाद–मेरे क़लम का बच्चा !

और मैंने जान लिया कि चट्टान में भी फूल खिल सकते हैं, ख़ूने-जिगर से सींचने की शर्त है ! चलते-चलते बस एक बात और। एक साहब से मैंने पूछा–

'लिहाफ़' मुख़रिबे-इख़लाक है ?"

"क़त्तई !" वह साहब बोले।

"वह क्यों ?" मैंने पूछा।

"इस कहानी को पढ़कर जिंसी हैजान[88] पैदा होता है।"

"ऐ है, क्या लिहाफ़ ओढ़ने को जी चाहता है !"

"नहीं, दरअस्ल बेगम बहुत सेक्सी है। ज़ालिम बला की हसीन है। रंगो-बू में शराबोर। साँचे में ढला जिस्म, गर्म-गर्म होंट, नशीली आँखें, बस एक दहकती हुई शोला-ब-दामाँ[89], छलकता जाम है।"

"तो फिर ?"

"शैतान वरग़लाता है।"

---

88. कामोत्तेजना 89. दामन में शोले लिए हुए

“क्या कहता है शैतान ?”

“कि...कि उसके साथ...।”

“शैतान बड़ा अक़्लमंद है। यही तो मैं चाहती थी कि कोई माई का लाल उसे रब्बू चुड़ैल के चंगुल से आज़ाद करके, अपने धड़कते हुए सीने से लगाकर उस बदनसीब हसीना की जनम-जनम की प्यास बुझा दे। प्यासी चिड़िया को पानी पिलाना बहुत बड़ा सवाब है।”

“बेगम का पता क्या है ?” वह साहब मुस्कुराए।

“आप बड़ी देर से पैदा हुए। वह तो अब अल्लाह के फ़ज़्ल[90] से दादी बन गई हैं। बरसों हुए एक शहज़ादा उन्हें काले देव के जादुई महल से आज़ाद करके ज़िंदगी के पुरबहार चमन में ले उड़ा।”

दूर किसी फ्लैट में नैयरा नूर ‘फ़ैज़’ की नज़्म गा रही थी–

“उन ब्याहताओं के नाम
जिनके बदन
बे-मुहब्बत रियाकार सेजों पर सज-सजके उकता गए हैं।”

और मैं सोचने लगी–कहाँ है भारत की वह महान नारी ! वह तक़द्दुस[91] की देवी सीता, जिसके कँवल[92] जैसे नाज़ुक पैरों ने आग के शोलों को ठंडा कर दिया।

और मीराबाई जिसने बढ़कर ख़ुदा के गले में बाहें डाल दीं।

वह सती-सावित्री जो यमदूत से अपने सत्यवान की जीवन-ज्योति छीन लाई, और रज़िया सुल्ताना जिसने बड़े-बड़े शहंशाहों को ठुकराकर एक हब्शी गुलाम को अपना ईमान बना दिया।

क्या वो आज लिहाफ़ में दुबकी पड़ी है ? या फ़ारस रोड पर ख़ाको-ख़ून से होली खेल रही है ?

---

90. कृपा 91. पवित्रता 92. कमल

नन्हे-मुन्ने

जैसे ही नन्हे भाई ने हामी भरी, अम्माँ ने ख़ुदकुशी का इरादा तर्क कर दिया और उठकर बैठ गईं। नन्हे भाई ने एक शर्त लगा दी कि शादी में बिलकुल पैसा ख़र्च नहीं किया जाएगा। नन्हे भाई अम्माँ के साथ जाएँगे और दुल्हन ब्याह लाएँगे। न जहेज़[1] लिया जाएगा, न चढ़ावा चढ़ेगा। ख़ामोशी से निकाह होगा और बस। अब्बा ने उनका साथ दिया। पेंशन के बाद मुन्ने भाई की शादी में अम्माँ ने इतना रुपया पानी की तरह बहाया था कि अब्बा का जी खट्टा हो गया था। अम्माँ ने फ़ौरन वादा कर लिया; अम्माँ झूठे वादे करने की आदी थीं। अब्बा ज़रा भी पैसा देने में कोताही करते तो वह चुपके से क़र्ज़ ले लेतीं और अलल्ले-तलल्ले से ख़र्च करतीं। अगर बाद में अब्बा चूँ-चरा करते तो मुँह फुलाकर भूख-हड़ताल कर देतीं। अब्बा पस्त होकर हार जाते। वह जानते थे, ख़र्च कम करने की धमकियाँ फ़िज़ूल हैं। अम्माँ जो चाहेंगी, करेंगी। मगर इस बार नन्हे भाई उनके साथ थे इसलिए अब्बा को यक़ीन था कि अम्माँ ज़रूरत से ज़्यादा मनमानी न कर सकेंगी।

अम्माँ कहाँ तो दुनिया से मुँह मोड़ रही थीं, कहाँ एकदम हुक्म दिया कि इसी वक़्त पैग़ाम भेजा जाए। अब्बा ने अपना लिखने का संदूक़चा मँगवाया और पैग़ाम का मज़मून मुरत्तब करने लगे।[2]

बड़े अब्बा फ़ौरन बुलाए गए कि यह मुबारक काम उनके बग़ैर कैसे अंजाम दिया जा सकता था ! मज़मून मुरत्तब होने लगा।

"रुक़्क़ा फ़ारसी में लिखा जाएगा।" बड़े अब्बा ने अल्टीमेटम दे दिया क्योंकि हम चुग़ताइयों की मादरी ज़बान फ़ारसी थी। मगर अम्माँ फैल पड़ीं।

"ऐ ख़ाक डालो मुई फ़ारसी पर, भला-सा रुक़्क़ा लिख दो। ज़फ़र हुसैन (दुल्हन के बाप) किससे फ़ारसी पढ़वाते फिरेंगे !" बड़ी रद्दो-क़दही[3] के बाद तय

1. दहेज 2. तैयार करने लगे 3. तर्क-वितर्क

हुआ कि रुक़्क़ा उर्दू में लिखा जाएगा। गुलाबी काग़ज़ के न होने का अम्माँ को बड़ा ग़म था, लेकिन वह काग़ज़ मँगवाने का इंतज़ार कहाँ कर सकती थीं ! रुक़्क़ा लिखा गया और तय हुआ कि हल्दी के छींटे बरकत के लिए डाले जाएँ।

शेख़ानी बुआ ने फ़ौरन हल्दी पीसी, सब बच्चे छींटे देने पर जुट गए और कई लिफ़ाफ़े ग़ारत हुए। तब अम्माँ ने जूती सँभाली और ख़ुदा-ख़ुदा करके लिफ़ाफ़ा सँवारा गया और रुक़्क़ा भेजा गया।

अम्माँ ने फ़ौरन बज़ाज़ और सुनार बुलवाए और अब्बा को कानों-कान ख़बर भी न हुई और जोड़े तैयार होने लगे। हम लोग बड़े ग़मगीन थे कि बरात में नहीं जाएँगे। मगर अम्माँ ने कहा–

"ऐ बस चुपके बैठे रहो, तुम सब जाओगे।"

अब्बा और नन्हे भाई से छिपाकर सबके ख़ूब जोड़े बने और बड़ी तैयारी होने लगी। "कोई नहीं जाएगा" वाले वादे को भूलकर अम्माँ ने सारी बिरादरी और ख़ानदान को फ़ौरन रुक़्क़े भिजवाए। मामूँ का जवाब आ गया तो तारीख़ भी तय हो गई। आपा भी देहली से आ गईं और बाजी रामपुर से आन धमकीं।

नन्हे भाई बहुत चिराग़-पा[4] हुए कि अम्माँ वादाख़िलाफ़ी कर रही हो। अम्माँ ने मासूम सूरत बनाकर कह दिया–

"सब अपना-अपना ख़र्च करके शादी में जाएँगे। फिर तुम रोकनेवाले कौन होते हो ?" इसका जवाब किसी के पास न था। मगर अब्बा जानते थे, सबका ख़र्च उन्हें देना होगा। अम्माँ को वह अच्छी तरह जानते थे, मगर उनसे टक्कर लेना फ़िज़ूल समझते थे। जानते थे, उनकी एक न चलेगी। अम्माँ जो तय कर चुकी हैं, वह करेंगी।

मुन्ने भाई ने दूल्हा मियाँ को ख़ूब भड़काया–

"मुझे मालूम हुआ है कि सारे ख़ानदान को आगरा बुलावे गए हैं और सब बरात में जोधपुर चलेंगे।"

"मैं शादी नहीं करूँगा," नन्हे भाई ने धमकी दी।

"शादी तो अब करनी पड़ेगी। पैग़ाम मंज़ूर हो गया। अम्माँ सबको क़त्ल कर देंगी। हम अपने मामूँ की इतनी ख़तरनाक बेइज़्ज़ती नहीं कर सकते।"

"मगर सारी बिरादरी तो बहुत लंबी-चौड़ी है, बहुत ख़र्चा होगा। मैं कौड़ी नहीं कमाता। सरकार* की पेंशन हो चुकी है, इतने बड़े ख़ानदान का उन पर बार[5] है। शादी का बोझ मैं नहीं डालने दूँगा। मैं ख़ुद ग़ायब हो जाऊँगा।"

"अब पैग़ाम मंज़ूर कर लिया गया। ज़फ़र हुसैन ने रुक़्क़े भी छपवा लिए।

---

* ख़ानबहादुर मिर्ज़ा क़सीम बेग चुग़ताई, मेरे अब्बा, जिन्हें कुछ भाई-बहन सरकार कहते थे।

4. क्रुद्ध 5. बोझ

अब कुछ नहीं हो सकता,'' अब्बा ने सुना तो कहा।

''मैं शादी नहीं करूँगा। मैं नवाब फ़ैज़ के साथ शिकार पर नेपाल चला जाऊँगा।''

''हम तुम्हें जेल में सड़वा देंगे,'' अब्बा बोले।

''वह कैसे ?''

''चोरी का इलज़ाम लगाकर।''

''आप झूठ बोलेंगे ?''

''नहीं, झूठ तुम्हारी अम्माँ बोलेंगी। हम उनकी रिपोर्ट पुलिस तक पहुँचा देंगे। उनकी बात रखने के लिए हम अपना सारा रसूख़ लगा देंगे।''

''झूठ का अज़ाब वो भुगतेंगी।''

''इलज़ाम क्या लगाएँगे ?''

''ज़ेवर चोरी करके भागे हो।''

''सरकार, आप ज़्यादती कर रहे हैं,'' नन्हे भाई हँस दिए।

''हम भी बेटियों के बाप हैं, हम ज़फ़र की ज़िल्लत बरदाश्त नहीं कर सकते।''

''मगर इतने बड़े ख़ानदान को बरात में ले जाना कहाँ की अक़लमंदी है ?''

''कौन सा ख़ानदान ?'' अब्बा चौंके।

''आपको पता नहीं, अम्माँ ने आगरे के पूरे ख़ानदान को बरात में चलने की दावत दी है। बच्चों से ख़त लिखवाए हैं।''

''यह उनकी ज़्यादती है।''

''उनको मना लिख दिया जाए।''

''नहीं, बुलावा देकर हम ऐसा नहीं कर सकते। लोग नाराज़ हो जाएँगे।''

''सरकार, ये तो अंधेर है।''

''हम तुम्हारी अम्माँ की अंधेर सहने के आदी हो चुके हैं,'' अब्बा मुस्कुराए। उन्हें अम्माँ की इन बचकाना ग़ैर-ज़िम्मेदारियों पर प्यार भी आता था और गुस्सा भी। मगर प्यार हमेशा गुस्सा पर ग़ालिब[6] आ जाता था।

''हमने दानिस्तन[7] उन्हें कभी दुख नहीं पहुँचाया।''

दोनों भाई मुस्कुराने लगे। अम्माँ बड़ी प्यारी थीं। उन्हें जो चाहता, बेवकूफ़ बनाकर ठग लेता और वह जैसे जान-बूझकर ठगी जातीं। ठगनेवाले से घड़ी भर को भी बददिल न होतीं। उनके इस भोलेपन पर सबको प्यार आ जाता और बात भुला दी जाती।

दुल्हन के लिए निहायत राज़दारी से बेहद भारी जोड़ा बना, और जितना ज़ेवर

---

6. हावी 7. जान-बूझकर

दुल्हन भाभी यानी अज़ीम भाई की दुल्हन के लिए बना था, उतना ही उनका बना। अम्माँ ने अपने मुँहबोले चाचाजी गिरजादयाल से क़र्ज़ लेकर खूब कपड़े-लत्ते बनाए। अब्बा को कानों-कान ख़बर भी न हुई। आख़िर वह खुद ही ज़ोर देने लगे कि हलका सा एक जोड़ा तो ज़रूर बनाओ और दो-चार ज़ेवर, मगर अम्माँ यही कहती रहीं–

''ज़फ़र मेरी लाज रख लेंगे। मैं उनसे चढ़ावा लूँगी। आख़िर वह नन्हे के मामूँ हैं। मत्तरू (छोटे मामूँ फ़हत हुसैन उस्मानी) भी भात देगा मुझे। हाथों में दस-बारह तोले के कड़े देगा। वही मैं चढ़ा दूँगी।''

अम्माँ इस भोलेपन से झूठ बोलीं कि अब्बा निहायत दुखी हो गए और ज़बरदस्ती अम्माँ को रुपये दिए। चाचाजी के क़र्ज़ा का तो हमें किसी को पता नहीं था। हम अपने कपड़ों का ज़िक्र अब्बा के सामने हरगिज़ नहीं करते थे। यह अम्माँ ने समझा दिया कि अगर अब्बा को पता चल गया तो सारे कपड़े चूल्हे में झोंक देंगी और किसी को शादी में नहीं ले जाएँगी।

इधर नन्हे भाई और मुन्ने भाई ने निहायत ख़ुफ़िया तौर पर अम्माँ के प्लान की काट शुरू कर दी। हम लोगों ने आगरा से आनेवाले मेहमानों की फ़ेहरिस्त ली कि उनके टिकटों का इंतज़ाम करेंगे और डब्बा रिज़र्व करवा लेंगे तो कुछ किफ़ायत होगी। अम्माँ ख़ुश हो गईं और उन दोनों ने सब मेहमानों को पोस्टकार्ड डाल दिए कि दूल्हा को टाइफ़ाइड हो गया है, इसलिए फ़िलहाल शादी मुल्तवी हो गई है। नई तारीख़ मुक़र्रर होते ही इत्तला दी जाएगी।

शमीम, चुन्नू और मेरे मामूँज़ाद भाई, यानी दुल्हन के सगे भाई और जसीम भाई को शादी में नहीं जाने दिया गया क्योंकि उनके इम्तहान भी क़रीब थे। अब्बा भी नहीं गए क्योंकि घर में किसी को तो बच्चों पर निगाह रखनी थी। बाक़ी हम सब रवाना हो गए। जब भी हम लोग कहीं आते-जाते, तीसरे दर्जे के दो डब्बे रिज़र्व हो जाया करते थे। उसमें कचरधान भरके जाती और अब्बा फ़र्स्ट क्लास में जाते थे। अम्माँ चाहती थीं कि अलीगढ़ से ही दोनों डब्बे रिज़र्व कर लिए जाएँ ताकि आगरे के मेहमानों को तकलीफ़ न उठानी पड़े। मुंतज़िमीन[8] यानी नन्हे-मुन्ने ने अम्माँ से रुपये ले लिए मगर एक ही डब्बा रिज़र्व करवाया। ख़ुद मर्दाना में ठुँस-ठुँसाकर काम चला लिया।

आगरा पे अम्माँ परेशान !

''है है, कोई नहीं आया ?''

''हाँ अम्माँ, कोई नहीं आया। कई बार प्लेटफ़ॉर्म के चक्कर लगाए, कोई नहीं दिखाई दिया।''

---

8. प्रबंधकगण

"मगर क्यों ? रुक़्क़ों के तो जवाब आ गए थे कि सब आ रहे हैं," बड़ी मासूमियत से अम्माँ ने पूछा।

कि इतने में मुन्ने भाई ने कुछ नन्हे भाई के कान में कहा और दोनों सरपट भागे और डब्बों में गुम हो गए।

भैंसवाले बड़े अब्बा पारवाले प्लेटफ़ॉर्म पर खड़े चारों तरफ़ नज़रें दौड़ा रहे थे। उनके साथ कोई सामान न था। वह शादी टलने के पोस्टकार्ड से कुछ मुतमइन[9] नहीं थे। कुछ दिल में शुब्हा था कि उनसे चाल चली गई है। बरात को देखकर वह जल्दी से वापिस लौट गए। अम्माँ ने उन्हें नहीं देखा और पूरे वक़्त ख़ानदान के उन ज़लील लोगों पर लानत भेजती रहीं जो शायद देने-लेने से जान बचाने की वजह से ग़ोता दे गए थे।

"शायद तबीयत ख़राब हो गई, इसलिए न आ सके," मुन्ने भाई भोली सूरत बनाकर अम्माँ को तसल्ली देने लगे।

"ऐ है, सारे कुनबे को हैज़ा हो गया, ताऊन[10] समेट ले गया," अम्माँ रो पड़ीं। "मैंने कितना लिया-दिया और आज मेरे अपने मुझे दग़ा दे गए। ऐसी बे-मुरव्वती की मुझे अपनों से उम्मीद न थी। क़सम ख़ुदा की, अब किसी की सूरत भी देख जाऊँ तो सुअर ही खाऊँ।"

हम लोग बिलकुल फ़िक्रमंद नहीं थे क्योंकि निहायत बुज़ुर्ग बुड्ढे-बुढ्ढियाँ शादी में बुलाई गई थीं जो बात-बात पर ताने देतीं। दुपट्टा सर पर ढकने को कहतीं–

"ऐ है शरीफ़ बेटियाँ यूँ अकड़कर मर्दों की तरह नहीं बैठतीं।" उफ़, आग लग जाती थी उनकी जली-कटी बातें सुनकर। बड़ी बहनें तो तरह दे जातीं, चुपके-चुपके बड़बड़ातीं, लेकिन मैं कमबख़्त बेइंतिहा मुँहज़ोर थी, मैं तड़-तड़ जवाब देने लगती। अम्माँ मारने की धमकियाँ देतीं, जूती वग़ैरह भी फेंक मारतीं। मगर मैं हमेशा अम्माँ से दूर ही बैठती थी और वार ख़ाली दे जाती, जूती किसी बेख़बर मासूम की चाँद पर पड़ती। अम्माँ का निशाना बेहद ख़राब था।

अम्माँ इन बुढ्ढियों-बुढ्ढियों की ख़ूब परस्तिश[11] करती थीं और हम लोगों की इस बदतमीज़ी की बदौलत उन्हें शरमिंदगी उठानी पड़ती। अब्बा से शिकायत करतीं। वह हमें डाँटते, ऐसे कि अम्माँ भी समझ जातीं कि दरअस्ल वो हमें शह दे रहे हैं।

"हाँ-हाँ, मैं ख़ूब समझती हूँ। तुम्हीं ने इन नामुरादों को शुतर-बेमहार[12] बनाया है।"

"तुम कहो तो हम उनकी मरम्मत कर दें," अब्बा धमकी देते और अम्मा सहम जातीं और ख़ुद ही हमारी सफ़ाई करने पर तुल जातीं क्योंकि वो जानती थीं,

---

9. संतुष्ट 10. प्लेग 11. पूजा 12. बेलगाम ऊँट

अब्बा ने बचपन से पहलवानी सीखी थी। हलके से भी हाथ लगा देते तो कचूमर निकल जाता, और जब वह किसी बात पर गुस्सा होकर किसी को मारना शुरू करते थे तो उफ़, मैं ब्यान नहीं कर सकती कि कितनी बेरहमी से मारते थे। लड़कियों पर उन्होंने कभी हाथ नहीं उठाया। सिर्फ़ ख़ाकसार की एक बार बारीक बेंत से तवाज़ह[13] की थी, मगर मुन्ने भाई ने पहले ही बेंत के बाद दौड़कर मुझे अपने जिस्म की आड़ में ले लिया था। वह बुख़ार में जल रहे थे और दो-चार बेंत ही पड़े थे कि बेहोश होकर गिर पड़े। मैं डेढ़ अदद बेंत खाकर सरपट भागी और अब्बा अज़ीम भाई की हालत देखकर डर गए और मुझे भूल गए। इसलिए जब कोई भयानक शरारत किसी से सरज़द हो जाती तो अम्माँ छिपा जातीं, या अगर सामने होते तो इससे पहले कि अब्बा को तैश आए, वह खुद मारने लगतीं। अब्बा की मार के आगे अम्माँ की मार फूलों की फुवार लगती थी।

इस सफ़र में सबसे बड़ा अलमिया[14] मेरी जान पर बीत रहा था। मुझे पहली बार बुर्क़ा ओढ़ना पड़ा था और बता नहीं सकती कि एहसासे-ज़िल्लत[15] ने मुझे कई बार रेल की पटरी पर कट जाने की सलाह दी। मैं सख़्त कोफ़्त में मुब्तला[16] थी। अज़ीम भाई उन दिनों 'क़ुरान व पर्दा', 'हदीस व पर्दा' लिखकर काफ़ी हंगामे खड़े कर चुके थे। पर्दे की मुख़ालिफ़त और मुवाफ़िक़त[17] में ज़ोर-शोर की बहसें चल रही थीं। बेगम अतिया फ़ैज़ी, ज़ोहरा फ़ैज़ी, बेगम हुमायूँ मिर्ज़ा और चंद मनचली बीबियों ने बंबई में कांफ़्रेंस के इजलास में जहाँ औरतों का आना क़त्तई मना था, हल्ला बोलकर एक तूफ़ान खड़ा कर दिया था। हालाँकि वो बुर्क़े पहने हुए थीं मगर फिर भी मुसलमानों ने सख़्त हतक महसूस की थी। और अगर ये ख़वातीन[18] बा-रसूख़, तालीमयाफ़्ता और दौलतमंद तबक़े से न होतीं तो उनकी मिट्टी पलीद कर दी गई होती। इन ख़वातीन ने न जाने कितने कच्चे ज़ेहनों से पर्दे का तसव्वुर[19] जलाकर राख कर दिया होगा। अज़ीम भाई पर्दे के सख़्त मुख़ालिफ़ थे। अपनी बीवी को वह बुर्क़ा ओढ़ने से मना करते थे मगर सारा घर उनकी बीवी की तरफ़ हो जाता और वह चित्त हो जाते।

एक दिन उन्होंने अपने दोस्त ख़्वाजा मुहम्मद इसहाक़ को अपने कमरे में लाकर बीवी के सामने खड़ा कर दिया।

"भाभीजान आदाब !" इसहाक़ भाई ने नीची नज़रों से शरमाते हुए कहा। दुल्हन भाभी चीख़ मारकर सरपट भागीं और अम्माँ से लिपटकर धारों-धार रोने लगीं। एक हंगामा खड़ा हो गया।

अजीम भाई की तलबी अब्बा के दरबार में हुई क्योंकि अम्माँ अड़ गईं कि अगर इस नामुराद आवारा-मिज़ाज की ख़बर न ली गई तो वह भूख-हड़ताल कर देंगी।

---

13. ख़ातिरदारी 14. त्रासदी 15. अपमान-बोध 16. ग्रस्त 17. पक्ष-विपक्ष 18. महिलाएँ 19. धारणा

"क्यों भई, क्या क़िस्सा है ?" अब्बा ने अज़ीम भाई की तरफ़ नज़र डाले बग़ैर पूछा।

"कुछ भी नहीं सरकार," अज़ीम भाई खाँसते हुए बोले। गुज़िश्ता[20] रात उन्हें दमा का दौरा पड़ चुका था।

"तुमने फिर स्वेटर नहीं पहना बेवकूफ़।"

"सरकार, अभी उतारा है। बहुत मैला हो गया था।"

"लो देख लो, लाडले को फिर सर चढ़ा रहे हैं।"

अब्बा ख़ामोश अख़बार पढ़ते रहे।

"चूल्हे में डालो मुए अख़बार को," अम्माँ ने अख़बार हाथ मारकर गिरा दिया।

"उफ़्फ़ोह, भई बताओ ना, ये क्या बेहूदगी मचा रहे हो तुम ?"

"कुछ भी नहीं सरकार।"

"कुछ भी नहीं के बच्चे।"

"अम्माँ, मैं कुछ भी नहीं का बच्चा नहीं, आप दोनों का ..."

"देख रहे हो," अम्माँ रोहाँसी हो गईं, "इससे पूछो, दुल्हन को इसहाक़ के सामने क्यों किया ?"

"अम्माँ, आप भी तो इसहाक़ के सामने आती हैं।"

"एं लो और सुनो, ए वो मेरे सामने का बच्चा है। मगर दुल्हन ..."

"मेरे भाई की तरह है। आपकी दुल्हन का देवर है।"

"बस, बकबक न कर। मैं कहती हूँ कुछ कहते क्यों नहीं ?" अम्माँ फिर अब्बा पर हमला-आवर हुईं।

"क्यों भई, तुमने पर्दा क्यों तुड़वाया ?"

"किसका ?"

"दुल्हन का।"

"दुल्हन मेरी बीवी है, और मुझे हक़ हासिल है चाहे पर्दा रखवाऊँ या तुड़वाऊँ।"

"हमारे घर में यह नहीं होगा, समझे ?" अम्माँ बराहे-रास्त[21] लगामें सँभालकर मैदान में आ गईं। अब्बा ने इत्मीनान का साँस लिया।

"तो मैं कल ही अपने एक दोस्त के यहाँ मुंतक़िल[22] हो जाऊँगा। एक कमरा ख़ाली है उनके पास। हम मियाँ-बीवी और दोनों बच्चे।"

"नुज़हत नहीं जाएगी।" अम्माँ ने अपनी पोती नुज़हत को, ज़रा सी थी तब से पाला था, और वह दादी के साथ सोती थी, कभी भूले से भी माँ-बाप की तरफ़

---

20. पिछली 21. सीधे-सीधे 22. स्थानांतरित

नहीं जाती थी। वह दादी को अम्माँ, माँ को दादी की नक़ल में दुल्हन और बाप को भाईसाहब कहती थी। उसे मालूम भी नहीं था वह दादी की नहीं, दुल्हन की बेटी है। ज़रा बीमार सी, मिस्कीन[23] बच्ची थी। हरदम अम्माँ और अब्बा से लिपटी रहती थी।

"मैं जाऊँगा तो बच्चे भी जाएँगे।"

"अरे जा मर घुले, बड़ा आया बच्चों का सगा। पाला हमने और हक़ तू जताने बैठ गया। सब जानते थे दुल्हन फोड़िया से बच्चे नहीं सँभले।" छोटी बेटी मिदहत को मँझली बाजी[24] अपने साथ ले जाने का प्रोग्राम बना रही थीं। शादी में शिरकत करके[25] लड़की गोद ले लेंगी। दुल्हन भाभी पूरे दिनों से थीं; ऐसी हालत में अलग मकान में कैसे गुज़र होगी। अज़ीम भाई एल.एल.बी. कर रहे थे और साथ में तालों के कारख़ाने में पैंतालीस रुपया माहवार पर क्लर्की कर रहे थे। और फिर उनकी बीमारी !

अम्माँ रोने लगीं, अब्बा बेचैन हो गए।

"नहीं, दुल्हन का पर्दा नहीं टूटेगा। हम उसे मना कर देंगे कि वह तुम्हारे सामने न रहे। उसे अलग कमरा दे दिया जाएगा।"

"अगर वह मेरा हुक्म न मानेगी तो मैं उसे तलाक़ दे दूँगा।"

"क्या बक रहे हो गधे ?" अब्बा गुर्राए।

"तो मैं कल बच्चों को लेकर ... "

"तू निकल जा यहाँ से, दुल्हन और बच्चे नहीं जाएँगे," अम्मा ने फ़ैसला किया–

"बस, कोई नहीं जाएगा। कल ही दमा का दौरा पड़ा और कमीस पहने घूम रहा है।" अम्माँ अपनी हार पर भिन्नाती हुई एकदम उठकर दनदनाती चल दीं।

इसके बाद सुना, दुल्हन के मैके भी उड़ते-उड़ते ख़बर पहुँची। दुल्हन भाभी बाजी के जेठ की बेटी थीं और वही उन्हें भावज बनाकर लाई थीं। उन्होंने फ़ौरन इस ख़बर को झुठला दिया कि कोई पर्दा नहीं टूटा है। सब लोगों की उड़ाई बातें हैं।

क्योंकि दुल्हन भाभी के भाइयों ने कहा था, अगर हमारी बहन बेपर्दा की गई और उसे सरे-बाज़ार नचाया गया तो वो बहन और बहनोई की गर्दनें उड़ा देंगे, अज़ीम भाई इस हंगामे से कुछ दब गए। मुझे थर्ड क्लास के डब्बा में गुस्सा और लाचारी से बेहाल देखकर समझ गए कि यह सब बुर्क़ा की वजह से हुआ। क्योंकि जब मैंने बुर्क़ा ओढ़ा तो मेरे बदज़ात भाइयों ने खूब क़हक़हे लगाए और मैं उनसे भिड़ गई तो अम्माँ ने उन्हें कुछ न कहा, मेरे ही धौल जड़ दी। बड़ी हथछुट थीं

23. भोली-भाली 24. बहन 25. भाग लेकर

मेरी अम्माँ।

उन्होंने मेरी खिड़की के पास आकर चुपके-चुपके मुझे समझाना शुरू किया और मैं समझ गई। जोधपुर का स्टेशन आने लगा तो नौकरों को बुलाकर बिस्तर बँधवाए जाने लगे। सब बिस्तर एक हाथीनुमा पुलिंदे में जमा करके ऊपर से रस्सी का जाल बाँध दिया गया। इस तरह बड़ी किफ़ायत हो जाती है। दस बिस्तरों के दो बना दिए गए। जाड़ों का ज़माना था, लिहाफ़-तोशक भी थे। अगर अलग-अलग बिस्तर होते तो क़ुलियों को बहुत पैसे भरना पड़ते।

अब स्टेशन आया और सब बुर्क़े पहनने लगे तो मेरे बुर्क़े की कैप ग़ायब, नीचे का कोट सा रह गया था जो मैंने निहायत फ़रमाँबरदारी से पहन लिया था और बड़ी तुंदही[26] से ऊपर का हिस्सा ढूँढ रही थी। जब न मिला तो और सब भी मेरी मदद करने लगे।

''शायद बड़े बिस्तर में भूले से बँध गया,'' मैंने दबी ज़बान से कहा।

''कमीनी कमबख़्त,'' चारों तरफ़ से धमोके पड़ने लगे। ''तूने जान-बूझकर ठूँसा होगा। मैंने वो घूँसे लड्डुओं की तरह निगल लिए। मुझे मालूम था, आध घंटे में रस्सी का जाल बँधा हुआ बिस्तर खोलने का सवाल ही नहीं उठ सकता। मुझे एक चादर उड़ा दी गई और मैं एक जाँबाज़ फ़ातेह[27] की तरह प्लेटफ़ॉर्म पर उतर गई। अज़ीम भाई से आँखें मिलीं। वह इतनी ज़ोर से हँसे कि खाँसी का दौरा पड़ गया। मैंने भी अपनी हँसी मसनूई[28] खाँसी में घोंट दी। चादर बार-बार फिसल जाती और मेरे ऊपर घूँसों और चुटकियों की बौछार होने लगती।

मगर फ़तह का नशा जिसने चखा है वही वो लम्हे जी सकता है जो मैं उस दिन प्लेटफ़ॉर्म पर खुले मुँह जी रही थी। जल्दी ही लोगों को महसूस होने लगा कि इस हठधर्मी की चिंगारी को अज़ीम भाई ने हवा दी है बल्कि उन्होंने ही माचिस लगाई थी। क्योंकि वह पैग़ाम जो बिना तार-बर्क़ी[29] मेरी उनकी निगाहों के दरमियान चल रहा था, जल्दी ही वाज़ह[30] हो गया।

स्टेशन पर मामूँ मय दोस्तों और रिश्तेदारों के हमारे स्वागत को मौजूद थे। हमारे ताया इब्राहीम बेग चुग़ताई, उफ़ भूल हुई, मीरज़ा लगाना भूल गई। बारहा बड़े अब्बा हमें इसी लफ़्ज़ मीरज़ा और चुग़ताई की अज़्मत[31] और शान पर मुदल्लल[32] लेक्चर दे चुके थे। हमें किसी हालत में भी नहीं भूलना चाहिए कि हम चंगेज़ आज़म की औलाद में से हैं और चुग़ताई ख़ान चंगेज़ का बेटा था। और मीरज़ा, यहाँ दो नुक्ते बड़ी अहमियत रखते हैं। ख़ाली मिरज़ा से बात नहीं बनती। यह लफ़्ज़ मीरज़ा वह ख़िताब था जो मेरे जद्दे-अमजद[33] ने कुश्तों के पुश्ते[34] लगाकर

---

26. चुस्ती-फुर्ती 27. विजेता 28. बनावटी 29. बेतार के 30. स्पष्ट 31. महानता 32. तर्कपूर्ण 33. पूर्वजगण 34. लाशों के ढेर

और खून की नदियाँ बहाकर हासिल किया था। गाय-बकरी का ज़िक्र नहीं, यहाँ इनसानी खोपड़ियों के मीनारों और घोड़ों के सुमों का ज़िक्रे-ख़ैर है जो इनसान के खून में डूबे थे।

यक़ीनन ये मेरे ननिहाल के शेख़ों का फीका-पतला खून है जो फ़ख़्र से खौल उठने के बजाय कमहिम्मत और डरपोक चूहे की खूबत[35] की तरह मेरी आँखों में छलक आता है।

मेरी बड़ी मुसीबत थी। ननिहाल की तरफ़ से मेरा नाता हज़रत उस्मान ग़नी रज़ीअल्लाह तआला अन्हा से जा मिलता था और ददिहाल की तरफ़ से इनसानी खोपड़ियों के मीनारों और ख़ून की नदियों से। यह क्या घपला कर दिया था मेरे अब्बा ने शेख़ों में शादी करके ! हाँ तो हमारे बड़े अब्बा और हमारी अम्माँ के मामूँ ज़हूर नाना पहले से जोधपुर पहुँच गए थे। वह मामूँ के बुलावे पर गए थे, इसलिए यहाँ से भेजे हुए पोस्टकार्डों के फंदे में नहीं फँसे थे।

इन दोनों को देखकर अज़ीम भाई और नसीम भाई पर ओस पड़ गई। ये बुज़ुर्ग ख़ानदान के बस क्या बताएँ क्या माने जाते थे ! अम्माँ और अब्बा, दोनों उनसे बेइंतिहा मरऊब[36] थे और वह रोब विरसे में हमें थमाने पर मुसिर[37] थे।

उन दोनों बुज़ुर्गों के पुरनूर[38] चेहरे और लिबास से उनकी आबाई[39] शान नुमायाँ[40] थी। ज़हूर नाना निहायत सफ़ेद बुर्राक कपड़ों और सफ़ेद मुक़द्दस दाढ़ी की वजह से कोई पीर-मुर्शिद[41] लगते थे। मैंने कभी उन्हें मलगुजे शिकनदार कपड़ों में नहीं देखा। सफ़ेद शरई, टख़नों से ऊँचा पाजामा, सफ़ेद अँगरखा और हकीमों जैसी टोपी, दूर ही से उनमें से भीनी-भीनी काफ़ूर की सी खुशबू आती थी। उन्हें देखकर न जाने क्यों हम कमबख़्तों को क़ब्रिस्तान याद आ जाते थे, कि क़ब्रिस्तान ही आख़िरी मंज़िल है इनसान की। पुरसुकून सरसब्ज़ पेड़ों की छाँव में बसे ख़ामोश क़ब्रिस्तान !

बड़े अब्बा अकसर कुछ अनजाने क़िस्म के अमराज़[42] में मुब्तला[43] रहते थे। इसलिए बहुत कम, अकसर हफ़्तों नहा नहीं पाते थे। जिस दिन उनके नहलाने को हज्जाम आता था, और गर्मी-सर्दी हर मौसम में बड़े पतीले में पानी गर्म होता था तो वह बेइंतिहा फ़िक्रमंद बल्कि ख़ौफ़ज़दा से हो जाते थे। बार-बार सबको याद दिलाते थे—"आज मुझे गुस्ल करना है।" जैसे लाम पर जाना हो।

गुस्ल के बाद वह इतने खूबसूरत और गोरे निकलते थे कि हमें हैरत होती थी कि बड़े अब्बा तो बिलकुल अंग्रेज़ हैं। फिर चंद हफ़्तों बाद वह फिर भूरे पड़ जाते थे। मुग़लों के बारे में उनके ख़यालात बहुत कुछ हिटलर के जर्मन क़ौम की

35. गीलापन 36. रोब में आए हुए 37. अड़े हुए 38. कांतिमय 39. पैतृक 40. प्रकट 41. पहुँचा हुआ फ़क़ीर 42. रोगों 43. ग्रस्त

बरतरी के फ़लसफ़ा से मिलते थे। मुग़ल से बरतर[44], बहादुर, इंसाफ़पसंद, आलिम, मुंकसिरुल-मिज़ाज[45], दरियादिल वग़ैरह वग़ैरह—और कोई क़ौम दुनिया के पर्दे पर नहीं। और बड़े अब्बा निहायत ही मुकम्मल और खरे मुग़ल थे क्योंकि शहंशाह तैमूर की तरह उनके पैर में भी पैदाइशी लंग था।

बड़े अब्बा जिस दिन नहाकर स्याह चौगोशिया[46] टोपी और नसवारी रंग का चोग़ा पहनते थे, तो बिलकुल बहादुरशाह लगते थे। सुनते हैं जवानी में वह इतने हसीन और तरहदार थे कि लोग उन्हें गुज़रता देखकर ठिठक, जहाँ के तहाँ खड़े रह जाते थे।

चार बजे बरी जानी थी, पचीस-तीस ख़्वान मय ज़रनिगार[47] ख़्वानपोशों के मामूँ ने दरबारी तोशाख़ाना से निकलवाकर भेज दिए। अम्माँ ने पाँच मन मेवा, मिसरी उन थालों में सजवाई—बादामों, पिस्तों, किशमिशों और साबुत खोपरे के थाल। एक बरी का जोड़ा, एक सुहाग का जोड़ा। ज़ेवर अम्माँ ने आपा की हिफ़ाज़त में दे दिया।

बरी बाजे-गाजे से गई।

हम लोग भी पहुँचे। अम्माँ दुल्हन की इकलौती सगी फूफी भी तो थीं, लिहाज़ा दोनों मामुओं ने उन्हें भात दिया। बहनों को दुपट्टे, बहनोइयों को साफ़े, जो बहनों ने फाड़कर आख़िर में दुपट्टे बना डाले और कमीनों[48] के जोड़े, अम्माँ-अब्बा को जोड़ा, अम्माँ को सोने की चूड़ियाँ।

"और बरी में भी तो मेरा हिस्सा है," अम्माँ ने कहा।

एक थाली में दस-बारह बादाम, छुहारे, एक नारियल और थोड़े से पिस्ते और किशमिश ममानीजान ने लाकर रख दी।

"ऊई, बस मैं इकलौती फूफी और ये मुआ भिनकता मेरा हिस्सा, मैं तो पूरा थाल लूँगी।" अम्माँ अड़ गईं।

ममानीजान मामूँ की दूसरी बीवी थीं, पहली बीवी शौक़त आपा यानी दुल्हन की माँ तो उन्हें ज़रा-सा छोड़कर मर गई थीं।

"आपा दो-दो दाने शगुन के सब ही को बाँटने हुए।"

"माशाअल्लाह पाँच मन बरी लाई हूँ, दो-दो दाने की भी अच्छी कही।"

"पाँच मन ?"

"हाँ-हाँ, तुम्हारे रम्जू मियाँ ही लाए और मैंने अपने हाथों से बीस थाल भरे।"

"एक मन शक्कर, एक मन लड्डू और तीन मन मेवा। मज़दूरनियों की गरदनें टूटी जा रही थीं।"

---

44. श्रेष्ठ 45. विनम्र 46. चौकोना 47. सोने के कामवाला 48. कामगारों

"आपा, कमरे में चलके देख लो बरी।"

कमरों में थालों पर से ख़्वानपोश उठाए तो दस-बाहर नारियल लुढ़क रहे थे, दो-चार सेर सूखा मेवा और बीस-पचीस लड्डू।

"है है लोगो, ये क्या अंधेर है। पूरी पाँच मन बरी लाई और..." खूब कायँ-कायँ हुई। अम्माँ ने जान लिया कि ममानीजान ने सारी बरी अपने मैके गुलाबसागर पार कर दी। बड़ी तलख़ियाँ पैदा हुईं। ममानीजान बेइंतिहा रोज़े-नमाज़ की पाबंद, सुबह कई घंटे तिलावते-क़ुरान और आठ वक़्त की नमाज़ पढ़ती थीं। निहायत नाजुकबदन हसीन, बेइंतिहा लंबे, स्याह बाल, सूरत कुछ हज़रत मरियम से मिलती-जुलती, कोने में बैठी ख़ामोश आँसू बहा रही थीं। अम्माँ ने सारे समधियाने को बेनुक़्त[49] सुनाईं। न जाने इतनी सीधी-साधी अम्माँ अपने से ज़्यादा भोली औरत को देखतीं तो उनकी रग फड़क उठती और बेहद ग़ज़बनाक हो जातीं। मामूँ उन्हें बेइंतिहा चाहते थे, जान छिड़कते थे। उन्हें जब पता चला कि बेगम ने बरी मैका पार कर दी तो तलवारें सूँत लीं। जब समधनें रुख़सत हो गईं तो उन्होंने उनकी ख़बर ली। उनकी मैकेवालियाँ पहले ही सटक ली थीं। उन्होंने अपनी बीवी और ससुराल की धज्जियाँ बिखेर दीं। ममानीजान ख़ामोश लालटेन जलाए, रात भर तिलावते-क़ुरान करती रहीं। मामूँ ज़हर उगलते रहे और वह ग़टाग़ट पीती रहीं। चोर-डाइन न जाने क्या-क्या कह डाला, उफ़ न की।

"ढिठाई की इंतिहा है। नमाज़ों और तिलावतों से गुनाहों की स्याही धोने से क्या फ़ायदा, तुमने मेरी बहन का दिल दुखाया, मैं कभी तुम्हें मुआफ़ नहीं करूँगा।"

और वह नीचे जाकर सर पकड़कर बैठ गए।

अब दूसरे दिन बरात चढ़ी। मामू ने अपना पूरा रसूख़ इस्तेमाल करके महाराजा के ख़ास हाथी और कोतल घोड़े, चाँदी-सोने के ज़ेवर से झमझमाते सब सफ़ेद, एक क़द के अरबी घोड़े, और दस सेर सोने का झूमर और बीस सेर की पाज़ेबें पहने, ज़रदोज़ी काम से मुरस्सा झूल पहने हाथी, तख़्ते-रवाँ[50], यानी एक तख़्त पर एक हसीन अप्सरा रक़्स[51] करती हुई। क़दम-क़दम पर बरात रुक जाती, तख़्त ज़मीन पर रख दिया जाता और रक़्क़ासा[52] अपने फ़न का मुज़ाहिरा[53] करती।

दूल्हा के घोड़े का तो जवाब ही न था, बस जैसे सोने का डला। दोनों तरफ़ दो मोरछल बरदार पीछे छत्रबरदार।

मगर दूल्हा दोलत्तियाँ झाड़ रहा था। कोई किमख़्वाब की अचकन फ़िट न बैठी, पहनकर सीना फुलाते, कंधे झटकते, और चर्र से पीठ पर से अचकन फट जाती। इत्तफ़ाक़ से कई अचकनें भिजवा दी थीं मामू ने तोशाख़ाना से, और कोई

49. चुन-चुनकर 50. चलता-फिरता तख़्त 51. नृत्य 52. नर्तकी 53. प्रदर्शन

फ़िट न बैठी। आख़िर में यूनिवर्सिटी के यूनीफ़ॉर्म की अपनी काली अचकन पहनकर दूल्हा बने। बनारसी सीले का साफ़ा बँधता ही नहीं, बार-बार फिसलकर गरदन में। ख़ैर एक सूती, गुलाबी साफ़ा बाँध लिया। सेहरे पर तो बुरी तरह बिदके और हार की तरह गले में डाल लिया।

इधर अज़ीम भाई की बड़ी मुसीबत, दूल्हा के अचकनें तंग और उनके इतनी ढीली कि दो आदमी समा जाएँ। ख़ैर, उन्होंने दो स्वेटर पहनके एक अचकन जगमगाती हुई डाँट ली और बड़ी कोशिशों से दूल्हे का रद्द किया वासला पन्नों से चिपकाकर पहन लिया। आईना में अपनी शक्ल देखकर दूसरों की हँसी का राज़ समझकर खुद भी हँसे।

बरात को सारे शहर में गश्त लगाकर दुल्हन के दरवाज़े पहुँचना था। नसीम भाई निहायत मश्शाक़[54] थे। चार क़दम चले थे कि घोड़ा बिदकने लगा। जुलूसों का आदी मिस्कीन घोड़ा शे'र ग़ुर्रान बनकर अलिफ़ हो गया[55] और कभी आगे बढ़ता, कभी दुलत्तियाँ झाड़ता। साथ में सात क़िस्म के बैंड थे। वो बारी-बारी अपना फ़न दिखा रहे थे, मगर घोड़ा बरात का पटरा किए दे रहा था। समधनों, यानी हम लोगों को घोड़े के बिगड़ने की इत्तला मिल रही थी। हम सबसे पीछे मोटरों में थे।

"यह नन्हे बदमाशी कर रहा है," बड़ी आपा बड़बड़ाईं।

"ऐ नहीं, ऐसा भी क्या, कोई दीवाना है कि बरात को लौटा देगा !" अम्माँ ने कहा।

"अरे ये सब मुन्ने फ़साद की जड़ है। इसने सिखा दिया होगा। देखो सब परेशान हैं। मुन्ने खाँस रहा है।" यानी हँसने के साथ उन्हें हमेशा खाँसी आ जाती थी।

और फिर अंधेर हो गया। दूल्हा गिरते-गिरते सँभला, और घोड़ा तीर की तरह बरात छोड़ यह जा वह जा। मोरछलवाले हक्का-बक्का, छत्रबरदार मुजस्सम[56] हैरत।

ख़ैर, बग़ैर दूल्हा के बरात अपनी च्यूँटी की चाल चलती रही। दूर से ज़्यादा पता भी नहीं चल रहा था कि मोरछल और छत्र ख़िला[57] में तने हुए हैं, दूल्हा नहीं है। इधर मामूँ शहर के रउसा और छुटभैयों यानी छोटे-मोटे राजाओं के साथ जगमगाते गेट पर हार-फूल लिए मुंतज़िर[58] खड़े थे कि दूल्हा हैरान-परेशान यकायक घोड़े पर सवार ऐन दरवाज़े के सामने साकित हो गया। दूल्हा जस्त[59] मारकर उतरा और हाँपता-काँपता सीढ़ियों पर लड़खड़ाते क़दमों से चढ़ने लगा।

"मामूँ, मामूँ, बस अल्लाह ने बचा लिया, वर्ना यह शैतान का बच्चा, आज

---

54. सिद्धहस्त 55. सीधा खड़ा हो गया 56. सर से पैर तक, साकार 57. शून्य 58. प्रतीक्षारत 59. छलाँग

मेरा कचूमर निकाल देता। न पूछिए, रास्ते भर क्या नाकों चने चबवाए हैं !"

"बरात ?" स्वागत करनेवालों ने पूछा।

"आ रही है पीछे।" दूल्हा ने सीढ़ियों का सहारा लेकर फ़र्ज़ी पसीना पोंछा।

मामूँ ऐसे नासमझ न थे। वह नन्हे भाई के सवारी के करतब बार-बार देख चुके थे। एकदम अच्छी-ख़ासी चाल चलते, वह ऐसा घोड़े को उछालते-कुदाते कि चिक में से देखते हुए अम्माँ चीख़ें मारने लगती थीं।

"अरे बेगम, नन्हे करतब दिखा रहा था। वह घोड़े पर सवार है। उस पर घोड़ा सवार नहीं।"

मगर अम्माँ कहतीं, "ख़ुदा के लिए रोको, मेरा दम निकला जाता है।"

"पाँच रुपये।" नन्हे भाई घोड़ा रोकने की क़ीमत लगाते।

"चल सुअर, एक रुपया से ज़्यादा नहीं दूँगी।"

और कभी दो, कभी तीन पर सौदा हो जाता और नन्हे भाई चिक के पास आते।

"लाओ अम्माँ।"

"पहले नीचे उतर।"

"नहीं, पहले रुपये दो, नहीं तो अंदर चढ़ा लाऊँगा घोड़ा।"

"ऐ है कमीने, कुत्ते, सुअर," अम्माँ गालियाँ देतीं और रुपया चिक से बाहर फेंक देतीं और नन्हे भाई एक बार घोड़े को उछालते ऐसे उतरते, जैसे घोड़े ने पटख़ दिया। अम्माँ चीख़ मारतीं। वह लपककर रुपये बीनकर भाग जाते।

"हाँ हाँ, बह मुझे दहलाए, डराए, तुम बनो, उसकी पीठ ठोंको।" अम्माँ अब्बा को मुस्कुराता देखकर कहतीं, और अब्बा चोर-से रह जाते।

निकाह के वक़्त, ज़ाहिर है, ज़हूर नाना और बड़े अब्बा खँकारकर क़ाज़ी के क़रीब खिसक आए। नन्हे भाई ने दोनों को बड़े प्यार से देखा।

"अरे, आप क्यों तकलीफ़ करते हैं। हदीस[60] में लिखा है, दाढ़ीवाले निकाह में गवाह या वकील नहीं बन सकते।"

दोनों बुज़ुर्ग सकते में रह गए। अभी चंद मिनट पहले बड़ी आलिमाना बहस हो रही थी कि आज-कल के क्लीन-शेव नौजवान की नमाज़ वाजिब होती है या मकरूह[61] !

फ़ैसला हुआ था कि मकरूह ज़रूर होती होगी।

लिहाज़ा दूल्हा अड़ गया कि गवाह दाढ़ी के साथ तो नहीं बन सकता। अगर...

न पूछिए, क्या हालत हुई ! निकाह तो होना ही था, छोटे मामू और अज़ीम भाई गवाह और वकील बने। ख़ैर से निकाह हुआ।

---

60. मुहम्मद साहब के कथनों का संकलन 61. घृणित

अम्माँ बेबसी से रोती-बिसूरती दुल्हन को लेकर आ गईं। अलीगढ़ पहुँचे तो बम फटा। नसीम और अज़ीम ने चंद संदूक़ अब्बा के सामने रख दिए।

"इनमें क्या है ! हम जहेज़ नहीं देखना चाहते। यह जाहिलाना रस्म है। बाप-माँ ने जो कुछ बेटी-दामाद को दिया, उससे हमें क्या वास्ता।"

"यह जहेज़ नहीं है सरकार।"

"फिर क्या है ?"

"माले-ग़नीमत !" यह कहकर संदूक खोले जो पिस्ता, बादामों, मिसरी के कोरों और शक्कर के थैलों से भरे हुए थे।

"ये पाँच मन की बरी अम्माँ ने चढ़ाई थी। जब मज़दूरनियाँ लेकर नीचे उतरीं तब हमें पता चला। हमने सब निकालकर ज़रा-ज़रा सा मिलाकर आधा मन माल छोड़ दिया।"

अम्माँ उस वक़्त बावर्चीख़ाना में थीं। उन्होंने अब्बा की आँखों में जगमगाते जुगनू नहीं देखे।

"बेगम ने देख लिया तो।"

"नहीं, हम इसे आपके पिछले कमरे में छिपाकर ताला डाल देंगे।"

संदूक़ बंद कर दिए गए।

"हूँ, तुम्हारे वलीमा[62] में काम आ जाएगा यह मेवा और शक्कर।"

"मगर गाजर का हलवा बने पहले थोड़ा।"

और जब नन्हे भाई ने कहा—

"अम्माँ, यह मेवा और शक्कर मेरे दोस्त फ़ैय्याज़ ने भेजा है कि गाजर का हलवा जैसा आप बनाती हैं वैसा कोई बावर्ची भी नहीं बनाता।"

हलवा बना। नवाब साहब को भी भेजा गया। दोस्तों ने उड़ाया। काफ़ी दिन बाद अम्माँ को हक़ीक़त मालूम हुई तो सर पीट लिया।

"हाय मेरे परवरदिगार, मैंने अपनी फ़रिश्ता-सिफ़त[63] भावज पर दोष लगाया। या ख़ुदा, मेरा क़ुसूर बख़्श दे। अरे लोगो ! मैं क्या करूँ, इससे तो मैं कलमुँही बाँझ होती। ऐसी औलाद से तो..."

नन्हे भाई ने हाथ जोड़कर सर उनकी गोद में रख दिया।

"लो अम्माँ, जी भरके मार लो।"

मगर अम्माँ ने रुखाई से अपने पैर समेट लिए और मुँह मोड़ लिया। नन्हे भाई का मुँह उतर गया।

"मुन्ने ! अम्माँ सचमुच ख़फ़ा हो गईं।" अम्माँ मार लेतीं तो बोझ उतर जाता। मुन्ने भी फ़िक्रमंद हो गए। शादी नन्हे भाई ने इस शर्त पर की थी कि

---

62. निकाह के बाद दी जानेवाली दावत 63. फ़रिश्तों जैसी

एल.एल.बी. तक सारा तालीम का बोझ सरकार की तरफ़ और रोटी-कपड़े के अलावा तीस रुपये मियाँ-बीवी का जेबख़र्च।

"बस अब छः महीने जेबख़र्च नहीं मिलेगा नन्हे।"

"क्यों ?"

"इस बदमाशी की सज़ा में।"

"ऐ होश में, पढ़नेवाला लड़का...और फिर नई दुल्हन। मेरे जीते तो यह नाइंसाफ़ी न होगी।"

माँ भी अजीब गोरखधंधा होती है, अब्बा सोचने लगे। न उसकी नफ़रत का भरोसा, न मुहब्बत का।

तसादुम[1]

थर्ड क्लास के डब्बे में जितना मुश्किल चढ़ना है, उससे ज़्यादा मुश्किल उतरना है। आगरा के स्टेशन पर तिल धरने को जगह न थी। ऊपर से सौदेवाले अला-बला आँखों के सामने नचा रहे थे। झाँझ बजाती गुड़ियाँ, डगर-डगर तार की गर्दन के छल्लों पर हिलता बुड्ढा, गुजरियाँ, पापड़, तिल के लड्डू, ताजमहल खड़िया के बने, और अनाप-शनाप। फिर पीछे से बाहर निकलनेवाले ढकेलते हैं और सामने से बड़े गट्ठर, गन्नों के बंडल। उसे क्या कहा जाए जो बहुत से टेढ़े-मेढ़े गन्ने मय पत्तों के रस्सी से बाँधकर रेल के डब्बा में मुसाफ़िर दाख़िल होने से पहले ठूँसता है ख़ुद दिखाई भी नहीं देता। एक लंबे से बाँस में या शायद दो बाँसों में सुराहियों की टिकटिकी, फिर महकती औरतें, पग्गड़ बाँधे मर्द और चूते हुए बच्चे। या अल्लाह !

ऊपर से शौकत आपा, पूरे दिन, ज़चगी के इरादे से आगरे अपनी नानी के यहाँ जा रही थीं। मेरी भी शामत आई। बी.ए. के बाद सोचा, ज़रा चार दिन के लिए आगरा हो आऊँ। शौकत आपा बड़ी लाडली सूरत बनाकर मुसि˞हा रही[2] थीं। अब मुझे पता चला कि इतने ज़ोर-शोर से इसरार क्यों हो रहा था। नईम, उनका ढाई बरस का लहीम-शहीम[3] बच्चा, डीलडौल में ददिहाल पर गया था। उसे उठाना बस जैसे तड़पते, लातें चलाते बम के गोले को उठाना था। फ़र्क़ इतना था कि वह नहीं फटेगा, मगर उठानेवाला ज़रूर एक धमाके से उड़ जाएगा। उन मुहतरम की आदत थी कि अपने वज़न की जाँच-पड़ताल से क़त्तई नाबलद[4], सोते हुए इनसान पर अचानक धम से कूदने के बेइंतिहा शौक़ीन। इसके अलावा घूँसे चलाने और काटने से भी दिलचस्पी रखते थे। ख़ैर, मुझे काटने की आदत उन्हें छोड़नी पड़ी क्योंकि मैंने जिस्म के मुख़्तलिफ़ हिस्सों पर नील गिनने के बाद सेल्फ़-डिफ़ेंस में उनके मुँह में कुनैन के पाउडर की एक चुटकी झोंक दी। बस इसके बाद उन्होंने

---

1. टकराव 2. ज़िद कर रही 3 मोटा-तगड़ा 4 अनजान

आज तक मुझे काटने की फिर कभी कोशिश नहीं की।

ख़ैर साहब, सही-सलामत उतर ही लिए। मेरे पास तो बस एक अटैची थी मगर शौकत आपा कई माह का प्रोग्राम बनाकर आई थीं।

"मुझे माई थान उतार देना," ताँगा खिसका तो वह बोलीं।

"उतार देना क्या मतलब ?" मैंने पूछा।

"बस, उतार देना मतलब उतार देना।"

"और मैं कहाँ उतरूँगी ?"

"मैं क्या जानूँ ?"

"पंजाशाही नहीं चलोगी ?"

"ए, मैं कोई दीवानी हूँ जो इस वक़्त जाऊँगी। सुबह जाके घर साफ़ करना है। कबाड़ भरा हुआ है कमरों में। और मनों ख़ाक अलग। मैं दो-तीन दिन बाद जाऊँगी।"

"तो मैं जाऊँ इस कबाड़ख़ाने में ?"

"न जाओ।"

"तो फिर ?"

"फिर क्या ?"

"शौकत आपा, मैं भी फिर कल ही पंजाशाही जाऊँगी या दो-तीन बाद।"

"आज कहाँ रहोगी ?"

"तुम्हारे साथ !"

"दीवानी हुई हो ?"

"क्यों ?"

"मैं तो अम्माँ के यहाँ जा रही हूँ।" अम्माँ वह अपनी नानी को कहती थीं जो बदक़िस्मती से मेरी इकलौती फूफी बादशाही ख़ानम उर्फ़ बच्छू फूफी थीं जिन्हें बजाय ज़बर लगाने के लोग ज़ेर लगाकर पुकारते थे[5] (उनकी पीठ के पीछे)। उन्हें मैंने अकसर रहमान भाई के कोठे की खिड़की से, जो हमारे सेहन में खुलती थी, निहायत बुलंदो-बाला आवाज़ में पूरे ख़ानदान को कोसते और गालियाँ देते ही देखा था। उनकी मेरे अब्बा से बेहद मुग़लाना क़िस्म की जंग, मेरी पैदाइश से बहुत पहले से छिड़ी हुई थी।

बड़ी बाक़ायदगी से फूफी अम्माँ रहमान भाई के यहाँ खिड़की में बैठ जातीं और गोलाबारी शुरू हो जाती। अम्माँ और अब्बा मय समझदार अफ़राद[6] के फ़ौरन ख़ंदक़ों में यानी बरामदे की आड़ में छिप जाते। हम चंद छोटे बच्चे खिड़की के नीचे खड़े मुँह उठाए हैरत से उन्हें देखा करते। न वह कभी हमारे यहाँ आईं और

---

5. अक्षर 'बे' पर ज़बर की जगह ज़ेर लगाने से बच्छू शब्द बिच्छू बन जाता है 6. व्यक्तियों

न कभी हम गए। सिर्फ़ अब्बा मियाँ ईद-बक़रीद को पाबंदी से माई थान, बहन से ईद मिलने जाते थे। साथ सिर्फ़ जवान लड़कों को ले जाते थे जो ईद की नमाज़ पढ़ने साथ जाते थे।

यह अजीब लड़ाई थी। जैसे आम जंग में क्रिसमस पर जंगबंदी लागू हो जाती है, उसी तरह ईद के दिन भी ऐलाने-सुलह हो जाता और अब्बा ज़रूर जाते। फूफी अम्माँ अंदर पर्दे में हो जातीं, अब्बा सेहन में बैठ जाते और दोनों तरफ़ से जले-कटे जुम्लों और तानों का तबादला होने लगता। पंद्रह-बीस मिनट तक धुआँधार गोलाबारी होती रहती। फूफी अम्माँ कोसतीं और रोतीं, अब्बा मियाँ चुटकियाँ भरते और क़हक़हे लगाते।

बचपन में तफ़सील सुनकर ज़रा भी ताज्जुब नहीं होता था कि अब्बा जाते क्यों हैं ? क्योंकि अम्माँ कहती थीं फूफी अम्माँ की गालियाँ, कोसने हमारे ख़ानदान को बेतरह रास आते हैं। उनके कोसने की ही बरकत थी कि अल्लाह का दिया सबकुछ था। एक बच्चा तक न मरा। इधर फूफी के तेरह-चौदह कच्चे-पक्के बच्चों में बस हशमत ख़ानम, जिन्हें सब ख़ानम साहब कहते थे, ज़िंदा थीं। उनकी बड़ी बहन मुसर्रत ख़ानम यानी मेरे बड़े मामूँ ज़फ़र हुसैन की बीवी का इंतक़ाल जब ही हो गया था जब शौकत आपा साल, दो साल की होंगी।

''है नामुराद मैय्यत-पीटा ज़फ़र हुसैन मेरी बच्ची को खा गया।'' फूफी अम्माँ रहमान भाई की खिड़की में बैठकर दोहराना कभी नहीं भूलती थीं।

''ज़फ़र मामूँ मुसर्रत ममानी को क्यों खा गए ?'' मैंने बारी-बारी सब बुज़ुर्गों से पूछा। मगर हमारे यहाँ बुज़ुर्ग बच्चों के सवाल का जवाब कब देते थे !

''ऐ बस ग़ारत हो, जान न खाओ।'' साथ में अगर हाथ लग गए तो एक-आध धमोका।

और मैं जो अजीब और भयानक ख़्वाब देखकर रातों को चीख़ने-चिल्लाने के मर्ज़ में बचपन से मुब्तला[7] रही हूँ, बुरी तरह सहम जाती थी।

बड़े मामूँ बेहद जामा-ज़ेब गोरे-चिट्टे और वजीह[8] थे। सोने के रंग के बहुत घने और घुँघरिया बाल, बड़ी-बड़ी शरबती आँखें, हमवार मोतियों जैसे दाँत। हम सबके लिए मिठाइयाँ और खिलौने लाते थे। बेहद लाड करते थे। वह ख़ुद जोधपुर में रहते थे, उनके साथ उनके बड़े बेटे मज़हर हुसैन रहते थे। उनसे छोटे अज़हर हुसैन, जो शौकत आपा से दो-ढाई साल बड़े होंगे, हमारे यहाँ बचपन से रहते थे और शौकत आपा भी छोटी थीं तो हमारे यहाँ ही रहती थीं। साल में एक-दो बार मामू और मज़हर भाई आया करते थे और उनकी आमद पर घर में खूब रौनक़ रहती, दावतें होतीं। अम्माँ उन्हें बेइंतिहा चाहती थीं। छोटे मामूँ फ़रहत हुसैन से

---

7. ग्रस्त 8. प्रतापवान

भी ज़्यादा।

ठीक ही कहते होंगे सब कि मैं कुछ दीवानी सी थी। जब मामूँ क़हक़हा मारकर हँसते और उनके सफ़ेद दाँत चमक उठते तो मेरा तख़य्युल[9] मुझे ले उड़ता। मेरा छोटा भाई चुन्नू भी मेरा हमख़याल था। हम दोनों अकेले में मामू के तेज़ दाँतों पर तब्सरा[10] करते। कैसे ममानी को खाया होगा, पहले उँगलियाँ चबाई होंगी। हड्डियाँ थूकते गए होंगे। क्या इनसान की हड्डियों में गूदा होता है ? चुन्नू बड़ा ज़ालिम था। काफ़ी छोटा था जब ही दोपहर को डलिया की फटकी लगाकर चिड़िया पकड़ता, उसकी गर्दन मरोड़कर तोड़ते वक़्त अल्लाहो-अकबर ज़रूर कहता, क्योंकि अब्बा मियाँ कहते थे शिकार पर गोली चलाते वक़्त अल्लाहो-अकबर कह लेना चाहिए ताकि हिरन ज़िब्ह करने से पहले दम तोड़ दे तब भी हलाल रहे। अल्लाहो-अकबर की बरकत जैसे छुरी में वैसे गोली में, शिकार को तो मरने से ग़रज़। चिड़िया को नारंगी की तरह छीलकर कच्चा चबा जाता था। मैं निहायत फुसफुसी थी। चूँकि मैं लड़की थी, इसलिए मुझे उबकाइयाँ आने लगती थीं।

चुन्नू बड़ी तफ़सील से मामूँ के दाँतों की कारगुज़ारियों पर तब्सरा करता और मुझे उबकाइयाँ आने लगती थीं। न जाने कब मुझे मालूम हुआ कि वह दिक़ में मरी थी, मामूँ ने खाया नहीं था उन्हें। फूफी अम्माँ शायराना तशबीहें[11] इस्तेमाल करने की आदी थीं।

रास्ते भर, मैं और शौकत आपा लड़ते रहे। वह कहती थीं, अगर मैंने फूफी अम्माँ के घर में क़दम रखा तो क़यामत आ जाएगी। मैं मुग़ल बच्ची क़यामत देखने से भला क्योंकर बाज़ आ सकती थी !

"और जो उन्होंने निकाल दिया ?"

"कैसे निकालेंगी ? धक्के देकर ? मैं तुम्हारी तरह शेख़ानी नहीं बेगम, मैं भी मुग़लानी हूँ।"

"तुम अम्माँ पर हाथ उठाओगी ?" शौकत आपा रो पड़ीं। मुझे तरस आ गया।

"नहीं नहीं, तुम डरो नहीं। मैंने कभी फूफी अम्माँ को पास से नहीं देखा। दूर से अब्बा मियाँ जैसी लगती हैं, और अब तो उन्हें देखे पंद्रह-सोलह बरस हो गए। कुछ धुँधली सी याद हैं। अगर वह मुझे धक्के भी देंगी तो सूरत तो देख लूँगी। बस फिर मैं वापस स्टेशन चली जाऊँगी और पहली गाड़ी से अलीगढ़।"

"तुम जानो ! भई, अम्माँ से मुझे बहुत डर लगता है। कहीं ख़फ़ा होकर निकाल दिया तो ?"

"तो तुम भी वापस चली चलना।"

---

9. कल्पना 10. टिप्पणी 11. उपमाएँ

शौकत आपा की ज़चगी में कुछ फंदा पड़ रहा था। डर था कि बच्चा ज़ाया न हो जाए। इसीलिए तो वह अम्माँ के पास आई थीं। अगर उन्होंने निकाल दिया तो फिर क्या होगा ! मैंने उन्हें समझाया कि फिर हम हकीमोंवाली गली में मुशर्रफ़ ख़ाला या रिफ़ाक़त ख़ाला के यहाँ चले जाएँगे।

"है है, फिर तो अम्माँ सारी उम्र मेरी सूरत नहीं देखेंगी।" शौकत आपा की आँखें कुछ ज़्यादा ही बड़ी हैं इसलिए आँसुओं के शरारे[12] छूटने लगते हैं। इतने में घर आ गया। शौकत आपा मेरी ख़ुशामद करती रहीं, मगर मैं ताँगे से उतरकर अंदर दाख़िल हो गई।

वह सामने बरामदे में खड़ी शायद तोते को अमरूद की फाँक सलाखों में से दे रही थीं। आहट सुनकर उन्होंने पलटकर देखा।

"कौन शौकत ? आ गई बच्ची।" उन्होंने बेतवज्जही[13] से कहा।

"शौकत आपा ताँगा में बैठी रो रही हैं। मैं...मैं।"

उन्होंने मुझे ग़ौर से देखा। अमरूद की फाँक हाथ से छूट गई। शेर और बकरी एक दूसरे को बड़ी नज़ाकत से नज़रों में तौल रहे थे। शेर कौन और बकरी कौन ? यह उस वक़्त फ़ैसला करना मुश्किल था। उनकी बड़ी-बड़ी ग़िलाफ़ी आँखों में एक कौंदा सा लपका। मैं आँखों में आँखें डाले बढ़ती गई। अम्माँ तो कहती हैं, मैं सूखा रोती हूँ। जब बचपन में पिटती थी तो सिर्फ़ गला फाड़ती थी, आँसू एक नहीं निकलता था। चिल्ली गुहार से अकसर हमला-आवर बौखला जाता है और मार कम पड़ती है। चोट पड़ने से पहले ही चिल्लाने लगो तो दो-चार थप्पड़ मारने पर ही मारनेवाला समझता है, बहुत मार लिया और आँसू ज़ाया करने की नौबत नहीं आती। मगर मेरी आँखों में धुंध छा गई।

और जब शौकत आपा ने डरते-डरते ड्योढ़ी से झाँककर देखा तो डॉक्टर की पेशीनगोई[14] पूरी होते-होते बची।

दो अहमक़ औरतें एक दूसरे के गले से लगी भों-भों रो रही थीं। ख़ानम साहब बौखलाई हुई कमरे से निकलीं और मुझे देखकर ठिठक गईं। मैंने अपने गाल पर से फूफी अम्माँ के आँसू और राल पोंछकर उन्हें सलाम किया।

"जीती रहो।" उन्होंने बाँहें फैला दीं।

शौकत आपा कुछ चोर सी खड़ी थीं। नईम आते ही मुर्ग़ियों के पीछे बेतहाशा दौड़ रहा था।

"बिलकुल बाप पे गई है ! अल्लाह का शुक्र है, ननिहाल पे न गई। मोटे हब्शी बद्दुओं का मेल है तुम्हारी ननिहाल में।" उन्होंने डंक सँभालने शुरू किए।

"तौबा है अम्माँ, बस शुरू हो गईं।" ख़ानम साहब तुनककर बोलीं।

---

12. चिंगारियाँ 13. बेध्यानी, लापरवाही 14. भविष्यवाणी

"तो क्या मैं झूठ कह रही हूँ, बद्दुओं का मेल न होता तो फैले दहाने, चपटी नाकें, और घुँघरिया बाल कहाँ से आते। मेरा भाई मुग़ल है।"

"अरे हाँ ! कभी ग़ौर ही न किया।" मैं बोली, "सच तो है, हमारे ननिहाली बुज़ुर्गों में ज़रूर किसी ने किसी बद्दू लड़की से शादी की होगी।"

फूफी अम्माँ की आँखों में शोले भड़कने लगे। मगर मुझे हँसते देखकर बोलीं–

"मगर ढिठाई ननिहाल से पाई है।"

"तौबा कीजिए फूफी अम्माँ। वो मुए पतली दाल के खानेवाले उस्मानी हम चंगेज़ियों की क्या बराबरी करेंगे ? कितने सौ साल हुकूमत की है हमने इस मुल्क पर। हमारी ढिठाई के तो झंडे गड़े हैं सारे मुल्क में।"

"हाँ भई, किसी शेख़चिल्ली से न हो सकी हुकूमत।" फूफी इतना वार पर वार करने की आदी थीं कि दम न लेने पाए ग़नीम[15]। "बस मुजाविर[16] ही रह गए।"

ज़रा सी तफ़सील तलब[17] है यह बात, न जाने किधर से हमारी ननिहाल का कुछ हज़रत सलीम चिश्ती से डोरा मिलता था। ज़रूर कुछ घपला होगा। या शायद फूफी अम्माँ ने यह रिश्ता ताना देने के लिए गढ़ा था। वह कहती थीं, हज़रत सलीम चिश्ती, जिनका हमारी नानी से सिलसिला मिलता था, मुजाविर थे।

"मगर बड़े ज़ोरदार मुजाविर थे। अकबर ने बेटे की ख़ातिर उनके क़दमों पर सर झुकाया।" और फूफी अम्माँ तिलमिला गईं।

"अज़दहा[18] ख़ाक में मिल गया। सँपोलिए मेरी जान को छोड़ गया। अरे, तेरी अम्माँ ने ये ज़हर घोला है मेरे ख़िलाफ़। शौकत, निकल इसी वक़्त।"

"क्यों अम्माँ ?" शौकत आपा रो पड़ीं।

"क्यों लाई इस कलमूही को ?"

"मैंने बहुत मना किया।"

"हाँ फूफी अम्माँ, इन बेचारी ने बहुत मना किया मगर मैं जबरदस्ती आ गई।"

"क्यों ?" फूफी अम्माँ गुर्राईं।

"अम्माँ," ख़ानम साहब बोलीं।

"तू चुप रह। हाँ, बोल क्यों आई ?"

"आपको देखने। खिड़की में से साफ़ नहीं देखा था। फिर बहुत साल हो गए थे। पास से तो कभी नहीं देखा था।"

"तो पास से देखने आई है ?"

---

15. दुश्मन 16. क़ब्रों या मक़बरों के रखवाले 17. विस्तार से कहने योग्य 18. अजगर

"हाँ।" मैंने मरी आवाज़ में कहा।

"क्यों ? क्या मेरे लिए कोई बुड्ढा ढूँढा है, मेरा ब्याह रचाएगी ?"

मुझे एकदम हँसी का दौरा पड़ गया। फूफी अम्माँ कुछ झेंप गईं। मैं हँसी से बेक़ाबू होकर पासवाले पलंग पर गिर गई।

"अरे अरे, क्या करती हो, यह अम्माँ का पलंग है। इस पर तो नईम को भी नहीं चढ़ने देतीं।" मैं जल्दी से खड़ी हो गई।

"बैठ !" फूफी अम्माँ ने डाँटा। मैं जल्दी से वापस बैठ गई। वह शौकत आपा की तरफ़ मुड़कर बोलीं—

"हूँ, तो ये यहाँ नहीं बैठेगी ? तेरे बाबा का है यह पलंग !"

"ऐ अम्माँ, अल्लाह का वास्ता !" ख़ानमसाहब बोलीं।

"तुम चुप रहो हशमत ख़ानम। हाँ, तो बोल, ये यहाँ क्यों नहीं बैठेगी ?"

"तुम्हारा है ये पलंग। तुम किसी को नहीं बैठने देती, इसलिए मुझे भी तो मना करती हो।"

"तू मेरे पलंग पर बैठने के क़ाबिल है ?"

"मैंने कब कहा ?" शौकत आपा मुँह फुलाकर चौकी पर ढह गईं। फूफी अम्माँ मेरे पास बैठ गईं। मेरे कंधे पर हाथ रखकर बोलीं—

"अरे नाशुक्री, फूफी-भतीजी एक ज़ात और नानी तीन पानी। यह मेरे भाई की औलाद है, समझी, और तू ?" शौकत आपा रोने लगीं। फूफी अम्माँ ने नईम को पास बुलाकर गोद में बिठा लिया। "और यह मेरे भाई का पोता है। शेर था मेरा भैया, शेर। एक दफ़ा क्या हुआ कि किसी ने छोटे को मारा (छोटे चचा मुस्तक़ीम बेग चुग़ताई)। वो आया रोता, भाई ने दो झापड़ लगाए। रोते हैं मर्द ? और बस उसी दिन दोनों मिलकर अखाड़े में उतरने लगे। पूरे तीन महीने कस-कस के डंड-बैठक लगाई। भर-भर कटोरे घी पीते थे दोनों, मैं अपने हाथ से मक्खन ताया करती थी। ए, चौथे महीने निकले दोनों गली में। नादू पहलवान के पास से गुज़रे तो मार दिया कंधा। वह लगा अकड़ने कि अंधे, देखके नहीं चलता। बस जी, वहीं निगोड़े का पलीतन कर दिया। हम मुग़ल हैं, लड़की। यह न भूल जाना कि हमने बड़े-बड़ों के छक्के छुड़ा दिए हैं।"

मैंने अपनी हँसी जमाई में छिपा ली। जी चाहा कह दूँ—और वह जो बद्दुओं का मेल है मुझमें ! और तुम तो कहती हो, मेरी माँ ने कोचवानों और ग्रासकटों से आशनाई करके काले-पीले सँपोलिए जने हैं। तुम्हारा शेर भाई तो नामर्द था। पिछली बार रहमान भाई की खिड़की में बैठकर तुमने खुद मेरा शजरा[19] गिनाया था। मगर उस वक़्त मुझे फूफी अम्माँ पर बहुत प्यार आ रहा था। वह अपनी

19. वंशावलि

सुराही, अपना कटोरा, अपनी रकाबी, पलंग, चादर, लिहाफ़, तकिया किसी को छूने नहीं देती थीं। ख़ानम साहब को कभी मना नहीं किया, मगर जब शौकत आपा को मना किया तो उनके आँसू पोंछने के लिए उन्होंने भी हाथ लगाना छोड़ दिया।

ख़ानम साहब को मैंने सबसे पहले धनकोट के स्कूल में देखा था। आगरा का सबसे सड़ियल स्कूल था। वहाँ मैं टाट पर मैली गंदी बच्चियों के साथ दिन भर कुश्तम-पछाड़ किया करती थी। हम नौ-दस लड़कियाँ एक बड़ी सी डोली में भरकर जाया करती थीं। डोली इतनी भर जाती थी कि गुब्बारा बन जाती थी। बस डंडा पकड़कर, पट्टी पर पैर जमाकर लटक जाते थे। तीन इधर, तीन उधर, और तीन, कभी चार बीच में। बीचवालियों की मौत होती थी। कभी किसी की बाली खिंचकर खून बहने लगता, कभी नथनी खिंच जाती। भाइयों से जंगबाज़ी में बालियाँ तो मैंने उतारके खो दीं, तिनके डाल लिए थे, और चोटी मैं कुरते में पीठ पर अंदर डाल लेती। दुपट्टा से भी फाँसी लग जाने का अंदेशा रहता था। लिहाज़ा उतारकर बस्ते में ठूँस लेती थी।

पता नहीं, वह वहाँ क्यों आई थीं ? मैंने ज़िन्दगी में इतनी हसीन औरत नहीं देखी। वह उस वक़्त शायद चौबीस-पच्चीस बरस की होंगी। पाँच फ़ुट छः इंच का क़द, उस पर ऊँची एड़ी, नाज़ुक कमर, लंबे बाल, नीला रेशम का घेरदार ग़रारा, सफ़ेद लंबी आस्तीनों की क़मीस और सफ़ेद बेल लगा नाज़ुक से कपड़े का दुपट्टा। मैं उन्हें देखती रह गई। मैं सस्ती छींट का उटंगा पाजामा और डोरे का मैला कुर्ता और मोटी मलमल का गंदा सा दुपट्टा पहने टाट पर बैठी, तख़्ती पर, अलिफ़-बे लिख रही थी।

''तो ये हैं हमारी मामूँज़ाद बहन !'' उन्होंने आसमान से नीचे मोरी में जैसे देखते हुए कहा और मेरा जी चाहा, मैं च्यूँटी बनकर टाट के नीचे रेंग जाऊँ।

वह चली गई थीं और मेरी तख़्ती पर आँसू और नाक टपकने से, अलिफ़-बे फैलकर पंजाशाही का नक़्शा बन गया था जिस पर उस्तानी ने इतनी ज़ोर से चपत मारी थी कि मेरा सर तख़्ती से जा टकराया था। और मैंने अपनी अज़ीज़-अज़-जान[20] सहेली बक्कू को खसोट डाला था कि वह मुझे चुमकार रही थी।

ख़ानम साहब पंद्रह-सोलह बरस बाद भी हसीन थीं, मगर जिस्म ज़रा भारी हो गया था। चेहरा कुछ सूजा हुआ सा लग रहा था। हाथी दाँत जैसी शफ़्फ़ाफ़[21] जिल्द कुछ भूरी और कजलाई सी हो गई थी। फिर भी वह बहुत हसीन थीं। महारानी सी लगने लगी थीं। मुस्कुराहट अब भी क़यामत थी।

रात को तख़्त पर दस्तरख़ान लगा। याद नहीं, क्या खाया। मुझ पर कुछ नशा सा तारी[22] था। फूफी अम्माँ ने मुझे हाथ से निवाले बनाकर खिलाए। अपनी

---

20. जान से प्यारी 21. साफ़, चिकना 22. छाया हुआ

रकाबी में साथ खिलाया। अपने कटोरे से पानी पिलाया और बग़ैर खगाँले ख़ुद भी पिया। शौकत आपा सन्नाटे में बैठी देख रही थीं और शायद थोड़ी क्या, काफ़ी जल भी रही थीं। मगर फूफी अम्माँ बड़ी ज़बरदस्त पोलिटिशियन थीं। वह मार के चुमकार लेने की आदी थीं। उन्होंने एक संदूक़ भर सामान शौकत आपा को दिया। उनके और नईम के कपड़े, पाउडर और साबुन के डब्बे। शौकत आपा ख़ुश हो गईं। वह अपने बेटे को लेकर अपने कमरे में जाकर सो गईं।

यह तय हुआ कि फूफी अम्माँ, ख़ानम साहब और मैं अंदर चौके पर सोएँगे। चार तख़्त मिलाकर उन पर मोटी सी तोशक और चाँदनी बिछी थी, लिहाफ़ दो ही थे। फूफी अम्माँ का बहुत बड़ा था, उन्होंने मुझे अपने साथ सुला लिया। सर्दी कड़ाके की पड़ रही थी। दो अँगीठियाँ सुलग रही थीं।

"फूफी अम्माँ ! मैंने होश सँभाला तो आपकी और अब्बा की लड़ाई के बारे में सवालात दिल में उभरे। पूछा तो कोई कुछ नहीं बताता। बस कहते हैं, आप मग़रूर हैं ?"

"साफ़ कहो, ख़रदिमाग़ हूँ, बौरानी कुतिया हूँ, मुझे लगी-लपटी नहीं भाती।"

"मगर फूफी अम्माँ, ज़रा सोचिए मैं आपसे क्यों बदज़न हूँगी ?"

"तुम्हारे अम्माँ-बावा का भरा हुआ ज़हर। सच बताओ, तुमने मेरे और मेरी बेटी के बारे में अपने ख़ानदान भर से कोई अच्छा बोल सुना है।"

"नहीं, मगर क्यों ?"

"तुम्हारी अम्माँ अपने मैकेवालों को पालती हैं।"

"मेरी अम्माँ के मैकेवाले और ससुरालवाले अलग नहीं। उन्होंने बड़े अब्बा और उनके बच्चों को पाला। अपनी नंद के तीन बच्चे पाले। और तो और, ग़ैरों के बच्चे पाले। चचा मियाँ की कितनी ख़ातिर करती हैं। सारा कुनबा उनकी तारीफ़ करता है। सिवाय आपके और किसी से उनके ख़िलाफ़ एक लफ़्ज़ नहीं सुना। अब्बा की और उनकी जैसी निभी, उसकी मिसाल मिलना मुश्किल है। यहाँ तक कि उन्होंने अपनी मुँहबोली बहन के साथ भी वह किया जो मुश्किल से कोई करेगा।"

अम्माँ के बचपन की एक सहेली थीं। उनसे बड़ी और समझदार। अम्माँ ने ज़िंदगी के हक़ायक़[23] उनके ही ज़रिये सुने और जाने। वह बहुत ग़रीब थीं, उनके मियाँ चपरासी थे, और जब मैंने उन्हें देखा तो काफ़ी बूढ़े हो चुके थे। बीवी से उम्र में बहुत बड़े थे और नौकरी ख़त्म होने के बाद मस्जिद में पड़े रहते थे। वहीं किसी घर से खाना मिल जाता था, कोई अल्लाह का बंदा कपड़े बनवा देता था। बड़ी बेटी रुक़य्या आपा सहारनपुर में एक बहुत बड़े ज़मींदार से ब्याही गई थीं।

---

23. वास्तविकताएँ

वह ख़ूबसूरत और कमउम्र थीं। उनकी पहली बीवी से लड़का नहीं था, किसी ग़रीब अच्छे ख़ानदान की लड़की से ब्याह करना चाहते थे। मुख़्तसर से मेहर पर उनसे ब्याह कर लिया था। मगर उनसे भी एक बेटी हुई। मुझसे कुछ बड़ी थी और मेरी बड़ी दोस्त थी। छोटी बी प्यार में कहते थे, याद नहीं क्या नाम था। अच्छी ख़ूबसूरत, ज़हीन लड़की थी।

अचानक बाप का इंतक़ाल हो गया। दादा ने, जब छोटी बी पाँच बरस की थी तब उसकी शादी अपने दूसरे बेटे के लड़के से कर दी जो दो साल का था। यह सब इसलिए कि जायदाद बाहर न जाए। रुक़य्या आपा लड़की को लेकर मैके चली आईं और कोशिश करने लगीं कि तलाक़ हो जाए ताकि छोटी बी के बाप की जायदाद का हिस्सा वह ले सकें। दो बीवियों में बँटने के बाद भी काफ़ी हिस्सा मिलता। मगर ख़ुला[24] जो इस्लाम में जायज़ है और कोई भी औरत माक़ूल वजह पर ख़ुला ले सकती है, मगर छोटी बी ख़ुला न ले सकी। यह कि लड़का तीन साल छोटा था, कोई माक़ूल वजह न थी। बड़े मुक़दमे चले मगर कामयाबी न मिली और छोटी बी को आख़िर जिस लड़के से निकाह हुआ था, उसके पास जाना पड़ा।

दूसरी लड़की बहुत ख़ूबसूरत थी, अहमदी बेगम। उसकी एक छोटे से ज़मींदार से शादी हो गई। वह चौथे बच्चे के जापे में मर गई।

तीसरी लड़की की शादी एक मुअम्मर[25] आदमी से हुई जो छतारी के नवाब साहब के यहाँ मैनेजर थे। एक लड़की पैदा हुई और वह लुढ़क गए। नवाब साहब ने उन्हें काफ़ी रुपया दिया और वह भी बेटी को लेकर घर आ गईं। आते ही उन्होंने दोनों हाथों से रुपया उड़ाया, ख़ूब दावतें कीं, सारे ख़ानदान को बाँटा, और कंगाल हो गईं। इधर-उधर रहती फिरती थीं। चौथी लड़की की भी एक काफ़ी बुड्ढे अमीर आदमी से शादी हुई, जिसके लड़के उससे बहुत बड़े-बड़े थे। बुड्ढे को एक नर्स की ज़रूरत थी। बेहद बीमार था। दो-चार साल बाद मर गया और कुछ छोड़ भी नहीं गया क्योंकि लड़कों ने शादी इसी शर्त पर की थी कि जायदाद पहले बाँट दो। मरने के बाद वो सौतेली माँ को बस बे-तनख़्वाह के नौकर की तरह रखते रहे।

चौथे नंबर पर एक बेटा था, बिलकुल बाप की तरह निकम्मा। कुछ पढ़ाया-लिखाया नहीं, न ही उसे इतनी अक़्ल। लाडला बेटा था। स्कूल में लड़के सताते थे तो अम्माँ ने घर बिठा लिया।

हमारी अम्माँ का जो घर था उसमें दो भाइयों का हिस्सा था। किराया कुछ नहीं था। अम्माँ ने भाइयों से कहा, यह घर मुझे दे दो। वह घर उन्होंने अपनी सहेली को दे दिया। वह लड़का शादी के बाद भी कुछ न कर पाया और तीन-चार

---

24. पत्नी का संबंधविच्छेद माँगने का अधिकार 25. अधिक आयुवाले

बच्चे पैदा करवाके पलंग पर लेट गया।

अम्माँ ने सारी उम्र अपनी सहेली को निभाया। वह साल में दो दफ़ा आती थीं। एक दफ़ा जड़ावल बनवाने और एक दफ़ा गर्मी के जोड़े बनवाने। बेटियों की शादी में पूरे-पूरे जहेज़ बनवाए।

यह सब मुझे फूफी अम्माँ ने बताया। अम्माँ कहती थीं, सब झूठ। अब्बा को भी नहीं पता था और जब पता चला तो अम्माँ साफ़ मुकर गईं।

''मगर फूफी अम्माँ, ये बातें सुनकर तो मेरे दिल में अपनी माँ की और इज़्ज़त बढ़ गई। वह बड़ी दिलवाली थीं।''

''हाँ हाँ, तू तो मैय्या की पच[26] करेगी।'' वह भिन्नाई और लिहाफ़ समेटकर अलग लेट गईं।

''फूफी अम्माँ, अगर मैं मर गई तो कफ़न-दफ़न लिहाफ़ से ज़्यादा महँगा पड़ेगा।''

एकदम लिहाफ़ मेरे ऊपर फेंककर ख़ुद पीठ मोड़कर लेट गईं। मैंने लिहाफ़ ढाँकना चाहा उन पर तो बिफर पड़ीं। ख़ानम साहब ने बहुत मुश्किल से राज़ी किया कि मैं उनके लिहाफ़ में आ जाऊँ तो एकदम मन गईं।

''नींद आ रही है फूफी अम्माँ ?'' मैंने पूछा।

''मर गई फूफी अम्माँ।''

''ख़ुदा के लिए बात कुछ हो रही थी और आप ख़ाला बी का रोना लेकर बैठ गईं। बताइए, आपकी अब्बा मियाँ की लड़ाई किस बात पर हुई ?''

''बड़ा लंबा क़िस्सा है।''

''बताइए तो...।''

''मैं बताऊँ ?'' ख़ानम साहब बोलीं, ''यह तीन भाइयों की लाडली बहन बड़ी तुनकमिज़ाज थीं। लड़कियाँ जब लड़कों के बराबर या उनसे बेहतर लाड-प्यार से पाली जाएँ तो वो अच्छी बीवियाँ नहीं साबित होतीं।''

''क्यों आपा ?''

''अब तुम्हें कैसे बताऊँ ?''

हशमत ख़ानम हमारे ख़ानदान की पहली लड़की थीं जिन्होंने मिडिल पास किया और लखनऊ में उस्तानी की नौकरी की। यह उस ज़माने की बात है जब मेरी बड़ी आपा की शादी हो चुकी थी। लेकिन मँझली और सँझली अभी छोटी थीं और न जाने क्या सूझी कि अब्बा ने दोनों को करामत हुसैन बोर्डिंग में दाख़िल कर दिया। मैं चूँकि मँझली बहन से बहुत मानूस थी, मुझे भी भेजा गया। मुझे कुछ नहीं याद, बस इतना याद है कि बाजी ग़ायब हो जाती थी और मैं एक

---

26. पक्ष

नौकरानी के पास गला फाड़कर बाजी-बाजी पुकारा करती थी।

फिर न जाने क्या हुआ कि हमें वापस बुला लिया गया। मैंने बड़े होकर पूछा तो कोई तसल्लीबख़्श जवाब न पाया। बस, बड़ी बदनामी हो रही थी। सारा ख़ानदान बायकाट पर तुल गया कि तुम लड़कियों को क्रिस्टाइन बना रहे हो, उनकी शादियाँ न हो सकेंगी। सबको सारी उम्र पालना। अम्माँ ने रो-रोकर बुरा हाल कर लिया। अब्बा ने हथियार डाल दिए। उनके तमाम मिलनेवालों की यही राय थी कि लड़कियों को तालीम दिलवाना उन्हें पेशा कराने से भी ज़्यादा ज़लील हरकत है।

मैं ख़ुशक़िस्मत थी कि देर से पैदा हुई और मुझे तालीम पाने का मौक़ा मिला। वह भी क्या-क्या जतन करने के बाद। मेरा क़लम बहक रहा है और बार-बार पटरी से उतर जाता है। बात उस वक़्त मेरे अब्बा मियाँ और फूफी अम्माँ की लड़ाई की हो रही थी और मैं कहाँ पहुँच गई !

''बात दरअस्ल यह थी कि अम्माँ कुछ पढ़ी-लिखी भी थीं। यानी एक तो करैला और ऊपर से नीम चढ़ा,'' हशमतजहाँ ने चुपके से कहा।

''साफ़ बात क्यों नहीं बताती ! मेरे ऊपर तू भी इलज़ाम रख दे बस।'' फूफी अम्माँ गुर्राईं, मगर हशमतजहाँ ने सुनी-अनसुनी कर दी।

''अम्माँ की कमउम्री ही में माँ गुज़र गईं। हमारे नाना और तुम्हारे दादा मिर्ज़ा करीम बेग चुग़ताई की पहली बीवी के इंतकाल के बाद उन्होंने हमारी नानी से शादी की।''

''मुझे मालूम है। पहली बीवी से सबसे बड़े हमारे ताया मिर्ज़ा नईम बेग चुग़ताई और फूफी उमराब ख़ानम थीं। मैंने उन्हें नहीं देखा, सिर्फ़ उनके बारे में सुना है।'' मैंने कहा।

''हाँ, उनकी शादी रिश्ते ही में उम्दा ख़ानम से हुई थी।''

''उनके बेटे मिर्ज़ा वलीउल्लाह बेग, वो लंबे बाँस से वल्लू चचा। हम उन्हें चचा क्यों कहते थे, यह तो हमारे तायाज़ाद भाई थे। ख़ैर, वह अफ़्यून खाते थे, और मीठे पर जान देते थे। नन्हे भाई उन्हें बहुत सताया करते थे। उनसे पूछते थे, शहद खाएँगे ? वह कहते, हाँ, तो नन्हे भाई कहते, मुँह खोलिए। वह मुँह खोलते तो नन्हे भाई उनके मुँह में नींबू निचोड़ दिया करते थे। उफ़्फ़ोह, कितना गुल मचाते थे, चीख़-चीख़कर रोते थे। हाय, सारा नशा काट डाला मरदूद ने।''

वल्लू चचा की शादी नहीं हुई थी। वह किसी मसरफ़ के नहीं थे। बस, तेरे-मेरे यहाँ पड़े रहते थे। निहायत मैले। नौकर तक सताते थे।

''और पता है ताया नईम बेग ग्वालियर के गवर्नर थे एक ज़माने में।''

''मगर वह तो सुना है, हमारे यहाँ रहा करते थे। बीवी आगरे में रहती थीं। लड़का कभी इधर, कभी उधर, अरबी-फ़ारसी का मसरफ़ ख़त्म हो गया था, बड़े-बड़े

आलिम भूखे मर रहे थे। वल्लू चचा, सुना है, फ़ारसी का दीवान लिए फिरते थे।''

''हाँ ज़हीन थे, सुना है। मगर बाप के तबाह होने के बाद उनकी भी मिट्टी ख़राब हो गई। और जानती हो, किसने तबाह किया ?''

''नहीं तो, उनका तो कभी ज़िक्र होता है तो यही कि बस रहते थे।''

''तुम्हारे दादा ने।''

''दादा यानी ख़ुद बाप ने ?''

''हाँ, वह रंगीन-मिज़ाज थे। बस शराब-कबाब और रंडीबाज़ी। एक दिन जलसा जमा हुआ था बारहदरी में। चरागाँ से बाग़ जगमगा रहा था, और रंडियों के तायफ़े महल को गुलज़ार[27] बनाए हुए थे कि किसी ने नानाजान को जाके ख़बर कर दी। वह गरजते-बरसते आए, पट्टे पकड़के चौके से घसीटा और जूतेकारी शुरू कर दी। नानाजान की लोगों पर बड़ी दहशत थी। भगदड़ मच गई। नानाजान का बड़ा रसूख़ था। फ़ौरन मुअत्तल कर दिया कि ये नाहंजार, निकम्मा और अय्याश है, इस ओहदे के क़ाबिल नहीं।''

''कमाल है, यानी हद कर दी। उफ़्फ़ोह।''

''ज़मीन-जायदाद कुछ जमा नहीं किया था। कुछ साल ज़ेवर, बर्तन बेचकर गुज़र की। जब फ़ाक़ों की नौबत आई और मुहल्लावालों के रहमोकरम पर बसर होने लगी तो कुछ इंतज़ाम किया गया।''

''मगर दादाजान ने बहुत जायदाद छोड़ी थी।''

''उन्हें आक़[28] कर दिया था ना। उन्हें कौड़ी का हक़ नहीं दिया था। ऐसी थुड़ी-थुड़ी हुई कि बेचारे मुँह छिपाके पड़ गए।''

''कोई और नौकरी क्यों न ढूँढी ! किसी रियासत में चले जाते।''

''अव्वल तो इतनी बदनामी के बाद कहाँ दूसरी नौकरी मिलती ? फिर नौकरी तो नानाजान के रसूख़ से मिली थी, दूसरे अय्याशी और नशाबाज़ी ने उन्हें बिलकुल मस्त कर दिया था।''

''मगर दादाजान ने भी हद कर दी।''

''उस ज़माने के लोग ऐसे ही घनचक्कर चलाया करते थे। मुग़ल थोड़े से पागल तो होते हैं, फिर अंग्रेज़ ने एहसासे-कमतरी[29] इस शिद्दत[30] से पैदा कर दिया था, अंग्रेज़ी न जाने वह निकम्मा। हालाँकि उन दिनों ज़्यादातर कार्रवाई फ़ारसी या उर्दू में होती थी। अरे हाँ, पता है, मैंने हिंदी भी पढ़नी शुरू कर दी है।''

''हिंदी ?'' मैं चौंक पड़ी। हिंदी का तो उस वक़्त कहीं नामोनिशान भी नहीं था। जब किसी के यहाँ कथा होती थी तो हिंदी के भूरे काग़ज़ की पुस्तक लेकर पंडितजी आते थे और पाठ होता था। चाची भी हिंदी की पुस्तक से पाठ करती

---

27. चमन 28. संपत्ति, वंश-नाम वग़ैरह से बेदख़ल करना 29. हीन-भाव 30. तीव्रता

थी। मगर चाचाजी तो उर्दू-फ़ारसी बहुत आला दर्जे की जानते थे।

"अम्माँ को पता चल गया तो बहुत बिगड़ीं।"

"क्यों ?"

"पता नहीं। मैंने कहा, मैं देवमाला[31] पढ़ना चाहती हूँ, बस फिर तो बिफर गईं। हाँ, बस मैं ख़ूब जानती हूँ, तू हिंदू होनेवाली है।"

"क्यों ?"

"तलाक़ लेने के लिए।" फूफी अम्माँ बनी पड़ी थीं, सोई नहीं थीं।

"क्या हिंदू हो जाए तो तलाक़ मिल जाएगी ?"

"या ईसाई हो जाओ, तलाक़ मिल जाएगी ?"

"फट पड़े वो सोना जिससे टूटें कान। हशमतजहाँ, अगर ईमान न रहे तो...लानत, फटकार।" फूफी अम्माँ और गर्म हुईं।

"मगर तलाक़ तो मिल जाएगी।"

"मज़हब का ख़ून करके ?"

"मगर ज़िंदगी का ख़ून हो जाए तो कोई बात नहीं। हिंदू हो जाइए, दिल में मुसलमान रहिए, अस्ल बात तो दिल की है।"

"बस, दीवानों जैसी बातें न करो। है न बद्दू का ख़ून मुए।"

"देखिए फूफी अम्माँ, बद्दुओं को कुछ न कहिएगा। मेरे दिल में काले इनसानों के लिए बहुत गहरी जगह है। आपने पाल राब्सन का 'ओल्ड मैन रोज़' सुना है कभी ?"

"कौन है अल्लाह-मारा ?" मैंने उनसे नहीं, हशमत आपा से पूछा था मगर वह टपक पड़ीं।

"अमरीका का अज़ीम मौसीक़ार।"[32]

"कोई अल्लाहवाला है ?"

"बेहद अल्लाहवाला, तौबा कीजिए, तौबा।"

"अच्छा बाबा तौबा, अब सो जाओ।"

"आज तो मैं जागी हूँ। यह इतना बड़ा अलमिया[33] कैसे हुआ ? हशमतजहाँ जैसी बेमिसाल हूर, इस लंगूर यानी लियाक़त के पल्ले क्यों बाँध दी गई ? न पढ़ा न लिखा, अरे दौलत भी तो नहीं कि दौलत के लालच में कर दी। और कमबख़्त की सूरत न शक्ल, चपरासी है।"

"सिर्फ़ चपरासी होता तो भी कोई बात होती, मैं भी नौकरी करती हूँ। छोटा-बड़ा क्या ! तनख़्वाह का फ़र्क़ है। मगर आदमी तो होता।"

"तो फिर ये आप लोगों को क्या हो गया था ?" मैं उठकर बैठ गई।

---

31. पुराण, माइथोलोजी 32. महान् संगीतज्ञ 33. त्रासदी

''अरे, मेरे हाथ बँध गए थे।'' फूफी अम्माँ कराहीं।

''किसने बाँधे हाथ ? और आप क्यों तैयार हो गईं ?''

''मैं उस वक़्त पूरे सोलह बरस की भी नहीं हुई थी। बस क़ुरान ख़त्म किया था। थोड़ी फ़ारसी, हाँ उर्दू अच्छी आती थी।''

''तो फिर फूफी अम्माँ...।''

''देख, तूने मुझे और जलाया तो दीवार से सर फोड़ लूँगी।'' फूफी अम्माँ बड़बड़ाईं, ''अरी बन्नो, मत पूछ कलेजे के खरंड उखड़ जाएँगे।'' और फूफी अम्माँ चहकी-पहकी रोने लगीं।

''ना अम्माँ, ना।'' ख़ानम साहब ने माँ को बच्चे की तरह थपकना शुरू किया। मैं बीच में लेटी थी, ख़ानम साहब का हाथ मेरे ऊपर से गुज़रकर माँ को छू रहा था। उनकी बंद आँखों से गंगा-जमना छलक रही थी। रात के तीन बज रहे थे।

एकदम नींद टूट पड़ी जैसे किसी ने दवा-ए-बेहोशी छिड़क दी, और हम सो गए। जज़्बाती तसादुम ने हम तीनों को शल[34] कर डाला था।

---

34. चूर-चूर, क्लांत

अधूरी औरत

धुनी हुई सेमल की रूई के लहीम-शहीम गाले मेरे नथनों में घुस रहे थे, धुंध के मरग़ोले[1] उमँड रहे थे। एक मैला सा ह्योला[2] कुहरे की चादर में लिपटा, कोई सफ़ेद-सफ़ेद चीज़ सिल पर पीस रहा था। शायद खीर के चावल होंगे। दूर कहीं औरतों के बैन करने की आवाज़ गूँज रही थी। मेरा दम निकल रहा था। अब साँस वापस सीने में नहीं आएगी। मैं मर रही हूँ।

बचपन से मुझे डरावने ख़्वाब सताया करते हैं। मैं जीने पर तुली हुई हूँ। मैं साँस को वापस फेफड़ों में खींचने का फ़ैसला कर चुकी हूँ और आज तक इस पर क़ायम हूँ। मेरे सीने पर धरा पहाड़ बढ़ता जाता है। रूई मेरे फेफड़ों में घुसकर फूल रही है। मैं जाग चुकी हूँ, मगर साँस अभी तक नहीं आई। मैं भाग रही हूँ, दूर बुलंदियों की तरफ़ ! ताज़ा हवा को दोनों मुट्ठियों में दबोचने के लिए। हवा को मेरे चंगुल में आना ही होगा और मैं मर जाऊँगी !

और मैं नहीं मरती। एकदम मैं अज़ाब[3] के शिकंजे से छूट जाती हूँ। हवा को मेरे फेफड़ों ने दबोच लिया। कराहती हुई मैं लिहाफ़ दूर फेंककर ख़ुद को ढीला छोड़ देती हूँ।

मैं कहाँ हूँ ? मुझे कौन उठा लाया ? यह अजनबी कमरा मैंने ज़िंदगी में पहले कभी नहीं देखा।

"ख़ुदा की मार नाशुदनी[4], धूल उड़ाए जा रही है।" फूफी बादशाही गरज रही हैं।

ओह, मैं माई थान अपनी फूफी के यहाँ हूँ।

मेहतरानी बाँस के तिनकों की झाड़ुओं से बेरी और अमरूद के झड़े हुए ख़ुश्क पत्तों को समेट रही है। मेरी कड़वी, कसैली फुफ्फू बँकार रही हैं। सरर-सरर झाड़ू

1. गोले 2. साया 3. यातना 4. अभागन

में मासूम सा नग़्मा है, जैसे ग़िलमाँ[5] संतूर के तारों को आसमानी उँगलियों से छेड़ रहे हैं।

जब मुझे यह डरावना ख़्वाब नज़र आता है, ऐसा महसूस होता है मरकर ज़िंदा हुई हूँ। कौन जाने चंद लम्हों की मौत हो भी जाती हो, मगर आलमे-नज़ा[6] बीत जाने के बाद मैं ख़ुद को पहले से ज़्यादा चाक़ो-चौबंद[7] पाती हूँ। मेरा दिमाग़ दूर-दूर वुसअतों[8] को नापने लगता है। अंग-अंग में ज़िंदगी की तिलिस्माती लहर दौड़ जाती है। उम्र के चंद साल घट जाते हैं। उस तूफ़ान से मैं नई शक्ति खैंच लाई हूँ। बेवजह हँसी आने लगती है। दिल में लड्डू फूटने लगते हैं। नथनों में गीली मिट्टी की सोंधी-सोंधी महक भर जाती है।

मैं बाहर निकली तो फूफी अम्माँ चौकी पर बैठी एक संदूक़चा खोले उलट-पुलट में मशगूल थीं। सहन में धूप उतर आई थी। मैंने सलाम किया तो चौंककर अजनबियों की तरह ख़ूँख़ार आँखों से घूरने लगीं जैसे पूछती हैं, ये बला कहाँ से आ टपकी।

मैं उनकी गोलाबार आँखों से ज़रा भी मरऊब नहीं होती।[9] मैं जान गई हूँ वह काग़ज़ का शेर हैं। जबरूत[10] तनो-तोश[11] के बावजूद नन्हीं सी बिच्छू हैं, जिन्हें मेरे सादियतपसंद[12] अब्बा ख़ून के आँसू रुलाते रहे हैं।

"जीती रहो," वह जबरन बड़बड़ाती हैं। "शौकत, ऐ शौकत !"

"जी अम्माँ।"

"ले, बस बहुत हुआ। कूड़ा-करकट समेटो और दफ़ान हो।"

"अम्माँ," शौकत आपा रुहाँसी हो जाती हैं।

"हाँ शौकत आपा, तुम जाके घर-वर सफ़ा करो, मैं कल शाम तक आऊँगी।"

"दीवानी हुई हो," शौकत आपा लरज़ीं।[13]

"हाँ, तुम जाओ। कूड़ा-करकट घूरे पर छोड़ जाओ।"

फूफी अम्माँ की आँखों में फन होते तो मैं कभी की नीली लाश बन चुकी होती। सिर्फ़ ढिटाई से मैंने बड़े-बड़े मैदान मारे हैं। मैंने बड़े-बड़े ज़हरीले नाग खिलाए हैं, सिर्फ़ सुनी-अनसुनी करके। फुंकारती-बिसलाती फुफ्फू मुझे भोली सी गुड़िया लग रही थीं और उनकी समझ में नहीं आ रहा था, कौन सा हथियार इस्तेमाल करें।

"नहीं, बस ग़ारत हो मेरी नज़रों के सामने से। मेरे घर में सँपोलियों की गुंजाइश नहीं।"

---

5. सुंदर छोकरे 6 मरणासन्न अवस्था 7. चौकस 8. विस्तार 9. रोब नहीं खाती 10. बुजुर्गी, श्रेष्ठता 11. डीलडौल 12. सैडिस्ट (saddist) 13. काँपीं

रात को कितने प्यार से मुझे छाती से लगानेवाली नरम-गरम फुफ्फू बिच्छू का डंक बनी हुई थीं। मगर मुझे उन पर टूटकर प्यार आ रहा था।

"आपके घर में नहीं, मैं तो हशमत आपा की मेहमान हूँ।" और मैं नल की तरफ़ चल दी जहाँ ख़ानम साहब हौदी की मुँडेर पर उकडू बैठी कोयले से दाँत माँझ रही थीं। उन्होंने एक कोयले का टुकड़ा दिया और मैं चबाने लगी।

"तुम तो टूथपेस्ट इस्तेमाल करती हो, मेम साहब जो ठहरीं।"

"हाँ, मगर काले मंझन से भी माँझती हूँ। दाँत बहुत साफ़ हो जाते हैं। अब्बा मियाँ अकसर बच्चों को पकड़कर उनके दाँत ऐसे देखते थे जैसे घोड़ा ख़रीदते वक़्त देखते हैं। ज़रा भी हिलता दाँत हो, फ़ौरन घुटनों में दाबकर तोड़ देते थे। कभी ख़ुद भी मंझन का डब्बा लेकर सारे बच्चों के दाँत माँझने लगते थे। बड़े भाइयों तक को मुआफ़ नहीं करते थे। दाँत माँझने के बाद काली उँगली से मूँछें बना दिया करते थे। ख़ुद उन्होंने पायरिया की वजह से सारे दाँत तीस-बत्तीस बरस की उम्र में एक दिन में उखड़वा दिए थे। अम्माँ को भी पायरिया था मगर वह बे-इंतिहा पान खाती थीं और अच्छे दाँत तुड़वाने पर क़त्तई तैयार नहीं हुईं।"

"अम्माँ की बात का बुरा मत मानना।" ख़ानम साहब बोलीं।

"बुरा मानना। उफ़, आपको मालूम नहीं, मैं कितनी सख़्तजान हूँ। कई बरस से डाँट-फटकार नहीं सुनी, छुट्टियों में जाती हूँ तो अम्माँ बड़ी ख़ातिर करती हैं। ऐसा लगता है, बुढ़ापा आ रहा है। कोई टाँग नहीं लेता। अरे, अब तो आपा भी मुहब्बत से बात करती हैं। बड़े होकर पढ़-लिख जाने के बाद यही तो मुसीबत है, सब ख़याल रखने लगते हैं। और मार खाए तो बरसों हो गए।"

"पीठ खुजलाती है ?"

"अकसर। आपको कभी मार पड़ी ?"

"तौबा करो, कभी फूल की छड़ी न छुआई किसी ने। मगर..."

"मगर ?"

"क्या करोगी सुनकर ?"

"चिराग़ से चिराग़ जलते हैं।"

"इस चिराग़ में न तेल है, न बाती।"

"मगर लौ मुझ तक पहुँच गई। आपने रास्तों के पत्थरों को ठोकरों से मिसमार किया। साँप-बिच्छुओं के जंगल पार किए, आग के दरिया आँसुओं से सींचे। आपसे यह पहली मुलाक़ात है। वह बचपन में जो झलक देखी थी, उतनी ही शफ़्फ़ाफ़[14] दिल पर नक़्श है। जबसे होश सँभाला, आगरा आना ही नहीं हुआ। सच पूछिए तो अपनी दौड़-भाग में आप याद ही नहीं आईं। क़िस्मत में मिलना

---

14. साफ़-सुथरी

था सो मिल लिए।''

''तुम्हें पढ़ने का मौक़ा कैसे मिला ? मैंने मिडिल के बाद ट्रेनिंग ली और नौकरी की तो सारे ख़ानदान ने मेरा नातक़ा[15] बंद कर दिया। घर में आग लगाने तक की धमकियाँ मिलीं। अब्बा तो बरसों से ज़्यादा वक़्त बाहर गुज़ारते हैं, कभी रातों को भी ग़ायब रहते हैं। हम दो माँ-बेटियाँ ढंढार मकान में कैसे जीते हैं, ये कुछ हम ही जानते हैं। और फिर मैं तो ज़्यादातर लखनऊ ही रहती थी। अम्माँ पर जो गुज़री है, वह कौन जाने।''

''मगर इतना बड़ा ख़ानदान है !''

''ख़ानदान ? किसका ख़ानदान ? तुम्हारी अम्माँ ने सबको हमारी तरफ़ से बदज़न कर दिया।''

''अरे मेरी इतनी मासूम सी अम्माँ, अपना नाम तक तो लिख नहीं पातीं, हाँ, रिसाले पढ़ लेती हैं।''

''अम्माँ के लिए कड़वे बोल सुनने की ताब नहीं ?''

''क़सम ख़ुदा की, यह बात नहीं। मैंने अपनी माँ से बग़ावत की, अब्बा तो होश की बात सुनकर क़ायल हो जाते थे, मगर अम्माँ ने तो मुझे चौदह-पंद्रह बरस की उम्र तक मारा है। क्या आप समझती हैं, मुझे वालिदैन ने शौक़ से पढ़ाया है ?''

''शौकत बताती है कि तुम बड़ी बदज़बान और ख़ुदसर[16] हो।''

''वो सच कहती हैं। कभी मौक़ा मिला तो बताऊँगी कि मैंने कैसे-कैसे दंगल लड़े हैं और आज मैंने जब बी.ए. कर लिया तो ख़ानदान में मेरी मिसालें दी जाती हैं जैसे मैंने बड़ा तीर मारा। अब तो मेरी अम्माँ को भी मेरे वजूद से शर्म नहीं आती। बस यही दुख है कि मेरे बजाय शमीम, मेरे बड़े भाई ने बी.ए. किया होता तो मामूँ उन्हें जोधपुर में बड़ी अच्छी नौकरी दिलवा देते। चार बार मैट्रिक में फ़ेल होने के बाद वह बोर हो गए, किताबें फेंक दीं और म्यूनिस्पिल्टी में क्लर्क हो गए। मुझे अम्माँ से कोई शिकायत नहीं। मेरी जीत हुई; हारे हुए पर गुस्सा नहीं, प्यार आता है। उन्होंने अपनी अक़्ल और तजरबा के मुताबिक मेरी ज़िंदगी सँवारने के हज़ार जतन किए, मगर मैं अड़ियल साबित हुई। जो भी मेरी मुख़ालफ़त करते थे अब ख़जिल[17] हैं। मगर यह ज़रा ज़्यादती है कि मेरी अम्माँ ने सारे ख़ानदान को भड़काकर अपनी पार्टी में शामिल कर लिया।''

''बुरा मानो तो मेरी बला से।'' ख़ानम साहब ने तौलिया से मुँह पोंछकर कहा। ''तुम्हारी अम्माँ जाहिल होंगी, मगर अहमक़ नहीं थीं। ज़हानत कहो, होशियारी कहो, सियासतदानी कहो उन्होंने रुपया के बल पर सारे ख़ानदान को समेट लिया। ससुराल-मैका था भी एक, और फिर तुम्हारी नानी एक चलती पुर्ज़ा

15. बोलती 16. घमंडी 17. शरमिंदा

थीं। तुम्हारी माँ का हाथ खुला, तन का कपड़ा किसी को भा जाए तो उतारके दे दें। सारे कुनबे को माहाना बँधवा दिया था। जब आगरा आईं तो वो अलल्ले-तलल्ले से ख़र्च करती ! ख़ानदान में ज़्यादातर बेमाल और मुफ़लिस थे, सब मक्खियों की तरह चिमट गए।''

''फूफी अम्माँ ने उन्हें तोड़ लिया होता।''

''अम्माँ को ये गुर नहीं आते। उनसे मियाँ तो सँभले ही नहीं। बीबी, तुम नहीं जानती, अम्माँ कितनी अधूरी औरत हैं। बचपन में माँ मर गईं। तीन भाइयों की इकलौती बहन, बड़े लाड होते थे। सौतेली माँ क़ा डर के मारे दम निकलता था। सौतेली बेटी से लरज़ती थीं। लड़की को माँ ही रखरखाव सिखाती है। मियाँ को मुट्ठी में रखना, ससुरालवाले का पत्ता किस होशियारी से काटना कि इलज़ाम उनके ही सर जाए। अपने भाइयों की क़दम-क़दम पर पिच करना। सुना है, अगर तुम्हारे मामूँ ख़ाली हाथ आ जाएँ तो तुम्हारी अम्माँ चुपके से मिठाई मँगाकर कह देती हैं, मेरा भाई लाया है। बहनोई के लिए तोहफ़ा, बहन के लिए जोड़ा, सब ख़ुद बनाकर दुनिया से कहती हैं, देखो, मेरे भाई कितने दरियादिल हैं।'' और मुझे याद आया, मामूँ आते थे तो रुपये भी बाँटा करते थे। बच्चों से अम्माँ सब छीन लेती थीं।

भई वाह, मेरी अम्माँ इतनी बड़ी पॉलिटिशियन हैं ! मुझे बड़ा फ़ख़्र हुआ।

''और फिर मीठी ज़बान, इधर हमारी अम्माँ की ज़बान में डंक। मैं अकेली औलाद हूँ। कभी मेरी जान को आ जाती हैं तो जी चाहता है जाके जमना में छलाँग लगा दूँ। ताजमहल की बुर्जी से कई बार कूदने का क़स्द[18] किया, मगर अधूरी माँ की पाली बेटी क़ुछ कम अधूरी नहीं।''

''लोग कहते हैं, आप लोग मग़रूर हैं।''

''बुज़दिल और डरपोक इनसान गुरूर की टट्टी की आड़ लेते हैं। अम्माँ मैके में धौंस जमाने की आदी, ससुराल में भी सब पर छा गईं। मियाँ भी फुसफुसे निकले।''

''उनसे सब डरते हैं, और इस पर वह बड़ी नाज़ाँ[19] हैं।''

''नहीं, वह छिप-छिपकर रोती हैं। ऐसे कि मैंने भी आज तक उनके आँसू नहीं देखे। वह अपने ज़ख़्म छिपाती हैं और जली-कटी सुनाकर जी की भड़ास निकालती हैं।''

''पता नहीं, फूफा मियाँ से कभी मुहब्बत की थी कि नहीं।''

''दस-बारह साल तो सुना है, मियाँ दीवाने थे। इसी अरसे में चौदह कच्चे-पक्के बच्चे पैदा हुए। बस, हम दो बहनें अल्लाह से बचे, तो उनका यूँ नसीबा

---

18. इरादा 19. गर्वित

फूटा। मियाँ आम मर्दों की तरह इधर-उधर मुँह मारने लगे। अम्माँ आम औरत होतीं तो हाय-तौबा करतीं, आँसू बहातीं, भाइयों को पुकारतीं, मगर अम्माँ को किसी ने औरतों के हथियारों से मुसल्लह[20] तो किया नहीं था। अपने मिज़ाज के मुताबिक़ ग़म का इज़हार गुस्से से किया। जब मेहतरानी से क़िस्सा चला और उन्हें मालूम हुआ तो बाक़ायदा चूड़ियाँ तोड़ीं और उस दिन से सफ़ेद दुपट्टा ओढ़ने लगीं।''

''और फूफा मियाँ को मरनेवाला कहने लगीं। बेचारे बड़े सीधे हैं !''

''मालूम होता है, अभी ऊँट पहाड़ तले नहीं आया।''

''ये ऊँट कतराकर निकल जाने में यक़ीन रखता है।''

''किसी पर दिल नहीं आया !''

''दर्जनों पर, मगर रो-पीटकर सब्र आ गया।''

''बुरा न मानना तुम कैसे अधूरी रह गईं, तुम्हारी सब बहनें तो बड़ी मिसाली बीवियाँ हैं। मगर मुझे डर है कि तुम मिसाली बीवी बड़ी मुश्किल से बन सकोगी। अल्लाह रहम करे उस बेचारे पर, कैसे झेलेगा तुम जैसी बेपटरी की दनदनानेवाली रेल को !''

''मैं बड़ी सख़्तजान हूँ। बहराइच में मलेरिया की वबा[21] फैली। सारा घर रोज़ जूड़ी भोगता था, मुझे एक दिन भी बुख़ार नहीं आया। शायद ज़हरीले मच्छर मेरे ज़हर से मर गए। बचपन में मुझे बीमार पड़ने का बड़ा अरमान था। उस ज़माने में हर रोमांटिक कहानी का हीरो डॉक्टर हुआ करता था। बस मैं भी सोचा करती थी, अल्लाह कोई मर्ज़ दे, अपनी रहमत का सदक़ा लेकर डॉक्टर आए और मुझ पर आशिक़ हो जाए, फिर चाहे मैं भी मर जाऊँ। सिर्फ़ इस उम्मीद में कि शायद वह डॉक्टर भी मेरे ग़म में सेहराओं[22] की ख़ाक छानता फिरे और फिर एक दिन मेरी तुर्बत[23] पर पछाड़ खाकर गिरे और दम तोड़ दे, फिर मेरी कब्र शक़ हो[24] और हल्ला बहिश्ती पहने, अपने सुनहरे बाल लहराती, नीली आँखों से आँसू छलकाती बरामद हूँ और हम दोनों जन्नत में टहलते फिरें। दूध और शहद मेरे लिए मुज़िर[25] होगा क्योंकि मोटा करता है। हाँ, भुने हुए परिंद और ताज़ा फल सेहत के लिए इंतिहाई मुफ़ीद[26] हैं। डाइटिंग में भी।''

''अच्छा, बकवास बंद। अम्माँ बार-बार पहलू बदल रही हैं। कोई दम में आतिशफ़िशाँ[27] फटेगा और लावा छलकने लगेगा।''

मैंने फूफी अम्माँ के पास जाकर कहा–

''बड़ी भूख लग रही है।''

''तो मुझे खा लो।''

---

20. लैस 21. महामारी 22. रेगिस्तानों 23. क़ब्र 24. फट जाए 25. हानिकारक 26. लाभदायक 27. ज्वालामुखी

"अरे, यह तो पता ही नहीं था कि आपको भी खाया जा सकता है। ख़ूब।" मैंने झुककर उनके गाल पर प्यार किया।

"अम अम...डिलिशियस, बिलकुल आइसक्रीम। आप भी चखिए।" मैंने ख़ानम साहब को भी मदऊ[28] किया।

"अरे, तेरी अम्माँ डकार गई मेरे पूरे ख़ानदान को, अब ये हड्डियाँ रह गई हैं सो तू चिचोड़ ले।"

फूफी अम्माँ जब जली-कटी पर उतर आती थीं तो अजीब लय में बोलने लगती थीं जैसे मजलिस में नौहाख़्वानी[29] से पहले एक लहराती हुई आवाज़ में बयान पढ़ा जाता है। मैंने बिलकुल उनके लहजे की नक़ल में उसी लय से कहा—

"अरे रहीम बेग की इकलौती बेटी और तीन जुग़ादरी[30] भाइयों की लड़ाका बहन और मुझ मासूम भतीजी की वाहिद[31] फूफी, चाय-नाश्ता नहीं तो ग़म नहीं, मुझे हमेशा डाइटिंग की ज़रूरत रहती है। पानी तो पीने देगी कि दरिया-ए-फ़ुरात पर भी शमर की फौज की नाकाबंदी है !" मैंने शौकत आपा की सुराही से उनके बेटे के गिलास में पानी उँडेला।

"ये पानी तो मेरे भाई का है, इस पर तो किसी को एतराज न होगा।"

"ख़बरदार जो तूने निहार-मुँह पानी पिया !" फूफी अम्माँ गरजीं। मेरे हाथ से गिलास छूटते-छूटते बचा। शौकत आपा बता रही थीं कि एक दिन फूफा गरम पानी की पतीली गुसलख़ाना में ले जा रहे थे। फूफी अम्माँ इतनी ज़ोर से दहाड़ीं कि हाथ से पतीली उछलकर फूफी अम्माँ पे गिरी, पूरी पिंडली उबल गई। मगर वह कहती हैं कि मरनेवाले ने जानबूझकर मेरे ऊपर खौलता पानी डाला। अगर उस वक़्त कड़कड़ाते जाड़े में भी बदहवास होकर उन पर ठंडा पानी डाल देती तो मज़ा आ जाता।

फूफी अम्माँ ने ढेर सारा नाश्ता मँगाया जो तैयार रखा था।

"...ज़रा भी शर्म नहीं। मैंने तो इसलिए दे दिया कि ख़ानम साहब भी मुँह फुलाके बैठ जाएगी।"

मैं नाश्ता करने लगी।

"अरी, तुझे ज़रा भी शर्म नहीं, कुछ तो तकल्लुफ़ किया होता।"

"हम मुग़ल तकल्लुफ़ के आदी होते तो हिंदोस्तान फ़तह करके हुकूमत न कर पाते। लुटेरे तकल्लुफ़ नहीं करते, और फिर मुझमें दूर से दो-चार बूँदें हज़रत सलीम चिश्ती के ख़ूने-मुबारक की भी पाई जाती हैं। इसलिए खाए ले रही हूँ कि बरकत से आपके गुनाहों का बोझ हलका हो जाए।"

---

28. निमंत्रित 29. शोकगीत पढ़ना 30. चौधरी क़िस्म के 31. एकमात्र

फूफी अम्माँ भौंचक्की सी मुझे तकने लगीं। हशमत आपा ने ज़ोर से क़हक़हा लगाया।

"अम्माँ तो भीगी बिल्ली बनी रहती हैं, ये कतरनी सी ज़बान कहाँ से मिली ?"

"हमारा कोचवान बड़ा बातूनी था।" फूफी अम्माँ कहा करती थीं, अरे नुसरत ख़ानम बदचलन है। मेरा भाई तो नामर्द है, ये काले-पीले बच्चे कोचवान और ग्रासकटों के हैं। फूफी फ़ौरन समझ गईं।

"न जाने किस अल्लाह के बंदे का नसीबा फोड़ेगी !"

"काश आपका कोई बेटा होता, सफ़ा उड़ा ले जाती।"

"अरी, तुझे ज़रा भी शर्म नहीं।"

"जिसने की शरम, उसके फूटे करम।"

"ए, ग़ारत हो।"

"आपकी बद्दुआओं का नतीजा है कि मैं अपनी माँ की कोख से जनमी। आप अम्माँ को बहुत कोसती थीं, चलिए आपका एक कोसना तो लगा। और फिर कोचवान !"

"ख़बरदार ! जूती से मुँह मसल दूँगी। नुसरत ख़ानम मेरी दुश्मन सही, मगर मेरे सगे फूफीज़ाद की बेटी है। और मेरा भाई शेर था, बड़े-बड़े सूरमाओं की उसके सामने फूँक सरकती थी। अरे, एक दिन फत्तू पहलवान ने मुस्तक़ीम को सरे-बाज़ार धूल जमा दी, बस मेरे शेर ने..."

"अम्माँ, ये क़िस्सा तो सुना चुकी हो," ख़ानम साहब ने लुक़्मा दिया।

"अरे, बस तू चुप रह। बड़ी मुग़लानी बनती है। तोला भर का ख़सम तो सँभला नहीं।"

एकदम ख़ानम साहब का चेहरा सफ़ेद, फिर हलका नीला पड़ गया, जैसे ज़ेह्न का सारा ज़हर उछलकर चेहरे पर फैल गया। मैं लड़ पड़ी।

"अरे तो अपने इतने हसीन नौजवान बरसरे-रोज़गार चारों खूँट कमैत शौहर की कौन सी कम मिट्टी पलीद की, इनसान से बजरबट्टू बना दिया ! सुनते हैं, पुलिस में उनके कारनामों की धूम थी।" मैंने बात में कली-फुँदने लगाने शुरू किए। "आपने उन्हें मरघिल्ला चूहा बना दिया। उन्हें धमकाती हैं !" जब फूफा मियाँ से लड़ाई होती थी तो वो हमेशा कहती थी–

"अरे उठाईगीरे, औक़ात में रह। कोई निगोरी नाठी नहीं, तीन भाइयों की आँख का तारा लाडली बहन हूँ। उन्हें भनक पड़ गई तो बस दीन-दुनिया से जाएगा। बड़ा अल्लाहवाला है, वह तेरी आक़बत[32] ख़ाक में मिला देगा। चौबीस

32. परलोक

घंटे इबादत करता है, चाहे तो अर्श[33] के कंगूरे हिला दे। और मँझला (यानी मेरे अब्बा) मजिस्ट्रेट है, सारी उम्र को चक्की पिसवा देगा। और तीसरा है छटा हुआ दस नंबरी बदमाश--तीन क़त्ल कर चुका है। आव देखेगा न ताव, आँतें निकालकर हथेली पे धर देगा।''

''क्या नाम वो।'' फूफा का तकिया कलाम 'क्या नाम था'। वह फूफी अम्माँ की गोलाबारी से बहुत नर्वस होते थे। उन्होंने इस क़िस्म की मारते ख़ाँ औरत ख़्वाब में भी नहीं देखी थी। सारी उम्र भली बीवियों से वास्ता पड़ा था।

''क्या नाम वो...घर में से जो हैं वो सिड़न हैं।'' वह उन्हें पागल समझके बहुत डरते थे। फूफी अम्माँ के बहुत से बच्चें मरे तो उनका ज़रूर ग़म से दिमाग़ उलट गया होगा।

''मगर वैसे तो होशो-हवास में हैं,'' लोग उनसे कहते।

''क्या नाम वो, दीवाना बकार-ख़ेश होशियार।''[34] ख़ेश वह धीमे से फ़ैसला करते। उनसे लोग ज़्यादा ख़ुश नहीं थे। जोरू के गुलाम, ख़्वाह सेल्फ़-डिफ़ेंस में भी हों, मर्दानगी के नाम पर स्याह दाग़ है।

और बड़े अब्बा से तो उनकी बिलकुल कट्टी हो चुकी थी। बड़े अब्बा मुस्तफ़ा कमाल पाशा के परस्तारों में से थे। किसी ज़माने में जब उन्होंने तुर्की में इनक़लाब बरपा किया था, उन्हें पूजने लगे थे और हर साँस में ख़ुदा के बाद उन्हीं का नाम लेते थे। कुछ अतातुर्क के बारे में फूफा मियाँ को हैरत-अंगेज़ बात सुना रहे थे।

''क्या नाम वो कौन मुस्तफ़ा कमाल पाशा !'' उन्होंने सहमकर पूछा।

''तुम अतातुर्क को नहीं जानते,'' बड़े अब्बा चित्त हो गए।

''क्या नाम, नहीं तो।''

''तो मैं तुम्हें नहीं जानता।'' बड़े अब्बा मुँह फेरकर चल दिए और फिर उनकी सूरत नहीं देखी। फूफा मियाँ भौंचक्के रह गए। शायद बच्चों की मौत से फूफी अम्माँ नाज़ुक-कीस बन गई होंगी, मगर जरासीम[35] पूरे ख़ानदान गें विरसा के तौर पर पटे होंगे। वैसे असील[36] मुग़ल की पहचान यही है कि महवर[37] से दिमाग़ थोड़ा-बहुत ज़रूर खिसका हुआ हो।

''फूफी अम्माँ, रात को आपने टाल दिया। बताइए ना, ख़ानम साहब की शादी एक चपरासी से क्यों कर दी जबकि उनके क़दमों में बड़े-बड़े रिश्ते पड़े होने चाहिए थे।''

फूफी अम्माँ ने लंबी साँस भरी।

''क्यों खरंडा खेड़ती है, लहू बहने लगेगा। तुझे मालूम होगा कि मुसर्रतजहाँ की शादी मेरी मर्ज़ी के ख़िलाफ़ हुई। लाख मना किया मगर वो तो दीवानी हो

---

33. आकाश 34. दीवाना अपने-आपमें होशियार होता है 35. कीटाणु 36. असली 37. धुरी

गई थी। उम्र भी क्या थी, मुश्किल से सोलहवाँ लगा होगा। अरे, ख़ानम साहब तो उसके सामने चमारी है। जब पैदा हुई थी तो मैं बैठी घंटों तका करूँ थी, जी ही नहीं भरता था। अल्लाह ने करिश्मा मेरे आँचल में डाल दिया था। क्या बस, ककड़ी-खीरे की तरह बढ़ी, हशमत से बारह-तेरह साल बड़ी थी। बीच में तीन जाते रहे। अमामी ख़ानम, हमारी फूफी की अब-तब हो रही थी, सारा ख़ानदान जमा था। तुम्हारी अम्माँ और मामूँ भी दोनों आन धमके। फिर ख़ुदा जाने क्या हुआ, बुढ़िया एक दिन उठकर बैठ गई और बोली कि क़ाज़ी को बुलवाओ। है है, बुढ़िया का चितिया पिघल गया, अब मलकुलमौत[38] से दो बोल का वक़्त आ रहा है और ये काज़ी बुलवा रही है। पता चला कि रात को ज़फ़र हुसैन, ख़ुदा करे उसकी क़ब्र में कीड़े पड़ें, ढाई घड़ी की आए और मुसर्रतजहाँ बुढ़िया के सिरहाने बैठी थी कि हम सब थककर सो रहे थे। बुढ़िया किसी तरह मरने का नाम ही नहीं लेती थी।''

''वो तो मामू की शादी के बीस साल बाद मरीं।''

''और क्या, मगर गाँठ रही थी। मेरी बच्ची को फाँसने के लिए जाल बिछाया गया था, बस निकाह हो गया। मैंने मुसर्रतजहाँ से कह दिया, तेरा काला मुँह ग़ारत हो। तुम्हारी अम्माँ घी के चिराग़ जलाने लगीं और भाई-भावज को लेके चल दीं। मेरे सीने पर कोदो दलने के लिए बड़ी धूम से वलीमा किया। तो यहाँ से मेरे घर पर अज़ाब नाज़िल होना[39] शुरू हुआ।''

मैं सोच रही थी, बड़े मामू कितने प्यारे हैं, हम सब पर जान छिड़कते हैं। बारह बरस उन्होंने बीवी की मौत का सोग मनाया। वह तीन बच्चे छोड़कर जापे में ज़हरबाद फैल जाने से फ़रीश[40] हो गईं। मामूली बुख़ार दिक़ में बदल गया, और फूल की तरह मुरझा गईं।

''उस वक़्त मैं पंद्रह बरस की भी नहीं थी,'' ख़ानम साहब बोलीं।

''हाँ ! मगर ज़फ़र की नज़र में तो खोट था।''

''शायद आपा को वहम हो गया था। ज़फ़र भाई मुझे हँसी में छेड़ा करते थे। वह उनकी बीमारी से बहुत ख़ायफ़[41] थे और पास नहीं बैठते थे। आपा का खून खौलता था।''

''हशमतजहाँ के बाप का खून जोश मार रहा है। मेरा दूध तो तूने ज़हर जानकर उगल दिया। ज़फ़र की नज़र बुरी थी, उसके दिल में खोट थी, तू दीवानी क्या जानती होगी !''

ख़ानम साहब चुप हो गईं।

''मेरी बच्ची का कफ़न भी मैला न हुआ होगा कि ज़फ़र हुसैन ने हशमत-जहाँ को माँग लिया। मेरी नामुराद बच्ची, उसने मुझसे हाथ जोड़कर वादा लिया

---

38. यमराज 39. मुसीबतें टूटना 40. मृत 41. भयभीत

था कि हशमत को ज़फ़र से ब्याहा गया तो वह क़ब्र फाड़कर निकल आएगी। मैंने उसके सर पर हाथ रखकर क़सम खाई कि हशमतजहाँ को ज़हर दे दूँगी पर ज़फ़र हुसैन को हरगिज़ न ब्याहूँगी।''

''तो आपने ज़हर दे दिया,'' मैंने मुँह ही मुँह दुहराया।

''हाँ, अपनी जान के टुकड़े को, ज़िंदगी की आस को, अँधेरी रात की आख़िरी किरण को, मैंने पैरों तले मसल डाला, ख़ाक में मिला दिया, फूल को अज़दहे के मुँह में झोंक दिया, भसम कर दिया और उस आँच में सारी उम्र सुलगती रही हूँ, झुलसती रही हूँ। एक अलाव है जो मेरे दिलोदिमाग़ में भड़क रहा है। ज़हर है जो मेरी नस-नस में रच गया है,'' फूफी अम्माँ बैन के अंदाज़ में कह रही थीं। आगे-पीछे झूल रही थीं जैसे वज़ीफ़ा[42] पढ़ रही हों।

''कोई और न मिला,'' मैंने लुक़मा दिया।

''जो चट मँगनी और पट ब्याह पर तैयार हो जाता ! अरे, मेरा कोई न था। तुम्हारे फूफा रात गए आते और सुबह-दम निकल खड़े होते। मैंने झक मारकर उनकी मिन्नतें कीं, मगर क्या नाम, क्या नाम करते रहे और फिर ये तो तुम्हें मालूम होगा कि हशमतजहाँ नन्हे (नसीम बेग, मेरे बड़े भाई, जो उस वक़्त शौकत से शादी कर चुके थे) की ठेकरे की माँग थी। जब ज़फ़र और मुसर्रत का क़िस्सा नहीं हुआ था, मेरे भाई और भावज मुझ पर जान छिड़कते थे। सारा कुनबा एक था। क्या ख़ुशियाँ मनाई गई थीं ! अल्लाह, याद करती हूँ तो कलेजा मुँह को आता है।''

''फिर मँगनी तोड़ दी ?''

''सुनती जाओ ! ज़फ़र हुसैन ने कहा, हशमत की शादी होगी तो मुझसे, वरना मैं दूल्हा को गोली मार दूँगा। बात छिपी थोड़ी रहती है? जब मैंने बेहया बनकर भाई को लिखा कि अपनी अमानत सँभालो कि मेरी छाती का बोझ कम हो। आगरा और फिर ये मुहल्ला माई थान, ख़ुदा ग़ारत करे इस पर बिजली टूटे, ज़फ़र हुसैन की धमकी गली-गली मशहूर हो गई। मैंने लिखा...''

''जानती हो, अम्माँ ने क्या लिखा होगा ! हुक्मे-शाही[43] नाज़िल किया होगा।''

''अरे, तो मैं नसीबों जली बेटी की माँ किस मुँह से कहती कि मेरी बेटी पर एक गुंडा दाँत लगाए बैठा है जो तुम्हारा चहेता साला है। पहले तो भाई ने कहा, अभी लड़का पढ़ रहा है। सत्रह-अठारह बरस का बेक़ाबू लड़का, उसकी शादी करना ग़लती है। तुम अपनी बेटी की बेशक पाल नहीं डाल सकतीं। पढ़ाई से जान चुराता है। तुम बेटी की शादी जहाँ चाहो, कर दो। मैंने कहा, तुम निकाह तो कर

---

42. जाप 43. शासकीय आदेश

लो। मगर इतने में ज़फ़र को पता चल गया। उसने बहन को लिखा कि नसीम मेरा प्यारा भांजा है, मगर मैं उसको गोली मारकर ख़ुदकशी कर लूँगा।''

''उफ़ मामूँ तो पूरे...तौबा !'' मैंने मुँह में आए लफ़्ज़ चबा डाले।

''मेरे तो हवास गुम ! मेरी नामुराद बच्ची, हाय वो क़ब्र में तड़पती रहेगी। उन दिनों मैं रात-रात भर जागकर टहला करती थी, एक मैं और एक बेटी। ज़फ़र हुसैन ने धमकी दी थी कि हशमतजहाँ को उठवा लेगा। मैं रात भर जले पैर की बिल्ली की तरह घर में चक्कर लगाया करती, ज़रा सा खटका होता तो दिल धाँय-धाँय करने लगता। नींद आती मगर मुँह पर पानी डालकर टहलने लगती। या अल्लाह, उन रातों में मैंने कितने मील के चक्कर लगाए होंगे। कभी इतने ज़ोर से नींद आ जाती कि खड़े आँखें बंद हो जातीं और मैं सो जाती। फिर जब होश आता तब मैं वहीं ढेर हो जाती। कभी जी चाहता, हशमतजहाँ का गला घोंट दूँ और पल भर के लिए सो जाऊँ, फिर उसके सोग में नींद से छुटकारा मिल जाएगा। ये न समझना कि मैंने कोशिश नहीं की। भाई की तरफ़ से टका सा जवाब मिला तो कई दिन हवास गुम रहे। तुम्हारी नानी ज़िंदा थीं और बेटी के साथ ही रहती थीं। छोटा भाई फ़रहत हुसैन भी तुम्हारी माँ के साथ ब्याह के दिन से रहता था। तुम्हारी नानी बेवा होने के बाद से बेटी के पास ही रहती थीं। उन्होंने तुम्हारी माँ के दिल में भाइयों की मुहब्बत कूट-कूटकर भर दी थी। उन्हें दोनों भाई औलाद से ज़्यादा प्यारे थे। फिर भी मैंने फ़रहत को बुलाया था। दो-एक बार वह आया था तो हशमतजहाँ पर जिस अंदाज़ से उसकी निगाहें पड़ी थीं उनका सहारा लेकर मैंने चुपके से फ़रहत को बुलाया और बेहया बनकर कहा, हशमत से ब्याह कर लो। वह सर से पैर तक काँपने लगा और ज़ारो-क़तार[44] आँसू बहने लगे। मैंने कहा, क्या बात है मियाँ ! कहने लगा, मेरी ऐसी क़िस्मत कहाँ जो उन जैसी लड़की मिले। मैं मजबूर हूँ, भाईसाहब मनमौजी हैं। वह कहते हैं, हशमत से जो शादी करेगा उसे गोली मारकर ख़ुद फाँसी पर चढ़ जाएँगे। मेरी माँ दो बेटों की मौत पर कैसे ज़िंदा रहेंगी। मैंने माँ के लिए कभी कुछ नहीं किया, इतना बड़ा ग़म बुढ़ापे में कैसे दे सकता हूँ ! फ़रहत की चंद माह बाद तुम्हारी अम्माँ ने शादी कर दी।''

''या ख़ुदा क़हहारी और जब्बारी[45] तूने बंदों को क्यों सौंप दी !''

''मैंने फिर कोशिश की और इसहाक़ हुसैन को बड़ी तरकीबों से बुलाया। इसहाक़ सात-आठ जमातें पढ़कर आवारागर्दी में पड़ गए थे। मैंने बेहया बनकर शादी की दरख़्वास्त की। मगर इसहाक़ की सिट्टी गुम हो गई। वह मेरे भाई के टुकड़ों पे पला था, भाभी का हुक्म कैसे टाल सकता था ! ज़फ़र की धमकियाँ ज़ोर बाँध रही थीं। मैं नीम-पागल हो चुकी थी। गर्मी-घुठस में मैं हशमतजहाँ को

44. फूट-फूटकर 45. क़हर और जुल्म ढाने का काम

कालकोठरी में बंद करके बड़ा सा ताला लगा देती और दरवाज़े के सामने पलंग बिछाकर सो जाती। हशमत मच्छरोंवाली कालकोठरी में गर्मी में उबलती रात-रात भर रोकर बिताती। अल्लाह ! ज़फ़र हुसैन, ख़ुदा तुझे समझे। कुत्ते की मौत मरो।''

ज़फ़र हुसैन जो शौकत आपा के बाप और मेरे बड़े मामूँ थे, हमें उनसे घिन आ रही थी। उन्होंने बारह बरस सोग मनाकर दूसरी शादी कर ली थी। नई ममानी बड़ी मासूम और अल्लाहवाली थीं, हर वक़्त तिलावते-क़ुरान और नफ़िलें[46] पढ़ा करती थीं। कितनी मुहब्बत करते थे मामूँ, और मेरा तो ख़ास तौर पर बहुत ही ख़याल रखते थे। बरसों बीती हुई उनकी ज़्यादती एक लतीफ़ा बन चुकी थी। हमें कोई अंदाज़ा नहीं था कि हमारी पैदाइश से पहले मामूँ ने क्या गुल खिलाए थे।

''अब मेरे लिए बस एक रास्ता रह गया था। लियाक़त, तुम्हारे फूफा का सगा भांजा, कहीं चपरासी था नाम को, मगर ख़ुदा जाने क्या धंधा करता था, लोग कहते हैं ग्वालियर में औरतों की दलाली करता था। बाप बचपन में मर गए, माँ ने न जाने क्या दुख झेलकर बेटे को पाला था ! हड्डी में खोट न था। बस मैंने आव देखा न ताव, उसे बुलाकर चट निकाह कर दिया।''

''और एक रात के बाद !''

''मैंने उसे निकाल दिया। वह मुआ दरिंदा था। मेरी कच्ची कली के दिल में उसकी दहशत बैठ गई। मैं पकड़ न लेती तो कलाई की रग काट डालती। तब तुम फ़ैसला करो बीबी कि मैंने कहाँ भूल की थी !''

मुझे ज़िंदगी में पहली दफ़ा एहसास हुआ कि मेरी फूफी कितनी दुखी हैं। उन्हें किसी ने दुनियादारी नहीं सिखाई; ज़नाना सियासी हथकंडे नहीं सिखाए।

मेरी माँ एक भरपूर औरत थीं।

और फूफी अम्माँ अधूरी औरत थीं।

रात को मैं और ख़ानम साहब सर जोड़कर बातें करते रहे।

''आप तलाक़ क्यों नहीं लेतीं।''

''हिंदुस्तान के उलमा ने ख़ुला[47] को मुस्लिम लॉ में शामिल नहीं किया।''

''वो कैसे ?''

''जब अंग्रेज़ हुकूमत जम गई तो क़ानूनसाज़ी के वक़्त हर फिरक़े के रहनुमाओं से राय ली गई। हमारे आलिमों ने ख़ुला यानी औरत को तलाक़ लेने के हक़ का कोई ज़िक्र नहीं किया। उसके बाद भी किसी ने हक़्क़े-तलाक़ की माँग नहीं की। रौशन-ख़याल वालिदैन हक़्क़े-तलाक़ अलग से लिखवाने के हक़ में थे मगर शादी के मौक़े पर हक़्क़े-तलाक़ पर लोग नाक-भौं चढ़ाते थे। ख़ुद मेरे भाई जसीम ने ऐन शादी के दिन कह दिया, हक़्क़े-तलाक़ को वह मनहूस समझते हैं। बेटीवाले

---

46. अतिरिक्त नमाज़ें 47. पत्नी का संबंध-विच्छेद माँगने का अधिकार

मजबूर हो गए। ख़्वाजा अब्दुल मजीद जो ख़्वाजा फ़ैमिली के रौशन-ख़याल बुज़ुर्ग थे, हक़े-तलाक़ पर ज़ोर देते थे। वह ख़ुद निकाह पढ़ाते थे और अगर लड़के हक़े-तलाक़ पर तैयार नहीं होते थे तो वह निकाह नहीं पढ़ाते थे। कम-अज़-कम अलीगढ़ में तो उन्होंने हक़े-तलाक़ के लिए बड़ी जद्दो-जहद[48] की और बहुत से ख़ानदानों में हक़े-तलाक़ पर इसरार होने लगा।

दूसरी रात रहने की ज़रूरत न पड़ी और नन्हे भाई आकर हमें पंजाशाही ले गए। पहले तो मैंने उनसे ही उलझने की कोशिश की कि वह वकील हैं, ख़ानम साहब की तलाक़ की कोशिश क्यों नहीं करते !

"यह इल्लत[49] है।" वह हस्बे-आदत टाल गए। मैं बकती रही और वह बिलकुल बे-तवज्जह घुटना हिलाते रहे। मुस्कुराते रहे।

"मैं घोड़ीवाला घर बेचना चाहती हूँ। उसके काग़ज़ात आपके पास हैं।" मैंने आजिज़ आकर बात पलटी।

"हाँ हैं, मगर क्यों बेचना चाहती हो ?"

"टीचर ट्रेनिंग का कोर्स करने इंग्लैंड जाऊँगी।"

"क्या करोगी ट्रेनिंग करके ?"

"नौकरी करूँगी।"

"क्यों ?"

"अरे, आप क्यों वकालत करते हैं ?"

"ग़लती करते हैं हम तो।"

"तो हम भी ग़लती करेंगे।"

"ज़बरदस्ती है कुछ ! हम नहीं करने देंगे तुम्हें ग़लती। तुम हमारी प्यारी बहन हो।" नन्हे भाई जी जलाने में माहिर थे, उनसे बहस करना नामुमकिन था। फिर मुस्कुराकर बोले–

"वह घर हमने तो बेच भी दिया।"

"कैसे ? मेरे दस्तख़तों के बग़ैर ?"

"तुम्हारे दस्तख़त हमने ख़ुद कर दिए।"

"यह तो बेईमानी हुई।"

"कत्तई बेईमानी हुई।"

"क्यों की आपने बेईमानी ?"

"हमारी मर्ज़ी।"

"आप पर मुक़दमा चल सकता है।"

"ज़रूर चल सकता है। मगर हमने तो सब पैसे भी ख़र्च कर दिए।"

---

48. संघर्ष 49. रोग, बुरी लत

“काहे में ख़र्च कर दिए ?”

“कुछ खा डाले, कुछ शौकत को दे दिए। ये बच्चा-वच्चा देनेवाली हैं, और सोने के कड़े बनवाए हैं।”

“दिखाओ शौकत अपने कड़े, पता है हमने ख़ुद बनाए हैं, आठ तोले के कड़े।”

वह इस सादगी से बोले कि कोशिश के बावजूद मुझे गुस्सा न आ सका।

“आप मुक़दमा हार जाएँगे तो ?”

“तो क्या ?”

“जेल जाएँगे।”

“और क्या !”

मेरी समझ में नहीं आया, क्या कहूँ। गुस्सा भी आ रहा था, हँसी भी आ रही थी। नन्हे भाई बड़ी मीठी-मीठी नज़रों से मुझे देखकर शरारत से मुस्कुरा रहे थे। मुझे ख़ामोश देखकर बोले—

“विलायत जाना चाहती हो ?”

“हाँ।”

“तो चली जाओ।”

“मकान तो आपने मार लिया, अब कैसे चली जाऊँ !”

“तैरना आता है ?”

“कुछ यूँ ही सा। अलीगढ़ में स्वीमिंग पुल में दो-चार दिन छिप-छिप किया था।”

“ऐसा करो हमारे साथ रोज़ जमना में तैरने चलो, एक हफ़्ता में फ़र्राटे भरने लगोगी।”

“ऊँह, तैरना सीखने से और विलायत जाने से क्या ताल्लुक़ ?”

“अरे भई, मज़े से तैरती चली जाओ।”

“और सामान ? नन्हे मियाँ आप भी क्या बातें करते हैं !” शौकत आपा बोलीं।

“सामान की क्या ज़रूरत है ?”

“लो भई, सामान की ही ज़रूरत नहीं। आप तो बेसमझे-बूझे बात कह देते हैं।” शौकत आपा चिढ़ गईं। “सर्दी में ठुठरके मर न जाएँगी। स्वीटर, गर्म कोट, कपड़े।”

“अरे, कुछ मुश्किल नहीं। मोमजामे के थैले में सब ठूँसके एक रस्सी से कमर में बाँध लेना।”

“और मछलियाँ, ये बड़ी-बड़ी व्हेल मछली, हाथी को भी हड़प कर ले। क्या बातें करते हैं नन्हे मियाँ !”

"अरे, एक लंबा सा बाँस लेके पानी पर फटकारे चलो, मछली पास नहीं फटकेगी।"

"फ-फूफू" नईम, उनके साहबज़ादे, हकलाए। "ह, ह हम भी चलेंगे विलायत।"

"हाँ भई, तुम भी चले जाना, मगर गधे, पहले तैरना सीखो।"

मुझे मालूम हो गया कि मेरी खिंचाई हो रही है। नन्हे भाई ने कभी मुझसे संजीदगी से बात नहीं की। मैंने जलकर टॉपिक बदल दिया और ख़ानम साहब के साथ जो ज़ुल्म हुआ, उसका ज़िक्र छेड़ दिया।

"इतना बड़ा ख़ानदान और एक लड़की पर क्या बीत गई, किसी के कान पर जूँ न रेंगी।"

"अरे शौकत !" नन्हे भाई एकदम चौंक पड़े। "नईम बहुत सर खुजा रहा है। देखो, अगर एक भी जूँ पड़ गई तो हम उसका सर मुँडा देंगे।" नन्हे भाई ने एकदम पटरी बदली।

"अरे वाह, बेकार में सर मुँडा देंगे। मुँडाकर तो देखिए।"

"ज़्यादा गड़बड़ करोगी तो हम अपना भी सर मुँडा देंगे।"

"होश में रहना, ख़्वाहमख़्वाह मुँडा देंगे।"

"तो उसके सर में अभी कंघी करो।"

"अब इस वक़्त न जाने कंघी कहाँ पड़ी होगी। कल ढूँढूँगी।"

"अभी ढूँढो, वरना हम अभी सर मुँडाते हैं।"

"बहन, तुम ढूँढो। मेरा तो सर चकरा रहा है।"

मेरा जी चाहा कह दूँ, ख़ुद नन्हे भाई ने जो चकफेरियाँ दी हैं उनसे सर चकरा रहा है, मगर नन्हे भाई से उलझना बेकार है। ऐसे छोटे-छोटे मासूम बेमानी जवाब देते, घुमाकर कहीं की बात कहीं ले जाने में माहिर, घंटों बेमानी बहस कर लीजिए। जली-कटी सुनाइए, क़त्तई जो नोटिस लें। नन्हे भाई से कभी कोई नहीं जीत सकता। वह किसी बात का जवाब संजीगदी से नहीं देते थे। अजीब मिट्टी के बने थे। मगर जोधपुर जाकर मैंने बड़ा हंगामा मचाने की कोशिश की। और तो और एक दफ़ा बड़े मामूँ से पूछ लिया।

"बड़े मामूँ, आप हशमत आपा से शादी करना चाहते थे ?"

बड़े मामूँ ने मुझे ग़ौर से देखा जैसे मेरे सर पर सींग निकल आए हों। अम्माँ सन्नाटे में रह गईं।

"अरे भई, दिल आ गया होगा।" शमीम ने बड़ी संजीदगी से लुक़्मा दिया। मामूँ ने जैसे सुना ही नहीं। उस घी के पीपे का ज़िक्र छेड़ दिया जो वह सवाई माधोपुर से अम्माँ के कहने पर मँगवा रहे थे।

"पैसे दूँ ?" अम्माँ बोलीं।

ज़रा सोचिए, आप कोई शानदार भाषण तैयार करके सभा में जाएँ और सामईन[50] कबड्डी खेलने लगें तो आपके दिल पर क्या गुज़रेगी !

''नहीं आपा, बाद में ले लेंगे।''

''क्यों बड़े मामूँ, दिल आ गया था ना ?'' शमीम ने बात बढ़ाने की कोशिश की। वह क़त्तई बात को मज़हकाख़ेज़[51] रंग देने की कोशिश पर तुला हुआ था।

''खाना तो अच्छा होता है, माई थान का।'' मामूँ ने बड़ी ख़ुशमिज़ाजी से पूछा।

''हाँ !''

''और गाजर का हलवा नाश्ते पर खाया होगा।''

''मज़ेदार था, मगर ख़ानम साहब की ज़िंदगी... !''

''ए बस, बड़-बड़ न करो। बी.ए. पास कर लिया, धौंस जमाने लगीं।''

''लेकिन मैं...''

''ए दुल्हन, हाँडी जलके ख़ाक हो गई।'' अम्माँ ने एकदम पटरी बदली।

''मगर आपने बड़े मामूँ का साथ दिया।''

''हाँ दिया।''

''क्यों ? जबकि...''

''हमारी मर्ज़ी, क्या तुम्हारी धौंस है ? बेगम, जब कमाके खिलाने लगो तब जूतियाँ मारना।''

''उफ़्फ़ोह मगर।''

''तुमने मेरी कभी सुनी ! जो दिल में आया, किया।''

''मैंने...।''

''तो फिर हमारे मुचलके क्यों लेने बैठ गईं ? हवासों में रहो, आइंदा कभी ज़फ़र के मुँह लगीं तो अच्छा न होगा...ए दुल्हन, गोश्त गल गया हो तो घियाँ डाल दो।''

''लानत है भई, ये उल्लू की पट्ठी घियां रोज़ पक जाती हैं।'' शमीम रुहाँसे हो गए।

''अरे वाह यार, अखी गोश्त, उस पर गर्म मसाला छिड़का हुआ और नींबू, क्या कहने हैं, पर गर्म-गर्म रोटियाँ भी हों।'' मुजीब बोले। बड़ी आपा के बड़े बेटे। हमारे भांजे जो चुन्नू, मेरे छोटे भाई, से चंद माह छोटे थे।

''यार, तू निरा लीचड़ है। घियाँ खाकर और चिपकू हो जाएगा और जम्मो की जान को लागू हो जाएगा।'' जम्मो यानी जमीला छोटे मामूँ फ़रहत हुसैन की छोटी बेटी थीं। उन्हें जमीला से काफ़ी अर्सा से लगाव था जो ख़तरनाक इश्क़ की

---

50. श्रोतागण 51. हास्यास्पद

तरफ़ बढ़ रहा था। ममानीजान इस चक्कर के सख़्त ख़िलाफ़ थीं।

मेरा दिल ख़्वाहमख़्वाह बैठा जा रहा है। कैसे बेहिस[52] हैं हम लोग ! ख़ानम साहब के लिए जो टीस मेरे दिल में उठ रही थी, किसी को उनसे दिलचस्पी नहीं थी।

अज़ीम भाई का ख़त आया था कि जावरा फ़ौरन आ जाओ। वह रियासत जावरा में चीफ़ जज हो गए थे और बड़े ज़ोर से बुला रहे थे। मैं वैसे भी हमेशा छुट्टियाँ उनके यहाँ गुज़ारा करती थी।

मैंने अपना मुख़्तसर सा सामान समेटा और जावरा पहुँच गई। मैंने तार दे दिया था। स्टेशन पर पाँचों बच्चे मय दुल्हन भाभी के, और जावरे में अम्माँ के मैका के रिश्तेदार मौजूद थे। मुझे बग़ैर बुर्क़ा देखकर सिटपिटा गए। चचा सरफ़राज तो मुड़कर एकदम भाग खड़े हुए।

अज़ीम भाई ख़ानदान से बिछड़कर बड़े अकेले हो गए थे। उन्होंने नन्हे भाई को बुलाने की अनथक कोशिश के बाद उन्हें रियासत के रेवेन्यू सेक्रेटरी के ओहदे पर चिपका ही दिया। नवाब साहब उनको बहुत मानते थे, और बस नन्हे भाई दो-चार दिन में आने ही वाले थे।

मुन्ने भाई की सेहत बहुत अच्छी हो रही थी। रात में दो-चार बार ही खाँसते थे। एक वसीअ[53] बंगला मिला हुआ था। काफ़ी बड़ा बाग़ था। दुल्हन भाभी बहुत ख़ुश थीं। मेरी बड़ी ख़ातिर करती थीं। बच्चे भी मुझसे हमेशा चिपटने के आदी थे। उनके छः बच्चे थे। नंबर दो बेटी मिदहत को उन्होंने बड़ी बहन को गोद दे दिया था। बाजी के जेठ की बेटी थीं, वही उन्हें ब्याहकर लाई थीं। बाजी के औलाद नहीं थी, उन्होंने अन्ना के अचानक चले जाने के बाद मुझे सँभाला था।

जावरा में मेरी आमद की धूम मच गई। बी.ए. और वह भी मुसलमान लड़की, क़त्तई मोजज़ा[54] था। वहाँ तो दो-चार ही ग्रेजुएट थे और उनमें अकसरियत[55] हिंदुओं की थी। सिर्फ़ हेडमास्टर बी.ए., बी.टी. थे।

नवाब साहब मेरी आमद[56] से बहुत ख़ुश थे और बड़ी तेज़ी से मुझे जावरा में खपाने के जतन होने लगे।

---

52. संवेदनहीन 53. लंबा-चौड़ा 54. चमत्कार 55. बहुमत 56. आगमन

फिर अलीगढ़ छूटा

नन्हे भाई ने हमेशा आज़ाद बछड़े की सी ज़िंदगी गुज़ारी थी। बेहद आवारा, ख़ुदसर[1] और आरामतलब थे। मुन्ने भाई के सिवा सबको धमकाना, रोब जमाना और ठुकाई भी करना। मुन्ने भाई हमेशा के बीमार थे। वह उन्हें बिलकुल अपाहिज और लाचार समझकर उन पर रहम भी खाते थे और बेहद मुहब्बत भी करते थे जबकि मुन्ने भाई को उनकी आज़ादरवी[2], अच्छी सेहत और जामाज़ेबी[3] पर रश्क आता था। मुन्ने भाई पर कोई कपड़ा न सजता, और नन्हे भाई का जिस्म इतना सुडौल, कद ऊँचा कि बनियान और नेकर में ही बड़े बाँके लगते थे। और अपनी सूखी नसोंदार टाँगें खोलते मुन्ने भाई को ख़ौफ़ आता था।

इतना सबको मालूम था कि एक के पास अगर हसीन जिस्म है तो दूसरे के पास बेहद तेज़ और ज़िंदा दिमाग़। मुन्ने भाई जब भी नन्हे भाई को घोड़े पर सरपट दौड़ते, बाड़ें फलाँगते देखते तो उनका मुँह ज़रा सा हो जाता था और वह नन्हे भाई को नीचा दिखाने की हर मुमकिन कोशिश कर डालते। मगर वह साथ-साथ उन्हें सब भाई-बहनों से ज़्यादा चाहते भी थे। जब दमा का दौरा पड़ता या दर्द-गुर्दा से मछली की तरह तड़पते तो माँ-बाप के बजाय हमेशा नन्हे भाई को पुकारते।

नन्हे भाई कभी उनकी इस हरकत का बुरा नहीं मानते। ऐसी अजीब नज़रों से मुस्कुराकर देखते कि मुन्ने भाई पानी हो जाते, जैसे कह रहे हों–

'तुम अधूरे इनसान हो, क़ाबिले-रहम हो।''

अजीब मुहब्बत और नफ़रत का खेल था।

नन्हे भाई तगड़े भी थे, ख़ुशमिज़ाज भी थे। उनसे लोग डरते भी थे और पसंद भी करते थे। एक माँ के दो बेटे क़त्तई किसी बात में नहीं मिलते थे। सूरत,

1. घमंडी 2 स्वतंत्र चाल-चलन 3 कपड़ों का शरीर पर फबना

नाक-नक़्शा, आदत सब अलग। मुन्ने भाई को दुख था कि लोग उन पर रहम खाते हैं, उनकी फ़िक्र करते हैं और नन्हे भाई से मरऊब हैं। जब उन्होंने बावजूद बीमारी के बड़ी आसानी से बी.ए. कर लिया तो एक दिन क़रीब-क़रीब उसी आसानी से सेकेंड डिवीज़न में नन्हे भाई ने एफ़.ए., फिर बी.ए. कर लिया। और मज़ा यह है, उन्हें किसी ने पढ़ते नहीं पकड़ा, न जाने कहाँ जाकर पढ़ते थे।

बचपन में कोई पूछता, किससे शादी करेगी तो मैं फ़ौरन कहती, नन्हे भाई से और जब नौ-दस बरस की शौकत आपा ने ऐलान किया कि वह नन्हे भाई से शादी करेंगी, तो मैंने उन्हें ख़ूब खसोटा और नन्हे भाई से शिकायत कर दी। उन्होंने शौकत आपा की चुटिया पलंग के पाए से बाँध दी और शौकत आपा से बोले :

''बता ! अब करेगी शादी ?'' शौकत आपा ने फ़ौरन तौबा की और जान-बख़्शी हुई उनकी। यह बात सबके ज़ेहन से उतर गई मगर शौकत आपा नहीं भूलीं।

और एक दिन उन्होंने ख़ानदान के सबसे ज़्यादा सजीले और वजीह[4] नौजवान को पा ही लिया। कभी दिल में शुब्हा लरज़ उठता है। शौकत आपा को नन्हे भाई से नहीं, ग़ैर-इरादी तौर पर उनकी शख़्सियत और रोब से इश्क़ था। वह 'वली अहद' से शादी करके पूरे ख़ानदान में एक मुक़ाम हासिल करना चाहती थीं। बड़े प्यारे-प्यारे ख़्वाब देखा करती थीं। एक दिन कहने लगीं–

''नन्हे मियाँ वकालत करके लंदन जाएँगे, बड़ा ओहदा पाएँगे और उन्हें सर का ख़िताब मिलेगा और हम लेडी नसीम कहलाएँगे।''

ग़रीब का सारे घर ने इतना मज़ाक़ बनाया कि रो दीं। नन्हे भाई ने ख़ुद उन्हें बहुत चिढ़ाया। और जब वह उन्हें लेडी नसीम कहकर पुकारते तो शौकत आपा धारों-धार रोतीं।

शौकत आपा ने बड़े ज़ेहनी दुख झेले थे। माँ के मरने के बाद वह रुल गई थीं। मामूँ जोधपुर में या दोस्तों के जमघटे में दो छोटे बच्चों यानी जुगनू और शौकत आपा की देखभाल नहीं कर सकते थे; इसलिए वो अपनी फूफी यानी हमारी अम्माँ के यहाँ रहती थीं। अम्माँ को अपने ही बच्चों से लाड करने की फ़ुर्सत न थी, सूरत से उकता चुकी थीं; वह किसी के बच्चे को ख़ाक प्यार देतीं ! जुगनू ने अजीब तबीयत पाई थी। छोटी सी उम्र से ही निहायत संजीदा और सीधे थे; ख़ुद कभी शरारत नहीं करते थे और न कभी किसी की शिकायत करते थे। घर में वही एक बच्चे थे जिन पर न कभी डाँट पड़ती, न मार। माँ को मौत ने, बाप को हालात ने छीन लिया तो वह उम्र से पहले ही बूढ़े हो गए। मुझ जैसे बद लड़की को भाई छेड़ते, मारते, सताते। जुगनू ने कभी न मारा, न सताया। सारा घर उन्हें प्यार करता

---

4. रोबदार

था। नौकर जो हम बच्चों की हरकतों से नालाँ[5] थे, जुगनू पर सब मेहरबान थे। निहायत ख़ामोश-तबा[6] होने के बावजूद ज़हीन, और खेलकूद में अपनी उम्र से ज़्यादा तेज़ थे। कभी कोई बचपने की बात ही नहीं करते थे।

शौकत आपा अपनी नानी यानी हमारी ख़ानदानी दुश्मन बिच्छू फूफी पर जान छिड़कती थीं। यह एक क़िस्म की ग़द्दारी समझी जाती थी। जुगनू कभी उनका नाम भी न लेते थे। न बुरा, न अच्छा, बस ख़ामोशी इख़्तियार कर लेते। मासूम शौकत आपा, ख़ुदा जाने उनके नन्हे से ज़ेह्न पर क्या बीतती होगी, वह ज़िद करके नानी के पास जातीं। वह अच्छे मूड में होतीं तो लाड करतीं। और जब एकदम याद आ जाता कि ये इसी नाहंजार[7] ज़फ़र हुसैन की बेटी है जिसने उनकी लाडली मुसर्रतजहाँ को तकलीफ़ दे-देकर मारा तो उन पर बेपनाह गुस्सा सवार हो जाता और वह शौकत आपा को वापस फूफी के यहाँ फेंकवा देतीं।

तब उन्हें सब छेड़ते, ताने देते।

इनसान किन-किन तरीकों से दूसरे इनसान का खून बहाता है ! बुजुर्गों के झगड़ों में मासूम बच्चों पर क्या कुछ गुज़र जाती है ! नफ़रतों के बीच में पलनेवाला बच्चा दिलो-दिमाग़ पर कैसे-कैसे ज़ख़्म सहता है ! ये ज़ख़्म हमेशा किसी न किसी ठेस पर रिसने लगते हैं।

नफ़रत का एक तूफ़ान समेटे शौकत आपा जवान हुईं और अपनी दानिस्त[8] में उन्होंने रुस्तमज़माँ की पनाह पा ली और अपनी सल्तनत की बुनियादें मुस्तहकम[9] करना शुरू कीं। काश अल्लाह-ताला ने थोड़ी सी बड़े भाई जुगनू की बुर्दबारी,[10] सोच-समझ और सब्र भी उन्हें दिया होता। किसी रिश्तेदार के टुकड़ों पर रहना और जवाब में इज़्ज़त और मुहब्बत माँगना, धौंस जमाकर माँगना किसी तरह भी मुमकिन नहीं। जुगनू तो नौकरों तक में हर-दिल-अज़ीज़ थे, कभी किसी पर हुक्म नहीं चलाते और उनसे बड़े तमीज से बातें करते। नौकर शौक़िया उनका काम करने पर मुसिर होते।[11] सब पैसों की ज़िद करते, जुगनू बेताल्लुक किसी काम में ख़ामोश जुटे रहते। अम्माँ जुगनू भाई को देखतीं तो उनका जी भर आता।

"अरे, तूने नहीं माँगे पैसे जुगनू !"

"अम्माँ ! अभी हैं पैसे हमारे पास।" जुगनू फूफी को अम्माँ कहते थे।

और अम्माँ उन्हें डाँटकर पैसे देतीं। फल-मिठाई जितना भी जी चाहे, कभी झपट्टा मारकर नहीं छीनी। इसलिए अम्माँ सबसे पहले जुगनू का हिस्सा निकालतीं और शौकत आपा को हमेशा भूल जातीं।

शौकत आपा की आइडियल बिच्छू फूफी थीं जिन्हें ख़ुद मैंने बहुत देर में

---

5. शिकायत से भरे 6. ख़ामोश तबीयतवाले 7. नालायक़ 8. समझ 9. मज़बूत 10. सहनशीलता 11. अड़ जाते

पाया। उन्हें बे-माँ की बच्ची पर प्यार आता तो कलेजे से लगातीं, फिर पुराने ज़ख़्म ताज़ा होने लगते तो धुतकार देतीं।

औरत हमेशा से नन्हे भाई की कमज़ोरी रही थी। बहुत ही कमसिनी[12] में वह उसके वजूद से वाक़िफ़ हो गए थे और फिर शौकत आपा नौख़ेज़[13] कली, सोलह-सत्रह का सिन, बिलकुल लट्टू हो गए। सुबह उठते, नाश्ता कमरे में ही मँगा लेते। सीधे कॉलेज जाते, वहाँ से सीधे कमरे में, चटख़नी चढ़ जाती। रात का खाना भी कमरे में मँगा लेते, फिर चटख़नी चढ़ जाती।

वह भाई जो हम सबके साथ ज़्यादा से ज़्यादा वक़्त गुज़ारते थे, बिलकुल ही ग़ायब हो गए। घर में आते ही हलचल मचा देते, उसे छेड़ना, उसे सताना, बच्चों को उछालना, गुदगुदाना। अब्बा से शिकार के बारे में मुबाहिसा[14], फिर अम्माँ के पहलू से लगकर बैठ जाते। मगर शादी के बाद वह शौकत आपा के होकर रह गए।

सारा घर नन्हे भाई और शौकत आपा से दिल ही दिल में खिंचने लगा गो मुँह से किसी ने कुछ न कहा।

इधर मुन्ने भाई और दुल्हन भाभी, पुराने ब्याहे तीन बच्चों के वालिदैन, इतनी चटख़नियाँ नहीं चढ़ती थीं। और नन्हे भाई को मशग़ूल पाकर उन लोगों से ज़्यादा वक़्त मजमा के साथ गुज़ारना शुरू कर दिया। मुन्ने भाई बड़े चाबुकदस्ती[15] से नन्हे भाई की ग़ैरहाज़िरी पर तास्सुफ़[16] करते। दुल्हन भाभी भी ज़्यादा वक़्त अम्माँ के पास गुज़ारने लगीं।

हम सबको आदत थी कि जैसे ही नन्हे भाई घर में दाख़िल होते, सब उन्हें घेर लेते। कुछ न कुछ उनकी जेबों से निकल ही आता। ख़ास तौर पर अगर कॉलेज में कोई पार्टी होती तो जेबें सूखे मेवे, टाफ़ियों से भरी होतीं। हम उन पर टूट पड़ते और लूटकर रख देते।

अब शौकत आपा टाफ़ियों के काग़ज दिखाकर कह देतीं, "सब ख़त्म हो गईं।" वैसे भी दुल्हन भाभी ग़ैर होते हुए बहुत क़रीब लगती थीं, हम सबके साथ ताश पच्चीसी खेलतीं। शौकत आपा को इन खेलों से दिलचस्पी ही नहीं थी, मजबूरन नन्हे भाई ने भी खेलना छोड़ दिया। आज समझ में आता है कि बहू से सास-नंदें क्यों जलने लगती हैं।

शुक्र ख़ुदा का कि हमें न भाइयों की कमी थी न भावज-भतीजों की, बस एकदम ऐसा रवैया इख़्तियार कर लिया जैसे नन्हे भाई और शौकत आपा घर में रहते ही नहीं।

एक और वाक़िया हुआ जिससे दिल में बड़ी तल्ख़ी[17] पैदा हुई। कोई ख़त

---

12. कम आयु 13. कच्ची 14. बहसबाज़ी 15. मुस्तैदी 16. अफ़सोस 17. कड़वाहट

मेरे नाम आया। वह नन्हे भाई ने खोल लिया क्योंकि मेरे नाम कोई ख़त ही नहीं आया करता था। वह उन्होंने शौकत आपा को दे दिया। शौकत आपा ने मुझे बुलाकर बड़ी कड़वी-कसैली बातें कहीं कि मैं लड़के घेरती हूँ। मुझ पर खून सवार हो गया और उन्हें मारते-मारते छोड़ा।

मुन्ने भाई मुझे रोज़ रात को पढ़ाते थे। उन्होंने मुझे भिन्नाया हुआ देखकर पूछा तो मैंने बता दिया।

''कौन है वह लड़का ?'' उन्होंने पूछा।

''मुझे क्या मालूम ?''

''ख़ैर, तुम्हारा कोई क़सूर नहीं, तुम क्यों रंजीदा होती हो !''

एक दिन हम चबूतरे पर बैठे थे कि नन्हे भाई कमरे से निकले। ''ऐ वसीम, जसीम, शमीम, चुन्नी, चुन्नू, हब्बू, मज्जू, नैयर, ग़ौर से सुनो !'' इतने में शौकत आपा भी आ गईं। हम सब ग़ौर से सुनने लगे।

''देखो ! आज से तुम सब शौकत का नाम नहीं लोगे, भाभीजान कहोगे। क्यों शौकत, अब तो खुश ?''

थोड़ी देर तक तो हम सब उनका मुँह तकते रहे। फिर एकदम पब्लिक ने सदाए-एहतिजाज[18] बुलंद की और चारों तरफ़ से बग़ावत का ऐलान होने लगा।

अब्बा मियाँ खाने के चबूतरे के क़रीब ही पलंग पर गावतकिया के सहारे बैठे, फल खा रहे थे। वह शाम को सिर्फ़ फल और ख़ुश्क मेवा ही खाया करते थे। अम्माँ उन्हें नारंगी की फाँकों के छिलके उतारकर देती जा रही थीं। चमकती हुई आँखों से वह ये घरेलू ड्रामा देख रहे थे। उनकी बड़ी-बड़ी सफ़ेद क़ैसर-कट मूँछों में मुस्कुराहट आँखमिचौली खेल रही थी। ग़ुल की आवाज़ सुनकर मुन्ने भाई भी सालन की प्लेट और रोटी पकड़े आन पहुँचे। दुल्हन भाभी कंधे से नज्जू को लगाए साथ थीं, उनके पीछे उनका नौकर छोकरा सेनी में बाक़ी खाना लिए चला आ रहा था जैसे तलवार की झंकार सुनकर क़बीले के सूरमा जिरह-बक्तर सँभालकर मैदान में कूद पड़ते हैं।

मामले की तफ़सील सुनकर मुन्ने भाई ने कहा—

''क़ायदे से तो हमें और हमारी बीवी को भी शौकत को भाभीजान कहना चाहिए।''

''हम हरगिज़ भाभीजान नहीं कहेंगे।'' जनता यकज़बान होकर चीख़ी।

''कभी जो कह जाएँ ?''

''तुम क्या कर लोगे हमारा ?''

''बोलो शौकत, हम क्या करें इन पाजियों का ? ये तो नहीं मानते।'' नन्हे

---

18. विरोध की आवाज़

भाई अपनी पुरानी मासूमियत से बोले।

"मैं क्या जानूँ !" शौकत आपा की हालत ग़ैर थी। पाँव भारी था। वह उलटी करने भागीं।

"चुड़ैल कितना इतराती है !" शमीम बड़बड़ाए।

"मगर नन्हे भाई मसम्मी शौकत, यानी दरहक़ीक़त रिश्ते की रू से उनका मुतालबा[19] क़त्तई जायज़ है, क्यों सरकार ?"

"दलील पेश की जाए।" अब्बा ने मजिस्ट्रेटी शान से कहा।

"माई लार्ड, मुसम्मात शौकत, बड़े बेटे की ब्याहता है। मुस्तक़बिल की पटरानी, वली-अहद की ज़ौजा, उन्हें वाजिब आदाब वसूल करने का पूरा-पूरा हक़ हासिल है।" फिर वह हमसे बोले—

"तुम सब हमारी बीवी को दुल्हन भाभी कहते हो। फिर बेचारी शौकत यानी भाभीजान के साथ नाइंसाफ़ी क्यों ?"

मुन्ने भाई हमेशा आग पर तेल छिड़कने की ताक में रहते थे। जब कोई मुचहटा होता तो ऐसे-ऐसे जुमले तराशते, वाक़ियात को घुमा-फिराकर ऐसा उलझाते कि सब उसकी लपेट में आ जाते। खूब जुमले चटख़ते, शिताबियाँ छूटतीं, बच्चों की ज़बान पर धार रख जाती और हम सबका चुल्लुओं खून बढ़ने लगता।

"नन्हे भाई, अब क्या करोगे ?"

"अब शौकत क़ै करके वापस आएँ तो राय देंगी कि क्या किया जाए।"

"हा, आँ, तू तो बड़ा जोरू का गुलाम है कि शौकत के इशारों पर नाचता है।"

"बेशक, हम निहायत ताबेदार जोरू के गुलाम हैं। सरकार खुद जोरू के गुलाम हैं।"

"ऐ होश में आ...कलमुहे !"

"अरे, यकीन न आए तो बिच्छू फूफी से पूछ लो।"

"हर सुलह-पसंद इनसान जोरू का गुलाम है।" मुन्ने भाई ने कहा।

"आय-हाय, बड़े जोरू के गुलाम हैं, ज़रा सा खाना बिगड़ जाए तो पूरी पतीली मोरी में लोट दें।" दुल्हन भाभी बोलीं।

"बेचारे जोरू के गुलाम ही तो पतीली मोरी में लोटते हैं, जोरू को नहीं लोट पाते।"

"अरे शौकत अब आ भी चुको, कितनी क़ै करोगी ?"

"अच्छा नन्हे, बीवी का नाम क्यों लेते हैं ?"

"फिर क्या कहें ?" नन्हे भाई बोले।

---

19. माँग

"अब्बा या मुन्ने भाई की तरह बीवी या बेगम कहें।" जनता ने डिमांड की।

"हम तो उन्हें कभी ख़ानम भी कहते हैं।" मुन्ने भाई बोले।

"ये झोल है। हम शौकत को बीवी या बेगम कहकर पुकारें और अम्माँ वारद हो जाएँ या तुम्हारी बीवी दौड़ी चली आए तो बड़ी बेजा मौत हो जाएगी।"

'सख़्त घपला है ! मुसम्मात शौकत उर्फ़ भाभीजान का मुतालबा जायज़ है और पब्लिक को मानना ही पड़ेगा।"

"ऐसी की तैसी शौकत की, हम क़त्तई उस चुड़ैल को भाभीजान नहीं कहेंगे।" शमीम भड़क उठे। उन्होंने बचपन में शौकत आपा को बहुत पीटा था।

"कह तो सकते हैं मगर...।" चुन्नू बोले।

"मगर..."

"पैसे दो।"

"पैसे ?"

"कम से कम दो-दो रुपया महीना।"

"दिमाग़ ख़राब हुआ है, दो रुपया महीना मेरी जूती देती है।" शौकत आपा बिगड़ उठीं।

"फ़ी कस।" चुन्नू अड़ गए।

शौकत आपा बिगड़ उठीं। कुल तीस रुपया तो दोनों को जेबख़र्च मिलते थे, उसमें से...उफ़, हिसाब लगाने के ख़याल से ही चक्कर आने लगे। "वाह-वा, मैं तो कौड़ी भी नहीं देने की ! खूगीर[20] की भर्ती, और फ़ी-कस[21] दो रुपया, अंधेर है कि नहीं।"

"भई दो-दो रुपया दो तो हम ख़ुद तुम्हें भाभीजान कहने को तैयार हैं।" नन्हे भाई लिजाजत[22] से बोले। "सब पैसे तुम दबा लेती हो।"

"क्यों सरकार, आपकी क्या राय है ?" मुन्ने भाई ने पूछा।

"हम इस मामले में दख़ल नहीं देना चाहते।"

"लेकिन छोटे-छोटे बच्चे शौकत का नाम लें, यह बदतमीज़ी है। नन्हे भाई उनकी ठुकाई कर सकते हैं।" मुन्ने भाई चूरन में नौशादर मिलाने के क़ायल थे।

"हमें क़त्तई कोई इनकार न होगा। हम ठुकाई के लिए तैयार हैं।" नन्हे भाई आस्तीन चढ़ाने लगे। जनता खून के घूँट पीके रह गई।

"सरकार तो कुछ न कहेंगे ?" मुन्ने भाई धीरे से बोले।

"नहीं, हम बच्चों के बीच में बोलने के क़त्तई क़ायल नहीं। बशर्ते कि मारने की वजह माक़ूल हो।"

अब बड़ी मुसीबत आई। नन्हे भाई तगड़े थे, कोई बहाना बनाकर ठोंक

---

20. भला माँगनेवाला 21. प्रतिव्यक्ति 22. विनम्रता

सकते थे। और इतने शरीर बच्चों के लिए बहाना तलाश करने की ज़रूरत न थी, बहाने हर वक़्त मौजूद रहते थे।

"फ़ौरन एक ख़ुफ़िया मीटिंग कॉल की गई जिसमें जुगनू भी शामिल थे। वह शौकत के सगे भाई थे मगर वह पार्टीबाज़ी में यक़ीन नहीं रखते थे और बड़े सोच-विचार के बाद उन्होंने ही यह तरकीब बताई कि शौकत का बायकाट कर दो। वह इस तरह कि चाहे जान पर बनी हो, उनका नाम ही न लो।"

जुगनू गाँधियाई उसूल के पैरो थे, वैसे भी सब उनसे दबते थे। चुन्नू, शमीम और मुजीब को होमवर्क में मदद देते थे। जसीम भाई से बेहद याराना था। मुझे जुग़राफ़िया पढ़ाते थे। अगर वह शौकत आपा की हिमायत[23] करते तो मुश्किल पड़ जाती, हम उनसे बदज़न[24] हो जाते, और शौकत आपा को वह बहुत ही चाहते थे।

बस जनाब हो गई शुरू सत्याग्रह। इधर हम इतने, उधर वह। नन्हे भाई के कॉलेज जाने के बाद तने-तनहा रह जातीं। उन्होंने दुल्हन भाभी के साथ मिलकर महाज़[25] बनाना चाहा मगर वह कामयाब न हो सका। दुल्हन भाभी ताश पचीसी की शौक़ीन, और शौकत आपा को दुनिया के तमाम खेलों से नफ़रत।

शौकत आपा का दम घुटने लगा। हम उनसे क़त्तई बात न करते। वह कुछ पूछतीं तो बिलकुल ऐसे बने रहते जैसे सुना ही नहीं। ख़ुद खुसर-फुसर करके क़हक़हे लगाते। नन्हे भाई अव्वल तो कुछ नोटिस न लेते और फिर उनका भी बायकाट कर दिया। उन्हें आता देखकर सब निहायत ज़रूरी काम से तितर-बितर हो जाते और उनसे बहुत दूर जाकर बे-बात क़हक़हे लगाते। मुन्ने भाई फ़ौरन हमारे महाज़ में शरीक हो जाते और गिरोह बनाकर ताश खेले जाने लगते। नन्हे भाई को ताशों से कोई दिलचस्पी न थी। जुगनू इतने पढ़ाकू थे कि शौकत आपा बुलातीं तो चले जाते। सिवाय शिकायतों के उनके पास दूसरा कोई मौज़ू न था। वह ग़ैर-जानिबदार[26] बने ख़ामोश सुनते रहते, फिर पढ़ाई में लग जाते। इस तनाज़े से बचाने के लिए वह अपने दोस्त के यहाँ पढ़ने चले जाते।

मेरी अम्माँ के बेटे कहलाने के असली हक़दार जुगनू थे। फूफी-भतीजे के किरदार में बड़ी ममासलत[27] पाई जाती थी। उनके ताल्लुक़ात अपनी नानी, हमारी बिच्छू फूफी से भी बड़े पुरतकल्लुफ़ थे। वह हमारे भाइयों और अब्बा मियाँ के साथ ईद-बक़रीद जाते। फूफी बादशाही उन्हें बड़ी तल्ख़ बातें कहतीं, फूफी के टुकड़ों पर पलने के ताने देतीं, मगर वह बजाय दुखी होने के हौले-हौले मुस्कुराते कि फूफी का खून खौल उठता। जैसे मेरी अम्माँ फूफी की गालियाँ, कोसने सुनकर मुस्कुराती रहती थीं। लोग पूछते, उन्हें बुरा नहीं लगता !

---

23. समर्थक 24. नाराज़ 25. मोर्चा 26. तटस्थ 27. समानता

"ए वाह, मुझे काहे को बुरा लगे। वह फूफी बुज़ुर्ग हैं, उन्हें हक़ है जो चाहे कहें।" अम्माँ भोली सूरत बनाकर कहतीं।

हमारे दोनों मामूँ अब्बा मियाँ की बेइंतिहा इज़्ज़त करते थे। बहन से ज़्यादा उनसे अक़ीदत[28] थी। अब्बा को उनसे कोई शिकायत न थी कि उन्होंने उनकी इकलौती लाडली बहन बादशाही ख़ानम की बेटी के खून से हाथ रँगे। वह किसी मामले में टाँग अड़ाने के क़ायल न थे। हालाँकि फूफी अम्माँ का ख़्याल था वह जोरू के गुलाम हैं, और उल्लू का गोश्त खिला दिया गया है।

जुगनू हम सबको बहुत पसंद थे, मगर जब उनसे मेरी शादी का ज़िक्र चला और शौकत आपा की ज़बानी मुझे बुज़ुर्गों की राय का पता चला तो मैं एकदम लगामें तुड़ाने लगी।

"जानती हो, जुगनू से तुम्हारी शादी के मंसूबे बन रहे हैं। मगर मैं हरगिज़ ये शादी नहीं होने दूँगी। ख़ुदा न करे जो तुम जैसी ख़ुदसर ज़बानदराज़ से मेरे भाई की क़िस्मत फूटे।"

"हूँह, उस गधे से मैं कब शादी करना चाहती हूँ ! लानत है क़ब्र बज्जू, मुझे घिन आती है कमबख़्त से।" मैंने अपनी हिमायत में वह कुछ कह डाला जो मैं क़त्तई नहीं सोचती थी। जुगनू मुझे बेहद पसंद थे। शादी का तो ख़याल भी नहीं आया था, मगर सिर्फ़ जुगनू से न मैंने कभी ज़बान चलाई, न बदतमीज़ी की। ख़ासा रोब था। हालाँकि वह चंद साल ही बड़े थे मगर मुझे अच्छी तरह पढ़ाते थे।

जब मुझे मालूम भी न था कि मेरे सगे भाई नहीं, जब मैं सोचती थी सब लड़के भाई ही होते हैं, दूसरे किसी रिश्ते का गुमान भी न था।

जुगनू भूतों, परियों की बडी दिलचस्प कहानियाँ बड़े ड्रामाई अंदाज़ में सुनाया करते थे। मुझे कभी नहीं छेड़ा, न कभी मेरी गुड़िया चीरी। अल्लाह मियाँ के बारे में उन्हीं ने पहली बार मुझे मालूमात पहुँचाई। उन्होंने बड़ी तेज़ी से सबसे पहले कुरान-शरीफ पढ़ लिया था। उन्हें वसीम भाई बहुत सताते और मारते थे, मगर मैंने उनसे कभी शिकायत नहीं सुनी। मज़ाक़ में उड़ा देते थे, कि रास्ते में सारे वक़्त धक्के देते चलते हैं।

मुझे जुगनू हमेशा बहुत प्यारे थे। अगर उनसे मेरी शादी हो जाती तो मैं निहायत पतिव्रता बन जाती, मुझे दराज़-क़द[29] मर्द पसंद थे और वह घर में सबसे ऊँचे निकलते थे। आज मैं अपनी कहानियों के हीरो को परखती हूँ तो उन्हें बिलकुल 'जुगनू' पाती हूँ। जुगनू के दिल का हाल मैं वसूक़[30] से नहीं बता सकती हूँ, मगर मैंने हमेशा उन्हें अपना रूहानी महबूब मान्ना। उफ़, अगर जुगनू ने ये अलफ़ाज पढ़ लिए तो क्या रद्दे-अमल[31] होगा ?"

---

28. श्रद्धा 29. लंबे क़दवाले 30. विश्वास 31. प्रतिक्रिया

मगर मैं और वह, दोनों रद्दे-अमल के दायरे से ख़ारिज हो चुके हैं। वह एक निहायत कामयाब डॉक्टर, बेहतरीन शौहर, अच्छे बाप और अब तो माशाअल्लाह नाना और दादा भी बन गए हैं। अगर मेरी शादी उनसे हो जाती तो वह मुझे मिट्टी का तूदा[32] बना देते और सारी सीमाबियत[33] ख़त्म हो जाती, मेरी समझ-बूझ पर एक भारी-सा ताला बनकर जम जाते। उस दिन से मेरे और जुगनू के दरमियान एक दीवार सी हायल[34] हो गई।

ख़ुदा-ख़ुदा करके शौकत आपा की ज़चगी हुई। बेटा पैदा हुआ। निहायत तनदुरुस्त और प्यारा, मगर हम लोग उस पर ऐसे टूटकर नहीं गिरे जैसे मुन्ने भाई के बेटे ज़ईम उर्फ़ नज्जू पर क़ुरबान हो गए थे। अब्बा भी बड़े ख़ुश थे। दो पोतियों के बाद पहला पोता पैदा हुआ था। नईम पहला न था। पहले हमने उसे प्यार करने की कोशिश की मगर शौकत आपा ने पाबंदियाँ लगाईं। सो रहा है, जगाया तो हलकान[35] हो जाएगा। हमने मुन्ने भाई के बच्चे को गुड़ियों की तरह इस्तेमाल किया था। स्कूल से आते ही, चाहे सोता हो या जागता, उठा लेते थे। दुल्हन भाभी कुछ नहीं कहती थीं। अगर वह चिड़चिड़ा बनकर रोने लगता तो माँ की गोद में डालकर कोई दिलचस्पी तलाश कर लेते। दुल्हन भाभी चिढ़ जातीं तो दो धमोके बच्चे को ही लगा देतीं, हमें कुछ न कहतीं।

अब ये हाल हो गया कि हम नईम को तरसाने के लिए ज़ईम से खेलते, प्यार करते, रुलाते, सताते। वह इसका आदी हो चुका था। नईम घुसकर आता तो उसे बे-तवज्जही से अलग कर देते। उफ़, ये नंद-देवर भी बड़े कमीने होते हैं जो कि हम थे।

नन्हे भाई सब ही बच्चों को प्यार करते थे। मुन्ने भाई के बच्चे बीमार बाप से दूर रहते और उनसे चिमटते। वह उन्हें उछालते, हथेली पर खड़ा करते। ज़ईम बाप की तरह सूखा-मारा था, हलका-फुलका, तेज़-तर्रार, बे-इंतिहा चुलबुला। नईम बेहद मोटा और ज़रा हकलाता था। शौकत आपा को जलाने के लिए हम उसके साथ रुखाई से पेश आते थे।

हाँ, मैंने और नैयर ने शौकत आपा के नर्मी और प्यार से कहने पर उन्हें मुफ़्त ही शौकत आपा कहना शुरू कर दिया था। फिर हमारी देखा-देखी मुजीब, नैयर और हब्बू भी कहने लगे। शमीम शौकत ही कहते, और चुन्नू बात ही नहीं करते। उनकी सत्याग्रह जारी थी।

फिर एकदम अब्बा मियाँ साँभर में जज की हैसियत से मुक़र्रर हो गए। घर दरहम-बरहम[36] हो गया। अब्बा अम्माँ के बग़ैर एक पल नहीं रह सकते थे। जसीम, शमीम, मुजीब और हबीब को नन्हे भाई और शौकत आपा की तहवील[37] में छोड़ने

32. ढेर 33. पारे जैसा गुण 34. बाधक 35. परेशान 36. अस्त-व्यस्त 37. निगरानी

के सिवा कोई चारा न था। अब्बा मियाँ सबका ख़र्च नन्हे भाई को भेज देते थे। अब्बा मियाँ के साथ ही मुन्ने भाई भी जोधपुर चले गए।

जसीम भाई बड़े तुंद-मिज़ाज[38] थे। शमीम और चुन्नू हद दर्जे के बदज़ात, मुजीब दूसरे जुगनू थे, और हबीब दूसरा चुन्नू, निहायत शरीर[39] और ख़ुदसर। जुगनू एफ़.एस.सी. के बाद बंबई में डॉक्टरी पढ़ने चले गए हैं और नैयर अम्माँ के साथ साँभर चले गए। हमारी पढ़ाई पर किसी ने तवज्जह न दी।

लड़के नन्हे भाई और शौकत आपा के बस के नहीं थे। दोनों का नाक में दम कर डाला। उन्होंने भी मोर्चा क़ायम करके खाने की मार दी। अब्बा के पास दोनों पार्टियों की शिकायतें जातीं मगर कोई इलाज नज़र न आता। न जाने शिकायतें किस हद तक सही थीं !

जसीम भाई बी.एस.सी. करके आगरा यूनिवर्सिटी में एम.एस.सी. करने चले गए। चुन्नू को टायफ़ाइड ने ऐसा दबोचा कि उसे जोधपुर इलाज के लिए भेजना पड़ा क्योंकि साँभर में कोई अच्छा इंतज़ाम न था। आपा ने मुजीब को ममानीजान के यहाँ रख दिया और हबीब को बरेली। सारा निज़ाम[40] तितर-बितर हो गया। नन्हे भाई के घर का ख़र्च जो अब्बा भेजते थे, बड़ी तंगी से पूरा पड़ता था।

क़लम बेदम हुआ जाता है जब अलीगढ़ छोड़ने का समाँ[41] याद आता है। स्कूलों की छुट्टियाँ थीं। मेरी तालीम के सब दरवाज़े एकदम बंद हो गए।

मैंने बहुत ख़ुशामद की कि बोर्डिंग में दाख़िल करा दी जाऊँ मगर बेहद सख़्ती से डाँट दिया गया। बोर्डिंग में लड़कियाँ आवारा हो जाती हैं। किसी ने मेरी एक न सुनी। नैयर साथ जा रही थी, मगर स्कूल खुलने पर आपा उसे साँभर से बुला लेंगी।

उफ़, साँभर कितनी भयानक जगह थी। हम रेल से उतरे तो प्लेटफार्म ही ग़ायब। मगर बैलगाड़ियाँ खड़ी थीं। कहने को रथें थीं, बेहद फुँदने, घंटियाँ जड़ी थीं मगर चारों तरफ़ से ऐसी चादरें लपेटी गईं कि दम घुटने लगा। रथ के दोनों तरफ़ दाढ़ियाँ चढ़ाए लंबे-तड़ंगे राजपूत तलवारें सूँतते, ऊँचे-ऊँचे घोड़ों पर सवार साथ चल रहे थे। सुर्ख़ अंगारा, डाकुओं जैसी आँखें, अगर ज़रा सा भी पर्दा सरक जाता तो फ़ौरन जकड़ देते।

बाक़ायदा जुलूस निकल रहा था। कच्ची सड़कों पर झटके खाते। ख़ुदा-ख़ुदा करके महल का फाटक नज़र आया। लंबा-चौड़ा अहाता जिसके एक तरफ़ जेल, क़ैदी सलाख़ों के पीछे खड़े मारवाड़ी में तब्सरा[42] कर रहे थे। रथें एक दरवाज़े से लगाई गईं, चारों तरफ़ चाँदनियों का हिसार[43] खींचा गया, ऊँटवालों को जो अहाते की दीवार के क़रीब से गुज़र रहे थे, बेपर्दगी के ख़ौफ़ से रोक दिया गया।

कमबख़्त महल एक बोसीदा[44], तीनमंज़िला खँडहर था। अब्बा मियाँ पहले

---

38. गर्म स्वभाव के 39. शरारती 40. व्यवस्था 41. दृश्य 42. टिप्पणी 43. घेरा 44. पुराना, सड़ा-गला

से पहुँच गए थे। नीचे की मंज़िल में नौकर और बावर्चीख़ाना था। उसके ऊपर ज़नानख़ाना, जिसमें हम ठूँस दिए गए। एक लंबा सा बरामदा और दो कमरे, छोटा सा घुटा हुआ सेहन और एक दालान दर दालान। उसके ऊपर अब्बा मियाँ के तीन कमरे। एक बरामदा, मुख़्तसर सी छत और एक कोठरी थी। अब्बा के कमरे एक लंबी-चौड़ी छत पर खुलते थे लेकिन उसके दूसरे सिरे पर कचहरी के कमरे थे। दिन भर उस छत के दरवाज़े बंद रहते और छत पर सिपाहियों और मुजरिमों का जमघटा रहता। दिन भर हथकड़ियाँ, बेड़ियाँ बजाते सारे क़ैदी उतरा-चढ़ा करते।

अलीगढ़ के कच्चे फूँस के बँगले, बड़े-बड़े कुशादा कमरे और लक़ो-दक़[45] सेहन, पास ही लाल डिग्गी जिसमें अमूमन भैंसें नहाया करती थीं। मगर था तो पानी और घने-घने दरख़्त। साँभर के मुक़ाबले में बहिश्ते-बरीं[46] मालूम होता था। चारों तरफ़ लहलहाते खेत, इमली का जग़ादरी[47] दरख़्त, जिसमें कोंपलें लगतीं और हम जुट जाते, कोंपलों के बाद फूल खाते, फिर छोटी-छोटी कच्चियाँ टूँगते, फिर कच्ची गद्दर और पक्की इमली। कुएँ के पास एक जामुन का पेड़ और सेहन के बीचों-बीच नीम का पेड़, जिसमें झूला डालके मैं और नैयर इतना झूलते थे कि रात हो जाती और डाँट पड़ती।

हाय अलीगढ़, प्यारा-दुलारा अलीगढ़ ! अलीगढ़ छोड़ते वक़्त हम बहुत रोए। साँभर के पुराने घर जिसकी दीवारों से हर वक़्त चूने की पपड़ियाँ झड़तीं। फ़र्श पत्थर के थे मगर हम लोगों से पहले जो लोग रहते थे, बड़े ही सख़्त मज़हबी थे। गोबर की तहें लगी थीं, दीवारों पर भी हर तरफ देवी-देवताओं की गेरू में उंगलियाँ डुबोकर तसवीरें बनाई गई थीं। मर्दाना बहुत साफ़-सुथरा था। पक्का चिकना फ़र्श और हमवार[48] दीवारें। ज़नानख़ाना में बीसों भोंडे ताक़ और बेहद नाहमवार गड्ढोंदार दीवारें थीं। दरवाज़े पर इतनी भारी और बड़ी-बड़ी कीलें ठुकी थीं कि खोलो तो जेल के दरवाज़ों की तरह ज़ोर से चिंघाड़ते थे।

अम्माँ ने फ़र्श खुरचवाके ढलवाया तो नीचे बारिश का-सा समाँ बँध गया। नौकर चिल्लाने लगे। फ़र्श छलनी हो रहा था। भीगे हुए गोबर की सड़ाँध ने और हवास गुम कर दिए। ख़ैर, जब सूख गया तो खुरचा गया। फिर भी ऐसा मालूम होता था, भैंसों के बाड़े में बैठे हैं।

मैंने और नैयर ने एक कमरे पर क़ब्ज़ा कर लिया जिसमें एक खिड़की पीछे गली में खुलती थी। लोग बड़ी सख़्त छूतछात के क़ायल थे। मर्द तो अब्बा मियाँ से ज़रूरतन मिलने आते थे मगर औरतें कभी नहीं आईं। हाँ, बढ़ई, सलावट, लुहार और रँगरेज़ों की औरतें कभी आ जातीं तो वो निहायत अक्खड़ मारवाड़ी बोलती थीं कि कुछ पल्ले न पड़ता।

---

45. जगमगाता हुआ 46. स्वर्ग 47. भारी-भरकम 48. समतल

क्या तनहाई थी ! अम्माँ ने तो बरामदे में चौका बिछवाकर उस पर चाँदनी तकिया लगाया और बैठकर छालियां कतरने लगीं।

पास ही एक चूल्हा बनवा लिया, कुछ न कुछ पकता रहता। अलीगढ़ में तंगी देखकर पुराने बावर्ची वली मुहम्मद चले गए थे। उन्हें बुलवा लिया गया। अली बख़्श, नौकरों के दारोग़ा ने कभी साथ न छोड़ा। इसके अलावा अम्माँ के पहुँचते ही लोग बच्चे लेकर आने लगे। दस-बारह बरस के हुश लौंडे, आठ आना महीना खाना-कपड़ा, चार रख लिए गए, दो मुफ़्त ही सिर्फ़ खाने-कपड़े पर रह पड़े। किसी मसरफ़ के नहीं थे, खूब लड़ते और इतना खा जाते कि आए दिन हैज़े की नौबत आ जाती।

अब्बा ने फ़ौरन मुर्ग़ियाँ और चार कुत्ते पाल लिए मगर बच्चों की ऐसी आदत हो चुकी थी कि उन नौकर बच्चों की भी मुर्ग़ियों जैसी देखभाल करते। सब ही के दाँत, कान और आँखें ख़राब थीं, बड़ी पाबंदी से उनके मुँह खुलवाकर देखे जाते और पोटैशियम परमैंगनेट से कुल्लियाँ करवाई जातीं, दाँत मँझवाए जाते, आँखें बोरिक पाउडर डालकर धोई जातीं, फुड़ियों पर मरहम लगते।

कमबख़्तों के मैल की पटरियाँ जमी थीं। पत्थर के टुकड़े से मँझवाए गए तो घाव पड़ गए।

नीचे काफ़ी कोठरियाँ थीं। बड़े अब्बा आगरे से आए तो नीचे नौकरोंवाले हिस्से में एक तरफ़ रहने लगे क्योंकि वह बग़ैर मोरी और गुस्लख़ाने के गुज़र नहीं कर सकते थे।

क्या वहशत होती थी ! मैं और नैयर बाक़ायदा प्रोग्राम बनाकर खूब रोते। उसे तो चंद माह ही गुज़ारने थे, फिर आपा आकर उसे ले जाएँगी। मगर मेरा क्या होगा, मुझे तो कोई भी नहीं ले जाएगा।

सबसे बड़ी महरूमी[49] किताबों की थी। नैयर के पास आठवें का और मेरे पास नवें-दसवें का कोर्स था। न जाने किस उम्मीद पर कोर्स सीने से लगाए बैठी थी। *तहज़ीबे-निस्वाँ* आता था। इसमें मिस हिजाब इस्माइल के, जो नई-नई हिजाब इम्तियाज़ अली बनी थीं, रोमानी अफ़साने हम दोनों सर जोड़कर पढ़ा करते और पर लगाकर नारंगी की कलियों की महक, ऑर्ग़नों की मदहोशकुन मौसीक़ी[50] शमई उँगलियों और आसमानी आबे-खाँ[51] के पैराहनों[52] की दुनिया में खो जाते। नैयर तो वाक़ई खो जाती, मैं बड़ी बदमज़ाक़[53] थी, मैं जलकर कोयला हो जाती। नमक की झीलों की सड़ाँध, चूना झड़ती दीवारें, टपकती छतें, भारी कीलें जड़ें फाटक और बंद राहें। मौत के दाख़िले की भी राहें बंद।

तब मेरी समझ में आया, औरतें सती क्यों हो जाती थीं ! स्टेशन से आते

---

49. अभाव 50. मदहोश करनेवाला संगीत 51. बहता पानी 52. वस्त्रों 53. सुरुचिहीन

हुए मरघट के पास से गुज़रते वक़्त वह फाटक देखा था जिस पर लाल रंग के हाथों के निशान थे। चिता पर चढ़ने से पहले पति की लाश पर जलनेवाली औरतें सुर्ख़ रंग में हाथ डुबोकर फाटक पर छाप लगा देती थीं। कितने हाथ थे ? बाज़ तो इतने नन्हे-नन्हे थे कि शायद दूधपीती बच्चियों के होंगे जो अपने शौहरों की चिता पर भस्म हो गईं।

वो हाथ अब भी याद आ जाते हैं तो दिमाग़ की रगों को खुरचने लगते हैं।

मगर जितना-जितना यह फ़िज़ा[54] मुझे कुचलती, कोई फ़ौलादी स्प्रिंग-सा मेरे ज़ेह्न में उछलता। मैं वाहमों[55] से बर-सरे-पैकार[56] हो जाती। मरे पे सौ दुर्रे[57]। सामान की कोठरी में एक संदूक़ खोला तो पता चला कि आपा की जाँ-फ़िशानी से जमा की हुई किताबें हैं। बेहद बोसीदा और सीलन की वजह से चिपकी हुईं। *तहज़ीबे-निस्वाँ* की पुरानी जिल्दें, *सहेली, इस्मत* और *मख़ज़न* के परचे, मौलवी नज़ीर अहमद और अल्लामा राशिदुल-ख़ैरी की तस्नीफ़ात[58]। मैं और नैयर दीवानों की तरह उन पर टूट पड़े।

नैयर जल्दी सो जाती, मैं पढ़ती रहती, यहाँ तक कि लालटेन का तेल ख़त्म हो जाता। तब मैं छत पर जाकर चाँदनी में पढ़ती, राजपूताना का चाँद बेइंतिहा रौशन होता है। फ़िज़ा में नमी की धुंध नहीं होती, मेरी आँखें पहले ही बहुत कमज़ोर थीं, और भी ख़राब होने लगीं।

मैंने हौके में जल्दी-जल्दी सब पढ़कर ख़त्म कर दिया और फिर ख़ाली हाथ रह गई। औरत की मिट्टी पलीद होती है पढ़कर, मेरे ऊपर उलटा असर हुआ। मुझे समाज से ज़्यादा ख़ुद पर गुस्सा आता, कहीं मुझमें ही कसर रह गई है। मुझे अपने वालिदैन पर गुस्सा नहीं, रहम आता। वो इतने महदूद[59] दायरे में क़ैद हैं, वो मुझसे नफ़रत नहीं करते, मेरी अम्माँ को मेरी शादी की फ़िक्र है, यहाँ मारवाड़ में बर कैसे जुड़ेगा ? अपनी बिसात भर वो मुझे इतना ही चाहती हैं जितना उन्होंने अपनी दूसरी औलाद को चाहा। वह अपनी बेटियों से भी उतनी ही मुहब्बत करती हैं जितनी बेटों से। उन्हें बेटों की कमाई खाने का ख़याल भी नहीं आता। अब्बा ही उनका सहारा हैं, बेटियों को कैसा जी खोलकर जहेज़ दिया ! आपा के बच्चे बेटों के औलाद से ज़्यादा ही प्यारे हैं। अपनी दानिस्त में मुझे बोर्डिंग की गंदी फ़िज़ा से बचा रहे हैं। ज़ेह्नी तौर पर वो बच्चे हैं, मैं उनसे ज़्यादा बूढ़ी हूँ।

उन्हीं दिनों चुन्नू टाइफ़ाइड के मुतवातर[60] हमलों की वजह से अलीगढ़ से अब्बा के कहने पर जोधपुर चला गया। वहाँ उसका इलाज होने लगा। शमीम का जो दिल घबराया, वह इम्तिहान को लात मारकर भाग आए। इम्तिहान की फीस ही नहीं भरी, सारा इलज़ाम शौकत आपा और नन्हे भाई पर रख दिया।

---

54. वातावरण 55. अंधविश्वासों 56. युद्धरत 57. कोड़े 58. रचनाएँ 59. सीमित 60. लगातार

नन्हे भाई ने आकर पोल खोली। शमीम फ़ीस ले जाता था और दाख़िल नहीं करता था।

क्या क़यामत है ! शमीम पढ़ना नहीं चाहता, और मेरे पढ़ने पर पाबंदी। शमीम ग़लती करके अपनी ज़िंदगी बरबाद करने का हक़ रखता है, मैं ज़िंदगी सुधारने की हक़दार नहीं। कौन मुसन्निफ़[61] है इस दुनिया का ? कौन मेरी ज़िंदगी का मेमार[62] है ? अगर वालिदैन हैं तो फिर ख़ुदा ने मुझे दिमाग़ क्यों दिया ? मैं उसका क्या करूँगी ?

बड़े अब्बा मुझे और नैयर को अंग्रेज़ी पढ़ाते थे मगर साथ-साथ अपने शे'र सुनने पर मजबूर करते थे। मुझे वैसे ही शायरी से कोई लगाव नहीं था, और नफ़रत हो गई। मगर पढ़ना था, इसलिए शे'र सुनने पड़ते थे।

नैयर चली गई और मेरी दिमाग़ी सेहत डगमगाने लगी। किताबें भी ख़त्म हो गई थीं, जब हूक उठती तो अब्बा मियाँ की क़ानून की किताबें पढ़ने लगती। ख़ाक पल्ले न पड़तीं, डिक्शनरी देख-देखकर पागल हो जाती। इस उम्र में ख़ुदकुशी बहुत आसान लगती है और मैंने भी ख़ुदकुशी के प्लान बनाए। रात-रात भर सोचा करती, छत पर से कूद जाऊँ, तीसरी मंज़िल से सर के बल ! चुपके से जाकर नमक की झील में छलाँग लगा दूँ, चंद घंटों में घुलकर आटा हो जाऊँगी।

मगर चंद घंटे ! उफ़, नमक मेरे गोश्त को हौले-हौले चबाएगा। पहले खाल उतरेगी, फिर गोश्त की तहें। कभी रात को एक करवट सोते बाज़ू सुन्न हो जाता तो ऐसा लगता नमक की झील में डूब रही हूँ, उभर रही हूँ। चीख़ मारकर जाग उठती।

फिर एक दिन मैंने अम्माँ को कहते सुना—

"ऐ है, मैं कोई नादान हूँ, तीन बेटियाँ, दो बेटे ब्याहे हैं। जोधपुर में सब कुछ मिलता है। वैसे मैंने यहाँ के बज़ाज़ से कहलवाया, उसने कहा जैसा माल हुक्म दो, दम भर में हाज़िर हो जाएगा। बड़े-बड़े सेठ रहते हैं साँभर में, सेरों सोने का ज़ेवर है एक-एक के पास और जयपुर का जड़ाऊ काम...।"

नमक तेज़ाब बनकर मेरे दिमाग़ को खाने लगा। अम्माँ ने अनजान बनकर एक ख़त मुझे दिया कि अब्बा मियाँ की मेज़ पर रख आऊँ। उस ख़त में मेरा पैग़ाम था और लड़के की तस्वीर। छोटी-छोटी मूँछोंवाला एक खूबसूरत नौजवान घुटनों पर हाथ रखे कैमरे के लेंस को घूर रहा था।

मैंने मुन्ने भाई को उसी वक़्त ख़त लिखा कि मैं शादी नहीं करूँगी, आप रुकवाइए। जवाब आया, लड़का मेरे दोस्त का छोटा भाई है, डिप्टी कलक्टर है, मुरादाबाद के लोग हैं, बड़े ख़ानदान हैं, तुम्हें बचपन में देख चुके हैं, पैग़ाम मेरे

---

61. लेखक 62. निर्माता

ज़रिये आया है। तुम चाहोगी तो प्राइवेट इम्तिहान भी दे लेना।

हिम्मत टूटने के बजाय ख़ून सवार हो गया।

फिर मैंने तुरप का इक्का मारा। मैंने जुगनू को लिखा, ख़ुदा की क़सम तुमसे शादी के लिए ज़बरदस्ती नहीं करूँगी। मेरी शादी सिर्फ़ तुम रुकवा सकते हो। मामूँ को लिखो कि तुम मुझसे शादी करना चाहते हो, फ़ौरन साँभर पहुँचकर शादी रुकवाएँ। अगर तुमने मेरी मदद न की तो अफ़सोस होगा तुम्हें।

और मैं ख़ुदकुशी के प्रोग्राम बनाने लगी। मौत से डर भी, पर ज़िंदगी से तो घिग्घी बँध रही थी। पढ़ने के शौक से ज़्यादा मेरे दिल में शादी की हैबत[63] थी। बचपन से मेरे कान में डाला गया था कि मैं किसी गुन की मालिक नहीं, जिसके घर जाऊँगी, घर वा कर दूँगी। मुँहफट, ज़बान-दराज़, दो दिन में ख़सम तलाक़ देकर मैके फिंकवा देगा। एहसासे-कमतरी मेरी रग-रग में समा चुका था। न सूरत, न शक्ल, मुझ पर कौन अहमक़ जान देगा ? जो चीज़ मेरे नसीब में नहीं उसके लिए तरसने के बजाय क्यों न उसे ख़ुद ही ठुकरा दूँ। शादी ही न करूँ तो कौन अहमक़ मुझे तलाक़ देगा ! मैं पढ़-लिखकर ख़ुदमुख़्तार बन जाऊँगी, मियाँ के ठुकराने के बाद भावजों के बच्चे पालकर ज़िंदगी नहीं गुज़ारूँगी।

चंद दिन के अंदर बड़े मामूँ साँभर पहुँच गए। अम्माँ और अब्बा से बातें हुईं। मुझे मालूम था, जुगनू सोने का लड्डू है। सारे ख़ानदान के बेटियोंवाले उस पर दाँत लगाए बैठे हैं। मेरे तुरप के इक्के को कोई नहीं काट सकता, बता नहीं सकती कि इतनी आसानी से इतने बड़े मुआमले से साफ़ निकल आने से मेरी हिम्मत कितनी बढ़ गई। मैंने तय कर लिया, आज से अपनी नाव की मल्लाह मैं ख़ुद हूँ। सारा ख़ानदान मगन, और मैंने किसी को न दुख दिया, न बेइज़्ज़ती का सवाल उठा। आज तक सिवाय मेरे और जुगनू के किसी को नहीं मालूम कि मैंने क्या चाल चली थी।

तुरप का इक्का तो चिपक गया मगर अब मुझे जोकर की ज़रूरत पड़नेवाली थी। मुझे पढ़ने के लिए अलीगढ़ जाना था, लोहे के चने तो अब चबाने का वक़्त आ रहा था।

और मेरे दाँतों में खुजली हो रही थी।

---

63. भय

लोहे के चने

अम्माँ मेरे मुस्तक़बिल से मुतमइन[1] होकर बहुत मेहरबान हो गई थीं। उन्होंने कुछ मोटे नक़ली रेशम की गुलाबी, फ़िरोज़ी साड़ियाँ ख़रीदी थीं। उनके साथ ही कालरदार, मर्दाना वज़ा की कमीज़ें बनवाई थीं। दो-चार बनारसी थान ख़रीद लिए थे, अब और ख़रीदो-फरोख़्त बंद कर दी थी। आठ तोले के कड़े, पहुँचियाँ, झुमके भी बनवाए थे। मुझे उनमें से कुछ भी नहीं चाहिए था। मुझे सादा शलवार-क़मीज़ और दुपट्टे चाहिए थे। चादरें, तकिया के ग़िलाफ़, तौलिए और पलंगपोश, साल भर के लिए कपड़ों की ज़रूरत थी। लट्ठे के थान घर में रहते ही थे, मैंने आठ शलवारें बनाईं, अम्माँ से कहा सिर्फ़ तीन बनाई हैं। उन्हें पता भी न चला। तीन-चार लट्ठे की क़मीज़ें बना लीं, अभी दुपट्टे चाहिए थे। समझ में नहीं आता था कि अम्माँ से कहे बग़ैर सामान कैसे तैयार करूँगी। उस वक़्त एक लालटेन और लोटा भी ले जाना पड़ता था। मैंने साबुत दुपट्टे छिपा दिए और फटे दुपट्टे और फाड़कर पहनने लगी। मगर उन्होंने कुछ नोटिस न लिया। कौन था देखनेवाला ! पूरा बिस्तर भी ले जाना था।

रात भर में बोर्डिंग के ख़्वाब देखती। ऐसी लगन तो विलायत जाने की भी नहीं लगी थी। अजीब बेकसी का एहसास था कि दम घोंटे दे रहा था। वह शादी जिस पर अम्माँ मुतमइन बैठी थीं, नहीं होनेवाली थी कि मैंने जुगनू को क़सम दी थी। मैं तो किसी बादशाह से भी शादी के मूड में नहीं थी। स्कूल खुलने का वक़्त आ रहा था, मैंने एडमिशन फ़ार्म भी नहीं मँगाए थे।

फिर एक दिन मैंने टूटे-फूटे हथियार सँभाले और मैदान में उतर गई।

इतवार का दिन था। अब्बा मियाँ नाश्ता करके अख़बार पढ़ रहे थे। अम्माँ चौके पर बैठी छालियाँ कतर रही थीं। मैंने आँख खोलकर यही मंज़र देखा था।

---

1. संतुष्ट

पुराना दमघोंट माहौल मेरी हिम्मत पस्त किए दे रहा था। अजीब अकेलेपन का एहसास दम घोंट रहा था। इतने बड़े कुनबे के बावजूद मैं अपने महाज़[2] पर तनहा थी। किसी तरफ़ से कुमक आने की उम्मीद न थी। कई दिन से अजीब डरावने ख़्वाब देख रही थी, मैं मरी पड़ी हूँ और सारा घर मातम-कुनाँ[3] है। मैं बैन सुन रही हूँ। वही लाखों औरतों के बैन, जो न जाने किसे रो रही हैं।

फिर मेरी आँख खुल जाती, तेल ख़त्म हो जाने पर लालटेन भड़ककर बुझ जाती। मैं पसीना-पसीना, सूखी-सूखी आँखों से मुख़्तसर से सेहन में से झाँकता हुआ आसमान देखती, तारे मद्धम हो जाते, दूर कहीं मदक़ूक़[4] मुअज़्ज़िन की आवाज़ मुझे बजाय सुकून बख़्शने के दहला देती।

एक और दिन गुज़र गया।

और मेरी मंज़िल एक क़दम आगे के बजाय पीछे ही हट गई।

उस दिन मैंने बंबे के पास बैठकर वज़ू किया और फ़जिर की नमाज़ पढ़ी थी। बेलफ़्ज़ दुआएँ माँगी थीं। ख़ुदा को मेरे दिल का हाल मालूम था, बल्कि उस वक़्त ऐसा महसूस हुआ, ख़ुदा मेरे दिल में उतर आया है। अजीब हलचल सी, बेआवाज़, बेमक़सद, मेरे वजूद को मिसमार[5] किए दे रही है। मगर जितनी टूटती हूँ, उतनी ही दीवारें संगीन होती जा रही हैं। नाउम्मीदी में कभी कोई अनजानी सी ताक़त न जाने कहाँ से उभरकर हाथ थाम लेती है।

और वही अनजानी ताक़त मुझे मक़तल[6] की जानिब घसीटे लिए जा रही थी।

मैं थोड़ी देर मोंढ़े पर बैठी रही। अम्माँ छालियों में से सड़ा हुआ हिस्सा कुतरकर बड़े तास्सुफ़[7] से देख रही थीं। अब्बा की नज़रें अख़बार पर घूम रही थीं। मैं बारी-बारी दोनों को निगाहों की तराज़ू में तौल रही थी। शायद मेरी निगाहों की चुभन ने अब्बा मियाँ को मेरी तरफ़ देखने पर मजबूर किया।

थोड़ी देर बड़ी-बड़ी ग़िलाफ़ी आँखें ख़ामोश मेरी आँखों से उलझी रहीं। मैंने पलक नहीं झपकाई, ऐसा कभी नहीं हुआ था। अब्बा मियाँ की आँखों में आँखें डालना मज़ाक़ न था। कहते हैं, अकसर मुजरिम उनकी एक ही नज़र से पानी हो जाते थे और झूठ की सारी कहानियाँ वरक़-वरक़ हो जाती थीं।

"मैं पढ़ने के लिए अलीगढ़ जाना चाहती हूँ।" मैंने कह ही दिया। और मेरी आवाज़ में कोई लर्ज़िश[8] न थी।

"पढ़ती तो हो अपने बड़े अब्बा से।"

"मैं मैट्रिक का इम्तिहान देना चाहती हूँ।"

"किस काम आएगा, दो साल रह गए हैं जुगनू के ...फिर...बेकार..."

---

2. मोर्चा 3. सोग कर रहा 4. क्षयरोगी 5. ध्वस्त 6 वक्षस्थल 7. अफ़सोस 8. कंपन

"मैं मैट्रिक करना चाहती हूँ।"

"मगर ज़रा सोचो, क्या फ़ायदा है ! इससे बेहतर है तुम खाना पकाना और सिलाई वग़ैरह सीखो। तुम्हारी तीनों बहनें कितनी सलीक़ामंद हैं, और तुम !"

"मुझे सलीक़ा से दिलचस्पी नहीं, मैं पढ़ना चाहती हूँ।"

"नहीं, बेकार..."

"तो मैं चली जाऊँगी।"

"कहाँ चली जाओगी ?" अब्बा मियाँ ने अख़बार रख दिया।

"स्कूल...।"

"स्कूल ?...कौन-से स्कूल ?"

"किसी भी स्कूल में...।"

"नहीं, हम तुम्हें स्कूल वग़ैरह नहीं भेजेंगे। कल से तुम मुतंजन की तरकीब सीखो और हब्शी हलवासोहन..."

बेगम इस दफ़ा हलवासोहन गोल कर गईं।

"ऐ, गर्मियों में मुआ, हब्शी हलवासोहन क्या बनेगा...हाँ गाजरें..."

"मुझे मुतंजन से क़ै आती है। मीठे चावलों में गोश्त और हब्शी हलवा भी पसंद नहीं। मैं स्कूल जाना चाहती हूँ, सिर्फ़ एक हफ़्ता रह गया है। अलीगढ़... ।"

"हम तुम्हें अलीगढ़ नहीं भेज सकते। शौकत बड़ी लापरवाह हैं, और तुम बहुत ख़ुदसर हो। उसका कहना नहीं मानोगी। कोई ऐसी-वैसी बात हुई तो ख़ानदान की बदनामी होगी।"

"तो मैं ख़ुद चली जाऊँगी।" मेरे ऊपर भूत सवार हो गया।

उनकी शोलाबार[9] आँखें पूरी तरह खुल गईं। मैं भस्म न हुई। मुझे ऐसा महसूस हो रहा था, ताजमहल की मशरिकी[10] बुर्जी से लटकी हुई हूँ, रस्सी कमज़ोर है, मेरी हथेलियाँ खूनम-खून हो रही हैं, कोई दम में रस्सी टूट जाएगी और संगमरमर के बेरहम फ़र्श की तरफ़ मेरा जिस्म लपकेगा और मैं पाश-पाश[11] हो जाऊँगी।

"कहाँ चली जाओगी ?"

"कहीं भी।"

"बस यूँ ही चल दोगी ?"

"हाँ, घर से निकलकर ताँगा लूँगी, वहाँ से स्टेशन जाकर किसी भी डब्बे में बैठ जाऊँगी।"

"फिर ?"

"किसी भी स्टेशन पर उतरकर मिशन स्कूल का पता पूछती पहुँच जाऊँगी। वहाँ ईसाई हो जाऊँगी। वहाँ मुझे जितना चाहूँगी, पढ़ने का मौक़ा मिलेगा।"

---

9. आग बरसाती 10. पूर्वी 11. टुकड़े-टुकड़े

थोड़ी देर सन्नाटा गूँजता रहा। अम्माँ का सरौता मफ़लूज[12] हो गया।

"सुन रही हो बेगम, ये क्या बक रही है ?"

"ख़ुदा ग़ारत करे कमबख़्त को, ख़ानदान के मुँह को कालिख लगाएगी।"

"मगर ताँगा तो साँभर में है ही नहीं।" अब्बा मियाँ की आँखों में शरारत चमक उठी। "और हमारी रथें और सरकारी ऊँट तुम्हें हमारी इजाज़त के बग़ैर नहीं मिलेंगे।"

"मैं पैदल चली जाऊँगी।" मैंने मशरिक़ी मीनार से लटकती हुई रस्सी को और मज़बूती से थाम लिया। मेरी हथेलियों में साँभर झील का नमक हौले-हौले जज़्ब हो रहा था।

फिर ख़ामोशी तारी हो गई। अम्माँ ने साड़ी के पल्लू से आँखें पोछीं।

"मैं ज़फ़र को क्या मुँह दिखाऊँगी !"

"ज़फ़र ही ने अच्छे-भले पैग़ाम में खंडत डाल दी। वरना अब तक तो हम इस कमबख़्त के बोझ से सुबुकदोश[13] हो चुके होते।"

"तो बस, मेरा भाई ही गुनाहगार ठहरा ! अरे, उनके बेटे के लिए नवाबज़ादियाँ मिल रही हैं, मगर उसने मेरी ख़ातिर मेरा बोझ हलका करना चाहा, अरे मेरे पैर पकड़े, कहा जब तक हाँ नहीं करोगी, नहीं छोड़ूँगा।"

अम्माँ धरों-धार रोने लगीं।

"ग़ारत हो कलमूही" अम्माँ ने जूती खींचके मारी, जो दाना की मुतलाशी[14] मुर्ग़ी के लगी। और न जाने क्यों मैं हँसी दबाती भागी।

मुजाहिद[15] खूनम-खून सही मगर जाँबाज़ी से मोर्चा वक़्ती तौर पर छोड़ने पर मजबूर हो गया।

मैंने दो-तीन गिलास सुराही का पानी चढ़ाया और अंदर की कोठरी में दरवाज़े-खिड़कियाँ बंद करके बैठ रही।

पता नहीं मुझे अपनी ढिटाई पर बजाय शरमिंदगी के बड़ा सुकून मिल रहा था। किताब उठाई अल्लामा राशिदुल-ख़ैरी की *तिलिस्मातन का सफ़ेद बाल।* जी जलके कोयला हो गया। उठाकर दीवार से मार दी और औंधी हो गई। रात भर ठीक से सोई न थी, फ़ौरन सो गई और कोई ख़्वाब न आया।

शाम को आँख खुली मगर मैं सोती बनी रही। दो-एक बार कोई देखने भी आया। शेख़ानी बुआ ने आवाज़ भी दी मगर मैंने दम साध लिया। वह मुझे खाना खिलाने पर मुसिर[16] थीं और अम्माँ कह रही थीं, भूख लगेगी खा लेंगी। शहज़ादी साहिबा के लिए ख़्वान सजाके ले जाने की ज़रूरत नहीं।

---

12. पक्षाघात का शिकार 13. मुक्त 14. तलाश कर रही 15. धर्मयोद्धा 16. अड़ी हुई

रात को ग्यारह बजे भूख से आँख खुली। मैंने फ़जिर[17] के बाद कोई नमाज़ नहीं पढ़ी थी जैसे मैं अल्लाह मियाँ से शर्त बाँध रही थी कि फ़जिर की नमाज़ क़ुबूल हुई है तो फिर आइंदा क़ज़ा[18] पेश कर दी जाएगी, वर्ना मुआमला खटाई में रहा तो फिर नमाज़ों के बजाय कौन जाने किस गिरजा में वास्ता पड़ेगा ! तब देखा जाएगा।

कांग्रेस का ज़ोर दिन-ब-दिन बढ़ रहा था मगर रियासतों में गाँधीजी का नाम भी गुनाह समझा जाता था। हम महाराजा जोधपुर की रिआया थे, उनकी सख़ावत[19] के बलबूते पर पल रहे थे। पिछले नवंबर में राज कुँवर की सालगिरह हर शहर में बड़ी धूमधाम से मनाई गई थी। अब्बा मियाँ ने भी जश्न और चिराग़ाँ का इंतज़ाम किया था। रात भर बाहर से आए हुए नक़्क़ालों और रंडियों का नाच होता रहा था। हम सबने कचहरी की छत से देखा था सारी रात। जब नैयर भी थी।

जश्न के बारे में अब्बा मियाँ बहुत नाराज़ थे। रियासत में इस बला की ग़ुरबत[20] थी कि न अस्पताल था और न स्कूल, अमीर इलाज के लिए जोधपुर या जयपुर चले जाते या डॉक्टर बुलवा लेते। ग़रीब या लोट-पोटके खड़े हो जाते या मर जाते। अब्बा मियाँ के महकमा का उन बातों से कोई ताल्लुक़ नहीं था मगर वह सीतला माई की पूजा पर भरोसा नहीं रखते थे और उसी टूटे-फटे डॉक्टर से सड़क के बच्चों को पकड़वाके टीके लगवाते जिस पर बड़ा मातम पड़ता। उनके वालिदैन बड़ा वावेला मचाते, मगर अब्बा मियाँ को चेचक के टीके लगवाने का जुनून था। हमारे मामूँ चेचक के टीकों के क़त्तई नहीं क़ायल थे। छोटे मामूँ की शादी अम्माँ ने की। उनकी पहली बेटी भी हमारे यहाँ पैदा हुई और मौक़ा पाते ही अब्बा ने उसके टीका लगवा दिया। सुनते हैं, बड़ा अंधेर मचा था। ममानीजान ख़फ़ा होकर मैके चली गई थीं। बाक़ी तीन बच्चों के किसी ने टीके नहीं लगवाए, तीनों के चेचक निकली। बहुत बचपन में निकली, बस रंगतें झुलस गईं, ज़्यादा दाग़ नहीं पड़े। बस अख़्तर ही चिकनी और सफ़ेद बची।

बड़े मामूँ के बच्चे के टीके हमारे यहाँ लगवा दिए गए थे। लेकिन जब दूसरी शादी से बच्ची पैदा हुई तो चेचक में मर गई। दूसरी बुरी तरह चेचक में दाग़दार हो गई। तीसरा लड़का हुआ, वह भी चेचक में मर गया। उसके बाद असग़र, दूसरा बेटा, चेचक से इस क़दर बदसूरत हो गया था कि बंदर लगता था। मगर मामूँ चेचक के टीके के नाम से लरज़ते[21] थे।

टीकों की हाय-तौबा जोधपुर दरबार तक पहुँची। बड़ी सख़्त तफ़तीश हुई। मगर अब्बा के जवाब पर मामला दब गया क्योंकि अब्बा इंडियन गवर्नमेंट से

---

17. सुबह की नमाज़ 18. समय चूकने के बाद पढ़ी जानेवाली नमाज़ 19. दरियादिली 20. निर्धनता 21. काँपते

मुताल्लिक़[22] रह चुके थे और उन्होंने उसे ऊपर सरकार तक बात पहुँचाने की धमकी दी और इस्तीफ़ा भी दाख़िल कर दिया।

इस्तीफ़ा मंजूर नहीं हुआ और उनकी मसरूफ़ियात[23] में तिब्बी महकमा[24] की सरपरस्ती भी शामिल कर दी गई जो उन्होंने तरक़्क़ी की परवाह किए बग़ैर ख़ुशी से मंज़ूर कर ली।

सारे अमले के बच्चों को पकड़कर टीके लगवाए—चपरासियों, क्लर्कों, हत्ता कि[25] क़ैदियों को भी नहीं बख़्शा।

''सरकार, उनमें क़त्ल के मुजरिम हैं, उन्हें क्या ज़रूरत है टीके की ?'' एक समझदार क्लर्क ने कहा।

''अगर उसे चेचक हुई तो औरों को भी समेट लेगा और अगर बच गया चेचक से और घिनावनी सूरत लेके अल्लाह मियाँ के दरबार में पहुँचा तो बग़ैर आमाल[26] देखे ही दोज़ख़ में झोंक दिया जाएगा।''

चेचक के टीकों का इतना हंगामा हुआ कि अब्बा का नाम ही 'वो चेचकवाला जज' पड़ गया था।

मैंने ख़ुदसरी विरसे में पाई थी।

रात को भूख लगी। नेमतख़ाना[27] में अम्माँ ने ज़िद में ताला डाल दिया था। पहले मैंने मसाले के डब्बे पर हमला बोला। कोफ़्तों के लिए भुने चने मिले, वो फाँके। थोड़ी सी ख़शख़श चबाई, तरकारी की टोकरी में दो मरी सूखी गाजरें। मुर्झाई हुई गोभी ख़ासी लज़ीज़ लगी। कुछ पिस्ते-बादाम और छुहारे समेटे और मज़े से दो गिलास पानी चढ़ाकर तारों की छाँव में दरी पर पानी छिड़ककर पड़ रही। मैंने मुहासिरा[28] का ज़ोरदार मुक़ाबला किया और दो दिन तक ख़ामोश जंग जारी रही। मिशन जाने का ख़्वाब धुँधला पड़ता जा रहा था। स्टेशन बहुत दूर था और सड़क पर मुझे रास्ता पूछते देखकर तूफ़ान खड़ा हो जाता, फ़ौरन धर ली जाती। मेरे मंसूबे में कोई दम न था, मगर न जाने क्यों मुझे ग़ैब[29] से मदद की उम्मीद थी। फिर जुगनू को लिखूँ कि मेरी तालीम पर ज़ोर दो और मुझे पढ़ने भिजवाओ, वरना मुझे न क़बूलने की धमकी दो।

यह नई चाल मुझे बेहद पसंद आई और मुहासिरा बेहक़ीक़त मालूम होने लगा।

तीसरे दिन अब्बा ने मुझे अपने कमरे में बुलाया।

''मिशन में जाने के बारे में क्या फ़ैसला किया ?''

मैं चुप रही।

---

22. संबद्ध 23. व्यस्तताओं 24. चिकित्सा विभाग 25. यहाँ तक कि 26. कर्म 27. रसोईघर 28. घेराबंदी 29. परोक्ष जगत

"ईसाई हो जाओगी ?" अब्बा मियाँ ने पूछा।

"हाँ !" मैंने भरे गले से कहा। जिन ईसाइयों से पाला पड़ा था, निचले तबक़े की काली भुजंग मेमें थीं। नीचे-नीचे स्कर्ट, काली टाँगें, मैले किरमिच के बूट और निहायत भोंडी पिचकी हुई टोपियाँ, हद से ज़्यादा बिगड़ी करेंटी ज़बान। बचपन से मैंने सिर्फ़ इस्लाम की रहमतों का ज़िक्र सुना था। उसके बाद हिंदू धर्म से एक रोमांटिक सा लगाव था। मंदिरों में भजन, घंटियाँ, सजे-सँवरे भगवान, ख़ास तौर पर मोर-मुकुट सजाए कृष्ण कन्हैया, गीतों में उनकी शोख़ियाँ, शरारतें, गोपियों के संग रास रचाना, मुरली की दिलकश धुन।

मगर हिंदू होने का तरीका क्या है, यह मुझे बिलकुल भी नहीं मालूम था। बचपन में मैंने अपनी गोइयाँ शीला के यहाँ तेहवारों की धूमधाम देखकर चाची से कहा था, "मुझे हिंदू बना लो।"

पहले तो वो हक्का-बक्का रह गईं, फिर बोलीं–

"धुत।" सबने मेरा खूब मज़ाक़ उड़ाया।

अम्माँ भी छिपकर पंडितजी को सत्यनारायण की कथा के लिए रुपया दिया करती थीं और सीतला मैया को भी भोग लगवाती थीं। मगर ईसाई मज़हब कुछ अंग्रेज़ हाकिमों का महकमा समझा जाता था और उस तरफ़ रग़बत[30] ज़ाहिर करना ज़लील समझा जाता था। वजह मुझे नहीं मालूम थी कि क्यों ?

"बेवकूफ़, ऐसी उलटी-सीधी बातें सोचना भी नहीं चाहिए। हमें नहीं मालूम था, तुम्हें पढ़ने का इतना शौक़ है। तुम नन्हे और शौकत के साथ रह सकती हो।" फिर उन्होंने मुझे एक किताब दी।

"ये पासबुक है, अपने दस्तख़त से तुम पोस्ट आफ़िस से रुपया निकलवा सकती हो। उसमें छः हज़ार रुपये हैं, उसे तुम जहेज़ समझो या अपना हक़, हम तुम्हारी ज़िम्मेदारी से दस्तबरदार[31] होते हैं।"

किताब लेकर मैं सकते में रह गई।

"इसके अलावा आगरा का एक मकान हमने तुम्हारे नाम कर दिया है। चाहो उसे बेचो या किराये पर उठाओ, तुम जानो।"

उन्होंने मुझे मकान के काग़ज़ात थमा दिए।

एकदम मैं फूट-फूटकर रोने लगी। जैसे नाव में बिठाकर, पतवार हाथ में देकर माँझी मुझे अकेला छोड़ गया हो।

"अरे बेवकूफ़, रोती क्यों हो, फ़ौरन दाख़िले का फ़ार्म मँगाओ और तैयारी करो। हाँ, बीवी को बताने की ज़रूरत नहीं, कपड़ों और किराये के लिए ये पचास रुपया रखो।"

---

30. लगाव 31. मुक्त

मशरिक़ी मीनार की रस्सी मैंने छोड़ दी और तैरती हुई संगमरमर के फ़र्श पर खड़ी हो गई।

अम्माँ को उन्होंने क्या समझाया कि वह एकदम ऐसी हो गईं जैसे कुछ हुआ ही नहीं। दुपट्टों के लिए पूरा थान मँगवाया। तीन रुपए का बीस गज़ का छोटे अर्ज़ की मलमल का थान मिलता था, आठ दुपट्टे बन गए।

अम्माँ ने रंग मँगाए और मुझे तरह-तरह के दुपट्टे रँगने की तरकीबें बताईं। मुझे याद है, एक पचरंगा सावन के मौसम के लिए, एक ज़र्द बसंत के लिए, एक पतंगों का। अम्माँ ने दुपट्टा पहले पानी में भिगोया, फिर निचोड़कर ज़रा फुरेरा किया, फिर उसे तह किया, बीच में कसके डोरी बँधवाई और कलफ़ मले रंग में आधा गुलाबी, आधा धानी रंगों में डुबोया। डोरी खोली तो बेहद खूबसूरत पतंगें बन गईं। खूब कलफ़ और अबरक़ डालकर बाक़ी दुपट्टे हलके रंगों में रँगवाए। जब सूख गए तो पानदान के ढकने से सख़्त तकिए पर घिस्से लगाकर चुने फिर उन्हें मरोड़कर बट लिया और बंडल से बना लिए। चार चादरें और तकिया के ग़िलाफ़, एक राजस्थानी पलंगपोश।

प्रास्पेक्टस और फ़ार्म आ गया था और मैंने भरकर भेज दिया।

मुझे दसवें क्लास में दाख़िला नहीं मिल सकता, नवें में मिलेगा, और मैं अलीगढ़ रवाना हो गई। अम्माँ मुझसे बिलकुल नाराज़ न थीं, अब्बा रोज़ शाम को इधर-उधर की बातें करते।

"बीमार तो तुम पड़ती नहीं हो, दाँत तुम्हारे बहुत साफ़ हैं, मुँह खोलो।" मैंने मुँह खोला और वह ग़ौर से एक-एक दाँत देखते रहे।

"पान मत खाना और नीम की मिस्वाक[32] ज़रूर करती रहना। और हमेशा ठंडे पानी से नहाना।"

"ऐ है, जाड़ों में भी ?" अम्माँ बोलीं।

"जाड़ों में भी ताज़ा पानी से रोज़ नहाना और खेलों में बराबर हिस्सा लेना, बहुत मोटी हो रही हो।" और मैं दिल ही दिल में सोच रही थी, यह क्या माजरा है। नाफ़रमानी पर तो वालिदैन आक़[33] कर देते हैं, बेटियों का तो गला घोंट देते हैं। यहाँ पहली बार अम्मा-अब्बा का प्यार मिल रहा है।

मैं अलीगढ़ पहुँची तो शौकत आपा सो रही थीं। जागीं तो बोलीं–

"हमारे यहाँ तो पलंग नहीं, कहाँ सोओगी ?"

"खटिया मँगा लूँगी। और कोठरी में कई पलंग खड़े हैं।"

"उनकी बान गल गई है।"

"नई लग जाएगी।"

---

32. दातुन 33. संपत्ति आदि से वंचित

"हमारे पास तो दो ही कमरे हैं, हमारी गुज़र ही मुश्किल से होती है। दो कमरे हमने किराया पर उठा दिए हैं।"

"बरामदे में तो जगह है।"

"वहाँ बावर्चीख़ाना है।"

"बरामदा बहुत लंबा है। टट्टी लगवा लूँगी।"

"गुस्लख़ाना घिर जाएगा। कोई आए-जाएगा तो तुम नाक-भौं चढ़ाओगी।"

"नहीं चढ़ाऊँगी, और चढ़ाऊँगी भी तो तुम्हें क्या असर पड़ेगा ! नैयर कहाँ सोती है ?"

"नैयर कहाँ, वह तो बोर्डिंग चली गई।"

"बोर्डिंग ?"

"हाँ भई, यहाँ उन्हें तकलीफ़ होती थी। नईम गुल मचाता था, कहो भला हम अपने बच्चे का गला घोंट दें ?"

मैंने सामान नहीं खोला। फ़ौरन मेहतरानी को भेजा कि कल इतवार है, नैयर से कहना मैं आई हुई हूँ।

बारह बजे नैयर आ गई। हम जैसे सदियों के बिछड़े लिपट गए।

"बहन, भूख के मारे दम निकला जा रहा था।"

"खाना नहीं खाया ?"

"कहाँ खाया ? पका ही नहीं था। फिर आने की इजाज़त लेनी थी, इजाज़त लेके सीधी भागी। कुछ है खाने को ?"

बहुत ढूँढा, कुछ न मिला। गंदी पतीलियाँ और रकाबियाँ लुढ़क रही थीं। शौकत आपा और नईम ने खाना कब खाया ? शायद जब मैं इधर कोठरी में पुराना सामान टटोल रही थी। और फिर बिस्तर खोला, मैले कपड़े निकाले। एक पलंग पीछे की तरफ़ बिलकुल साबुत मिल गया। नई बान से बना हुआ, मैंने वह घसीटकर बरामदे में गुस्लख़ाना से निकलने का रास्ता छोड़कर बिछाया और लेट गई नैयर के इंतज़ार में।

"खाना खाओगी ?" शौकत आपा ने पुकारा।

"मेरे लिए पतीली में छोड़ दो, बाद में खा लूँगी।"

मगर शौकत आपा भूल गईं। मैं तो बिना खाए भी रह सकती थी मगर नैयर धान-पान सी, नाक पकड़ो दम निकले।

हमने चुपके-चुपके डब्बे टटोले, एक डब्बा में थोड़ा सा नारियल मिला। नैयर भसकने लगी। दूध की पतीली खोली, मोटी सी मलाई जमी थी। नैयर ने उँगली से मलाई को छुआ।

"शौकत आपा जान लेंगी।"

"खा भी लो ! तुम भूखी हो।"

"हाँ, कई बार बुला चुकी हैं कि इतवार को आओ, घर के खाने को तरस गई होगी।"

"मगर उस वक़्त शायद खाना कम था। तुम बोर्डिंग क्यों चली गईं ?"

"न पूछो बहन, फिर बताऊँगी।"

"नहीं, अभी बताओ।"

"चलो, उधर नीम के नीचे बैठेंगे।"

"गर्मी होगी।"

"नहीं, उधर हवा भी चल रही है। शौकत आपा जाग जाएँगी।"

हम दोनों नीम के नीचे सूखे पत्ते जमा करके बैठ गईं। नैयर बोली–

"मेरी मानो तो बहन, बोर्डिंग चली चलो।"

"क्यों ?"

"अरे भई, क्या बताऊँ, शौकत आपा से मेरी तो नहीं बनी और तुम तो बहुत ही ख़रदिमाग़ हो, तुम्हारी तो एक मिनट नहीं बनेगी। दूसरे, नईम पढ़ने नहीं देता, चढ़ बैठता है और क्या ज़ोर का घूँसा लगाता है कि भई, मेरा तो दम जाने लगता है।"

"मुझे नहीं मारेगा, मैं उसकी वो ठुकाई करूँगी कि याद ही करेगा।"

"अरी बहना, उँगली लगाके तो देखो ! छठी का दूध याद आ जाएगा।"

"तुम फिसड्डी हो, मैं तो किसी से दबनेवाली नहीं।"

"यही तो डर है। पर बहन, तुम यहाँ पढ़ने आई हो या महाभारत रचने आई हो ?"

और मैं फ़िक्र में पड़ गई। नैयर ने शुक्र है कि मलाई नहीं खाई। शौकत आपा ने उठकर फ़ौरन डब्बा खोला और नारियल का टुकड़ा ग़ायब देखकर बहुत बिगड़ीं।

"बहुत भूखी थी नैयर, तुमने मेरे लिए भी पतीली में कुछ न छोड़ा। दाल भी न मिली, न रोटी।"

"दाल हमारे यहाँ पकती ही नहीं और ज़रा सा क़ीमा था, नईम रूखा-रूखा खा गया। रोटी मुझे ध्यान ही न रहा। बासी तो थी, मैंने कुत्ते को डाल दी। मगर मेरा खोपरा क्यों खा गई ?"

"ऐ शौकत आपा, ज़रा से खोपरे पर दम देती हो, ख़ाक डालो।"

"वाह वाह, क्यों ख़ाक डालो ! हम पहर[34] को ज़रूर कुछ खाते हैं। इसका भी ख़याल न किया।"

इतने में नन्हे भाई आ गए।

"नैयर चली गई ?"

---

34. तीसरा पहर

"हाँ, बस ताँगा मँगाके जा ही रही थी।"

"कहाँ जा रही थी ?"

"बोर्डिंग !"

"नहीं, बोर्डिंग तुम नहीं जाओगी।"

"मैं क़त्तई जाऊँगी।"

"नहीं, हम तुम्हें बोर्डिंग नहीं जाने देंगे।"

मुझे हँसी आई। चाहा, कह दूँ, आपके वालिद बुजुर्गवार भी यही कहते थे।

"आपको क्या, मैं बोर्डिंग में रहूँ या कहीं रहूँ !"

"हमारा नुक़सान होगा।"

"कैसा नुक़सान ?"

"तुम्हारे खाने वग़ैरह के रुपया से हमें सहूलत हो जाएगी।" शौकत आपा बोलीं।

"अच्छा, तो तुम लोग मुनाफ़ा कमाते हो हम लोगों से !"

"ख़ाक मुनाफ़ा, तुम्हारे रहने से हमें तो परेशानी ही हो जाएगी।"

"और जो सहूलत होगी वो ?"

"अच्छा, बकबक न करो।" नन्हे भाई बोले और शौकत आपा तंज़िया[35] मुस्कुराईं।

"नन्हे भाई, खाने का आठ रुपया, धोबी वग़ैरह का मैं ख़ुद दूँगी। ऐसा क्या मुनाफ़ा होगा, क्योंकि मैं कहे देती हूँ कि मैं क़त्तई आठ रुपया से ज़्यादा का खाना खाऊँगी। नईम मेरे पढ़ने में मुख़िल[36] हुआ तो ठुकाई कर दूँगी।"

"वाह वाह, कैसे करोगी ठुकाई ?"

"ऐसे," मैंने फ़ौरन नईम के धमोका लगाया और वह हँसके मुझसे कुश्ती लड़ने लगा। "और शौकत आपा निहायत फुसफुसी हैं, अगर मुझ पर भूले से हाथ उठाया तो धुनके फेंक दूँगी। बचपन में मैंने उन्हें बड़ी मार दी है, मगर अब मैं बच्चा नहीं।" नन्हे भाई हँसने लगे।

"शौकत, चुन्नी से कुश्ती लड़ोगी ?"

"मेरी जूती लड़ती है।"

"तो भई, उसका बोर्डिंग चले जाना ही अच्छा है। भूतनी है ये, तू अगर बिगड़ बैठी तो तुम्हारी हड्डी-पसली एक कर देगी।"

"वाह...देखें तो ये एक उँगली छुआकर भी।"

"अव्वल तो हम कालेज में होंगे। दूसरे, हम दो पहलवानों में चल रही हो तो दख़ल नहीं देते। तमाशा देखते हैं।"

---

35. व्यंग्यमय 36. बाधक

नन्हे भाई ने ज़ोर से मेरी पीठ पर थपकी दी। कोई और नाज़नीं होती तो दम तोड़ देती। मैं हँसती रही।

बोर्डिंग जाते वक़्त मैंने शौकत आपा को मना लिया था। बेहद ख़ुशामद से हर हफ़्ता आने की इजाज़त माँगी हालाँकि बिलकुल आने का इरादा न था। घर के खाने की खूब तारीफ़ें और बोर्डिंग के खाने को रातिब कहा।

बिलकुल रवाना होते वक़्त चुपके से बोलीं—

"ये तुम्हारी और जुगनू की शादी का क्या क़िस्सा है ?"

"मुझे क्या पता ?" मैंने मासूमियत से कहा।

"भाईसाहब की कारस्तानी लगती है।" वह अपने बाप को भाईसाहब कहती थीं।

"यह शादी हरगिज़ न होगी। मैंने जुगनू को ख़त लिखा।"

"फिर ?"

"उसने जवाब ही नहीं दिया। मगर क़यामत हो जाए, यह शादी नहीं होगी।"

जी चाहा कह दूँ, गुस्सा न दिलाओ, मैं कहीं इंतक़ामन[37] बदज़ाती[38] पर न तुल जाऊँ। जुगनू मुझे बहुत अजीज़ है, मैं उसका बुरा नहीं चाहती।

"अभी तो मुझे बी.ए. करना है।"

"शादी के बाद पढ़ती रहोगी ?"

"इंशाअल्लाह।" और मैं रवाना हो गई।

मुझे नवें में दाख़िला मिल चुका था, मगर मैंने ज़िद की कि दसवें में दाख़िला लूँगी। ख़ातून आपा नई-नई प्रिंसिपल बनी थीं। समझाने लगीं कि स्कूल का नतीजा ख़राब होगा, तुम फ़ेल हो जाओगी।

"मैं फ़ेल नहीं हूँगी और फ़र्ज़ कीजिए, अगर हो भी गई तो क्या फ़र्क़ पड़ेगा ? वही बात हो जाएगी।"

मैंने उन्हें सरसरी अंदाज़ में बताया कि मैं किन मुश्किल राहों से गुज़रकर बोर्डिंग में आई हूँ। सारे ख़ानदान को नाराज़ किया है, मुझे कामयाब होना है। मैं ट्यूशन लूँगी, दिन-रात पढ़ूँगी। आपने मेरी उर्दू की पुख़्तगी नहीं आज़माई। मुझे मौक़ा दीजिए, शायद मैं आपको नाउम्मीद न करूँ। मैं तालीम में बहुत पीछे रह गई हूँ। नैयर को तो उसकी माँ फ़ख़्रिया पढ़ा रही हैं, मैं सारे ख़ानदान से लड़कर आई हूँ।

उस वक़्त रहमत के फ़रिश्ते की तरह आला बी आ गईं। आला बी यानी बेगम शेख़ अब्दुल्लाह, बानी[39] अलीगढ़ गर्ल्स कालिज, रोज़ाना बोर्डिंग और स्कूल में चक्कर लगाया करती थीं।

---

37. प्रतिशोधवश 38. दुर्व्यवहार 39. संस्थापक

उन्होंने बड़े ज़ोर-शोर से मेरी हिमायत की और अपने मख़सूस[40] अंदाज़ में बोलीं–

"ऐ बी. ख़ातून, चूल्हे में डालो स्कूल के नतीजे को। बच्ची मेहनत करने को कहती है, उसे मौक़ा दो।"

"वरना मैं फिर प्राइवेट इम्तिहान दूँगी। मगर इस साल मैट्रिक का इम्तिहान ज़रूर दूँगी।"

"हाँ, और बेटी, तू मेरे पास रहना। ख़ातूनजहाँ, इसे इम्तिहान देने से तू न रोक पाओगी। दाख़िल कर लो, मैं ज़िम्मा लेती हूँ इसका।"

मैं दाख़िला के बाद निकल रही थी तो वह ख़ातून आपा से कह रही थीं–

"ग़ज़ब ख़ुदा का ख़ातून, एक लड़की का इरादा कमज़ोर करना चाहती थीं !"

बोर्डिंग में मैं और नैयर एक कमरे में रहने लगीं।

नैयर बड़ी सलीक़ेवाली थी, मैं कमरा गंदा करती और पढ़ने भाग जाती। वह बड़बड़ाती मगर चंदन कर देती कमरा। मुझ पर बड़ा रोब जमाती। वह ज़हीन भी थी, शोख़ भी और क्लास में अव्वल आती थी। मैं हमेशा समझती थी, वह बहुत तालीम हासिल करेगी, नाम पैदा करेगी, शोहरत पाएगी, मगर वह हमेशा से निहायत सुलझी हुई दोस्तनवाज़ और फ़रमाँबरदार[41] थी। उसकी अम्माँ और दादी ने उसकी मँगनी ददिहाल में एक बहुत होनहार लड़के से कर दी थी और वह बहुत ख़ुश थी। वह एक मिसाली मशरिक़ी ख़ातून बनने के ख़्वाब देखती थी। अच्छी बेटी, फरमाँबरदार बीबी, बेहतरीन माँ और समाज की पुरानी क़दरों की शिद्दत[42] से क़ायल। हम बचपन से साथ रहे। उसे मेरी कोई अदा पसंद न थी और मुझे उसके ज़िंदगी के प्रोग्राम से घुटन होती थी। मगर हम दोनों में बहुत गहरा प्यार था। एक दूसरे की ख़ुशी से ख़ुशी होती थीं।

निहायत नमकीन, सुबुक नक़्शा, नाज़ुक हाथ-पैर, बेहद जामाज़ेब[43], साथ-साथ निहायत शोख़, बातूनी और अपनी उम्र से ज़्यादा होशमंद, बचपन से ही हर बात में वह मुझसे बेहतर थी। निहायत अच्छी सिलाई-बुनाई और पकवान तैयार करती थी। उसने पाँच बरस की उम्र में एक कोचवान का कुर्ता सिया और तुरपाई की। सब हैरतज़दा होते थे। वह अपनी पतली-पतली उँगलियों से नाजुक कशीदाकारी करती तो उसमें इतनी सफ़ाई होती थी कि बड़े-बड़ों को मात कर देती।

उसने छः बरस की उम्र में क़ुरानशरीफ़ ख़त्म कर लिया। लंबे-लंबे सुनहरी झलक लिए बाल थे।

मैं उसका बिलकुल मुख़ालिफ़-अक्स[44] थी। हर वक़्त मेरा उससे मुवाज़ना[45]

---

40. विशिष्ट 41. आज्ञाकारी 42. तीव्रता 43. जिस पर हर कपड़ा फबे 44. विपरीत 45. तुलना

किया जाता और मैं सिफ़र[46] साबित होती। मगर अपने किसी रवैया से उसने मुझे हक़ीर[47] न समझा। मुझसे बड़ी प्यारी दोस्ती थी। बरेली की सहेलियों की सोहबत में उसे वो बातें मालूम हो चुकी थीं जिनसे मेरे फ़रिश्ते भी अनजान थे। हर मामले में वह मेरी उस्ताद थी। मैं हाथ-पैर मारकर उससे एक क्लास आगे हो गई थी, मगर वह मुझे बहुत कुछ पढ़ सकती थी।

जब तक नैयर मेरे कमरे में नहीं आई थी, एक तीसरी क्लास की लड़की कुछ दिन रही। यह लड़की निहायत ग़रीब, बीमार और बदसूरत थी। बिलकुल लावारिस थी। बस उसकी आँखें इतनी बड़ी थीं कि सूरत भयानक लगती थी। दिमाग़ी तौर पर कमज़ोर थी। घंटों बैठकर एक जुमला रटती और दम भर में भूल जाती। मुझे इतना घूरती कि मैं बदहवास हो जाती। बिलकुल नौकरों की तरह मेरे कपड़े तह करती, किताबें सजाती, बग़ैर माँगे पानी का गिलास ले आती, उसके दाँत छिदरे और छज्जे की तरह आगे को निकले, निचले होंट पर धरे रहते थे। बात करती तो लुआब के तार दाँतों और होंट के दरमियान जाल सा बुनने लगते और मेरे हलक़ में उबकाई उमँड़ आती।

शाम को मैं पढ़ती रहती और वह मेरा पलंग घसीटकर सेहन में बिछाती, बिस्तर करती और तकिये पर बेले के फूल सजा देती।

रात को कभी मेरी आँख खुल जाती तो वह बड़ी-बड़ी भयानक आँखें मुझे बहुत क़रीब से घूरती मिलतीं। अनजाने ख़ौफ़ से मेरे रोंगटे खड़े हो जाते और मैं चीख़कर न जाने क्या बक देती और वह सहमकर अपने पलंग में दुबक जाती। मैं झल्लाकर अपना पलंग उससे दूर खींच ले जाती मगर फिर मेरी आँख खुलती तो उसकी बर्फ़ज़दा[48] उँगलियाँ मुझे अपने जिस्म पर रेंगती महसूस होतीं। सूखी मारी लड़की से मुझे ऐसा ख़ौफ़ आता कि जैसे वह मुझे निगल जाएगी। वह मुझे घूरती मगर मुझमें उससे आँख मिलाने की हिम्मत न होती।

मुझे इस नफ़रत और हिक़ारत की तूफ़ान से बड़ी वहशत होती जो उसके ख़िलाफ़ मेरे दिल में मौजज़न[49] हो जाता। मैं किसी से उसका ज़िक्र भी नहीं कर सकती थी। क्यों ? यह मुझे नहीं मालूम था कि मुझे उसका ज़िक्र क्यों घिनावना लगता है।

बोर्डिंग की दिलचस्पियों ने थोड़े दिन के लिए मुझे यह भुला दिया कि ज़िंदगी में मेरा एक मक़सद है—मैट्रिक के इम्तिहान में कामयाबी हासिल करना। वरना ज़िंदगी के दरवाज़े मुझ पर हमेशा के लिए बंद हो जाएँगे।

मैं हर गेम में हिस्सा लेती। बड़ी जल्दी वज़न कम हो गया और जी-जान से खेलों में ग़र्क़ हो गई। तब मेरी क्लासमेट इस्मत अली ख़ाँ ने मुझे गिरफ़्त में लिया। हम दोनों हमनाम थीं, रोल कॉल के वक़्त बड़ी गड़बड़ होती थी। ख़ास

---

46. शून्य 47. तुच्छ 48. बर्फ़ जैसी ठंडी 49. तरंगमय

तौर पर मैथमेटिक की टीचर राम बहुत चिराग़-पा[50] होती थीं। वह समझती थीं हम उन पर कोई एक्टिविटी आज़मा रहे हैं। गुस्सा में आकर रजिस्टर फेंक देतीं और दोनों को क्लास से निकलने का हुक्म सादिर कर देतीं। वह समझती थीं, हमने शरारत में एक जैसे नाम रख लिए हैं। सआदत तीन साल से पढ़ रही थी, वह उसे इस्मत कहती थीं क्योंकि रजिस्टर में उसका नाम इस्मत लिखा था। प्यार का नाम सआदत था।

मैं नई थी। वह मुझ पर बेहद ख़फ़ा होती थीं कि नाम पुकारने पर मैं उन्हें सताने के लिए बोल पड़ती हूँ। उनके इस बर्ताव पर हम लोगों की बेइख़्तियार हँसी छूट जाती और वह जलकर ख़ाक हो जातीं और नज़ला मुझ पर उतारतीं।

खेल के मैदान में मुझसे उन्हें सख़्त शिकायात थीं। मैंने जो खेल कभी नहीं खेले थे उनके उसूल जानने से पहले हिस्सा लेने लगती। तनदुरुस्ती अच्छी थी। खेल तो फ़ौरन क़ाबू में आ जाता लेकिन बेहद अंधाधुंध मच जाती। वह समझतीं मैं जान-बूझकर उन्हें सताने के लिए रूल्स तोड़ती हूँ। चूँकि मैं लड़कों की सोहबत में पली थी, जानकार लड़कियों से कभी अच्छा ही खेल डालती थी। इसलिए मुझे टीम में लेती थीं।

सआदत को पता था कि मैं कई मज़ामीन[51] में कमज़ोर हूँ। उर्दू मेरा सबसे कमज़ोर मज़मून था क्योंकि साँभर में थोड़ी-बहुत किताबें पढ़ने के अलावा मैंने उर्दू के बजाय अंग्रेज़ी, हिसाब, जुग़राफ़िया और तारीख़ पर ज़्यादा मेहनत की थी।

शायरी न कभी पढ़ी, न हमारे घर में शायराना माहौल के पनपने का सवाल। ज़्यादातर तो बड़े अब्बा की शायरी झेली थी, और शायरी से और भी जी उचाट होता था। उर्दू पर्दे के पीछे बैठकर मास्टर मुबारक अली से पढ़ते थे। उन्हें पता नहीं चलता था कि कौन लड़की पढ़ रही है, इसलिए उनकी क्लास में मुश्किल मज़ामीन रटा करते। ज़्यादा वक़्त सआदत ही ध्यान से पढ़ती और समझती थी। क्लास में मेरे अलावा सआदत, ज़ोहरा बट, महमूद उमर और मोना पियर्सन और शायद असीदा उम्रुद्दीन, कुल छः लड़कियाँ थीं।

मुझे खेलकूद में ग़र्क़ देखकर सआदत ने पकड़ा और मुझे अपने साथ पढ़ने पर मजबूर किया। सआदत मुझे पढ़ाकर ही अपना सबक़ याद करती थी।

अगर सआदत न होती तो मैं शायद इतनी मेहनत न करती। उसने मेरा तेल निकाल डाला।

कई बार उससे मैंने अपने लीचड़ क़िस्म की रूममेट का ज़िक्र करना चाहा, मगर जाने क्यों मेरी ज़बान न खुली।

फिर जब इम्तिहान सर पर आए तो मैं अपनी ममानीजान के यहाँ चली गई

---

50. क्रुद्ध 51. विषयों

क्योंकि अब सआदत तनहा पढ़ना चाहती थी और मेरा मामूँज़ाद भाई इशरत उस्मानी भी मैट्रिक का इम्तिहान दे रहा था।

इशरत बहुत ही ज़हीन था मगर उसे भी किसी के साथ पढ़ने की आदत थी। इशरत ने भी मुझे बेइंतिहा घिसा। आपा जी, हमारी दीनियात[52] की उस्तानी, ने एक दुआ बता दी थी कि पढ़कर इम्तिहान के कमरे में दाख़िल हो तो कामयाबी यक़ीनी है। और इम्तिहान के ज़माने में नमाज़ तो ज़ोर-शोर से पढ़ने ही लगते हैं, ख़ास तौर पर तहज्जुद,[53] क्योंकि सुबह उठकर पढ़ने से पहले अगर वज़ू करके नमाज़ पढ़ी जाए तो नींद उड़ जाती है, और बरकत तो मिलती ही है।

इम्तिहान के कमरे में जाते वक़्त लड़कियाँ अपनी दोस्तों को हार-फूल पहनाकर विश करती हैं, मगर मेरी रूममेट रोज़ मेरे लिए बाज़ार से गजरा मँगाकर पेश करती थी। जी चाहता कमबख़्त के मुँह पर मार दूँ। क्यों ? यह मुझे नहीं मालूम था।

एक दिन जब आख़िरी पर्चा था तो सुबह ही उठी। मैंने शुक्र किया कि कोई गजरा मेरे तकिया पर नहीं सजा हुआ था। कमरे से निकलने लगी तो एक सिसकी सी सुनाई दी। मैंने मुड़कर देखा तो बड़ी आँखें अंगारों की तरह दहक रही थीं। क़रीब गई तो पलकें नहीं झपकीं और आँखों के डेले उबलने लगे जैसे मेंढक की तरह उछलकर मुझे दबोच लेंगे। उसका पाजामा और बिस्तर भीगा हुआ था और सारा जिस्म नीलगूँ[54] हो रहा था।

मैं सरपट भागी कमरे से।

आख़िरी पर्चा करके जैसे कंधों पर किसी ने पर उगा दिए। ख़ुशी से उलटे-सीधे अंग्रेज़ी और उर्दू के गाने गाते, क़ुलाँचें भरते दाख़िल हुए।

"शी !" मैट्रन ने डाँट लगाई।

"क्यों ?"

"रसूल फ़ातमा का इंतक़ाल हो गया।"

नहीं, मेरे क़लम में ताक़त नहीं जो मैं उस नफ़रत और घिन की तफ़सील लिख सकूँ जो मुझे ख़ुद अपने वजूद से आने लगी। सुबह शायद वह दम तोड़ रही थी। मैंने मैट्रन को इत्तला न दी, सीधी इम्तिहान देने चली गई। आख़िरी पर्चा उर्दू का था।

अगर मैं मैट्रन को ख़बर कर देती तो शायद वह बच जाती। कई दिन से वह सीने के दर्द में तड़प रही थी, मगर अपना कमरा छोड़कर नर्सिंग रूम में जाने को तैयार न थी कि अकेले कमरे में मुझे वहशत होगी और मैं पर्चा अच्छा न कर सकूँगी।

---

52. धर्मशास्त्र 53. आधी रात के बाद उठकर पढ़ी जानेवाली नमाज़ 54. नीला

दिन-रात दोज़ख़ी आँखें मेरा पीछा करतीं। अँधेरों से झाँकतीं। वह एक लावारिस लड़की थी, कोई उसकी मैयत का वारिस भी न आया। उसका जनाज़ा उठा, लड़कियाँ चीख़-चीख़कर रोईं। काश, मुझे भी रोने की आदत होती। मेरी आँखों में कंकड़ चुभते रहे। मैंने उसे क़त्ल किया। आज तक मैंने किसी को नहीं बताया कि मैं क़ातिल भी हूँ।

कोई लड़की उसे अपने साथ रखने को तैयार न होती थी। वह निहायत चिपकनी थी, लेस हो जाती थी। लड़कियाँ उससे घबराती थीं। मैं कितनी फ़राख़दिल[55] थी कि मैं उसके साथ इतने सुकून से रही।

''तुम्हें उसने नहीं सताया।''

''नहीं,'' मैंने कह दिया।

''तुम बड़ी दिलवाली हो बहन,'' सबने मेरी बड़ी तारीफ़ की।

और ख़ुद मैंने ?

मैंने ख़ुद अपने से कभी कुछ उसके बारे में न पूछा, न कहा। दिमाग़ी तवाज़ुन[56] बरक़रार रखने के लिए मुझे चुप ही रहना था।

कई रात वह ख़्वाब जो मुझे बचपन से सताया करता था, और मैं सोते में उठकर इधर-उधर न जाने किसे ढूँढा करती थी, वही धुंध में कोई मैले-मटियाले कपड़ों की गठरी, सिल पर सफ़ेद-सफ़ेद कुछ पीस रही है। शायद खीर के चावल हैं। दूर तक फ़िज़ा में औरतों के बैन की आवाज़ फैली हुई है और मेरी साँस रुक रही है। रुक जाती है। मैं चौंककर जाग पड़ती हूँ, लालटेन जला लेती हूँ कि अँधेरे में दो ज़ख़्मी लहीम-शहीम[57] आँखें मुझे डसने लगती हैं।

लेडी मैकबेथ को ज़ेहनी पतवार पर ख़ून के धब्बे दिखाई दिया करते, वो मुसलसल[58] हाथ धोए जाती, धब्बे और गहरे हो जाते।

बाद में डॉक्टर की रिपोर्ट से पता चला कि आठ-दस घंटे पहले मर चुकी थी। वह आवाज़ शायद कोई और आहट होगी। फिर उसकी आँखें लाख कोशिश पर बंद न हो पाईं।

शमीम भी बोर्डिंग में थे और उनका ख़र्च बराहे-रास्त[59] उनके पास आता था। नन्हे भाई ने उन्हें थोड़े दिन रखा। वह दिन भर शौकत आपा का जी जलाते, नईम को रुलाते और खाना हाथ लग जाता तो गोश्त-क़ीमा रूखा खा जाते, रोटियाँ कव्वों को खिला देते। शौकत आपा ज़्यादातर सोया करती थीं। उठतीं और खाने का सफ़ाया, और शमीम को घर से ग़ायब पाकर सर पीटकर रह जातीं। वह कई-कई दिन के लिए ग़ायब हो जाते। आहिस्ता-आहिस्ता वह अपना सामान भी ले गए थे। जिस दिन अचानक आ जाते, सफ़ाया कर देते, यहाँ तक कि नईम

---

55. विशाल हृदय 56. संतुलन 57. भारी-भरकम 58. लगातार 59. सीधे-सीधे

का दूध भी मय मलाई के खा जाते।

नन्हे भाई ने सरकार को लिखा कि उससे उनकी जान छुड़ाई जाए, और वह बोर्डिंग मुंतक़िल[60] हो गए। उन्हें मालूम हो गया था कि मेरे पास रुपये हैं। झूठ बोलने में तो मश्शाक़[61] थे, कहते—

"अब्बा मियाँ ने लिखा है कि तुमसे ले लूँ और वैसे भी अगर मैं फ़ेल हो गया तो तुम भी फ़ेल हो जाओगी।"

"वो क्यों ?"

"क्योंकि मैं ही तुम्हें पास करा सकता हूँ। मेरी सब प्रोफ़ेसरों से दोस्ती है। दिन-रात का साथ उठना-बैठना है बल्कि पर्चे बनाने में उनकी मदद कर रहा हूँ।"

मुझे उस वक़्त नहीं मालूम था कि ज़्यादा मुम्तहिन[62] बाहर के होते हैं। मैं उनके चरके में आ जाती और वह रुपया मार ले जाते।

इम्तिहान के बाद जब दावतें, पार्टियाँ ख़त्म हुईं तो जोधपुर जाने का सवाल आया। कई बार शमीम आ चुके थे कि "चलो अब यहाँ क्यों मरी पड़ी हो !" उनके नवाबज़ादे तो बग़ैर इम्तिहान दिए ही चले गए थे।

जैसे ही शिद्दत की गर्मी होने लगी, वह मसूरी चल दिए। शमीम एक पार्टी के साथ आगरा रंडियों का गाना सुनने गए थे, वरना ज़रूर उनके साथ जाते। मैं उनसे पढ़ने को कहती तो जवाब देते—

"तीन दफ़ा का कोर्स रटा पड़ा है। ज़रा सी कितबिया बदल गई है, सो हमसे बचकर कहाँ जाएगी ! कुछ मुश्किल सवाल हों तो पूछ लो।"

"कौन सी कितबिया ?"

"याद नहीं, पतली सी है। उस कमबख़्त शेक्सपियर की।"

"मैकबेथ ?"

"हाँ-हाँ, वही। उसमें क्या धरा है ? मुझे पूरा शेक्सपियर रटा पड़ा है, चाहे जहाँ से पूछ लो।"

"मगर वह तो ख़ासी मोटी किताब है।"

"प्यारे मियाँ, उल्लू के पट्ठे ने अपने कुत्ते से फड़वा दी। आधी से कम बची। मगर हमें सब याद है।"

"अच्छा, लेडी मैकमेथ की सोलिलोकी सुनाओ।"

"किसकी ? उस खख़्खू डाइन की ? क्या गदहेपन की बकवास है ! मैंने भी उसे वो खरी-खरी सुनाईं कि बस दाँत खट्टे हो गए होंगे। मगर देख लेना, नंबर फ़ुल मिलेंगे।"

मैंने तो लेडी मैकबेथ को ज़ेहनी एहसासे-गुनाह[63] में गिरफ़्तार बताकर रहम खाया था। दौलत और इक़्तदार[64] की हवस इन्सान की क्या मिट्टी पलीद करती

---

60. स्थानांतरित 61. सिद्धहस्त 62. परीक्षक 63. अपराध-बोध 64. सत्ता

है। दो दिन पहले रशीदा आई थीं, पता नहीं वह क्या कान में डाल गईं। शमीम के बक़ौल-ख़ुद उनकी फ़र्स्ट डिवीज़न तो धरी है, क्या ताज्जुब जो टॉप कर जाएँ।

शमीम हाँकते तो बहुत थे मगर तीन बरस एक ही क्लास में पढ़कर तो मैं भी शायद फ़र्स्ट डिवीज़न मार लूँ। शमीम फ़र्स्ट डिवीज़न आ गए तो कौन सा तीर मारेंगे ! मुजीब के साथ थे। उन्होंने बी.एस.सी. का इम्तिहान दिया है, इन्हें भी बी.ए. का इम्तिहान देना चाहिए था। मगर उनका इरादा आगे झक मारने का बिलकुल नहीं था। वह फ़िल्म में जाने के मंसूबे बना रहे थे।

''फ़िल्म में जाहिल ही ज़्यादा कामयाब होते हैं।'' वह भूले में ख़ुद को जाहिलों की फ़ेहरिस्त में शुमार कर गए।

''बिलकुल ग़लत। सुंदर बी.ए. हैं, मोतीलाल बी.ए. हैं।'' उन्हें किसी फ़िल्म में देखा नहीं था, सिर्फ़ सुना था।

''अरे, सब शोहरत के लिए पनछल्ले लगा लिए हैं। चार्ली और दीक्षित।''

''चार्ली तो सुना है, बी.ए. हैं।''

''बस इतनी ही तुम्हारी मालूमात ! कुछ नहीं, जेबकतरा था, एक दिन चंदूलाल शाह की जेब कतरी, इस सफ़ाई से कि उनके फ़रिश्तों को भी ख़बर न पड़ी। बस लोट हो गए चंदूलाल शाह और रख लिया पाँच सौ पर मुलाज़िम।''

''पाँच सौ पर मुलाज़िम !'' मुझे किसी फ़िल्मवालों, मोतीलाल, सुरेंद्र और अशोककुमार, किसी के नाम नहीं मालूम थे। हाँ और डी. बल्लीमोरिया और ई. बल्लीमोरिया और सुलोचना। यानी काफ़ी मालूमात थीं।

उनमें से सिर्फ़ एक फ़िल्म सुलोचना और बल्लीमोरिया की *नुमाइश* एक साल पहले मैंने देखी थी जिस पर अब्बा ने अम्माँ को बहुत डाँटा था और बाक़ी नुमाइश पर पाबंदी लगा दी गई थी।

इम्तिहानों की वजह से सआदत ने मुझे नहीं जाने दिया था, वरना जी तो बहुत तड़पा था।

''तो हमारा किराया तुम दो तो हम तुम्हें घर लेते चलें।''

''मैं तो अकेली आई थी, अकेली चली जाऊँगी।''

''नहीं, हम तुम्हें अकेली नहीं जाने देंगे।''

''तुम्हें पता भी न चलेगा कि हम किस दिन गए। हम बुर्क़ा ओढ़ लेंगे और बहुत सी लड़कियों के साथ जाएँगे।''

''बड़ी कमीनी है कमबख़्त। बहन, हमें ले चल, हमारे पास किराया नहीं। लाओ अपने और हमारी टिकटों के पैसे।''

थोड़ी सी बहस के बाद मैंने हिसाब लगाकर ख़र्चा के रुपये दे दिए। शमीम ख़ूब हँसे।

''गधी, ये देखो।'' उन्होंने जेब से रुपया निकालकर दिखाया, ''आज ही

मनीआर्डर मिला है।"

"लाओ मेरे पैसे, कमीने, कमबख़्त।" मगर शमीम हँसते हुए चले गए। शमीम ने ज़िंदगी में इतनी बार उल्लू बनाया, फिर भी अक़्ल न आई, और हमेशा हर कोई उसके झाँसे में आ जाता था।

प्लेटफ़ार्म पर मुझसे मेरा टिकट माँगा।

"क्यों ?" मैंने पूछा।

"अरे बेवकूफ़, हम हिफ़ाज़त से रखेंगे, तुम खो दोगी।"

मैंने टिकट नहीं दिया, क्या अजब जो अभी जाकर टिकट वापस करके पैसे दाब ले और मैं बे-टिकट सफ़र करती पकड़ी जाऊँ और जुर्माना भरूँ।

मैंने कहा, "तुम फ़िक्र न करो, मैं हिफ़ाज़त से रखूँगी।"

"देखो, वो आइसक्रीमवाला खड़ा है, हमें आइसक्रीम खिलाओ।"

"लाओ पैसे !"

"नहीं, अपने पैसे से खिलाओ।"

"हट हट, ये झोल है।"

"अगर नहीं खिलाओगे तो मैं चिल्लाती हूँ कि ये लड़का मुझे छेड़ रहा है।" मैंने उनका गरेबान पकड़ लिया।

"हट बेहूदा, हम तो तेरे सगे भाई हैं।"

"टिकट बाबू को क्या मालूम !" शमीम बेबस हो गए।

"कमीनी कहीं की, अच्छा गरेबान तो छोड़, अभी खिलाता हूँ चुड़ैल।"

मैंने गरेबान छोड़ दिया, दूर हटकर बोले। "दो जूते खिलाता हूँ। ज़लील, हमें बनाने चली थी।"

"अच्छा तो नाश्तादान में से एक निवाला नहीं मिलेगा। ममानीजान ने कबाब, पराठे और ख़ागीना और शकरक़ंद का हलवा..."

"ला, हमारा हिस्सा दे दे।"

"दो जूते दूँगी।"

"मक्कार !" भुनभुनाते हुए गए और आइसक्रीम ला दी।

"अल्ला करे हलक में कीड़े पड़ें, डिप्थीरिया हो जाए।"

"उफ़, कितनी लज़ीज़[65] है कि बस मम-मम।"

शमीम कितने ही बदज़ात सही, उनकी ख़िदमत में वक़्त खूब गुज़रता था। इतना हँसाते थे कि पेट दुखने लगता था। घर में हर एक को बनाकर जो चाहता, ऐंठ लेता। और सच तो ख़ुदा का बंदा कभी बोलता ही नहीं था। फिर भी शमीम न होते तो मज़ा नहीं आता था। शौकत आपा को बेहद सताते थे मगर वह भी

---

65. स्वादिष्ट

उनकी बातों पर हँसी न रोक पाती थीं।

नईम दूध की मलाई चट कर जाते, शौकत आपा दुहाई डालतीं तो कभी न मुकरते।

"हाँ खाई मलाई, तो फिर ? अरे उस कुत्ते का चचा हूँ, बुज़ुर्गों की ख़ातिर-मदारात तो छोटों पर वाजिब है। उसे तौफ़ीक़[66] न हुई तो मैंने दिल में कहा– तू चचा है, भतीजे का ख़याल तू न रखेगा तो और कौन रखेगा ! मैंने मलाई खाई, उसे ख़ुदा की ख़ुशनूदी[67] मुफ़्त हाथ आ गई। बुज़ुर्गों की ख़िदमत बड़ा सवाब[68] का काम है।"

"अरे ग़ारत हो ख़ुशनूदी। और सवाब जाए चूल्हे में। नदीदा कहीं का।"

"और भई, हम तो उसी के फ़ायदे के लिए मलाई ज़हरमार[69] कर जाते हैं। कोई हमें पसंद है मलाई ? अल्लाह क़सम, घिन आती है चिकनी चीज़ों से।"

"हाँ, बड़े चहेते बुज़ुर्ग बनते हो, कभी भतीजे को कुछ देते हाथ टूटते हैं।"

"अरे क्या ज़लील बातें करती हो शौकत, ये ले नईम बेटे।" उन्होंने जेब से रुपया निकालके नईम की हथेली पर रख दिया। शौकत आपा शरमिंदा हो गईं। "जा बेटे, ऐश कर।"

नन्हे भाई तौलिया बाँधे नहाकर निकले, मेज़ पर कुछ ढूँढने लगे।

"शौकत, यहाँ रुपया रखा था, तुमने तो नहीं उठाया ?" नईम के हाथ में रुपया देखकर, "नईम, ये रुपया..."

नईम बेहद हकलाता था।

"ये...ये...रो रो..."

"गदहे, कितनी बार मना किया है हमारी चीज़ को हाथ न लगाया करो।" उन्होंने रुपया छीन एक चपत जड़ी।

"च...च चाचा।" नईम और भी हकलाके रोने लगे।

"ताह-ता, बेकार मार दिगा। शमीम दे के गए हैं गह रुपगा।"

"शमीम और किसी को रुपया दें, और वह भी अपनी जेब से, घास खा गई हो ?"

शौकत आपा खूब भिन्नाईं, शमीम को कोसने लगीं।

मगर नन्हे भाई मुस्कुरा रहे थे।

"बदज़ात को डाँटिएगा।"

"हमारा रुपया मिल गया, हम किसी को नहीं डांटेंगे।"

यह क़िस्सा शौकत आपा ने सुनाया और हँसने लगीं। कहाँ तक जी जलातीं।

---

66. सामर्थ्य 67. प्रसन्नता 68. पुण्य 69. किसी तरह गले से उतारना

अलीगढ़

छुट्टियाँ ख़त्म होनेवाली थीं, और सबका चलचलाव था। नन्हे भाई शौकत आपा को लेने जोधपुर गए। वह इसहाक़ भाई के यहाँ ठहरी हुई थीं। वहीं चुन्नू टायफ़ाइड के इलाज के लिए मुस्तक़िल साल भर से थे, उन्हें कोई इफ़ाक़ा[1] नहीं हो रहा था।

नन्हे भाई उन्हें मुआइना के लिए हस्पताल ले गए। मालूम हुआ टी.बी है, दूसरी स्टेज शुरू हो चुकी है। नन्हे भाई ने वहीं चुन्नू को बता दिया कि तुम्हें टी.बी. हो गई है। सीधे सूजत चलो, वहाँ सरकार के फ़ैसले के बाद तुम्हारा इलाज होगा।

जब चुन्नू आया तो पहचान नहीं पड़ता था। मैंने उसे क़रीब दो साल बाद देखा था। बेइंतिहा लंबा बाँस, हड्डियाँ ही हड्डियाँ, बोटी नाम को नहीं। घर में मातम पड़ गया। अम्माँ ने नन्हे भाई को खूब डाँटा जैसे वही चुन्नू को टी.बी. करा लाए थे।

अब्बा ने सेनेटोरियम में अर्ज़ियाँ भेजीं, कहीं जगह ख़ाली न थी। आपा मौजूद थीं, वह बच्चों को लेकर अलीगढ़ जानेवाली थीं। अब्बा ने उनसे कहा, "तुम चुन्नू को लेकर आबू हिल स्टेशन चली जाओ। तुम्हारे बच्चे आराम से अलीगढ़ पहुँच जाएँगे।"

चुन्नू का क़द छः फुट तीन इंच हो गया था। एक दिन उसे खून आया तो बच्चों की तरह रोने लगा। अम्माँ का रोते-रोते बुरा हाल था। चुन्नू से उन्हें मुहब्बत करने की फ़ुर्सत ही न मिली थी। किसी को भी चुन्नू से दिलचस्पी न थी। वह बहुत तनदुरुस्त जंगली बिजार की तरह ताक़तवर था। मुन्ने भाई को भी टी.बी. होकर अब आराम था। मगर चुन्नू को टी.बी. हो जाएगी, यह किसी के वहमो-गुमान में भी न था।[2] मैं और चुन्नू बचपन से एक दूसरे से ज़्यादा क़रीब

---

1. स्वास्थ्य-लाभ 2. भरम तक नहीं था

रहे थे। शमीम इंतिहाई बदज़ात और मरखने थे। जब वह हमसे तगड़े थे तो हम दोनों में किसी को भी सताते, दूसरा फ़ौरन मदद को पहुँचता और हम दो मिलकर उन पर भारी पड़ जाते थे। चुन्नू को दिक़ ! मेरा कलेजा मसल गया और छिपकर बहुत रोई। सारा घर सहमा हुआ था। अम्माँ वक़्त-बेवक़्त रोतीं।

मैं, नैयर, हबीब, मुजीब अलीगढ़ चले गए।

एफ.ए. क्लास में छः लड़कियाँ थीं। आज अलीगढ़ कॉलेज में दो सेक्शन हैं और दाख़िला नहीं मिलता। उस वक़्त अलीगढ़ में सिर्फ़ 'एफ. ए.' सेकंड इयर तक इंतज़ाम था। मुसलमान लड़कियों को पढ़ाने के ख़िलाफ़ थे। सआदत लखनऊ आई.टी. कालेज चली गई थी। वह मेडिसिन करने का इरादा रखती थी। लखनऊ में छुट्टियाँ होतीं तो वह बंगलौर इतनी दूर जाने के बजाय अलीगढ़ आ जाया करती थी और क्लास में भी बैठती थी, अगर हमारी क्लासें होतीं।

बोर्डिंग की ज़िंदगी इंतिहाई महदूद,[3] मगर ज़िंदादिल इनसान के लिए तो पत्थर में भी फूल खिलने लगते हैं। मैं हर हंगामे में जोशो-ख़रोश से हिस्सा लेती। बहुत सी दोस्त थीं तो बहुतों से लड़ाइयाँ भी होतीं। गेम्स अब मेरे क़ाबू में आ चुके थे और हर गेम में हिस्सा लेती थी।

एफ.ए. की लड़कियाँ उन ख़ास कमरों में रहती थीं जो डाइनिंग रूम के क़रीब थे। कमरों के पीछे गुस्लख़ाने भी थे। बिजली अब भी नहीं आई थी और लालटेन जलती थीं। पलंग हर लड़की को अपने यहाँ से लाना पड़ता था। और एक दिन जब शौकत आपा सो रही थीं, मैं कूड़े की कोठरी में छिपा हुआ नया बना पलंग उड़ा लाई थी। उसका मैंने उनसे कभी ज़िक्र नहीं किया। बेचारी ने ढूँढा होगा, फिर मेहतर को चोर गर्दान[4] लिया होगा।

मेरी रूममेट नसीर थी जो सेकंड इयर में थी। नसीर बेहद प्यारी, हँसमुख और हर खेल में मश्शाक़[5] थी। नसीर मेरी जान थी। मेरे फूहड़पने को झेलती थी। अगर मैं किसी के पास गप्पों में खो जाती तो फ़ौरन पकड़कर मुझे पढ़ने की तरफ़ तवज्जह[6] देने पर मजबूर करती।

मुमताज़ अब्दुल्ला हमें हिस्ट्री पढ़ाती थीं। काफ़ी कम उम्र और अंदाज़ से बेहद नर्वस थीं, इसलिए बेहद रोब जमाती थीं। उनसे लड़कियाँ बेहद ख़ाइफ़ थीं। मैं भी ख़ासी डरती थी, और अपनी ख़सलत[7] के मुताबिक़ जिससे डरती थी उससे काफ़ी बदज़न हो जाती थी। मुझे रोब जमानेवालों से बुग्ज़[8] था।

उनसे बिलकुल मुख़्तलिफ़ उनकी बड़ी बहन ख़ातून अब्दुल्लाह पर जान जाती थी। बेहद नर्म-गुफ़्तार, हमेशा मुस्कुराकर बात करतीं। किसी लड़की को डाँटना होता तो बेहद घबरातीं। डाँटते-डाँटते उन्हें एकदम हँसी आ जाती और उनकी

---

3. सीमित 4. समझ 5. निपुण 6. ध्यान 7. स्वभाव 8. घृणा

पोज़ीशन डगमगाने का ख़दशा[9] पैदा हो जाता। क्योंकि वह इतनी नर्मदिल थीं, उनसे वाक़ई डर लगता था।

मिस राम अब मेरी कोई क्लास नहीं लेती थीं, सिर्फ़ गेम्स पर आती थीं। ख़ुद उन्हें गेम्स से वहशत होती थी मगर अपनी ड्यूटी बजा लाना फ़र्ज़ समझती थीं। चौथी क्लास से वह मुझे जानती थीं और हर शरारत मेरे सर चिपका देती थीं। लड़कियाँ मेरी तरफ़ से सफ़ाई पेश करतीं, मैं ख़ुद बेगुनाही के सुबूत मुहैय्या करती मगर वह बड़ी लिजाजत[10] से कहतीं, ''प्लीज़, कोने में बैठ जाइए।'' मैं तंग आकर हथियार डाल देती। थोड़ी देर बाद वह अपने अहकाम[11] भूलकर, मुझे सीढ़ियों पर बेकार बैठा देखकर आगबगूला हो जातीं।

''आप गेम में हिस्सा क्यों नहीं लेते ? बस हर वक़्त खाली बैठे रहते हो।''

मैं उन्हें क़त्तई याद न दिलाती कि उन्होंने ख़ुद सज़ा देकर बिठाया है, और फ़ौरन खेल में शरीक हो जाती।

एक दिन ख़ाली पीरियड में वह अपनी क्लास की लड़कियों को हँकाती ले जा रही थीं। मेरा भी ख़ाली पीरियड था।

''चलिए, यहाँ क्यों बैठे हैं ? चलिए एकदम।''

''मगर...,'' मैंने कहना चाहा।

''चलिए...,'' वह बहुत सख़्ती से बोलीं और क़रीब-क़रीब ढकेलती हुई आठवें क्लास में ले गईं।

''मिस राम, प्लीज़...'' मैंने जैसे ही मुँह खोला, वह दहाड़ीं—

''साइलेंस, अपनी सीट पर, अपनी सीट पर चलिए। प्लीज़, एकदम साइलेंस।'' लड़कियाँ दुपट्टों में मुँह छिपा-छिपाकर हँस रही थीं। जिसकी सीट पर मैं बिठा दी गई थी, वह अजब चक्कर में थी और बौखलाई चारों तरफ़ देख रही थी। उन्होंने उसे मेरे पास खड़ा देखकर डाँटा उस लड़की को।

''क्लास में बात नहीं, खाली पीरियड में दोस्ती चलाओ। गेट आउट, प्लीज़...''

''मगर मिस राम...''

''प्लीज़, गेट आऊट...गो टू योर क्लास, बैठिए, बैठिए, प्लीज़ सिट डाउन।'' वह बैठी हुई लड़कियों को डाँटकर ब्लैकबोर्ड की तरफ़ मुतवज्जह[12] हो गईं। वह लड़की मुँह मोड़कर रोने लगी। नई-नई दाख़िल हुई थी।

ख़ातून आपा की आदत थी, दबे पैर बिल्ली की तरह आकर क्लासरूम में खड़ी हो जातीं और लड़कियाँ उठने लगतीं तो फ़ौरन बिठा देतीं। एकदम जाते-जाते मुझे देखकर भौचक्की रह गईं।

---

9. आशंका 10. दब्बूपन से 11. आदेश 12. ध्यानाकर्षित

"यू !...व्हाट आर यू डूईंग इन दिस क्लास ?"

"मैं...वो..."

"कम टू माई आफ़िस, प्लीज़।"

मैं मिस राम से इजाज़त लेकर भागी। उन्होंने भी ख़ातून आपा को हुक्म देते सुन लिया था। वह उस नई लड़की को डाँटने लगीं जो खड़ी बिसूर रही थी।

मैंने तफ़सील बताई तो ख़ातून आपा ने कहा—

"बको मत।"

"क़सम ख़ुदा की, आप आठवीं की लड़कियों से पूछ लीजिए। मिस राम ज़बरदस्ती पकड़ ले गईं।"

फिर ख़ातून आपा हँसने लगीं।

"मिस राम कब से पढ़ा रही हैं ! थक गई हैं, कहती हूँ छुट्टी ले लो तो बिगड़ जाती हैं।"

मिस राम कभी काफ़ी हसीन होंगी। बेहद सुबुक[13] नक़्शा, साफ़ बेदाग़ रंग, काफ़ी सफ़ेद होते हुए घुँघरियाले बाल। मुझे कुरेद लग गई। किसी उस्ताद के बारे में उलटे-सीधे सवालों के जवाब निहायत ख़ुश्क होते हैं। मगर रशीदा अब्दुल्लाह से दुनिया की किसी बात पर रूखा जवाब नहीं मिलता था।

मिस राम एक अंग्रेज़ के दामे-मुहब्बत[14] में गिरफ़्तार हो गई थीं। वह पुलिस में था और उसकी मंगेतर विलायत में थी। मिस राम उस वक़्त बेहद हसीन थीं। उनकी नानी-परनानी हिंदुस्तानी थीं। तो क़ायदे से वह एंग्लो-इंडियन हुईं। उनकी शादी उस पुलिसवाले से न हो सकी और वह महकमा तालीम में ग़र्क़ हो गईं। जब अलीगढ़ आई थीं तो बेहद ख़ूबसूरत थीं। कई प्रोफ़ेसरों ने डोरे डाले मगर ये बिलकुल तारिकुद-दुनिया[15] हो गईं। एरिथमेटिक में बड़ी दिमाग़पाशी की ज़रूरत होती है। इस मज़मून में उस क़ाबिलियत की लेडी टीचर नहीं मिलतीं।

अख़्तर और जमीला सातवें क्लास में थीं, डे स्कालर थीं। घर से मज़े-मज़े के खाने पकवाकर ख़ूब हमारी दावतें करतीं। नैयर मैट्रिक की तैयारी कर रही थी और बहुत कम जाती थी। मगर मैं कभी महीना, दो महीना में उस्मान विला चली जाती थी। इशरत मैट्रिक के बाद बंबई सेंट ज़ेवियर में दाख़िल हो गए थे।

जसीम भाई को अख़्तर की तरफ़ से इनकार हुआ तो वह ऐसे दिल-शिकस्ता[16] हुए थे कि अब्बा ने उन्हें इंजीनियरिंग के लिए इंग्लैंड भेज दिया था।

इनकार इस वजह से हुआ था कि दाऊद बेग बावा यानी रफ़ीउद्दीन बेग के भतीजे बंबई फ़िल्मों में दौलत कमा रहे थे। बावा अख़्तर की शादी उनसे ही करना चाहते थे। वह जो इतने ठाट-बाट से लौटे तो फ़ौरन मँगनी कर दी गई और जसीम

---

13. हलका 14. प्रेमपाश 15. संसार से विरक्त 16. दिल टूटना

भाई को इनकार कर दिया गया।

अख़्तर ने मुझे अँगूठी और बहुत क़ीमती घड़ी दिखाई। मुझे उसकी मँगनी से बहुत ख़ुशी हुई। शमीम ठीक ही कहते थे, फ़िल्म लाइन में डिग्रियों की नहीं, फ़न की क़दर होती है। दाऊद बेग हसीन थे, जवान थे और बेहद कामयाब। मैंने उस वक़्त तक सिर्फ़ एक फ़िल्म देखी थी, सुलोचना और बल्लीमोरिया की। फ़िल्म लाइन से दूर का भी वास्ता न था। बस शमीम तो कुछ फ़िल्मी सितारों के नाम से वाकिफ़ थे और शमीम फक्कड़ थे। उन्होंने एक साल इम्तिहान नहीं दिया। सूजत और जोधपुर में मटरगश्ती करते रहे। चुन्नू आबू से नैनीताल और फिर भुवाली सेनेटोरियम चले गए। उनकी बीमारी गिरफ़्त में आ गई थी और वज़न बढ़ रहा था। मगर अभी उन्हें और रहना था।

मैं ख़ातून आपा के आफ़िस की देखभाल करती थी। झड़वाने के लिए आध घंटे पहले खोल देती थी। मुमताज़ आपा उसी तरह रोब गाँठती थीं मगर ख़ातून आपा बड़ी बेतकल्लुफ़ी से इधर-उधर की बातें करती थीं। मैं डिबेटिंग सोसायटी की सदर भी थी और वैसे भी बोर्डिंग की हर मीटिंग में पुरजोश हिस्सा लेती थी। खाना बोर्डिंग का होता ही ख़राब और बदमज़ा है। दरअस्ल एक ही मज़े का खाना रोज़ पकता है तो दिल बौला जाता है। एक दिन रोटियों में मक्खियाँ चिपकी हुई निकलीं। बस लड़कियों ने डाइनिंग रूम छोड़ दिया और हंगामा हो गया। लड़कियों ने भूख-हड़ताल कर दी। कॉमन रूम में मीटिंग हुई। काफ़ी जोश आ गया और अगली-पिछली सारी बलाएँ याद करके मातम पड़ गया। रात को भी किसी ने खाने को हाथ न लगाया, चोरी-चोरी बाहर से मूँगफलियाँ और चने मँगवाए और छोटी बच्चियों को खिलाके पानी पिला दिया। ख़ातून आपा मय कुछ टीचरों के समझाने आईं। मगर हमने फ़ौरन नमाज़ के कमरे में जाकर मग़रिब की नमाज़ के बाद नफ़िलें पढ़ना शुरू कर दीं। यह तरकीब ख़ाकसार ने निकाली थी और निहायत कामयाब रही। वैसे अख़्तर जमीला को पता चल गया था और वह छः-सात डॉग बिस्कुट के बंडल और अचार चुपके से कपड़ों में लपेटके दे गई थीं। एक निहायत मुरग्ग़न[17] खानों का बड़ा-सा कटोरदान ज़ोहरा बट खिसका लाई थी जो तबर्रुक[18] की तरह कमरों-कमरों बाँटा गया। मगर ऊपरवालों का दाना-पानी हराम था कि बच्चियाँ भूखी हैं। वैसे बच्चियाँ कुछ न कुछ दबाके डब्बों और थैलों में रखती ही थीं, वह निकल पड़ा। लेकिन ग़नीम[19] बेख़बर था। उसके अलावा कच्ची कैरियाँ झूल रही थीं, नीचे भी गिरती थीं, वह छोटी बच्चियाँ बटोर-बटोरकर ला रही थीं, मुँह का मज़ा बदल रहा था। ऐश हो रहे थे।

रात को हमने सोने की घंटी का भी बायकाट किया और टेनिस कोर्ट पर

---

17. रौग़नदार 18. प्रसाद 19. दुश्मन

दरियाँ बिछाकर खूब ज़ोर-ज़ोर से क़व्वालियाँ गाईं। बी बी मेंढकी की धुन पर एक हजो[20] पूरे स्टाफ़ पर लिखी जिसे गा-गाकर लोट हो गए। खाना मेज़ पर लगता। घंटी बजती और प्लेटों में चूहे फ़ुटबॉल खेलते। मगर हम डटे हुए थे।

फिर मुंतज़मीन[21] का वफ़्द[22] आया, और लड़कियों ने मुझे टहोके मार-मारकर आगे ढकेला। हालाँकि मैं भी बराबर की गुनाहगार थी, लेकिन सबका गुस्सा मुझ पर ही उतरा।

"हम ये ग़लीज़[23] खाने से मौत को तरजीह देते हैं," ड्रामाई अंदाज़ में फ़रमाया।

"खाना अच्छा-ख़ासा होता है।" मुमताज़ आपा बोलीं।

"आप खाती कितना हैं !" मैंने उनके दुबलेपन पर चोट की। वह मुझसे काफ़ी आजिज़ थीं। सुलगकर रह गईं।

"और फिर आपके यहाँ तो अचार, चटनी, मक्खन, दूध, मलाई, अंडे।"

"फल, मेवे, मिठाई पड़ी सड़ा करती हैं।" लड़कियों की हिम्मत बढ़ गई। वफ़्द निहायत गुस्से से वापस लौट गया।

कोई चार बजे आला बी कासनी ग़रारा, सफ़ेद चिकन का कुर्ता और सफ़ेद चुना हुआ दुपट्टा ओढ़े जैसे हवा पर तैरती चली आ रही हैं। आते ही पुकारा—

"अरे लड़कियो ! ए, कहाँ मर गईं।" उनकी आवाज़ सुनकर चंद लड़कियाँ तो टसर-टसर रोने लगीं और कमरों में जा छिपीं। छोटी बच्चियाँ बेसाख़्ता दौड़कर उन्हें घेरकर खड़ी हो गईं। उन बच्चों को हम लोग 'चूज़े' कहा करते थे। 'चूज़ों' का गोल लिए वह हमारी तरफ़ आईं।

"क्यों री, कच्ची कैरी भकस रही है। गला आएगा तो मरेगी !" उन्होंने हमीदा के हाथ पर थप्पड़ मारकर कैरी गिरा दी। हमीदा नीम के पेड़ से लिपटकर रोने लगी।

"अरे, खड़ी मेरा मुँह क्या देख रही हो, चलो मेरे साथ।" दम भर में गोदाम खुला, झपाझप पूरियों का आँटा गुँथा, कुछ लड़कियाँ आलू छीलने लगीं। एक हलचल मच गई।

"ऐ है चटनी, लड़कियो ! चटनी बग़ैर पूरियों का ख़ाक मज़ा आएगा !" आला बी बोलीं।

एक झुंड कैरियों पर टूट पड़ा। आधी खाईं, आधी की भर भगौना चटनी पीसी। आला बी पूरियाँ तलने बैठ गईं। जितने चकले साफ़ पड़े थे, बेलने और ख़ाली बोतलों से पूरियाँ आड़ी-तिरछी, तिकोनी बेली जाने लगीं।

एक बच्ची अपनी स्लेट पर बेल रही थी।

---

20. निंदाकाव्य 21. प्रबंधकगण 22. प्रतिनिधिमंडल 23. गंदा

बयान नहीं कर सकती उस दिन क्या लुत्फ़ आया।

"ए दीवानियो, मीठा !" आला बी चिल्लाईं और सब सन्नाटे में रह गए।

"हामिद मियाँ की मँगनी के लड्डू लड़कियों के हिस्से के अम्माँ ने भेजे हैं।" अच्छन आपा छोकरे के सर पे टोकरा रखवाए दाख़िल हुईं। पीछे-पीछे बुर्क़ा सँभाले हाँपती-काँपती उनकी अम्माँ पाली ख़ाला।

"अहो, तो ये ठाट हैं।" शलवार-क़मीस बग़ैर दुपट्टे के, कटे हुए बाल उड़ाती रशीदा आपा फट पड़ीं। लड़कियाँ काँय-काँय करती उनसे लिपट पड़ीं।

चटाइयाँ बिछीं, टाट के टुकड़े घसीटकर लाए गए, रकाबियाँ-सेनियाँ लगीं। ग़रज़ जिसको जिस बर्तन में मौक़ा मिल गया, जुट गया। उफ़, कितना खाया ! नमकीन, फिर मीठा, फिर चटनी, फिर नमकीन, फिर मीठा !

बड़ी देर में नज़र आईं कुछ अजनबी सी, ग़ैर-ग़ैर सी एक तरफ़ ख़ातून आपा खड़ी धीमे-धीमे मुस्कुरा रही थीं।

"ए है कोई दूल्हा मियाँ को तो बुलाओ।" वह शेख़ अब्दुल्लाह को दूल्हा मियाँ कहती थीं।

और जैसे किसी ने अलादीन का लैंप घिसा, शाहिद ने टाट का पर्दा उठाया। पापा मियाँ ज़रा झुककर दाख़िल हुए। तालियों की शोर में वह कड़ाही से थोड़ी दूर एक कुर्सी पर बिठा दिए गए।

खाने के बाद कुर्सियों पर स्टाफ़, पापा और आला बी बैठे।

"बच्चियो ! एक दिन ये सारा लंबा-चौड़ा मैदान" उन्होंने छड़ी घुमाकर कहा, "एक जंगल था। यहाँ सियार-गीदड़ चिल्लाते थे, साँप फुँकारते थे, मैं मुँडेर पर खड़ा एक गुलज़ार के ख़्वाब देखा करता, आज उस जंगल में फूल खिले हैं।" काली-कलूटी लड़कियों तक के चेहरे गुलनार हो गए। दो-चार आदी मुजरिम आँसू बहाने लगीं।

"तुम्हीं इस कॉलेज की आन-बान हो, तुमसे इस हक़ीर[24] ज़मीन के टुकड़े पर एक दर्सगाह[25] क़ायम है। मेरी दुआ है कि ज़िंदगी में तुम भी कोई हसीन ख़्वाब देखो और वह हक़ीक़त बन जाए।"

तालियों का शोर ख़त्म हुआ तो ख़ातून आपा बोलीं—"पापा की राय है कि बोर्डिंग की चार ज़िम्मेदार लड़कियाँ एक-एक माह खाने का इंतज़ाम अपने हाथ में लें। दूसरे महीना दूसरी चार लड़कियों का ग्रुप ज़िम्मेदारी ले।"

"हम तैयार हैं," बहुत सी लड़कियाँ चिल्लाईं। मैं चुप रही, मगर सबकी नज़रें मुझ पर गड़ी थीं।

"महीने के शुरू होने से पहले तुम्हें तमाम जिंस, गेहूँ, दालें, घी, तेल, मिट्टी

---

24. तुच्छ 25. शिक्षालय

का तेल वग़ैरह का बजट तैयार करके।" कुछ मिस जरमी ने कान में कहा। "हाँ, सुबह का नाश्ता और शाम की चाय पर बिस्कुट।"

"मर गए," मैंने घुटी हुई आवाज़ में कहा।

वह और तफ़सीलें सुनाती रहीं मगर मेरा दिमाग़ न जाने कहाँ क़ुलाँचें भर रहा था !

"क्यों, आपकी क्या राय है ?" मुमताज़ आपा ने तंज़िया[26] अंदाज़ में पूछा।

"मेरी ?" मैं चौंक पड़ी।

"हाँ, मेरे ख़याल में पहले बैच में इस्मत को ही ज़िम्मेदारी सौंपी जाए।"

'ज़िम्मेदारी और मैं !' मैंने सोचा।

"इस तरह लड़कियों को घरदारी का भी सलीक़ा आएगा।"

"घरदारी !" मुझे चक्कर आ गया। "ग़रीब हुआ तो खिचड़ी पका लेंगे, अमीर हुआ बावर्ची रखेगा।" मुझे अपने ही अलफ़ाज़ याद आए। "इस्मत ! प्लीज़, स्टैंड अप एंड आंसर !" ख़ातून आपा नर्मी से बोलीं। मैं खड़ी हो गई।

"मैं तो बहुत फूहड़ हूँ।" मैंने जैसे फ़ख़्रिया कहा।

"तब तो तुम दूसरे-तीसरे बैच में भी शामिल रहना। पहले बैच में नसीर..."

"प्लीज़, मेरा फ़ाइनल इयर है !" नसीर मिनमिनाई।

"तो महमूदा, मसऊदा, इस्मत और सुल्ताना।"

"प्लीज़, इस्मत को हमारे बैच में मत रखिए। ये बड़ी गड़बड़ मचाएँगी, कुछ करेंगी न करने देंगी।" महमूदा बेइंतिहा खूबसूरत थी, तमाम लड़कियाँ उस पर मरती थीं, मगर मुझसे झगड़ा था, एक नाजुक सी बात पर।

"अरे वाह, ख़्वाहमख़्वाह ही झूठे इलज़ाम लगा रही हो !" मैंने उसे डाँटा।

"नसीर आपा से पूछ लीजिए, एक मिनट तो मेरी इनसे बनती नहीं, हर वक़्त बदतमीज़ी की बातें करती हैं।" सब लड़कियाँ खी-खी हँसने लगीं।

"तुमने हमसे तो कभी शिकायत नहीं की। बुनियाद क्या है झगड़े की ?" उन्होंने लड़कियों की तरफ़ देखकर पूछा। लड़कियाँ बेतहाशा हँसती रहीं। महमूदा चुप !

"इस्मत, महमूदा, कल वक़्फ़े[27] में दफ़्तर आओ।" महमूदा रो पड़ी। मैं निहायत मासूम शक्ल बनाए रही।

"और सोच-समझकर हमें अपनी राय से मुत्तला[28] करो कि खाने के बारे में जो आए-दिन शिकायतें पैदा होती हैं उनके बारे में क्या करना चाहिए। ये धरने और स्ट्राइक से पहले सोच-विचार करके अपनी शिकायतें दफ़्तर में पेश करो।"

आला बी और पापा मियाँ सबको दुआएँ देते चले गए।

---

26. व्यंग्यमय 27. मध्यावकाश 28. सूचित

"इस्मत, महमूदा, हमारे साथ अब्दुल्लाह लॉज तक चलो। मुलाज़िम वापस पहुँचा जाएगा।" ख़ातून आपा बड़ी फ़िक्रमंद थीं। उनका चेहरा बेहद सफ़ेद था और माथे पर शिकनें। थोड़ी दूर तक हम चलते रहे।

"अब बताओ, क्या क़िस्सा है ? महमूदा !"

महमूदा ने सर झुका लिया।

"इस्मत, तुम ही बताओ।"

"ख़ातून आपा, मुझे तो महमूदा से कोई शिकायत नहीं।"

"फिर भी तुम्हें मालूम तो होगा, उन्हें तुम्हारी कौन सी बात नागवार गुज़री !"

"ख़ातून आपा, दिन में न जाने कितनी बातें लड़कियों को नागवार गुज़रती होंगी।"

"तुम बहुत बदतमीज़ हो।"

मैंने इक़रार में शरमिंदा होकर सर झुका लिया।

"लड़कियों को बहुत सताती हो।"

"आपसे किसने शिकायत की मेरी ? और फिर आपने मुझे सज़ा क्यों न दी ?"

"तुम बहुत हुज्जत करती हो।" वह गुस्सा हो गईं।

"सॉरी, ख़ातून आपा। मेरी तो सारी लड़कियों से दोस्ती है। बच्चियाँ तक मुझे घेरकर कहानियाँ सुनती हैं। कोई घर की याद में बेचैन होती है तो मेरे पास आती है। मुझे सब लड़कियाँ प्यारी लगती हैं। मुझे इस स्कूल से बेपनाह मुहब्बत है। मेरा कोई उस्ताद मुझसे नाराज़ नहीं। मैंने आज तक किसी से गुस्ताख़ी नहीं की।"

"तुमने मुंती के बारे में कुछ बकवास की।" मुमताज़ आपा को वह मुंती कहती थीं।

"शाहिदा, ख़ुरशीद चुड़ैलों ने शिकायत जड़ी होगी। चोर कहीं की।"

"नहीं, शिकायत नहीं की। मगर तुम ऐसी उलटी-सीधी बातें क्यों करती हो ?"

"क्या मुमताज़ आपा बहुत ख़फ़ा हैं ? ख़ुरशीद बहुत ज़लील है।"

"नहीं, मगर तुम्हारी उस्ताद हैं। उनके बारे में तुम क्या बकवास करती हो ?"

"ख़ातून आपा, हम सब लड़कियाँ पीठ-पीछे टीचरों के बारे में उलटी-सीधी बातें करते हैं मगर हम जाके उनकी रिपोर्ट तो नहीं कर देते। ख़ुरशीद झूठी है।"

"नहीं, तुम ख़ुरशीद से कुछ न कहना। हमने उससे वादा किया था कि किसी को नहीं बताएँगे, और फिर बात और फैलेगी। मगर तुम ऐसी दीवानी बातें क्यों

करती हो ?''

वह दीवानी बात यह थी कि एक दिन मुमताज़ आपा ने मुझे हिस्ट्री की कॉपी खो देने पर डाँटा, बाद में वह कॉपी उन्हें मिस जरमी के कमरे में मिल गई। वह वहाँ कापियाँ लेकर गई थीं, एक कापी छूट गई थी। मिस जरमी ने बराहे-रास्त[29] मुझे कापी दे दी। कापी खोने पर मुमताज़ आपा ने मुझे क्लास से निकाल दिया था। मेरा बहुत जी जला, मैंने कहा–

''ठहर जाओ, मैं भी मुमताज़ आपा के सुसर से शादी करके उन्हें वह मज़ा चखाऊँगी कि याद ही करेंगी।''

ख़ुरशीद खूब हँसी थी कि लाजवाब तरकीब है इंतक़ाम लेने की।

''अच्छा महमूदा, तुम्हारी शिकायत।''

''यह नहीं बताती तो मैं बताए देती हूँ। ख़ातून आपा, ख़ुदा की क़सम, मेरी नीयत में खोट न थी। महमूदा बहुत खूबसूरत है। मैंने कहा, महमूदा, मैं अपने बेटे से तुम्हारी बेटी की शादी करूँगी। ख़ातून आपा, क्या लड़कियाँ आपस में ऐसे रोमांटिक वादे नहीं करतीं ?''

''करती तो हैं।''

''तो मैंने कौन सा इतना बड़ा जुर्म किया। ये बोली, मैं तो अपनी लड़की की शादी हरगिज़ तुम्हारे लड़के से नहीं करूँगी। मैंने कहा, ज़बरदस्ती तुम्हारी लड़की भगवा लूँगी। इस पर सब लड़कियाँ हँसने लगीं तो ये भों-भों रोने लगी। बेवकूफ़ कहीं की।''

ख़ातून आपा हँसने लगीं तो महमूदा भी हँसने लगी।

''महमूदा, तुम बेफ़िक्र रहो। अगर ख़ुदा न करे तुम्हारी लड़की का दिल मेरे बेटे पर आ गया तो मैं उसका गला घोंट दूँगी। मेरा मतलब है अपने बेटे का। बस अब तो तुम ख़ुश ?''

''क्या तुम लोग बच्चों जैसी बातों पर लड़ बैठती हो ?''

अभी दो साल हुए, पाकिस्तान में महमूदा से मुलाक़ात हुई। उसकी चाँद सी बेटी भी साथ थी। मैंने उससे कहा, ''बेटीजान, मेरे कोई बेटा नहीं वरना क़सम से मैं सारी सरहदें तोड़-ताड़के तुम्हें उठवा लेती।'' महमूदा की बेटी मेरे सीने से लग गई।

कितनी हसीनो-दिलचस्प थी कालेज की ज़िंदगी। एक-एक बात दिल पर नक़्श है। हँसी-मज़ाक ही नहीं। वह वक़्त, जो आला बी के साथ गुज़रा। जो पापा मियाँ के क़दमों में बैठकर बिताया।

ख़ानदान के बुज़ुर्गों से मुझे अपने सवालों के जवाब कभी नहीं मिले। मेरे

---

29. सीधे

हर सवाल पर नाराज़गी और नापसंदीदगी का इज़हार होता। अम्माँ से बात करते डर लगता था। वह मुझसे हर वक़्त नालाँ रहती थीं। मैं नेक और समझदार लड़की नहीं थी। घर-गृहस्थी से मुझे दिलचस्पी नहीं थी। मेरी तीनों बहनें सिलाई, बुनाई और पकवान में माहिर थीं, बड़ी कामयाब बीवियाँ साबित हुई थीं। आपा बेवा हो गई थीं, मगर ज़िंदगी के चंद पुरबहार साल और तीन होनहार ज़हीन बच्चे उनके मिसाली मशरिक़ी औरत होने का सुबूत थे। अम्माँ ने घर का सारा इंतज़ाम सौंप दिया था, और बड़ी ख़ूबसूरती और सुघड़ापे से घर का इंतज़ाम करती थीं। अलीगढ़ में ख़्वाजा फ़ैमिली के सुघड़ापे और ठाठ-बाट से बेहद मरऊब थीं। वह उनके घर की बहुत सिलाई-बुनाई करती थीं। आपा बिलकुल मशीन बन गई थीं। सुबह उठकर नमाज़ और तिलावते-कुरान के बाद वह खाने की तरफ़ तवज्जह देतीं, फिर बड़े चौके पर सिलाई की मशीन और कपड़ों के गठ खोलकर बैठ जातीं। जब तक छोटी आपा की शादी नहीं हुई थी, वह भी उनका साथ देतीं। अम्माँ एक मख़सूस[30] कोने में बैठी छालियाँ कतरती रहतीं। वह बिलकुल रिटायर हो गई थीं और हर तरफ़ आपा का हुक्म चलता, और हम छोटों की हैसियत महकूम[31] जैसी थी। चुनाँचे मैं सिलाई और पकवान में दिलचस्पी नहीं लेती थी, लिहाज़ा राँद-ए-दरगाह[32] थी। पूरी कोशिश यही रहती थी कि उनके साए से दूर रहूँ।

तो भला अपने सवालों के जवाब किस मुँह से माँगती !

आला बी दोस्तों जैसा बर्ताव करती थीं। उनकी बातों में कहानी-क़िस्सों जैसा चटख़ारा था। स्कूल के क़याम में क्या-क्या लानतें और बदनामियाँ सहीं। उनका ख़ानदान बड़ा रौशन-ख़याल था। शादी से पहले ही उन्होंने लड़कियों का स्कूल खोलने के ख़्वाब देखने शुरू कर दिए थे। नौकरों की बच्चियों को जमा करके क़ुरान और उर्दू के साथ थोड़ा-बहुत हिसाब भी सिखातीं। ये वह ज़माना था कि मुसलमानों में बड़ी शिद्दत से एहसास पैदा हो रहा था कि वो दूसरे फ़िरक़ों से बहुत पीछे रह गए हैं। ख़ास तौर पर औरतों के मुआमले में तो बहुत ही जहालत का ज़ोर है।

आला बी ने जो मैके में स्कूल सा शुरू किया था वह घर के नौकरों के अलावा मुहल्ले के बच्चों तक फैल गया था। शादी के बाद यह स्कूल ख़ाक में मिल जाएगा। पापा मियाँ तो बचपन से हिंदुस्तानी औरत की ज़बूँ-हाली[33] से मुतास्सिर[34] थे। वह जम्मू के एक बरहमन ख़ानदान के बेटे थे। बचपन से ही बेइंतिहा हिस्सास[35] थे। मुहल्ले में कोई मर्द अपनी बीबी को रोज़ाना शराब पीकर मारा करता था। उसकी चीखें पापा की नींदें हराम कर देतीं। जब उसके पिटने का और चिल्लाने का वक़्त आता तो पापा बेचैन करवटें बदलते। जिस दिन उसके रोने-चिल्लाने की आवाज़ न आती, वह क़ान लगाए उन चीखों के इंतज़ार में जागते

---

30. विशिष्ट 31. अधीन, शासित 32. दरबार से निकाली गई 33. अधोगति 34. प्रभावित 35. संवेदनशील

रहते। पिटनेवाली औरत का सारा कर्ब पापा के दिल में समा गया था।

उन्होंने अपनी ज़हानत से तने-तनहा तालीम हासिल की और एक मुक़ाम पैदा किया।

"सुहागरात", आला बी कहती थीं, "न जाने क्यों मेरे आँसू बह रहे थे ! ज़िंदगी के इतने अज़ीम मोड़ पर जी काँप रहा था। वह अजनबी जो इतना क़रीब आनेवाला था, कौन साबित होगा !"

मगर वह अजनबी उनके अपने ख़्वाबों का शहज़ादा साबित हुआ। उसके सर में तालीमे-निस्वाँ[36] का सौदा उभरा था। ऐसे मेल शाज़ ही होते हैं।

"मैंने सुना है, तुझे शादी से चिढ़ है लड़की।" अपनी सुनाते-सुनाते एकदम आला बी ने बात पलटी।

"आला बी, किसी इनसान के हुक्म का ताबे बनना, मुझसे नहीं झेला जाएगा। मैंने ज़िंदगी बुजुर्गों के जब्र के ख़िलाफ़ एहतिजाज[37] करके गुज़ारी है। मुझे अपनी राह आप बनानी है। मुझे पतिव्रता मशरिक़ी सुघड़ बीवी बनने के ख़याल से ही घिन आती है।"

"ऐ है, वो क्यों ?"

"सबका ख़याल है कि मैं कुछ पागल हूँ।"

"अल्लाह ख़ैर !"

"मगर मैं अपने पागलपन में मगन अपने दुख-सुख, इनामो-सज़ा की ख़ुद ज़िम्मेदार बनना चाहती हूँ।"

"अगर कोई तेरे जैसा सरफिरा मिल गया तो ?"

"जैसा आपको मिला।"

"हाँ ! मैं तो सोच भी नहीं सकती कि तेरे पापा के अलावा कोई मुझे समझ सकता था।"

"लोग कहते हैं, आपने अपने घर और बच्चों को नज़रअंदाज़ किया। आपकी बहनों ने बच्चे पाले।"

"ऐ हैं, तो तुम्हारी ख़्वाजा फ़ैमिली में कौन बच्चे पालता है ! आया, दादा, या दादी या नानी, ख़ाला, फूफी। हमारे यहाँ माएँ बच्चों को ख़ाक पालती हैं। पहला बच्चा दादी का, दूसरा नानी का, फिर ख़ाला-फूफी का। और जितने बच्चे उतनी आयाएँ, है कि नहीं ? रहा खाना-पकाना, तो बावर्ची मौजूद हैं।"

"बेगम अम्माँ रोज़ कुछ न कुछ अपने हाथ से ज़रूर पकाती हैं।"

"अरे, वो तो जी-बहलावे के लिए कोई चटपटी मसालादार चीज़। मियाँ परहेज़ी खाते हैं ना, और सिलाई मुग़लियानी करती हैं। अब तो दर्ज़ी भी ज़नाने

---

36. स्त्री-शिक्षा 37. प्रतिरोध

कपड़े सीने लगे हैं।"

"वैसे मैं अपने कपड़े सी लेती हूँ।"

"ए, बस काफ़ी है। यह देखो, मैं मोहसिन का कुर्ता तुरप रही हूँ। अस्ल में ये घरदारी और सुघड़ापे का ख़्वाहमख़्वाह झंडा खड़ा कर दिया गया है।"

"आप पापा के बटन टाँकती हैं ?"

"ए, वो बटन तो धोबी टाँकता है। उसे चार पैसे मिल जाते हैं। उसकी लौंडिया रामदई चौथी में पढ़ रही है। मैंने कह दिया है, मिडिल से पहले गौना किया तो निकाल दूँगी। कहता है, उसकी सास अंधी है और जेठानी बर्रों का छत्ता है। मैंने कह दिया, तब तो मैट्रिक के बाद ही रुख़सत होगी। मुए ने छः बरस की थी तब ही शादी कर दी थी। सुना है, लड़का मोटर साइकिल माँगता है। कालेज का धोबी है, खाता-पीता आदमी है। दामाद को तुम्हारे पापा ने रखा दिया है। मैंने कह दिया, अगर मोटर साइकिल माँगी तो नौकरी समझो गई। माँगके तो देखे। हाँ, साइकिल मैं दिला दूँगी।"

"सुना है, रतीराम बहू को मारता है ?"

"कुछ ऐसा-वैसा मारता है। हरामख़ोर छद्दा की बहू बेटे को भड़काती है। मैंने सास और बेटे को बुलाया है। बस आते ही होंगे।"

इतने में बाबू धोबी आ गया। बाबू लंबा, सजीला, साँवला सा नौजवान, निहायत साफ़ कमीज़ और पतलून डाले, बिलकुल कालेज का स्टूडेंट लगता था। साइकिल पर नई दुल्हन को बिठाकर सिनेमा देखने जाना था। बुढ़िया सास जल-जलकर मरंडा होती, बक़ौल भली बेटियों के अब्दुल्लाह फ़ैमिली ने अलीगढ़ के नौकरों के दिमाग़ आसमान पर चढ़ा दिए थे। कालेज के नौकर तो ऐसे अकड़ते थे जैसे लाटसाहब के बच्चे हों। बेगम अब्दुल्लाह ने जैसे अलीगढ़ के सारे नौकरों का ठेका ले लिया है। ज़रा डाँटो-मारो, उनके पास रोता जाता है। और वह उसे या तो कालेज में नौकरी दे देती हैं या यूनिवर्सिटी में खपा देती हैं। सिर्फ़ वो नौकर जमे रहते हैं जो बज़ाज़ से डिस्काउंट वसूल करते हैं, तरकारीवालों से, सौदेवालों से कमीशन लेते हैं। आम के मौसम में मुफ़्त आम, दर्ज़ी से मुफ़्त बच्चों के कपड़े सिलवाते हैं, वरना कोठी के फाटक में भी दाख़िल नहीं होने देते।

मोटर में शहर ख़रीदारी के लिए जाती हैं तो हर दुकानदार से ड्राइवर का याराना। फिर क्यों न वह गालियाँ खा लें। सब जानते हैं नौकर चोर होते हैं। जो पकड़ा न जाए वह साहूकार।

"बीबी पतलून के बटन और चाहिए, मोहसिन भाई के बटन बहुत टूटते हैं।"

आला बी ने बटनों का पत्ता दे दिया।

जब वह चला गया तो बोलीं–

"बड़ा चोर है। मगर पकड़ना मुश्किल है।"

"क्या चुराता है ?"

"चादरें, तकिये के ग़िलाफ, चुराता नहीं। बस ख़ुद इस्तेमाल करता है। नये की जगह पुराने पकड़ा देता है। लड़कियाँ दीवानी ख़ाक समझें, जब फिर नये साल नये कपड़े लाती हैं, ये पुराने दे देता है। नये ख़ुद इस्तेमाल करता है। मगर नामुराद को पकड़ूँ कैसे ?"

और मुझे याद आया, घर से छः चादरें लाते हैं, वापसी में बस चीथड़े ले जाते हैं।

"बड़ा चालबाज़ है, पकड़ा नहीं जाता।"

"ए बेटी, किस-किसको पकड़ो। ये मूए हौड़े (ख़ानाबदोश हरिजन) चोरी पर ही गुज़र-बसर करते हैं। छोटी-छोटी चोरियाँ करते हैं।"

और मुझे याद आया कि जसीम भाई बाहर सो रहे थे। थोड़ी सर्दी में बाहर सोने में बड़ा मज़ा आता है। नन्हे भाई की शादी के बाद सेहन का एक कोना उनके लिए वक़्फ़ हो गया था। लड़के बाहर सोने लगे थे। रात को कोई लिहाफ़ लेके भागा। जसीम भाई पीछे लपके, वह खेतों में ग़ायब हो गया। वापस लौटे तो तोशक, चादर और तकिया दूसरा लेके चंपत। हर कोठी में पहरेदार मौजूद, फिर भी उचक ही ले जाते थे।

इसीलिए अब्बा रात को कुत्ते छोड़ देते थे, और हमारे फूँस के बंगला में कभी चोरी नहीं हुई।

रतीराम, उसकी माँ और छद्दाराम, उसका बाप हाज़िर हुए। मालूम हुआ कि ताज़ा मार-पीट की अस्ल ज़िम्मेदार बड़ी बहन यानी रशीदा आपा थीं। उन्होंने अपना गुलाबी शलवार का जोड़ा बहू को दे दिया। वह बहुत शरमाई, सर हिलाया, मगर ज़िद करके उसे पहना ही दिया। ख़ुद कमरबंद बाँधना सिखाया। सास भड़क उठी—"ये पहरावा हमारे कियाँ ना चलैगौ।"

"क्यों ना चलैगौ ?" आला बी ने डाँटा।

"बिरादरी क़े लोग खिल्ली उड़ाएँगे जी।"

"उड़ाने दो।"

"ना बेगम साहब, ये ना हो सके।"

"मगर तूने बहू को मार क्यों लगवाई ? हमसे आके कहा होता !"

"जे मोरी भूल भए गई बेगम साहब, ताव चढ़ आयो, और फिर पतुरियों सदी आईना में मटक रई ही छिनाल।"

"देखो, बहूरती की दुल्हन शलवार भी पहनेगी और आईना में भी मटकेगी। और रतीराम ने हाथ भी लगाया तो हथकड़ियाँ डलवा दूँगी। समझी ?"

"जे भी कोई ज़बरदस्ती है बेगम साहब," बहू भिन्नाई।

"चुप रह खानगी," छद्दा ने चौड़े हाथ का एक थप्पड़ बहू के जड़ दिया।

"छद्दा के बच्चे, तूने फिर बहू पे हाथ उठाया !"

मैं जब भी आला बी से मिलने जाती थी, उन्हें नौकरों के दरमियान सुलह-सफ़ाई करते पाती। यही नहीं, पड़ोस के नौकरों की बीवियाँ शिकायत लेके आतीं और आला बी उनके मालिकों की मदद से मुक़द्दमों के फ़ैसले करतीं।

एक ज़माने में अलीगढ़ में नौकरों की पलटनें रहा करती थीं। हर कोठी में शागिर्दपेशा होता था। हर कोठी का मेहतर, धोबी, चौकीदार, चपरासी, बहिश्ती, ड्राइवर, ख़ानसामाँ, ऊपर के काम के छोकरों के लिए कोठरियाँ बनी थीं जहाँ उनके ख़ानदान रहते थे। मुग़लानियाँ मामाएँ, बच्चों की खिलाइयाँ और हरमियाँ और बेगम का प्राइवेट, ऊपर के काम का छोकरा। घर के अंदर ही असबाब की कोठरी या नौकरों के दालान में रहते थे।

उन्हीं दिनों में एक तूफ़ान फट पड़ा। लखनऊ के कुछ मनचले नौजवानों ने एक किताब *अंगारे* छाप डाली।

अंगारे और वह भी उर्दू यानी मुसलमानों की जागीरी ज़बान में। एक हंगामा मच गया और एक मुल्ला, शाहिद अहरारवी उसका नाम था, गर्ल्स कालेज पर पिल पड़ा। उसने एक चीथड़ा सा अख़बार निकाला और अब्दुल्ला फ़ैमिली की धज्जियाँ उड़ाने लगा। उसने कहा, गर्ल्स कालेज रंडीख़ाना है, उसे फ़ौरन बंद कर दिया जाए। और रशीदा आपा और दूसरे लिखनेवालों के गंदे-गंदे कार्टून निकाले।

मैंने वह किताब नहीं पढ़ी थी, लेकिन अहरारवी ने दिल में उस किताब को पढ़ने की लगन पैदा कर दी। न जाने कहाँ से वह किताब बोर्डिंग में किसी डे स्कालर ने ला दी और रातों-रात लालटेन जलाकर, रौशनी न दिखाई दे, इसलिए शीशों पर रज़ाइयाँ लटकाकर हमने वह किताब पढ़ी। और हिल गए।

मगर पढ़कर तज़बज़ब[38] में पड़ गए। उरियानियत[39] और गंदगी बहुत तलाश की मगर पल्ले न पड़ी, मगर किसी को यह कहने की हिम्मत न हुई कि *अंगारे* गंदी नहीं। यह सख़्त बेहयाई का सबूत होता कि कोई शरीफ़ लड़की *अंगारे* को गंदा न कहे। सब मेरी तरफ़ देखने लगीं। हालाँकि मेरी हमख़याल थीं, लेकिन मेरी तरह बेलगाम न थीं। अब मुझे मालूम हो चला था कि बहुत सी बातें जो ये दिल में तो मानती हैं मगर ख़ौफ़ से ज़बान तक नहीं ला पातीं तो चाहती हैं मेरे मुँह से सुनें। "किताब बेइंतिहा गंदी है। मेरे तो हाथ सड़ गए, दिल सड़ गया, दिमाग़ सड़ गया। चलो, नमाज़ के कमरे में तौबा करें। अल्लाह से माफ़ी माँगें। अल्लाह को ये किताब बहुत नागवार गुज़री होगी।"

"ऐसी बातों का मज़ाक़ नहीं बनाना चाहिए।"

"मज़ाक़ कौन नामाक़ूल बना रहा है। शरीफ़ लोग कहते हैं गंदी है, तो झूठ

---

38. ऊहापोह 39. नग्नता

तो न बोलते होंगे।''

''नानसेंस,'' जमीला हामिद बोली। वह आला ख़ानदान की कॉनवेंट की पढ़ी लड़की थी। बेहद मुँहफट, धड़ से बात कह देने की आदी। ज़ाहिर है, मेरी उसकी खूब पटती थी।

''तौबा जमीला,'' लड़कियाँ चिल्लाईं।

''तुमने *लेडी चटर्लीज़ लवर* पढ़ी है ?''

''लाइब्रेरी में होगी, यूनिवर्सिटी में।''

''हरगिज़ नहीं, वह किताब बैन हो चुकी है।''

''फिर तुमने कहाँ पढ़ी ?''

''मेरी एक क्लासमेट लोरेटो कॉनवेंट में थी, उसने दी थी।''

हम सब जलके ख़ाक हो गए। देसी स्कूल की पढ़ी लड़कियाँ कॉनवेंट की लड़कियों के सामने चित हो जाती हैं। सआदत कितनी ज़हीन थी, यूनिवर्सिटी में अव्वल आई थी। थोड़े दिन कॉनवेंट में पढ़ी थी लेकिन महमूदा उमर, जमीला हामिद, अज़रा हैदर क्या फ़टाफ़ट अंग्रेज़ी बोलती थीं कि हम सबकी सिट्टी गुम कर देती थीं ! जमीला हामिद की उर्दू, ज़ाहिर है कि कमज़ोर थी, जो एक ख़ुशनसीबी समझी जाती है। बस जमीला का एक इलाज था कि खूब सरपट फ़ारसी मिली उर्दू बोलो, चिढ़ जाएगी। बड़ा ऊँचे मचान से कहेगी—

''नानसेंस, भई ज़रा हौले-हौले बोलो।''

और काफ़ी लड़कियों ने डरते-डरते फ़ैसला किया कि किताब गंदी सही, मुतास्सिर करती है और सच्चाई से लबरेज़[40] है।

मैंने जब तक ऐसी गंदी किताब नहीं पढ़ी थी। कालेजों, यूनिवर्सिटियों में यह मवाद[41] नहीं मिलता। मगर ज़बानी उससे गंदी बातें पलंग के नीचे छिपकर बड़ी-बूढ़ियों से सुनी थीं। हमजिंस से मुहब्बत कुछ होती है; क्या होती है, यह भेद नहीं खुला था। चंद लड़कियों के बारे में बाज़[42] लड़कियाँ जुमले उड़ाया करती थीं कि किस तरह वह एक दूसरे की दीवानी थीं; अगर एक किसी और से बात भी करे तो तूफ़ान बरपा हो जाता था। मगर उन दोस्तियों को नज़रअंदाज़ कर देना और टाल जाना ही संजीदगी और शराफ़त की निशानी समझी जाती थी।

अंगारे पढ़कर मुल्ला अहरारवी का चीथड़ा पढ़ा तो जी खूब जला और मैंने एक मज़मून लिखा। कुछ इस क़िस्म का कि ''मुसलमान लड़कियाँ पहले ही महरूम[43] और पिछड़ी हुई हैं, ऊपर से कट्टर मुल्ला अहरारवी जान का दुश्मन हो रहा है। कालेज बंद कर दिया जाए मगर हम सारी लड़कियों की यहाँ से बस लाशें ही जाएँगी। कौन बंद करने आएगा ! हम उससे निपट लेंगे और यूनिवर्सिटी में

---

40. भरी हुई 41. सामग्री 42. कोई-कोई 43. वंचित

हमारे छः हज़ार भाई हैं, क्या वो ख़ामोशी से हमारी लाशों को कुचलता देखेंगे ! जब भी हमें मुल्ला अहरारवी का ख़याल आता है, हम अपने छः हज़ार भाइयों, बुज़ुर्ग प्रोफ़ेसरों, टीचरों को याद कर लेते हैं। तब हमारी हिम्मतें बढ़ जाती हैं। जब तक वो सलामत हैं, कोई माई का लाल हमारा बाल-बीका नहीं कर सकता। झाँसी की रानी ने शहंशाह हुमायूँ को राखी भेजी थी। हम कालेज की तमाम लड़कियाँ अपने हज़ारों भाइयों की ख़िदमत में नेक ख्वाहिशात के साथ एहतराम[44] और ख़ुलूस की राखी भेजते हैं। हमें उम्मीद है कि वो हमारी रखवाली के लिए कोई क़दम उठाएँगे।''

मैंने मज़्मून, जो तवील[45] और जज़्बाती था, लड़कियों को सुनाया। एक हुल्लड़ मच गया। पापा मियाँ को ख़बर पहुँची। वह आए और सुना। उसी वक़्त लिफ़ाफ़ा मँगवाकर *अलीगढ़ गज़ट* को भेज दिया। दूसरे दिन मज़्मून छप गया।

लड़कों ने वह मज़्मून पढ़ा और उसी रात जाकर मुल्ला अहरारवी की खूब ठुकाई की। दफ़्तर तोड़-फोड़ डाला। किसी को उसकी हिमायत की हिम्मत न पड़ी। उन लड़कों की रिश्तेदार लड़कियाँ कालेज में पढ़ती थीं, उनके ज़रिया लड़कियों का शुक्रिया पहुँचा दिया गया। उसके बाद मुल्ला ग़ायब हो गया।

अपनी इस फ़तह पर बोर्डिंग में खूब जश्न मनाया गया। खूब उलटे-सीधे गाने गाए और टेनिस कोर्ट पर ख़ुरशीद अब्दुल्ला ने डांस किया। कॉलेज से शेरवानी मँगाकर मशहूर शायरों का भेस बदलकर उनका कलाम पढ़ा गया। ख़ुरशीदजहाँ, जो भारी-भरकम और गोरी थी, जोश मलीहाबादी बनी। मुत्ता, जो खूब साँवली थी, चमकदार सफ़ेद दाँत थे, दाढ़ी लगाकर जिगर मुरादाबादी बनी। सूफ़िया सिराज, मजाज़ की बहन तो अपने भाई के कपड़े ले आई। वह जब मजाज़ बनी तो सबकी चीख़ें निकल गईं। फ़ाख़रा सागर निज़ामी बनी। बेहद दिलचस्प मुशायरा रहा। ख़ातून आपा ने दूसरे दिन की छुट्टी का ऐलान किया। टेनिस कोर्ट ख़ासा रक़्सगाह[46] बन गया।

मुल्ला अहरारवी का जनाज़ा सारे बोर्डिंग में घुमाया गया। बीच सेहन में चिता जलाई गई जिसकी आग में मूँगफलियाँ भून-भूनकर खाई गईं।

महीनों इस फ़तह का नशा सवार रहा। रशीदा आपा ने बेहद पीठ ठोंकी। यह हमारी अपनी जीत थी। यह पहला मौक़ा था कि कालेज के लड़के-लड़कियों ने एक मुक़द्दस[47] रिश्ता क़ायम किया। कालेज के लड़के इस वक़्त पाबंदी से स्याह शेरवानी पहनते थे। कभी हम किसी मुशायरे में स्ट्रैची हाल जाते या नुमाइश में लड़कों के ग़ोल लड़कियों के पीछे लगते तो उलटी लड़कियों पर डाँट पड़ती थी। हालाँकि अचकन सफ़ेद पाजामों के रवाँ-दवाँ ग़ोल से ज़्यादा हमारी पहचान न थी।

---

44. सम्मान 45. लंबा 46. नृत्यस्थल 47. पवित्र

लड़कियाँ कालेज के लड़कों को 'कौड़ियाले' कहा करती थीं। कौड़ियाला साँप बेहद ख़तरनाक होता है, उसका डसा लहरा नहीं लेता। यह नाम कुछ रोमांटिक भी लगता था। लड़कियों के दिल में छिपा ख़ौफ़ और कुछ धुँधला सा रोमान इस लफ़्ज़ से वाबस्ता[48] था। उन दिनों काले, दुबले, सूखे लड़के भी दूर से बड़े बाँके लगते थे। जब पास से देखा तो दिल बैठ गया। उनमें ज़्यादातर काले, खुतरे और बदसूरत थे।

अब तो लड़के फ़ंक्शन पर आज़ादी से आते हैं, सेल के मौक़ों पर लड़कियाँ उनकी ख़ातिरें करती हैं। क़त्तई कौड़ियाले नहीं, अच्छे-भले इनसान लगते हैं।

पुरानी लड़कियाँ, जो अब प्रोफ़ेसर, लेक्चरार और टीचर बन गई हैं, बड़ी हसरत से कहती हैं, ''हमारे ज़माने के लड़के हैंडसम हुआ करते थे। अब तो कौड़ा आ रहा है।''

दरअस्ल वह पर्दा, जो दरमियान में हायल[49] था, अपने अंदर न जाने कितने ख़्वाब समोए हुए थे जो फ़ना हो गए। अब लड़कियाँ लड़कों को देखकर बौखलाती नहीं। उन्हें अपने जैसा तालिबे-इल्म[50] समझती हैं। इसका यह मतलब नहीं कि पर्दा हटा तो रोमान ख़त्म हो गया। अब भी इश्क़ चलते होंगे और ब्याह भी रचते होंगे।

इतनी बात तो है कि पर्दा हटता है तो कुछ छिछोरे क़िस्म के जज़्बात जो सिर्फ़ तसव्वुर[51] के बल पर परवान चढ़ते हैं और बड़ी ज़ेहनी उलझनों का बाइस[52] होते हैं कुछ, बल्कि बहुत-कुछ सुलझ जाते हैं। हक़ीक़त ज़्यादा वाज़ेह[53] हो जाती है। एक दूसरे को जिंसे-मुख़ालिफ़[54] ही नहीं, आम इनसान की हैसियत से समझते हैं। आसानी होती है। अंधे मुआशक़ों[55] का इमकान[56] कम हो जाता है। ज़िंदगी निस्बतन[57] पायदार[58] बुनियादों के सहारे बनती-सँवरती है।

एफ.ए. के बाद बी.ए. का अलीगढ़ में कोई इंतज़ाम न था। मेरी बैंक बुक में अभी काफ़ी रुपया था। अब्बा मियाँ ने लखनऊ आई.टी. कालेज में दाख़िला लेने की इजाज़त दे दी। जुगनू को हबीब हॉस्पिटल, बंबई में अभी दो साल काम करना था क्योंकि उन्हें इसी शर्त पर वज़ीफ़ा मिला था।

लखनऊ में गुज़ारे हुए दो साल मेरी ज़िंदगी में बहुत अहम साबित हुए। दिमाग़ को नई राहें मिलीं। नए दरवाज़े खुले।

---

48. संबद्ध 49. बाधक 50. छात्र 51. कल्पना 52. कारण 53. स्पष्ट 54. विपरीतलिंगी 55. प्रेमप्रसंगों 56. संभावना 57. अपेक्षाकृत 58. स्थायी।

सूजत

शायद यह लिखना भूल गई कि अब्बा मियाँ का तबादला सूजत का हो गया था और हम लोग साँभर के बजाय फुलेरा जंक्शन पर गाड़ी बदलकर सूजत की गाड़ी में बैठ गए।

साँभर के मुक़ाबले में सूजत जन्नत था। यहाँ अच्छी बारिश होती थी, बहुत सी बावलियाँ थीं, सब्ज़ा[1] ही सब्ज़ा नज़र आता था। रथ के बजाय ताँगा था जो जुडिशियरी के आधे दर्जन ताँगों में से था। अलीगढ़ के मरियल घोड़ोंवाले खटारा टाँगों के मुकाबले में तो फ़िटन लगता था। निहायत ताज़ा-दम घोड़ा। ऊँटों के अलावा और घोड़े भी थे। कोचवान साँभर में ऊँटों से बहुत कबीदा-ख़ातिर[2] रहते थे, इतने घोड़ों पर हेड साईस बनकर बहुत ख़ुश थे। नौकरों के क्वार्टर बहुत साफ़, खपरैल के थे, मगर बंगला बहुत ख़ूबसूरत था। काफ़ी कमरे थे। सेहन अब्बा मियाँ ने आकर बनवाया था। बाग़ीचा आगे-पीछे चारों तरफ़ था। छत पर जाने का ज़ीना था मगर ऊपर कोई कमरा नहीं था। लंबी-चौड़ी छत के दोनों सिरों पर छप्पर डाल दिए थे कि बरसात में पलंग घसीट ले जाएँ।

दूध बेइंतिहा सस्ता था और घर पर भैंस लाकर दूह जाते थे। मगर अम्माँ ने फ़ौरन भैंस पाल ली। कहती थीं, भैंस न बँधी हो तो घर उजाड़ लगता है। मुर्ग़ियाँ और बकरियाँ बहुत सी पल गई थीं, तीन नए-नए कुत्ते भी बढ़ गए थे। एक बहुत ख़ूँख़ार कुत्ता। कोई कुँवर साहब शिकार खेलने आए थे। अब्बा मियाँ अव्वल नंबर के शिकारी ख़ुद थे। उनसे बहुत दोस्ती हो गई। वह अपना विलायती कुत्ता दे गए। अब्बा ने उन्हें चाँदी का जापानी डब्बा दे दिया जिस पर अज़दहे लड़ रहे थे। हम सबको बहुत पसंद था, बिलकुल ऐसा लगता था, अज़हदे ज़िंदा हैं और हिल रहे हैं। और नामाक़ूल कुत्ता बेहद ख़ूँख़ार था। सिर्फ़ अब्बा के कंधे पर हाथ रखके

1. हरियाली 2. चिढ़े हुए

उनकी मूँछें चाटता था। घर में अम्माँ बग़ैर ज़ंजीर के नहीं लाने देती थीं। यहाँ पर्दा भी कम था। हमें दो-चार बोल आ गए थे और थोड़ा काम चल जाता था।

यहाँ मुसलमानों में सलावट, रँगरेज़ और क़साई इफ़रात से थे। मर्द धोती-कुर्ता और तरहदार[3] रंगों के साफ़े बाँधते थे। औरतें तंग पाजामा और अनगिनत कलियों का बहुत नीचा कुर्ता पहनती थीं। पैरों, गले, हाथ और कानों में चाँदी-सोने का ढेरों ज़ेवर।

मुसलमान हिंदुओं में कोई फ़र्क नहीं लगता था। जिनकी दाढ़ियाँ थीं वो चढ़ाते थे। कुछ मुसलमान चुग्गी दाढ़ी रखते थे और शरई पाजामा पहनते थे।

अग्रवाल और ओस्वालों की घरवालियाँ बड़ी सी टोली में निकलती थीं। सबसे आगे एक औरत, या बाँदी कह लीजिए, खुले मुँह एक निहायत लंबी चादर ओढ़े होती थी जो तंबू की तरह बाक़ी ख़वातीन[4] के ऊपर पड़ी होती। आख़िर में फिर एक बाँदी, जिसे डावरी कहा जाता था, उस चादर को पकड़े होती थी। घाघरे का निचला कामदार हिस्सा और पिंडलियों का निचला हिस्सा नज़र आता था जो सोने या चाँदी के तंग कड़ों से भरा होता था। शादी-ब्याह के दिन ख़वातीन तो पाँच-पाँच सेर सोना पहनकर निकलती थीं।

हम लोग भी वहाँ उनकी देखा-देखी साड़ी पर चादर ओढ़कर निकलने लगे थे। रास्ते में उनके काफ़िले का डोला मिल जाता तो हम उसके अंदर घुसकर साथ चलने लगते। ज़्यादातर हसीन और नौजवान ही इस अंदाज़ से जाती थीं। बच्चियाँ साथ कुदकड़े लगाती चलतीं।

जवान औरतें बड़े-बड़े बौर पहनती थीं जो ताज की तरह बेहद खूबसूरत लगते थे। घूँघट बौर के ऊपर उठा रहता था। बारीकतरीन मलमल, जो छब्बीस की मलमल कहलाती थी, उसके डेढ़ पाट के दुपट्टे चर्मी डब्बी के गुलबूटे, चौड़ा सा किनारा, उससे चौड़ा पल्लू और बीचों-बीच में एक बड़ा सा, कोई गज़ भर के सरकमफ़ियरेंस का चर्मी डब्बी के काम से भरा गोल बूटा। चर्मी डब्बी उस बंदनी के काम को कहते हैं जो औरतें छँगुली के नाख़ुन को नोकदार और लंबा करके कपड़े की चार तह जमाती हैं और फिर उसे दाँत से पकड़कर चुटकी से डोरा बाँध देती हैं। जब यह बँधाई हो जाती है तो रँगाई शुरू होती है। क़ीमती ओढ़नियाँ बार-बार बाँधी और मुख़्तलिफ़ रंगों में रँगी जाती हैं। खुलने के बाद एक-एक बूँद में कई-कई रंगों की क़ौसे-क़ज़ह[5] फूटती है।

एक ओढ़नी होती है। बारीक मलमल को एक तरफ़ हलका फ़ीरोज़ी, दूसरी तरफ़ हलका धानी रँगा जाता है। इसे समंदर लहर कहते हैं। मैंने बहुत पूछा, कोई न समझा सका कि यह मोजज़ा[6] कैसे ज़हूर में[7] आता है। बारीक मलमल के दो

---

3. भड़कदार 4. महिलाओं 5. इंद्रधनुष 6. चमत्कार 7. प्रकट

रुख़ किस तरह दो रंगों में रँगे जाते हैं। यह एक मोजज़ा लगता था। छुट्टियाँ शुरू हो गई थीं और सारा ख़ानदान आ चुका था या आनेवाला था। अब्बा ने सबको लिख दिया था, जो आएगा उसे दोनों तरफ़ का किराया, मुनासिब जेबख़र्च और दो-दो सादा जोड़े, एक अदद जूता दिया जाएगा। आपा देहली से तिब का कोर्स ख़त्म करके आ गई थीं, बाजी दूसरे दिन आनेवाली थीं। छोटी आपा पूरे दिनों से थीं, लिहाज़ा मजबूर थीं। इसहाक़ भाई ज़किया वग़ैरह को लेकर आनेवाले थे। बड़े मामूँ के और जुगनू के आने की भी ख़बर गर्म थी।

हम लोगों को नतीजे का इंतिज़ार था। अम्माँ बड़ी शानदार दावत की तैयारी कर रही थीं। पीपाड़ से घी के कनस्तर आ गए थे। आठ आना फ़ी बकरी के बच्चे के हिसाब से दर्जन भर ख़रीद लिए गए थे।

और तो और, सूजत में बिजली थी। हम उस नेकबख़्त अंग्रेज़ को दुआ देते थे जो हमारे आराम के लिए इतनी सहूलतें पैदा करता था। फिर एक दिन नन्हे भाई का तार आया—

मैं, चुन्नी, सेकेंड डिवीज़न से पास।

"ऐ है, शन्ना का नतीजा नहीं निकला," अम्माँ चिढ़ गईं। "बड़ा छिछोरा है यह नन्हे !"

"फ़र्स्ट डिवीज़न देखकर जल गए होंगे।" शमीम बोले, और उसी वक़्त जवाबी तार दिया गया कि शमीम का नतीजा फ़ौरन भेजो। तीसरे दिन तार आया, "हफ़्ता को पहुँच रहा हूँ।" नतीजा का कोई ज़िक्र नहीं। जी जलके ख़ाक हो गया। शमीम की वजह से ख़ुशी मनाते भी बुरा लगता है। वह बेहद परीशान। अम्माँ कह-कहकर खाना खिलातीं।

"अरे, बस परसों आ रहा है नन्हे। नतीजा कहाँ तक छिपेगा !"

नन्हे भाई आए तो चारों तरफ़ से लानतें बरसने लगीं। वह हस्बे-आदत ढिठाई से मुस्कुराते रहे।

"जवाबी तार हज़म कर गए ?"

"कहाँ हज़म किया ? आने की ख़बर भेज तो दी।"

"ऐ है ! तुम्हारे आने की ख़बर को बड़ी जान जावे थी किसू की। नतीजा क्यों न लिख दिया साथ में !"

"इतने लफ़्ज़ों की गुंजाइश कहाँ थी।"

"तो दो लफ़्ज़ के पैसे गाँठ से निकले ?"

"मगर शमीम का नतीजा तो सब्को मालूम ही था, ख़ुद शमीम को भी मालूम था कि फ़ेल हो जाएँगे।"

"ऐ है, ख़ुदा न करे।"

"इसमें ख़ुदा बेचारे का क्या क़ुसूर है ?"

"ए, क्या सच्ची फ़ेल हो गया ?" अम्माँ ने बड़ी हसरत से पूछा।

"फ़ेल न होता, दिन-रात हू-हक़, नाच-गाने, जावरे के नवाबज़ादों की मुसाहिबत, आमरे में मुजरे।"

"बेकार झूठ बोल रहे हैं।" शमीम मिनमिनाए।

"ख़ैर, हम और चुन्नी तो पास हो गए।"

"ए ग़ारत हो, उस कमबख़्त का पास होना किस काम का ! बला से ये फ़ेल हो जाती, शमीम पास हो जाता।"

"अरे वाह, क्यों ?" मैं लड़ पड़ी।

"ऊँह, लड़की ज़ात को कौन सी डिग्रियाँ लेनी हैं ! मर्द ज़ात की तो ज़िंदगी ख़राब हो गई।"

दावत मुल्तवी हो गई। किसी ने भी ज़ोर नहीं दिया। दिल वाक़ई शमीम के फ़ेल हो जाने से बैठ गया। उसे ख़ामोश, उदास देखकर सारी ख़ुशी अपनी कामयाबी की, ख़ाक में मिल गई।

मामूँ, इसहाक़ भाई मय चंद बच्चों के। उस वक़्त उनके सात बच्चे थे। शायद तीन को लाए थे। मज़हर भाई, उनकी बीवी और एक बच्ची।

घर लबरेज़ हो गया।[8] क्या हंगामा बरपा रहता था ! फिर बाजी भी आ गईं। उनके साथ अज़ीम भाई की जो बच्ची गोद ली थी, मिदहत भी थी। निहायत तेज़-तर्रार तनदुरुस्त, आते ही न जाने क्यों बड़ी बहन नुज़हत को खसोट डाला !

मैंने दो धमोके लगाए चुड़ैल के।

क्या लंबा दस्तरख़्वान लगता था ! एक के बजाय हर नए वारिद[9] होनेवाले के नाम से दावत होती। मामूँ के तीसरे दिन बंबई से जुगनू भी आ गए। मामूँ उन्हें ख़त लिखकर आए थे।

मैं और जुगनू बड़ी होशियारी से दूर-दूर रहने की कोशिश करते जो इस भीड़ में मुश्किल न था। बस एक दफ़ा न जाने कैसे सामना हो गया।

"पास हो गईं ?" जुगनू हँसते हैं तो उनकी छोटी-छोटी आँखें बिलकुल गुम हो जाती हैं।

"आँ," मैंने बड़े इत्मीनान से कहा। एफ़.ए. में दाख़िला के फ़ार्म भर दिए थे। पास होने की शर्त थी, वह पूरी हो गई।

"हूँ !" वह बेतुकेपन से ज़ोर से हँसे।

उसके बाद मैं इधर-उधर चक्कर काटती रही। जब देखती जुगनू बैठ गए तो उनसे काफ़ी फ़ासला रखकर मैं लोगों के बीच में घुसकर बैठ जाती। दो-एक बार उन्होंने मेरी तरफ़ देखा भी। क़त्तई रोमांटिक अंदाज़ में नहीं, बिलकुल सादगी से,

8. भर गया 9. आगंतुक

मगर हँसी रोकते हुए। जैसे वह राज़ जो सिर्फ़ मैं और वह जानते थे, उन्हें मज़हकाख़ेज[10] लग रहा है।

वैसे मुझे किसी ने रोमांटिक अंदाज़ में देखा भी नहीं था, जैसा क़िस्सा-कहानियों में लिखा होता है, तो फिर मैं पहचानती भी कैसे ?

शमीम एकदम बिल्कुल नार्मल हो गए। और ख़ुद अपने फ़ेल होने का मज़ाक़ उड़ाते।

"अस्ल में कई सवाल तो ऐसे बच्चों जैसे थे कि मैं फ़ौरन ताड़ गया, पट्ठा इकज़ाम्स मुझे उल्लू बना रहा है। अरे पाँच बरस का बच्चा भी जानता है। मैंने लिख दिया, मियाँ किसी और को अहमक़ बनाइए, आप इस सवाल का जवाब अच्छी तरह जानते हैं और भोले बनकर हमसे पूछ रहे हैं।"

"क्या सचमुच तुमने यही लिख दिया ?"

"और क्या झूठ-मूठ ! और एक सवाल ऐसे गदहेपन का था, भुतनी का था सवाल वह।" वह अब मेरा नाम मुस्तक़िल 'भुतनी' रख चुके थे। मैं भी चिढ़ने की हद से गुज़र चुकी थी। बेख़याली में याद ही न रहता था कि यह मेरी बड़ी भयानक चिढ़ थी। जब कोई भुतनी कहता था तो मैं उसका मुँह, कपड़े खसोट डालती थी। अब सिवाय शमीम के कोई मुझे 'भुतनी' या 'भूत' नहीं कहता था।

"कौन सवाल ?"

"हे भूत, सवाल भी याद नहीं। तुम निहायत घपले में पास हो गई हो, फिर से इम्तिहान दो।"

"मगर तुम फ़ेल हो गए।"

"हम तुम्हारी तरह घपले में पास होने के बजाय शराफ़त और ईमानदारी से फ़ेल होना बेहतर समझते हैं।"

एक दिन बोले, "अब्बा मियाँ, चुन्नी को एफ.ए. में इस साल न भेजिए।"

"क्यों ?"

"अगले साल जब हम भी पास हो जाएँगे तो एक क्लास में किताबों की बचत होगी।"

"बात माक़ूल है। मगर यह लड़कियों के स्कूल में और तुम लड़कों के बोर्डिंग में !"

"किताबें यही रख ले, मैं दोस्तों से माँग लिया करूँगा," शमीम बड़ी संजीदगी से कह रहे थे। मगर सब जानते थे मज़ाक़ बना रहे हैं क्योंकि वह ऐसी मासूम सूरत बनाकर कहते थे कि बजाय गुस्सा आने के हँसी आ जाती थी। फिर भी अब्बा कुछ संजीदा हो गए।

10. हास्यास्पद

"नालायक़, हमारा कितना रुपया ख़राब करा चुका है !"

"वाह अब्बियाँ, औलाद के लिए इतनी भी कंजूसी क्या ?" शमीम ने ऐसी मिस्कीन[11] आवाज़ में कहा कि सब हँसने लगे और अब्बा मियाँ भी संजीदा न रह सके।

"बेगम, आख़िर ये नालायक क्या करेगा ?"

"अरे अब्बियाँ," वह अब्बा मियाँ को जल्दी में 'अब्बियाँ' कहा करते थे। "हमें बड़े से बड़ा ओहदा दिलवा दीजिए। देखिए, फिर हम कैसे ठाठ जमाते हैं। क़सम से, गवर्नर ही बनवा दीजिए। सारे ख़ानदान को ठाठ करा देंगे।"

"आप और गवर्नर !" हर तरफ़ से क़हक़हे पड़ने लगे।

"इसमें दाँत निकोसने की क्या बात है। अरे गवर्नर को करना ही क्या पड़ता है ! बस डिनर पार्टियाँ उड़ाना, मुजस्समों की अनवेलिंग करना और मोटर में घूमना। क़सम ख़ुदा की, हम बेहद अच्छी डिनर खा सकते हैं और पार्टियों की तो न पूछो। भूत, अगर हम गवर्नर हो गए तो तुम्हें स्कूल की हेडमास्टरनी फ़ट बनवा देंगे। और ये चुंधा सलोतरी बेकार मेडिसिन में सर मार रहे हैं। जुगनू, तुम फ़िक्र न करो हम गवर्नर बनते ही तुम्हें अपने घोड़ों का चीफ़ सलोतरी बनवा देंगे। ठाठ करोगे यार।" फिर मामूँ की तरफ़ मुड़े, "मगर हमारे लिए कोई कुछ करे जब ना ! मामूँ का इतना रुसूख़ है, अपने पाजी बेटे को डॉक्टर बनवा रहे हैं और अपनी प्यारी सगी बहन के प्यारे सगे बेटे को कोई सिपहसालार या जागीरदार, ताल्लुक़दार भी नहीं बनवा देते। कैसा ख़ून सफ़ेद हो गया है ! लो, वो ज़फ़र हुसैन जी सुन ही नहीं रहे हैं हमारी बात। यही तो मुसीबत है।"

"जी महाराज, क्या हुक्म है ?" मामूँ ने निहायत अदब से कहा।

"या हमें गवर्नर बनवाइए या फिर महाराजा से कहिए, हमें गोद ले लें और राजकुँवर घोंचू को आक़ कर दें। क्या अनाड़ी की तरह पोलो खेलता है।"

"हूँ, बात तो आपने बड़ी काम की बताई। मगर माई-बाप थोड़ा इंतज़ार करना पड़ेगा। अप्पा खाना निकाल रही हैं और पसंदा की ख़ुशबू कुछ ज़्यादा ही बेढब है। बस, दो लुक़्मे खाकर तुम्हें गवर्नर बनाए देते हैं।"

"कहाँ चले, क्या जा रहे हो मामूँ ?" बाजी जो न जाने दुल्हन भाभी से क्या खुसर-फुसर कर रही थीं, चौंककर बोलीं।

"हाँ, ज़रा शन्ना मियाँ को वली-अहद बनाना है। आपा जल्दी करो, बेटे के मुस्तक़बिल का सवाल है।"

"ए, तो निकाल तो रही हूँ। दस्तरख़्वान तो बिछाओ।" सब खिसकने लगे और बीच में बहुत से हाथ दस्तरख़्वान बिछाने लगे।

---

11. मिनमिनाती हुई

"अरे शन्ना मियाँ !" मामूँ बोले।

"जी मामूँ।"

"ऐसा क्यों नहीं करते, जोधपुर चले चलो। किराया हमारे ज़िम्मे।"

"हम चले जाएँगे बल्कि मामूँ, समझो हम पहुँच गए। फिर ?"

"फिर हम तुम्हारे लिए कोई नौकरी ढूँढेंगे।"

"नौकरी !" शमीम चीख पड़े।

"हाँ, यह तुम्हारे अब्बा मियाँ थय्या बख़्श क्या नौकरी नहीं करते ?"

"क्यों नहीं करते, सारी उम्र नौकरी ही की है बेचारे ने।"

"तो फिर तुम्हें क्यों एतराज़ है ? बोलो, तुम उनसे ऊँचे हो क्या ?"

"क़द में तो ऊँचे हैं और सर क़द से ऊँचा होता है और अक़्ल सर में होती है इसलिए अक़्ल में भी ऊँचा होना पड़ रहा है।"

"तो तुम अक़्ल में भी उनसे कम नहीं बल्कि ऊँचे निकलते हो ?"

"है तो गुस्ताख़ी मगर अक़्ल अल्लाह की देन है और अल्लाह मियाँ को धाँसना गुनाह होगा। मगर ज़रा आहिस्ता !" अब्बा मियाँ ग़ौर से सुन रहे थे।

"क्यों ?"

"अब बुढ़ापे में ऐसी दिलशिकनी की बातों से तबीयत मकद्दर[12] होती है, अब्बा मियाँ का दिल टूट जाएगा।"

मामूँ से अब ज़्यादा ज़ब्त न हो सका। शमीम की संजीदा ऐक्टिंग पर हँस पड़े। मगर फिर जल्दी से बोले, "तो फिर तय है !"

"जी, बिलकुल निश्चिंत रहिए गुरूजी। मगर यह तो पता चले, कौन सा ओहदा मुनासिब रहेगा मेरे लिए !"

"वही चपरासी का।"

शमीम थोड़ी देर उन्हें ग़ौर से देखते रहे, फिर जल्दी से एक रकाबी उठाकर उनके सर पर पंखा करने लगे।

"मामूँ, आप लेट जाइए।" मामूँ पर हँसी का दौरा पड़ गया। हाथ से रकाबी ले ली और बेतरह हँसे।

"हाय, मेरे जान से प्यारे मामूँ !" शमीम ने बड़े ज़ोर से बैन के अंदाज़ में हाँक लगाई।

"है है, क्या हुआ ?" अम्माँ बौखला गईं और चमचा का कोफ़्ता उछलकर दूर गिरा। शेरा ने लपककर दाँत मारे और मुँह जल गया तो पें-पें करता भागा। थोड़ी दूर जाकर ज़ोर-ज़ोर से कोफ़्ते की तरफ़ मुँह करके भौंकने लगा। इतना कट-खना लुक़्मा उसने कभी न चखा था।

---

12. मैली

"हमें चपरासी बनवाया तो सारे ख़ानदान की नाक कट जाएगी, हमारी गाँठ से कुछ नहीं जाएगा। ख़ुद ही सर पकड़के रोओगे। लो, वो रकाबी ही मार ले गए। अरे महाराज, रकाबी तो हमें दे दो !"

मामूँ बेतहाशा हँस रहे थे और अम्माँ के सामने रकाबी फैलाए कह रहे थे—

"अप्पा, बेटे को ऊँचे ओहदे पर पहुँचाना चाहती हो तो दो कोफ़्ते दो।"

"दो के बदले चार ले, तेरा खाया बहनिया के पेट पचेगा।"

अम्माँ अपने दोनों भाइयों को कितना चाहती थीं !

बड़े मामूँ के दोनों बेटों में कितना फ़र्क़ था ! बड़े भाई मज़हर हमेशा बाप के साथ रहे। मामूँ अजीब मिज़ाज के थे। उनकी दोस्ती बड़े-बड़े ओहदेदारों से भी थी मगर याराना सलावटों, रँगरेज़ों और क़साइयों से था। उनकी सोहबत में जहाँ एक तरफ़ मुल्क के मशहूर कलाकारों से दरबार में वास्ता पड़ता था, दूसरी तरफ़ कुँजड़ियों, नटनियों, सपेरों के भी रंग जमा करते थे। रियासत में रंडियों का कोई मख़सूस कूचा[13] नहीं था। अमूमन बाल-बिधवा जब जवान हो जाती थीं तो किसी ओहदेदार या जागीरदार से ताल्लुक़ हो जाता था जिस पर उनके ओहदों और दौलत की वजह से कोई अंगुश्त-नुमाई[14] की जुरअत नहीं कर सकता था। और फिर यह बरसों का उसूल चला आ रहा था। सती की रस्म ख़त्म होने के बाद बेवा की शादी का कोई सिलसिला नहीं चला था।

अमूमन बामनियाँ बेहद हसीन होती थीं। सब एक छाप के चालीस गज़ के घाघरे, निहायत मुख़्तसर-सी मुख़्तलिफ़ रंगों की चोलियाँ, जिनमें से आधा जिस्म दिखाई देता था, और बारीक मलमल के स्याह दोपट्टे ओढ़ती थीं। घूँघट का कोना दाँतों में दबाए जब पानी भरने तालाब पर जाती थीं तो लोग बे-नत्थे बैलों की तरह हुमकने लगते थे। दुपट्टा डेढ़ अर्ज़ का होता था और पीछे एड़ियों तक निकलता था लेकिन आगे का कोई पर्दा न था। पतली कमरें, नाफ़ की पेचदार भँवरी, नाज़ुक-नाज़ुक धूल में अटे पैर और काले दोपट्टे में से चमकता चाँद सा मुखड़ा। सर पर तीन-चार गागरें धरे ग़ोल की सूरत में निकलती थीं तो सन्नाटा सा छा जाता था। कभी किसी को बोल फेंकने की हिम्मत न होती थी कि सब जानते थे कि वो बड़े बारसूख़ अफ़सरों के साय-ए-आतफ़त[15] में रहती हैं।

उनके बच्चे राजगोले कहलाते थे। महल की डॉक्टरनियाँ जनाती थीं और बच्चा वहीं पलता था। नाजायज़ बच्चों को मारने की कोई ज़रूरत न थी और न लड़की के सास-ससुर या वालिदैन लड़की को कुछ कहते थे। बच्चा जिसका जी चाहे महल में पहुँचा दे, कुछ ईनाम ही मिलता था। पुलिस वग़ैरह का कोई झगड़ा नहीं उठता था। उन बच्चों की बड़ी अच्छी तरह देखभाल होती थी। उनके अलग

---

13. ख़ास मुहल्ला 14. उँगली उठाना 15. शरण

स्कूल थे और मिलिट्री की ट्रेनिंग के बाद राजगोला पलटन में भर्ती हो जाते थे।

यह पलटन अमूमन महाराज की सालगिरह या किसी शादी के मौक़े पर निकलती थी और उसमें एक-एक जवान मर्दाना वजाहत[16] का नमूना था। अंग्रेज़ स्टाफ़ उनकी ट्रेनिंग पर मुक़र्रर था। राजगोले के मानी हैं महाराजा के बेटे या मुतबन्ना (ले-पालक)।

इस क़िस्म की लड़कियाँ भी महल में बड़े लाड से पाली जाती थीं और महारानी की डावड़ियाँ कहलाती थीं। कहनेवाले कहते थे, उनकी आपस में न शादी हो सकती है, न ताल्लुक़ क्योंकि कौन जाने शायद आपस में उनका भाई का रिश्ता हो ? राजगोलों और डावड़ियों की शादी का कभी कोई क़िस्सा नहीं सुना। वैसे अमूमन[17] बेवा लड़कियाँ अग़वा भी होती थीं, किसी के साथ भाग भी जाती थीं। सुना था, कराची में उनकी बड़ी मार्केट थी। वहाँ के वडेरे जवान तनदुरुस्त लड़कियाँ बड़े शौक़ से ख़रीदते थे और वहाँ से वो मरकर ही निकलती थीं।

जोधपुर का शाही श्मशान बहुत शानदार था। ऊँचा फाटक, जिसके क़रीब की दीवार पर हज़ारों हाथों के छापे थे। अकसर बहुत छोटे निशान भी देखे जो चार-पाँच बरस की बच्चियों के मालूम होते हैं। बहुत धुँधले पड़ चुके हैं। जब राजा फूँके जाते थे तो रानियों के साथ डावड़ियाँ भी फूँकी जाती थीं और अंदर दाख़िल होने से पहले लाल रंग में हाथ डुबोकर दीवार पर छाप छोड़ जाती थीं।

मज़हर भाई जोधपुर की आज़ाद और रंगीन फ़िज़ा में पले थे। खूब मोटे और सुर्ख़ चुकंदर थे। बेहद नाज़ुक नक़्शा था। बड़ी-बड़ी रोमांटिक आँखें, नन्हा सा दहाना[18], मोती जैसे दाँत, लेकिन बेहद ज़हर लगते थे। शादी से पहले भी अकेले में दबोचने की कोशिश करते थे। नन्ही-नन्ही बच्चियों तक को टटोलते थे। उनसे सब लड़कियों की रूह फ़ना होती थी। शादी के बाद उन्होंने ठंडी साँसें भरना, मीठी-मीठी नज़रों से तकना और हौले से हाथ दबाना नहीं छोड़ा था। उनकी बीवी उनकी आदत से निहायत गुस्सा हुआ करती थीं। बेहद रोज़ा-नमाज़ की पाबंद और घंटों वज़ीफ़ा[19] पढ़ती थीं। बेहद नाज़ुक और हसीन थीं। बड़े मामूँ की साली थीं। बड़ी बहन से दो बरस छोटी थीं। यानी बड़ी ममानी काफ़ी कमसिन थीं। बेहद खूबसूरत होतीं अगर उनके चेहरे पर हरदम अनजानी सी वहशत और ख़ौफ़ न तारी रहता। दोनों के गज़-गज़ भर लंबे बाल थे। मगर दोनों कुछ कबीदा-ख़ातिर[20] सी रहती थीं और सुबह घंटों क़ुरान की तिलावत किया करतीं। बच्चे हलक़ फाड़-फाड़कर रोते रहते और उनके कान पर जूँ भी न रेंगती।

जुगनू सूरत-शक्ल में बिलकुल बड़े भाई की उलट थे। दुबले, लंबे और भद्दे नक़्श के, छोटी आँखें, बड़े मोटे होंटों का दहाना और नीग्रो जैसे महीन घुँघरवाले

---

16. रोबदाब 17. आमतौर पर 18. मुँह 19. जाप 20. चिढ़ी हुई

बाल। मिज़ाज में भी क़त्तई मुख़्तलिफ़, लड़कियों में क़त्तई रोमांटिक दिलचस्पी नहीं लेते। जैसे लड़कियाँ मज़हर भाई से कतरातीं, वह लड़कियों से कन्नी काटते और अमूमन निहायत महफ़ूज़[21] लड़कियों के बीच में जम जाते।

क़रीब दो हफ़्ता हंगामा रहा। बँगला से मुलहिक़ा कचहरी थी। यानी बहुत बड़ा सा मर्दाना ड्राइंगरूम कोर्टरूम बना दिया गया। बाक़ायदा कटहरे लगाकर मुलज़िम के लिए बाक़ी हिस्से में दरी बिछी हुई थी और डाइस पर जज की काफ़ी शानदार सी कुर्सी थी। तोशाख़ाना में दर्जनों निवाड़ी पलंग मौजूद ही थे, मय दरी और तकियों, चादरों के, क्योंकि गार्ड के आने पर उसके ठहरने का इंतज़ाम करना होता था। सेहन में बड़े एहतमाम से[22] चारपाइयाँ और बिस्तर बिछ गए। अलग-अलग ख़ानदान के गिरोह से बना दिए गए। फिर जिसका जी चाहा, उधर चारपाई घसीट ले गया। कुछ लोग चौके पर जम गए। जो बाक़ी बचे, वो बाहर के अहाते में चले गए। अम्माँ और अब्बा छत पर सोते थे। बहुएँ सख़्त ख़फ़ा थीं कि बुड्ढे मियाँ-बीवी क्या मजे से खिलवत[23] में सो रहे हैं, बाक़ी पलटन को मैदान में डाल दिया है। ख़ुसूसन[24] मज़हर भाई की दुल्हन बड़ी परेशान थीं कि मज़हर भाई नाग़ा के आदी न थे।

रात का खाना खाकर हम लोग कोर्टरूम में चले जाते। वहाँ बिजली के पंखे लगे थे और रेगिस्तान में तो रातें काफ़ी ठंडी होती हैं।

शमीम अपने फ़ेल होने का ग़म बिलकुल भूल गए थे और कोर्टरूम में जज की कुर्सी पर एक तौलिया सर पर डालकर बैठ जाते और सब पर मुक़दमे चलाने लगते।

''आर्डर, आर्डर, आर्डर !'' वह मूगरी मेज़ पर मारकर चीखते। ''वरना सबको इसी वक़्त सज़ा-ए-हसे-दवाम उर्फ़ काला पानी की सज़ा हो जाएगी। मुजरिम नंबर एक, बड़े मामूँ उर्फ़ ज़फ़र हुसैन उस्मानी को माबदौलत की ख़ुशनूदी[25] का मुज्दा[26] सुनाया जाए क्योंकि उन्होंने हमें महाराज के मुँहबेटे फ़रज़ंद[27] बनाने का पक्का वादा किया है। अगर महाराज इस ख़ुशनसीबी पर इनकार करने पर तुल गए तो कोई और आरामदेह ओहदा हमारे लिए तय समझा जाए। हम इस जाँनिसारी के सिलसिले में छत्र पैलेस, जो ज़ेरे-तामीर[28] है, उस नेक-निहाद मामूँ को बख़्शते हैं क्योंकि महाराज की गोद में बैठकर हम पूरी हुकूमत जोधपुर को अपनी मुट्ठी में ले लेंगे।''

''घम्मा घट्रैन महाराज के लिए पालक !'' मामूँ ने हाथ जोड़कर ऊँचे कर दिए।

''मगर उनके नालायक़ और कपूत जुगनू उर्फ़ अतहर हुसैन उस्मानी से

---

21. सुरक्षित 22. क़ायदे से 23. एकांत 24. ख़ासतौर पर 25. प्रसन्नता 26. शुभसंदेश 27. बेटा 28. निर्माणाधीन

माबदौलत बहुत नाराज़ हैं। ये घोड़ों का डॉक्टर कहता है, बदहज़मी ज़्यादा खाना ठूँसने से होती है। ये नालायक़ इतना नहीं जानता कि हम कम खाएँगे तो हमारी माँ, जिसके पैरों के नीचे जन्नत है, कितनी दुखी होगी। वह एक पतिव्रता माँ है, उसके दुख से पति, यानी हमारे पूज्य पिता को भी दुख होगा। हम अपने माता-पिता का दिल तोड़ने से पहले हैज़ा से मर जाना पसंद फ़रमाएँगे। पाजी, हमें घूँसा दिखा रहा है ! सिपाहियो, इसका फ़ौरन तन सर से जुदा कर दो और...।''

जुगनू उठने की धमकी दे रहे थे। सब उन्हें रोक रहे थे।

''इसे पकड़ लो सिपाही, वरना हम इसे कोर्ट की बेइज़्ज़ती के जुर्म में...अच्छा जाने दे भई, तू सज़ा नहीं लेता तो चूल्हे में जा। मगर हम मुन्ने भाई को नहीं छोड़ेंगे। मुन्ने भाई उर्फ़ अजीम बेग चुग़ताई उर्फ़ मशहूर मज़ाहनिगार[29] पेशा वकालत और बच्चाबाज़ी। उसकी बीवी उर्फ़ दुल्हन भाभी हर दो साल बाद बच्चा दाग देती हैं। ख़ैर, हम सिर्फ़ एक शर्त पर माफ़ फ़रमा सकते हैं कि यह अलीगढ़ यूनिवर्सिटी पर मुक़द्दमा दायर करें कि हमारे साथ जो बेईमानी की गई है, यानी हमारी फ़र्स्ट पोज़ीशन मारकर हमें फ़ेल कर दिया गया है उसका इज़ाला[30] करे और हमसे माफ़ी माँगे।''

क्या ज़माना था ! बात-बेबात हँसी आती थी और जिस अंदाज़ से शमीम अब्बा की नक़ल कर रहा था, हम लोग हँसी के मारे बेदम होते जा रहे थे।

''और मुजरिमा चुन्नी उर्फ़ इस्मत ख़ानम चुग़ताई, जिसमें से लफ़्ज़ ख़ानम उसने डकार लिया है, निहायत नाख़लफ़, गुस्ताख़ और बेशर्म है कि बड़े भाई के नंबर अपने नंबरों में जोड़कर ख़ुद पास हो गई और माबदौलत पर फ़ेल होने का झूठा इलज़ाम लगा दिया। हुक्म दिया जाता है कि यह पुराने क़र्ज़ों का तक़ाज़ा बंद करके माबदौलत को फ़िलफ़ौर[31] दस रुपया उधार दे। इंशाअल्लाह हम क़यामत के रोज़ एक के सत्तर हज़ार अदा कर देंगे। बदनसीब कैसी कोताह-अंदेश[32] है ! ज़रा भी आक़बत[33] की फ़िक्र नहीं कि बड़ा भाई बाप बराबर होता है।'' शमीम मुझसे डेढ़ साल बड़े होंगे। ''हम उसके बुजुर्ग हैं और जल्द ही ख़ाना-खुतरा, अक़्ल का अंधा गाँठ का पूरा तलाश करके उसके हाथ पीले करके मुर्दार का मुँह काला कर देंगे।''

मैंने जूती फेंककर मारी जो ठीक उनकी छाती में लगी।

''गुस्ताख़, सीधी जहन्नम में जाएगी। हाँ और ये मुजरिम...'', उन्होंने उँगली उठाई और सन्नाटे में रह गए। सामने अब्बा मियाँ खड़े थे। उनकी हँसी हमेशा मूँछों में ग़ायब हो जाती थी लेकिन आँखें क़हक़हा लगाती थीं।

''बाप रे,'' शमीम ने जल्दी से तौलिया उतारा और बड़ी मरी हुई आवाज़ में बोले–

---

29. हास्यलेखक 30. भूल सुधार 31. फ़ौरन 32. कामचोर 33. परलोक

"हुक्म दिया जाता है कि माबदौलत की चूँकि...घिग्घी बँध चुकी है लिहाज़ा कचहरी बरख़ास्त।" और शमीम गड़ाप से पिछले दरवाज़े से ग़ायब हो गए।

"इस पाजी का क्या मुस्तक़बिल होगा ?" अब्बा फ़िक्रमंद, मोंढे पर बैठ गए। महफ़िल जो क़हक़हाज़ार बनी हुई थी, जैसे साँप सूँघ गया। "इस खिलंडरे ढोलची का क्या बनेगा ?"

"सरकार, फ़िक्र न कीजिए। इस साल मेरे पास जोधपुर भेज दीजिए। मैं सुअर को पेल डालूँगा, ज़रूर पास हो जाएगा।" अज़ीम भाई बोले।

"ये पास होनेवाला आसामी नहीं," बड़े मामूँ बोले। "मैं उसे किसी महकमे में लगा दूँगा।"

मामूँ ख़ुद पढ़े-लिखे नहीं थे। लेकिन उनके चचा-दादा काले मियाँ फ़ौज में रिसालदार हो गए थे। जोधपुर की शहरियत[34] मिली हुई थी, बड़ा रसूख़ था। हम सब मारवाड़ी बाशिंदे बन चुके थे। महाराज उम्मीदसिंहजी हर माह बड़े मामूँ को दरबार में दर्शन देते थे। यह भी ख़बर थी कि उन्हें भी पैर में सोने का कड़ा मिलनेवाला है। रियासत में जिन ख़ानदानों को सोने का कड़ा मिल जाता था उनकी औरतें पैर में सोना पहन सकती थीं, वरना पैर में सोना पहनना सख़्त जुर्म था। अज़ीम भाई को वकालत की इजाज़त, वसीम भाई को महकमा ख़ास में नौकरी, मज़हर भाई को भी पुलिस में नौकरी और इसहाक़ भाई को थानेदारी दिलवा चुके थे। मामूँ का बड़ा रसूख़ था। हाँ, छोटे मामूँ को भी एक्साइज़ इंस्पेक्टर बनवा दिया था, और जुगनू को वज़ीफ़ा दिलवा दिया था डाक्टरी पढ़वाने के लिए।

जोधपुर में कभी हिंदू-मुस्लिम सवाल नहीं उठा। मुसलमान हमेशा मोतबर ओहदों पर फ़ायज़[35] रहे। फ़ौज में, पुलिस में बहुत खपे थे। जोधपुर के मुसलमान बड़े सुलहपसंद मियाँ भाई कहलाते थे। कोई ख़ास मुहल्ला मुसलमानों का नहीं था। होली, दीवाली, ईद, बक़रीद, मुहर्रम पर झगड़ा तो दूर की बात, बराबर हिस्सा लेते थे। दीवाली पर अम्माँ दिया ज़रूर जलवाती थीं। उन्हें पक्का यक़ीन था कि लक्ष्मी देवी का उन पर साया है। उन्हीं के चरणों के सदक़े घर में दिन-ब-दिन ख़ुशहाली बढ़ रही है। पेंशन के बाद अलीगढ़ और आगरा में काफ़ी दुर्गत बन गई थी और अब पेंशन के अलावा जज की तनख़्वाह ने फिर हाथ खोल दिए थे। साँभर में तो नमक की झील और रेत की वजह से हरियाली नाम को नहीं थी, सूजत काफ़ी सरसब्ज़[36] था।

न जाने कब बुर्क़ा ग़ायब हो गया। बाहर निकलते वक़्त हिंदू औरतों के रिवाज के मुताबिक़ सब शरीफ़ घरानों की बीवियाँ चादर ओढ़ती थीं। सलावट, रँगरेज़, छेपे में पर्दा नहीं था। औरतें घूँघट निकालती थीं। कुछ कुर्ते, तंग पाजामे

---

34. नागरिकता 35. आसीन 36. हरा-भरा

पर बाहर निकलते वक़्त पिशवाज़ पहन लेती थीं। बड़ी-बूढ़ियाँ घूँघट नहीं निकालती थीं। सीने पर दोपट्टा डालने में हाथ बँध जाते हैं, लिहाज़ा घूँघट के बावजूद दोपट्टा सर पर डालकर पीठ पर लटका रहता था। ज़मीन पर न रुले, इसलिए एक कोना नेफ़े में उड़सा रहता था। लँहगा-चोली के साथ भी दोपट्टा पीछे ही पड़ा रहता था। मारवाड़ी ख़वातीन[37] का लिबास निहायत भड़कदार रंग का होता था। महीनों रंग खिला रहता था। एक जोड़ा जब तक तार-तार न हो जाता, बदला नहीं जाता था। औरतें ताल पर जाकर कपड़े उतारकर धोतीं और रेत पर फैला देतीं। मर्द गुज़रते तो पलटकर भी न देखते, न औरतों को रत्ती भर परवाह होती। औरत का जिस्म कोई अजूबा नहीं था मर्द के लिए। सात-आठ साल के लड़के-लड़कियाँ बेतकल्लुफ़ नंगे फिरते।

लड़की की शादी हो जाती थी तो बौर बाँधना ज़रूरी हो जाता था। चोटी बड़े हिसाब से बाँधी जाती है। तेल डालकर जूएँ वग़ैरह निकालने के बाद औरतें एक दूसरे की चोटी गूँथती थीं। बीच की माँग निकालकर पहले आगे के थोड़े बाल दोनों तरफ़ से लेकर बौर की डोरी के साथ एक मेंढी गूँधी जाती, फिर बाक़ी के दोनों तरफ़ के बालों की मेंढियाँ गूँधी जाती हैं। फिर उन सबको समेटकर गद्दी से ऊँची चोटी गूँधी जाती है। मारवाड़ में औरतों के बाल बहुत छोटे होते हैं। उस चोटी पर कुलावा या काला डोरा खूब कसकर लपेटा जाता है और सोंटा सा बना लिया जाता है। एक बाल भी हफ़्ता, दो हफ़्ता बाहर नहीं निकलता। फिर जब बदबू नाक़ाबिले-बरदाश्त हो जाती और सर में जूएँ कुलबुलाने लगतीं तो नहान होता।

बड़े मामूँ, मज़हर भाई, बड़ी ममानी, भाभीजान और बच्चे उर्दू से ज़्यादा अच्छी मारवाड़ी बोलते थे। आहिस्ता-आहिस्ता सबकी ज़बान पर मारवाड़ी अलफ़ाज चढ़ने लगे थे। अली बख़्श और शेख़ानी बुआ के अलावा सब नौकर, चपरासी, चौकीदार मारवाड़ी बोलते थे। अम्माँ मारवाड़ी समझती थीं, बोलती नहीं थीं।

मारवाड़ में औरतों की आवाज़ें बेइंतिहा सुरीली होती हैं। चार औरतें जमा हुईं और सर जोड़कर घूँघट काढ़े गाना शुरू कर देती हैं। आस-पास की औरतें जमा होने लगती हैं और क्या आवाज़ों का आर्केस्ट्रा शुरू हो जाता। लफ़्ज़ तो पल्ले नहीं पड़ते मगर आवाज़ का ज़ेरो-बम[38] बेचैन कर देता है। सुरों में ग़ज़ब का सोज़[39] और उदासी, एक अजब सी तनहाई की पुकार, मीठा-मीठा ग़म, पंजाब के गाने चहकते हैं। सरसब्ज़ खेत और मैदान, घने झुंड, छलछल करती नदियाँ, रिमझिम बारिश, पंजाबी गानों में क़ुलाँचें भरती हैं। मगर रेगिस्तान में थोहड़ के झुंड, मीलों रेत ही रेत, सपाट चट्टानें, बबूल और भटकटिया के इक्का-दुक्का पौधे और फिर

---

37. महिलाओं 38. उतार-चढ़ाव 39. दर्द, तपिस

रेत–रेत–रेत–पानी की बेमुरव्वती ने दिलों में कैसे धीमे, ख़ुश्क घाव डाल दिए हैं। सामने पिया पत्थर तोड़ रहे हैं पर सजनी पी को पुकारे ही जा रही है। लगता है, असली पिया पानी है। औरत-मर्द, बच्चे, ढोर-ढंगर, पेड़-पखेरू, सबका पिया पानी ही तो है। मोर बेइंतिहा हैं, उनकी पुकार में भी बला का दर्द है। टेटरी भी सिसकियाँ भर-भरके पुकारती हैं, "टिटी हट, टिटी हट।"

चिलचिलाती धूप में सँपेरे निकलते हैं। साँप की झोली और बीन सँभाले, साँपों के दर्शन कराते वक़्त सपेरा पैर में घुँघरुओं के लच्छे बाँधे पिटारी के चारों तरफ़ नाचता है। सँपेरन ढोल पर थाप देती है। नाग देवता झूमते हैं, सँपेरा न जाने तलवे में क्या लगाता है कि खड़ाऊँ बग़ैर खूँटी के तलवे से चिपक जाती है या कुछ खड़ाऊँ पर लगा है कि तलवे से चिपक जाती है। ढोल की गमक, बीन का जादू, घुँघरुओं की छमछम, जैसे बादल गरज रहे हों। खड़ाऊँ बिजली की कड़क को माँद किए देती है। बस कोई दम में देव पिघलकर रो पड़ेंगे, धरती सेराब[40] हो ज़ाएगी। मगर यह बारिश कानों के ज़रिये जिस्म के रोम-रोम को सेराब कर देती है। हलक़ और भी ख़ुश्क़ हो जाता है।

कठपुतलीवाला हर पंद्रहवाड़े पाबंदी से आता है। पुतली देकर साई का रुपया ले जाता है। एक अदद चारपाई, एक लालटेन, स्टेज सज जाती है। खेल वही पुराना, मगर अब्बा को तो मारवाड़ी गाने सुनने का शौक़ है। पनियाड़ी, ढोला, माँड, खेल ख़त्म हो जाता है। मगर गाने चलते ही रहते हैं, जी ही नहीं भरता।

अब्बा किसी खेल-तमाशेवाले को नहीं लौटाते। बंदरवाला, बाज़ीगर, कबूतरियाँ, तंग पाजामे, छोटी सी चोली पहने, रबड़ जैसे जिस्मवाली 'कबूतरियाँ' यानी नटनियाँ कैसे जिस्म को मरोड़ती हैं कि लगता, अब टूटा चटाख़ से !

और महीने में एक दफ़ा तमाशेवाले ज़रूर आते। सुबह तय कर जाते और सरे-शाम आकर स्टेज सजाते। एक पाँच-छः गज़ का दबीज़[41] कपड़ा, दो बाँसों की मदद से मेज़ की तरह तान दिया जाता। इस कपड़े पर एक दुनिया मौजूद है। तख़्त पर बैठा राजा, पानी भरती हसीनाएँ, बंसी बजाते, रास रचाते कन्हैयाजी, सौदा बेचते सौदागर, भालूवाले, बंदरवाले, चूड़ी-चुँदरी बेचनेवाले, फल-फूल, बाग़-फ़व्वारे, तीर-कमान ताने लक्ष्मणजी। गरज उठा पूँछ में आग का शोला, हनुमानजी, लाल जीभ से खून टपकता, मुंड-माला गले में धारण, शंख, गदा, कँवल, दो धारी, राक्षस के सर पर पैर जमाए काली माता, नौका में पतवार सँभाले माँझी। अरे, एक कोने में लाटसाहब भी हैं, मुँह में चुरट दबाए। क्या नहीं इस छः गज़ लंबे, सवा गज़ चौड़े कैनवस में !

बाहर अहाते में आस-पास की ख़लक़त[42] जमा हो जाती है। मोंढों पर अब्बा

40. तृप्त 41. मोटा 42. जनता

के साथ उमाइदीने-शहर कुछ ओहदेदार, सारा पुलिस का अमला, छत पर ख़वातीन। अब्बा तो जल्दी उठ आते, फिर कुछ और बुज़ुर्ग भी चल देते। महफ़िल में किसी को ज़रा भी एहसास न होता। चुपके से चोरों की तरह खिसक लेते और रात भर दो नौजवान पैरों में घुँघरू बाँधे, बीन बजाते नाचते। ढोल हमेशा औरत ही बजाती और सारी रात घूँघट में से मौसीक़ी[43] के धारे बहते। बाक़ायदा कहानियाँ गाई जाती हैं। सवाल-जवाब चलते हैं।

वक़्त बहुत तेज़ी से गुज़र रहा था। मैंने सोचा, कुछ दिन के लिए जोधपुर हो आऊँ। मुन्ने भाई बुला गए थे। दुल्हन भाभी मेरा बहुत ख़याल रखती थीं। कुछ कपड़े भी ख़रीद लूँगी।

मुन्ने भाई दिन भर वकालत में सर खपाते, सेहत ज़रा ग़नीमत हो गई थी। दमा की शिकायत भी ग़ायब हो चुकी थी। वह रात को देर तक लिखते। सुबह जब वह कचहरी चले जाते तब मैं जागती। दुल्हन भाभी चटपट कुछ नाश्ता देतीं और रात की लिखी हुई कहानी मुझसे पढ़वाकर सुनतीं। वह उन दिनों 'शरीर बीवी' लिख रहे थे। इसमें बहुत-सी बातें उन्होंने ज़िंदगी से ली हैं। बाक़ी अफ़सानानिगारी है। दुल्हन भाभी सुनकर बहुत गुस्सा होतीं, "यह सब झूठ है।" और एक दिन मुन्ने भाई से लड़ पड़ीं और मसौदा जलाने की धमकी दी। उन्हें बेइंतिहा हँसी आई। समझाना चाहा कि बेवकूफ़ यह कहानी है, मगर वह कहाँ मानती थीं ! नतीजा यह कि वह मसौदा कोर्ट अपने साथ ले जाते। जो लिख चुके होते वह शाहिद भाई को देहली भेज देते। बड़ी चिराग़-पा[44] हुईं। पूरे दिन से थीं, मगर बेहद फुर्तीली थीं।

एक दिन सुबह मुझे मुन्ने भाई ने जगाया–

"उठो !"

"अभी से ! थोड़ी देर में उठूँगी।" मैं करवट लेकर फिर सोने लगी।

"अरे हमारा बेटा नहीं देखोगी ?"

"रात भर तुम्हारे कमीने बेटे लातें मारते रहे। ये तज्जू और छब्बा बहुत बद हैं। मैं उन्हें नहीं सुलाऊँगी अपने साथ। दोनों घुस पड़ते हैं।"

"अरे नयावाला बेटा !"

"नया। हें, क्या बच्चा पैदा हो गया ?"

"हाँ, चलो देख लो।"

"रात तक अच्छी-भली सोई दुल्हन भाभी, और सुबह पट से बच्चा दे दिया।"

"रात को तकलीफ़ थी। छोटे ख़ाँ को भेजकर नर्स को बुलवाया और...।"

"आवाज़ भी नहीं निकली।"

---

43. संगीत 44. क्रुद्ध

"भई, एक्स्पर्ट हो गई है हमारी ख़ानम। हमें भी नहीं जगाया।"

"तीसरा बेटा, पाँचवाँ बच्चा, बेहद प्यारा, गोलमटोल।" दुल्हन भाभी लेटी हँस रही थीं।

राजपूतों के साथ उठना-बैठना था, इसलिए हर वक़्त राजपूती आन-बान का ज़िक्र रहता था। मुन्ने भाई ने तज्जू का नाम मोहनसिंह, छब्बा का सोहनसिंह और नौवारद[45] का नाम फ़ौरन मक्खनसिंह रख दिया। वह था भी मक्खन-मलाई जैसा नर्म, सफ़ेद। वह कभी उनके असली नाम नहीं लेते थे और मोहन, मक्खन और सोहन ही पुकारते थे। बहुत प्यार आता तो मोहनिया, सोहनिया और मक्खी या मक्खू कहते थे। आज भी सिर्फ़ मक्खू का नाम रह गया है। दोनों बड़े अब ज़ईम और नज़ीम कहलाते हैं।

हम दस बहन-भाइयों में से दो के औलाद नहीं हुई। आठ ने उनतीस बच्चे पैदा किए जिनमें से तेरह पाकिस्तान चले गए, सोलह हिंदुस्तान में रह गए।

अज़ीम भाई का इंतक़ाल हो चुका था। पार्टीशन के बाद एक यहाँ रह गए और चार पाकिस्तान चले गए। हम चारों बहनें हिंदुस्तान ही में रहीं।

चार भाइयों में से तीन का पाकिस्तान में इंतक़ाल हो गया। बस एक भाई हैं। मुझसे छोटे। हिंदुस्तान में भी एक भाई हैं मुझसे बड़े।

मगर मैं मरनेवालों का ज़िक्र नहीं करती। ऐसा लगता है, कहीं हम दसों ज़िंदा हैं और हम अब भी छः भाई और चार बहनें हैं।

एक बहन का हिंदुस्तान में इंतक़ाल हो गया।

बाजी, मेरी प्यारी बाजी अम्माँ। जिन्होंने मुझे पौने दो बरस की उम्र से सँभाला था।

उनका रंग साफ़ था, मेरा साँवला। वरना लोग समझते, मैं उनकी बेटी हूँ।

---

45. नवागंतुक

सोने का उगालदान

मुन्ने भाई जावरे में ख़ानदान से दूर पहली मर्तबा गए थे। मेरे पास कई ख़त आ चुके थे कि फ़ौरन आऊँ।

मैं छुट्टियाँ हमेशा उनके यहाँ गुज़ारा करती थी। जब अब्बा मियाँ साँभर में जज थे तब भी मैं साँभर थोड़े दिन रहकर जोधपुर चली जाया करती थी। इस दफ़ा मुन्ने भाई ने इतना इसरार किया कि मैं सीधी उनके यहाँ पहुँची। उन्होंने कोशिश करके आगरा से नन्हे भाई को रेवेन्यू सेक्रेटरी के ओहदे पर बुलवा लिया था। नवाब जावरा अज़ीम भाई को बहुत मानते थे। न जाने क्या जोड़-तोड़ करके यह साबित कर दिया गया था कि नवाब साहब से हमारा कुछ ननिहाल से रिश्ता निकलता है।

मेरे पहुँचते ही मुन्ने भाई ने शिकायत की। नन्हे भाई को इतना अच्छा ओहदा मिला है मगर सब पटरा किए दे रहे हैं ! सबसे पहले तो हस्ब-क़ायदा[1] तीन बार झुककर सलाम करने पर अड़ गए। बहुत समझाया कि भई, दरबार के कुछ क़ायदे हैं, वो तुम्हारे लिए कैसे बदले जा सकते हैं ! बहुत ही समझाया और शौकत आपा भी जान को आ गईं तो नीम-राज़ी[2] होकर टाल गए। सब समझे, शायद मुस्तक़बिल के ख़याल से रवैया बदल देंगे। मगर जब दरबार में हाज़िर हुए तो ऊँची आवाज़ से अस्सलाम-अलैकुम कहा और इससे पहले कि नवाब साहब बैठने की इजाज़त देते, बैठ गए। मजबूरन नवाब साहब को वालैकुम-सलाम कहना पड़ा और बैठने का हुक्म भी बाद में ही दे पाए क्योंकि वह बैठ चुके थे और वह भी टाँग पर टाँग रखकर बेतकल्लुफ़ी से हस्ब-आदत घुटना हिला रहे थे। दरबार में सन्नाटा छाया हुआ था, मुन्ने भाई का ख़ून ख़ुश्क हो रहा था।

नवाब साहब थे तो छोटे से नवाब, अठारह लाख सालाना की रियासत थी

---

1. विधि के अनुसार 2. अर्धसहमत

जिसमें से चौदह लाख उनकी अपनी ज़ात पर ख़र्च होता था। बाक़ी रियासत की बेहतरी पर जो कि आख़िर में सिफ़र[3] के बराबर पड़ता था। सिवाय महल और शहज़ादों के बँगलों के सब मकान कच्चे, खपरैल या छप्पर के थे। उनके बड़े भाई चीफ़ मिनिस्टर थे, उनका बंगला भी शानदार था।

आमतौर पर नवाब साहब को शाह कहा जाता था। जिस हिस्से में महल था वह किसी दूसरे ही मुल्क का टुकड़ा नज़र आता था। पक्की सड़कें, बिजली के खंभे, लकोदक पाँच स्वीमिंग पूल, जश्नख़ाना, ग़रज़ किसी चीज़ की कमी न थी। कुत्तों का बहुत शौक था और एक अंग्रेज़ डॉक्टर और ट्रेनर्स मुक़र्रर थे जो बहुत ठाठ से बँगलों में रहते थे। परेड ग्राउंड में सालगिरह और दूसरे जश्न के मौक़ों पर फ़ौज के परे भी जमते थे। नवाब साहब के आने-जाने पर तोपों की सलामी दी जाती थी।

रेल दो बार दिन और रात में ठहरती थी। एक बोसीदा[4] सा प्लेटफार्म था। अँधेरा घुप, एक टूटी सी अंधी लालटेन तनहा रौशनी का ज़रिया थी। नवाब साहब की अपनी स्पेशल महल तक आती थी जिसके लिए अलाहदा लाइन बनी थी। यह ट्रेन रियासत के अजायबात[5] में से थी और मेहमानों को हसन टेकरी और पुरानी इमारतों के साथ दिखाई जाती थी। बेहद खूबसूरत सफ़ेद स्पेशल, जिसपर सुनहरे फूल-बूटे बने थे। लगता था, सीधी बरमिंघम पैलेस से चली आ रही है। अंदर महल के निहायत खूबसूरत सोफ़े और कुर्सियाँ थीं।

इधर दो साल से लखनऊ में रशीदा आपा ने कुछ ऐसा अपने रंग में रँग लिया था। कम्युनिज़्म से नया-नया मुआशक़ा[6] हुआ था। जबकि शानो-शौकत देखकर सब अश-अश करने लगते, मैं अंदर ही अंदर सुलगती। सारा मज़ा किरकिरा हो चुका था। नवाबों और राजाओं का अंग्रेज़ हाकिमों से गठजोड़, नवाब साहब के सब बेटे विलायत में पढ़ते थे; पढ़ते क्या ख़ाक, वहाँ गुलछर्रे उड़ाते थे। सिर्फ़ दो जुड़वाँ साहबज़ादे अलीगढ़ भेजे गए थे। जब मैंने मैट्रिक का इम्तहान दिया था तो शमीम जो मैट्रिक का तीसरी बार इम्तहान दे रहे थे, उन लड़कों की सोहबत में नाच-गाने के जलसों में बड़ी पाबंदी से शरीक होते थे। पढ़ने-लिखने का कोई प्रोग्राम न था। ये लड़के एक शानदार कोठी में अपने अमले के साथ बस हुल्लड़ मचाया करते थे। नवाब साहब ने ज़बरदस्त अतिया[7] यूनिवर्सिटी को दिया था। इसलिए उनसे कोई पूछगछ नहीं की जा सकती थी। उस वक़्त यूनीफ़ार्म लाज़मी समझा जाता था। मगर ये साहबज़ादे जिनका नाम मुन्ने मियाँ और प्यारे मियाँ था, जार्जेट के ज़रदोजी[8] काम के कुरते, रेशमी चुस्त पाजामे और कामदार जूते पहने क्लास में कभी ठुमकते आ जाते। उनके साथ साज़िंदे भी क्वार्टर्स में रहते थे। रोज़

3. शून्य 4. पुराना, टूटा-फूटा 5. आश्चर्यों 6. प्रेमप्रसंग 7. दान 8. सोने के तारोंवाले

नाच-गाने का प्रोग्राम जमता। यूनिवर्सिटी के निकम्मे और चापलूसी में माहिर उनकी दरबारी पर तैनात रहते।

नवाब साहब के सबसे बड़े दो बेटे विलायत में थे। बाद में ये जुड़वाँ बेटे पैदा हुए। कायदे से उनमें से जो चंद मिनट बड़ा था, उसे वली-अहद माना गया था जिस पर वो बड़े बेटे जो विलायत में थे, बहुत बर-अफ़रोख़्ता[9] थे। उन्होंने एक अंग्रेज़ औरत से शादी कर ली थी और दो बच्चे भी थे। जुड़वाँ साहबज़ादे कुछ फटकल क़िस्म के थे। औरतों से क़त्तई दिलचस्पी नहीं थी। ख़ूब सजते और मेक-अप करते थे। नवाब साहब अजीब चक्कर में थे।

उधर अंग्रेज़ बीबी ने कुछ तनाबें खींचीं और नवाब साहब पर गवर्नमेंट ने पिछले दरवाज़े से ज़ोर डाला तो नवाब साहब ने पुराना गज़ट तल्फ़[10] करके नया जारी किया जिसकी रू से बड़े बेटे की वली-अहदी[11] पक्की हो गई। जब वली-अहद की पोज़ीशन पक्की हो गई तो वह विलायत से मय अंग्रेज़ बीवी और बच्चों के वापस आए। उनके छोटे भाई तो पहले ही वापस आ गए थे। शादी के बाद दो बच्चे हो चुके थे। बड़े शरीफ़ इनसान माने जाते थे और अपनी बीवी पर जान छिड़कते थे। उन्हें कोठी, मोटर, अमले के अलावा कोई ओहदा भी दे दिया गया था। शायद कोई फ़ौजी क़िस्म का था। वह बड़े सुकून से अपने छोटे से, प्यारे ख़ानदान के साथ रहते थे।

मगर वली-अहद से लोग ज़रा ख़ाइफ़[12] थे। उन्होंने आते ही पूरी रियासत की जाँच-पड़ताल शुरू कर दी थी और फ़ौज के कमांडर-इन-चीफ़ की हैसियत से भी काफ़ी मरऊबकुन[13] साबित हुए थे।

मैं जैसे ही जावरे पहुँची, एक धूम मच गई। बी.ए. पास और वह भी मुसलमान लड़की, ऐसा जानवर कभी रियासत में दिखाई नहीं पड़ा था। नवाब साहब ने फ़ौरन मुझे सौ रुपया माहवार पर गर्ल्स स्कूल की हेड मिस्ट्रेस का ओहदा दे दिया। एक पुराने महलनुमा बंगले में लड़कों के स्कूल से कुछ बेंचें और डेस्क मँगवाकर डलवा दिए गए। एक ब्लैकबोर्ड और हिंदोस्तान का पुराना नक़्शा मुहय्या कर दिया गया।

मैं तो पहले बिदकी और जोधपुर भागने की धमकी दी, मगर मुन्ने भाई पीछे पड़ गए।

"नवाब साहब ने एहकामात[14] जारी कर दिए हैं। तुम्हारा तकर्रुर[15] हो चुका, बस आजकल में आर्डर तुम्हें मिल जाएगा। अब तुम इनकार करोगी तो ग़ज़ब हो जाएगा। नवाब साहब के हुक्म को टालना..."

"अरे वाह, भई मुझे ऐसी नौकरी नहीं करना !"

---

9. क्रुद्ध 10. ख़ारिज 11. युवराज्ञी 12. भयभीत 13. रोबदाबवाला 14. आदेश 15. नियुक्ति

"अब तो तक़र्रुर हो गया," नन्हे भाई ने छेड़ा।

हमारे दूर के रिश्ते के नाना सरफ़राज़ अली ख़ाँ दौड़े हुए आए। उनकी पोती नवाब साहब के एक चहेते बेटे से मंसूब थी, बल्कि निकाह हो चुका था। बस ऐसे ही किसी दावत में छः बरस की बच्ची को देखा और पसंद फ़रमा लिया। दूसरे दिन अपने बारह बरस के बेटे से निकाह कर दिया। बच्ची की तक़दीर जाग उठी। क्या भारी जोड़े और जड़ाऊ ज़ेवर चढ़ाया ! नवाब साहब अजीब दरवेश-मनश[16] हैं। उनकी पहली शादी देहली के एक आला ख़ानदान में हुई थी जो मुग़ल शहज़ादे सिकंदर बख़्त के ख़ानदान से ताल्लुक़ रखते थे। मुझे रिश्ता कई बार समझाया गया मगर ज़ेहन से उतर गया।

यह बीवी निहायत हसीन और गोरी-चिट्टी थीं। कोई चौदह-पंद्रह बरस की ब्याहकर आई थीं। नवाब साहब ने उनका घूँघट पलटा और फ़ौरन छोड़ दिया। उन्हें गोरी रंगत से उबकाई आती थी। फिर उन्होंने कभी उनकी तरफ़ तवज्जह न दी। वह कुँवारी आई थीं और कुँवारी ही रहीं।

नाना ने समझाया, मस्लहत इसी में है कि इस वक़्त ओहदा क़ुबूल कर लूँ, और मौक़ा पाकर जाना चाहूँ तो कोई रुकावट न होगी।

पच्चीस-तीस लड़कियाँ मुख़्तलिफ़ क़द और उम्र की जमा कर दी गईं। ज़्यादातर शाही ख़ानदान से ताल्लुक़ रखती थीं और कुछ नहीं, बस अंग्रेज़ी पढ़ना और बोलने का शौक था।

सोचती हूँ तो हँसी आती है। क्या मसख़री क्लास थी। सजी-बनी लड़कियाँ, बड़ी मुहज़्ज़ब[17], बड़ी प्यारी, बड़े अदब से बैठतीं। मैं उन्हें कुछ ज़बानी, कुछ ब्लैकबोर्ड की मदद से अंग्रेजी लिखना और बोलना सिखाती। बड़ी दिलचस्प क्लास हुआ करती थी। किसी लड़की को नाम से नहीं पुकारा जाता था। बस नन्ही बी, प्यारी बी, गोरी बी, अच्छी बी, सच्ची बी, सब बीबियाँ थीं। एक बड़ी होशियार नाजुक-अंदाम ख़ूबसूरत सी लड़की थी, बड़ी पटापट बोला करती थी। उसका नाम शहज़ादी बेगम था। सबसे होशियार, मुहज़्ज़ब और शौक़ीन थी।

बड़े मज़े आते। चीफ़ मिनिस्टर की बेटियाँ बड़ी शरीर मगर प्यारी थीं। मैं कभी उनके घर चली जाती तो बड़ा लुत्फ आता। पिकनिकों के प्रोग्राम बनते, गाने-बजाने होते। ग़रज़ ऐश ही ऐश। वली-अहद के छोटे भाई मुंती मियाँ की दुल्हन को भी शौक़ चर्राया कि अंग्रेज़ी पढ़ेंगी। रोज़ मोटर मुझे लेने आती और मैं रात का खाना उन्हीं के साथ खाकर लौटती। वहाँ भी पढ़ाई-वढ़ाई ख़ाक नहीं, बस गप्पें। लौंडियों के नाच, गाने, कुश्तियाँ, नक़लें, शरारतें, हाँ थोड़ी अंग्रेज़ी बोलने की मश्क़। मुंती मियाँ की बीवी से मुहब्बत ज़र्बुल-मिस्ल[18] बनी हुई थी। बड़ी नाज़ुक

---

16. दरवेशों जैसे स्वभाववाले 17. सभ्य 18. कहावत

मगर भरे जिस्म की, निहायत शफ़्फ़ाफ़[19], चिकनी जिल्द, बिलकुल सफ़ेद, नाम को सुर्ख़ी नहीं। स्याह भँवरा बाल और स्याह चमकती आँखें। हलके-फुलके रंगों के लिबास और सूफ़ियाना ज़ेवर। दो-एक बार मुंती मियाँ से भी मुलाक़ात हुई। बड़े हँसमुख और धीमी आवाज़ से बोलते थे। मैं बड़ी एहतियात किया करती थी। मगर कभी मुँह से ऐसी बात निकल जाती जो नवाबों के रहन-सहन पर चोट साबित होती तो सब चुप, सन्नाटे में रह जाते। बात आगे न बढ़ पाती।

एक दिन मुंती मियाँ ने बड़ी हसरत से कहा—

"जी चाहता है रियासत से बाहर जाऊँ, कोई नौकरी करूँ।"

"फिर कौन-सी चीज़ माने हैं ?" मैंने पूछा।

"कोई चीज़ नहीं, बाहर भी यही दुनिया है। ब्रिटिश सरकार कोई ओहदा दे देगी, क्या फ़र्क़ पड़ेगा !"

"तो विलायत ?"

"विलायत में भी कोई फ़र्क़ न पड़ा।" वह बड़ी हसरत से बोले।

"आपको किस चीज़ की कमी है ?"

"ख़ुदा के फ़ज़ल से किसी चीज़ की नहीं।"

"फिर ?"

"बस यकसानियत[20], उकताहट।"

"कभी आपने रियासत का दौरा किया है ?"

"नहीं।"

"बस ख़ोल में बंद..."

मुंती मियाँ कुछ कबीदा-ख़ातिर हो गए। और इतने में खाने का दस्तरख़्वान लग गया और बात टल गई।

इतने खाने एक दस्तरख़्वान पर मैंने कभी नहीं देखे थे। एक-एक निवाला भी लिया जाए तो बदहज़मी हो जाए। और फिर इतना-इतना भर देते हैं प्लेटों में। छः-सात क़िस्म की तो रोटियाँ ही होती थीं।

मेरी मौजूदगी में एक जश्न नवाब साहब की सालगिरह का मनाया गया।

"नज़र[21] गुज़ारनी होगी," मुन्ने भाई ने कहा।

"तो मैं नहीं जाने की," मैंने कहा।

"क्यों ?"

"अरे वाह, इतने मालदार को और माल दो। और महीने का आख़िर है, मेरे पास तो पैसे बचते ही नहीं।"

मुन्ने भाई ने एक अशरफ़ी और ग्यारह रुपया दुल्हन भाभी को मेरी नज़र

---

19. साफ-सुथरी 20. एकरसता 21. भेंट

के लिए दे दिए कि ऐन वक़्त पर दे दें।

नवाब साहब सफ़ेद रेशमी, चुस्त पाजामा और शरबती शिफ़ॉन का कारचोबी काम का कुर्ता और झिलमिलाते हार पहने ज़रबफ़्त क़ी चौकी पर बैठे थे। औरतें नज़राना लेकर पहले सलाम करतीं, फिर रूमाल, फ़िर रुपया, अशरफ़ियाँ रखकर पेश करतीं। वह रुपयों को हाथ लगाते और पास खड़ा मुसाहिब नज़र लपक लेता।

मैंने दुल्हन भाभी के दिए हुए रूमाल को सामने बढ़ाया। नवाब साहब ख़ामोश ग़ौर से मुझे घूरते रहे और मैं डरी कि उन्होंने अब डाला मुझे अपने हरम में। फिर उन्होंने हाथ लगाया और मुसाहिब रुपये उचक ले गया। अशरफ़ी पड़ी रह गई। मगर इससे क़िब्ल[22] कि मैं अशरफ़ी दबाकर सरक जाती, चील ने फिर झपटा मारा और मैं अपना-सा मुँह लेकर रह गई।

नवाब साहब की एक से एक बदसूरत बीवियाँ जवाहरात में ग़र्क़, झमाझम साड़ियाँ पहने चाँय-चाँय बोल रही थीं। सिर्फ़ बड़ी बेगम ख़ामोश बैठी थीं। ज़रा भरे जिस्म की बेहद हसीन, बेइंतिहा गोरी या शायद इतनी कोयलों में वह ज़्यादा ही सफ़ेद लग रही थीं। मैं हर एक के ज़ेवरात घूर-घूरकर देखे जा रही थी।

न जाने कैसे पता चला और नौकर ने जल्दी से सोने का उगालदान नवाब साहब के सामने पेश कर दिया और उन्होंने उसमें पीक थूक दी। हर बीवी के साथ चंद लौंडियाँ उगालदान-ख़ासदान सँभाले लगी हुई थीं और न जाने कैसे उन्हें थूक आने का पता चल जाता था कि झट सामने कर देतीं।

इतने में वली-अहद तशरीफ़ ले आए। लंबे क़द के साँवले नौजवान। उनके साथ एक लकत्तर मेम यानी उनकी अंग्रेज़ बीवी थी। लंबा रेशमी गाऊन और गले में सच्चे मोतियों का हार। कानों में हीरे जगमगा रहे थे। बाल भी निहायत सुर्ख़ अंगारा और सब्ज़ आँखें, काफ़ी भयानक और बूढ़ी सी लग रही थी। एकदम हाजिरीन[23] पर सकता तारी हो गया। नवाब साहब भी उठ खड़े हुए और वली-अहद और उनकी बीवी के साथ बातें करते हुए न जाने किधर चले गए क्योंकि उनके उठते ही महफ़िल उखड़ गई।

सिर्फ़ बड़ी बेगम जैसे कहीं दूर सुनसान जगह खोई हुई थीं।

हिंदुस्तान पर हुकूमत करनेवालों की हमक़ौम भी किसी हाकिम से कम न थी।

किसी ज़माने में अंग्रेज़ भी हिंदुस्तानी लड़की से शादी करते थे और बड़े-बड़े नवाबों, राजाओं तक ने जनरलों को बेटियाँ दी थीं। निचले तबक़े के अंग्रेज़ भी शादियाँ न करते तो ताल्लुक़ात तो पैदा कर ही लेते थे। मगर इंग्लैंड की कुँवारियों

---

22. पहले 23. उपस्थित जनता

पर बुरी बीत रही थी। नौआबादियात[24] के हुसूल[25] के चक्कर में मुल्क का बच्चा परदेस सिधार रहा था। शादी के बाद भी बीवी को छोड़कर कोई औरत से दिल लगा बैठा था। अंग्रेज़ औरत इस नेटिव से टक्कर लेने पर तुल गई, और बीवियाँ और शौहर की मुतलाशी कुँवारियाँ निकल पड़ीं साजन की तलाश में। उन्होंने नेटिव औरतों के वजूद के ख़िलाफ़ सख़्त एहतिजाज[26] किया और हाकिमों को मजबूर किया कि इस क़िस्म के मेलजोल पर पाबंदी लगाई जाए। दोग़ले बच्चों की दोनों ही मुल्कों में मुसीबत आ गई। वो अपने को अंग्रेज़ बच्चा गरदानते तो उन्हें सोसाइटी हज़्म करने को तैयार न थी। नेटिव से वो ख़ुद को बरतर समझते थे इसलिए जवाब में उन्होंने भी हिक़ारत दी। ये यूरेशियन या एंग्लो-इंडियन ज़ेह्नी तौर पर एक मफ़लूज[27] सा तबक़ा बन गए। उन्हें स्याहफ़ाम ईसाइयों से ज़रा ऊपर मगर गोरों से नीचे जगह मिली।

मुकम्मल गोरे और काले हमेशा उन्हें अजूबा ही समझते रहे। हिंदुस्तान काले-गोरे की तफ़रीक़[28] से पाक था। यहाँ साँवला रंग सराहा जाता था। मगर उन लोगों को यहाँ भी हज़्म करना दुश्वार हो गया।

अंग्रेज़ बीवी वली-अहद का ज़ोरे-बाज़ू[29] थी। और वली-अहद ने अपने क़दम जमाने के लिए जद्दो-जहद शुरू कर दी।

सालगिरह के जश्न के सिलसिले में फ़ौजी परेड हुई। पोलो का मैच हुआ जिसमें नन्हे भाई, जो इस खेल में मश्शाक़ थे, दर्दे-सर बन गए। उन्होंने वली-अहद को गेंद नहीं लेने दी और ख़ुद गोल पर गोल करते रहे। मुन्ने भाई के पसीने छूट रहे थे। दरबारी बौखला रहे थे। नवाब साहब ज़ेरे-लब[30] मुस्कुरा रहे थे। और नन्हे भाई मैदान में जमे हुए थे। कई बार उन्हें साथवालों ने समझाने की कोशिश की मगर उनकी समझ में क़त्तई नहीं आया कि बजाय तारीफ़ के लोग उन्हें एहतियात करने की सलाह क्यों दे रहे हैं। नन्हे भाई की कामयाबी को कोई नहीं सराह रहा था। मैदान में सन्नाटा था और वली-अहद का पारा चढ़ता जा रहा था। कई बार उन्होंने झल्लाकर नन्हे भाई पर हमला भी किया मगर उन्हें पता भी न चला और वह बच निकले। नवाब साहब ने खेल बंद करने का हुक्म दे दिया।

नन्हे भाई के लिए यह कामयाबी कोई हक़ीक़त नहीं रखती थी और उन्हें तालियों की आवाज़ की ग़ैर-मौजूदगी का क़त्तई एहसास न हुआ। अब दूसरा खेल शुरू हुआ। एक लंबे बाँस के सिरे पर एक मिट्टी की हाँडी लटका दी गई जिसमें पाँच अशरफ़ियाँ थीं, और निशाना लगानेवाले एक क़तार में खड़े हो गए। नन्हे भाई ने सारी उम्र अगर कोई क़ाबिले-तारीफ़ काम किया था तो निशानाबाज़ी। दस बरस की उम्र से वह शिकार मारकर ला रहे थे।

---

24. उपनिवेशों 25. प्राप्ति 26. प्रतिरोध 27. लक़वाग्रस्त 28. भेदभाव 29. बाहुबल 30. होंटों के नीचे

वली-अहद का निशाना ख़ाली गया। मस्लहतन सबने निशाना ख़ाली दिया। भला नन्हे भाई ने कौन दरबार झेले थे, टर्र से गोली मार दी। हँडिया टूट गई। अशरफ़ियाँ बिखर गईं। कोई बात नहीं। किसी ने कुछ न कहा और फिर से मुक़ाबला शुरू हुआ। दूसरी हाँडी टाँगी गई। फिर नन्हे भाई ने उड़ा दी लेकिन मारे गुस्सा के वली-अहद सर से पैर तक काँप रहे थे। उनके दो फ़ायर ख़ाली जाने के बाद नन्हे भाई ने फिर हाँडी तोड़ दी।

फिर हाँडी बदली गई। एक साहब ने आकर चुपके से कहा—

"ये आप क्या ग़ज़ब कर रहे हैं चुग़ताई साहब !"

"क्यों ? क्या किया हमने ?"

"साहब, क्या आप समझते हैं हमारे निशाने आपसे कम हैं ?"

"तो लगाते क्यों नहीं ?"

"क्या बच्चों जैसी बातें कर रहे हैं ! हर साल सिर्फ वली-अहद ही हाँडी तोड़ते हैं।"

"तो इस साल भी तोड़ें, कौन रोकता है ?"

"उफ़्फ़ोह, क़िब्ला आप तो...ये सुनिए, वली-अहद चार-पाँच जितने फ़ायर करें आप चुप रहिए, गोली चलाइए भी तो ऐसे कि निशाने पर न लगे।"

"अरे वाह, क्यों ?"

"देखिए चुग़ताई, आपको ये 'क्यों' बड़ी भारी पड़ेगी।" वह साहब गुर्राए !

वली-अहद ने तीन फ़ायर किए। हाँडी टस से मस न हुई।

नन्हे भाई ने ज़िंदगी में कभी आक़बत-अंदेशी[31] का मुज़ाहिरा[32] ही नहीं किया, वह तो आगे-पीछे देखने के क़ायल ही न थे। और हाँडी के परख़चे उड़ गए।

मुन्ने भाई चकराकर कुर्सी से नीचे गिरे। नन्हे भाई सारा मुक़ाबला भूलकर लपके, उन्हें बच्चे की तरह उठाया और किसी से पूछे-गाछे बग़ैर घर ले आए। पीछे एक आदमी दौड़-दौड़कर कह रहा था—

"नवाब साहब का हुक्म है, जज साहब को फ़ौरन घर ले जाइए।"

नन्हे भाई ने कुछ सुना ही नहीं। वह उन्हें घर ले आए।

फिर जो चूरन बँटा है तो ख़ुदा की पनाह।

रात के खाने के बाद मुन्ने भाई अमूमन कोई ऐसी बात छेड़ देते कि चपक़लश शुरू हो जाती। फिर वह ऐसे फंदे मारते कि गर्मागर्मी और फिर ख़ासी जंगे-अज़ीम[33] छिड़ जाती। बड़े मामूँ उन लड़ाइयों को 'जंगे-अज़ीम' कहते थे क्योंकि अज़ीम बेग ही उन लड़ाइयों को कंडक्ट करते थे।

---

31. दूरदर्शिता 32. प्रदर्शन 33. महायुद्ध

ख़ुद मुन्ने भाई उन्हें 'चूरन' कहते थे। क्योंकि बहस-मुबाहिसा में इतना जोश पैदा होता था कि वाक़ई भूख लग आती थी, खाना हज़म हो जाता था।

"जिस दिन चूरन नहीं बँटा, खाना छाती पर धरा रहता है," वह बड़ी संजीदगी से कहते थे। ये लड़ाइयाँ इतनी मज़हकख़ेज़[34] और दिलचस्प होती थीं कि वाक़ई जिस दिन किसी मेहमान की मुरव्वत में न हो पातीं तो बड़ा बोझ सा लगता था। उन लड़ाइयों में बच्चों को ज़बान पर धार रखने का मौक़ा मिलता था और अगर कोई बच्चा बड़ा जँचा हुआ जुमला टिका देता तो उसे प्यार में चपतें और शाबाशी भी मिलतीं। नई बहुएँ और दामाद उस 'चूरन' से बहुत हवास-बाख़्ता[35] होते थे, और काफ़ी अरसा बाद उनके आदी हो पाते थे।

"नन्हे भाई, तुम मेरी और चुन्नी की नौकरी भी ख़त्म करवा दोगे !" मुन्ने भाई ने शिकायत की।

"कहो तो हम वापस आगरे चले जाएँ," नन्हे भाई बोले।

"हरगिज़ नहीं, मैं आगरा मरके भी नहीं जाऊँगी।" शौकत आपा ने फ़ैसला किया।

"नन्हे भाई, नवाब साहब हम लोगों का कितना ख़याल रखते हैं ! वो तो कहते हैं, जसीम जब विलायत से इंजीनियरिंग पास करके आएगा तो उसे रियासत का चीफ़ इंजीनियर बनाएँगे। हम सबका मुस्तक़बिल काफ़ी रौशन हो सकता है।"

न जाने मुन्ने भाई एकदम क्यों नवाब साहब पर लट्टू हो गए थे। ये वही *खुरपा बहादुर* के मुसन्निफ़[36] थे। उन्होंने इस किताब में नवाब रामपुर और नवाब जावरा के हालात लिखे थे। नवाब साहब उनसे फिर भी ख़फ़ा न थे, उन्हें *खुरपा बहादुर* का क्या पता होगा। जावरा में उन्होंने जो नई किताब लिखी थी, याद नहीं क्या नाम था, वह नवाब साहब के नाम मानून[37] की थी।

"भई, मेरे मुस्तक़बिल की फ़िक्र न की जाए," मैंने अकड़ दिखाई। "मैं छुट्टियों में जाऊँगी तो फिर नहीं वापस आऊँगी।"

"बेवकूफ़ हो, कितनी ख़ातिर होती है तुम्हारी, कुछ नहीं करना पड़ता। मुफ़्त की तनख़्वाह मिलती है। आराम से मोटर में घूमती हो। साहबज़ादियाँ तुम्हारी गरवीदा[38] हैं। नवाब साहब फ़रिश्ता हैं। नाशुक्रगुज़ार हो।"

और मैंने सोचा, मुफ़्त बैठकर तनख़्वाह लेनी थी तो किसी मोटे आसामी से शादी में ज़्यादा मुनाफ़ा रहता। फिर लोगों को मुझ पर तरस भी न आता कि बेचारे की शादी नहीं हुई, ख़ुद नौकरी करती है।

सब समझाते रहे और नन्हे भाई इस कान सुन उस कान उड़ाते रहे। आज तक सिवाय शौकत आपा के कोई उन पर हुक्म न चला सका। मगर इस मुआमले

---

34. हास्यास्पद 35. बदहवास 36. लेखक 37. समर्पित 38. दीवानी

में शौकत आपा भी बेबस नज़र आ रही थीं।

वली-अहद का मामला ठंडा न पड़ा था कि नन्हे भाई ने हद कर दी। रियासत में शे'र और घड़ियाल मारने की मनाही थी, बहुत सख़्त जुर्म था। नन्हे भाई इतवार को गए और ये लंबा घड़ियाल मार लाए। मुन्ने भाई के होश उड़ गए, शौकत आपा मातम करने लगीं। दुल्हन भाभी को भी अब मियाँ की नौकरी के लाले पड़ते नज़र आए। बहुत समझाया–

''अरे भाई, घड़ियाल मारने का मौक़ा मिले तो क्या हम छोड़ देते ! और भागे-भागे नवाब साहब के पास जाते कि चलो घड़ियाल मारो।''

''ख़ुदा के लिए नन्हे मियाँ,'' शौकत आपा रोने लगीं। वावेला का आख़िर कुछ असर हुआ।

नन्हे भाई फ़ौरन घड़ियाल लेकर नवाब साहब के पास गए। ''मैंने अपनी जान बचाने के लिए मारा। मैं बुरी तरह घिर गया था, वरना हरगिज़ क़ानूनशिकनी[39] न करता, आपकी ख़िदमत में पेश करने लाया हूँ।''

नवाब साहब उन्हें इतना नर्म देखकर फूले न समाए, और उनका क़ुसूर मुआफ़ कर दिया।

मगर दूसरे दिन वली-अहद तमाम महकमों का मुआइना करने निकले तो सीधे नन्हे भाई के ऊपर नाज़िल हुए। न जाने कब से घपले होते चले आ रहे थे।

''मैं तो अभी आया हूँ, और फिर मैंने नवाब से कह दिया था कि मैं रेवेन्यू के बारे में कुछ नहीं जानता। वो माने ही नहीं, तक़र्रुर कर दिया, और मैं जितना इस घपले को सुलझाने की कोशिश करता हूँ, और उलझता जाता है। मेरे हाथ में कोई फ़ैसला नहीं। चीफ़ मिनिस्टर के अहकामात[40] चलते हैं।''

वली-अहद फुंकारते हुए चले गए। उसी वक़्त एक हुक्मनामा आया कि चौबीस घंटे के अंदर रियासत के हुदूद[41] से निकल जाएँ, वरना क़ानून की ज़द[42] में आ जाएँगे।

शौकत आपा के तो हाथ-पाँव का दम निकल गया। मगर नन्हे भाई ने दो घंटे में सामान समेट डाला। सामान था भी कितना ! माँगे की चीज़ों से काम चला रहे थे। शौकत आपा बहुत जान खाती रहीं, उन्होंने पलंग तक बनवाके न दिए थे।

नन्हे भाई के जाने के बाद नवाब साहब मुन्ने भाई पर और मेहरबान हो गए, उनके इलाज के लिए तबीबे-शाही[43] की ख़िदमात पेश कीं। मुन्ने भाई सदमे से एकदम निढाल होकर बिलकुल साहबे-फर्राश हो गए।[44] सारी-सारी रात खाँसते गुज़र जाती। एकदम नक़ाहत[45] इतनी बढ़ गई कि बात मुँह से न निकलती।

---

39. नियमभंग 40. आदेश 41. समीओं 42. पकड़ 43. शाही हकीम 44. बिस्तर से लग गए 45. कमज़ोरी

तबीब[46] की दवा उलटा असर कर रही थी। पीते ही पसीने छूटकर बेहोश हो जाते। दुल्हन भाभी जागतीं, कभी मैं, मगर मुझे नींद बेतरह सताती, बैठे-बैठे सो जाती। मुन्ने भाई प्यास की वजह से बेताब होकर पुकारते, मगर आवाज़ न निकलती और दम घुटने लगता, तब दुल्हन भाभी बेचैन होकर जाग उठतीं, दवा देतीं तो वह मुर्ग़े-बिस्मिल[47] की तरह तड़पते।

एक दिन रात के दो बजे दरवाज़े पर हलकी-सी दस्तक हुई। खोला तो बूढ़े नाना जल्दी से अंदर आए और कहा, "लालटेन बुझा दो।"

थोड़ी देर तारीकी में वह सहमी-सहमी साँसें लेते रहे। फिर काँपती हुई आवाज़ में सरगोशी[48] से बोले—

"जो कहता हूँ सुनो, और सवाल न पूछो। सुबह नवाब साहब से इजाज़त लेकर दुल्हन, तुम मुन्ने के साथ मेरज के सैनिटोरियम चली जाओ।"

"बच्चे ?" दुल्हन भाभी बोलीं।

"ये बेटी देख लेगी," यानी मैं, "और फिर कोई ख़तरे की बात नहीं। बस।"

"मुन्ने भाई, आप चले जाइए, मैं बच्चों की देखभाल कर लूँगी," मैंने सहमकर कहा।

"मगर नाना, रात को छिपकर ये बात क्यों कहने आए ?" दुल्हन भाभी ने पूछा।

नाना ने कहा था, "कुछ सवाल न करो। बस चले जाओ।" मैं चक्कर में पड़ गई।

हम बड़ी देर तक परेशान रहे। मैं हस्ब-दस्तूर[49] स्कूल गई। रात को मुंती मियाँ के यहाँ जाने के लिए इंतज़ार करती रही मगर उनकी मोटर न आई। न जाने क्यों घबराहट हो रही थी ! मुन्ने भाई ने नवाब साहब को अर्ज़ी दी थी कि "मुझे मेरज जाने दीजिए। अपनी बहन और बच्चे आपके ज़ेरे-साया छोड़ जा रहा हूँ।"

नवाब साहब ने इजाज़त दे दी और वह उसी शाम मेरज रवाना हो गए। नवाब साहब का सिफ़ारिशी ख़त भी ले गए। मैं हस्बे-मामूल[50] दूसरे दिन स्कूल गई। वहीं मुंती मियाँ की बेगम की गाड़ी आ गई। वह बड़े प्यार से मिलीं; कुछ ख़ामोश-सी थीं। लौंडियाँ मेरी तरफ़ देखकर मुस्कुरा रही थीं। क्यों ?

मुझे वापसी पर बड़ी वहशत हो रही थी। मैं कभी इस तरह अकेली नहीं रही थी। नौकर भी नया और अजीब उल्लू सा था। न जाने क्यों मैं सब बच्चों को एक कमरे में जमा करके बड़ी देर तक जागती रही।

वही नाना ख़ैरियत पूछने आए। मुझसे कहने लगे, "बच्चे सो रहे हैं ? मुझे तुमसे कुछ कहना है।"

---

46. चिकित्सक 47. घायल पक्षी 48. फुसफुसाहट 49. नियमपूर्वक 50. हमेशा की तरह

मैं उनके साथ बड़े कमरे में आ गई जहाँ मुन्ने भाई का ख़ाली पलंग अभी तक बिछा था और दवाओं की बू आ रही थी।

"तुम बड़ी ख़ुशनसीब हो, बेटी ! मैं तुम्हारे लिए एक ख़ुशख़बरी लाया हूँ।" न जाने क्यों दिल ज़ोर-ज़ोर से धड़कने लगा। मगर मैंने बड़ी सादगी से पूछा–

"कैसी ख़ुशख़बरी, नाना ?"

"तुम्हें नवाब साहब अपनी बहू बनाना चाहते हैं।"

मैं पहले ही समझ गई थी कि ऐसा ही कुछ मुआमला होगा। मगर चुप रही।

"उनके साहबज़ादे विलायत में ज़ेरे-तालीम[51] हैं। नवाब साहब शादी के बाद तुम्हें भी आला तालीम[52] के लिए भेज देंगे, विलायत।"

मैं फिर भी चुप रही क्योंकि बोलती तो नाना का मुँह ख़ुश्क हो जाता।

"परसों जुमा[53] का मुबारक दिन तय फ़रमाया है हुज़ूर ने।"

"मेरी वालिदा और भाइयों को..."

"उन्हें तो इस रिश्ते पर फ़ख्र होगा। नवाब साहब कहते हैं, वो तार से इत्तला दे देंगे। तुम फ़िक्र न करो बेटी, हम मौजूद हैं। साहबज़ादे आए हुए हैं, निकाह के बाद..."

मैं दाँत भींचे ख़ामोश बैठी रही।

"एक पंथ दो काज। उनका ख़याल है, नुज़हत बिटिया का निकाह भी अगर छोटे साहबज़ादे शब्बू मियाँ के साथ ही हो जाए तो..."

"मगर उसके वालिदैन।"

"हुज़ूर, हमारे माई-बाप हैं। उन्हें रिआया का निकाह पढ़ाने का हक़ है।

"ज़रा सोचो बेटी, तुम्हारे वालिद के इंतक़ाल के बाद अगर तुम चाहो तो अपने ख़ानदान के लिए बहुत कुछ कर सकती हो। नवाब साहब बड़े दरियादिल हैं। तुम फूफी-भतीजी राज करोगी। और आला तालीम हासिल करके तुम जावरा की बेहतरी के लिए बहुत कुछ कर सकोगी। तुम्हें मालूम है मेरी पोती शाहबानो का भी हुज़ूर ने मेहरबान होकर बाले साहब से निकाह पढ़वा दिया था। तुमने उसके चढ़ावे का ज़ेवर तो देखा ही होगा ! रियासत जावरा के जवाहरात का बड़ी-बड़ी रियासतें मुक़ाबला नहीं कर सकतीं। एक-एक मोती कबूतर के अंडे के बराबर है। निकाह के बाद तुम्हारे बड़े भाई का क़ुसूर माफ़ करके वापस बुला लिया जाएगा। मुन्ने की तनख़्वाह में इज़ाफ़ा होकर उन्हें महल में रिहाइश का मौक़ा मिलेगा। नवाब साहब वली-अहद से ज़्यादा ख़ुश नहीं। उनकी अंग्रेज़ बेगम ने बहुत पैर फैलाना शुरू कर दिए हैं। तुम्हारे वालिद सरकारी आदमी थे और तुम जैसी तालीमयाफ़्ता बहू से हुज़ूर की पोज़ीशन मज़बूत होगी।

---

51. शिक्षाधीन 52. उच्च शिक्षा 53. शुक्रवार

"तुम्हारे ख़ानदान को जागीरें मिलेंगी। तुम ख़ुश हो ना, बेटी ?"

मैंने फरमाँबरदार बेटी की तरह सर झुका दिया।

नाना चले गए, मैं पत्थर का बुत बनी दवाओं की बदबू में बसे हुए उजाड़ कमरे में न जाने कब तक बैठी रही। शाही महल, सोने-चाँदी के उगालदान, ख़ासदान, कबूतर के अंडे के बराबर सच्चे मोती फ़र्श पर एक दूसरे के पीछे भाग रहे थे।

और इंग्लैंड में आला तालीम का जर्री[54] मौक़ा।

मगर उसके साथ एक अदद अजनबी नवाबज़ादा ! उफ़ !

अज़ीम भाई के कमरे से ऐसी वहशत हो रही थी कि दो पलंगों पर हम सब खचबच सो गए।

हर बच्चा मेरे पास लेटने पर मुसिर था। माँ-बाप के जाने के बाद वो मेरे वजूद में पनाह ले रहे थे। अगर मैं बाथरूम भी जाती तो रोते-पीटते दौड़ते। गुस्सा भी आता और आँसू भी। गुस्सा हालात पर, आँसू अपनी और बच्चों की बेबसी पर।

परसों यानी जुमा के मुबारक दिन यह खँडहरनुमा बँगला छोड़कर हम महल में मुंतक़िल[55] हो जाएँगे। वहाँ अतलसो-दीबा के पर्दों में छिपी गंगा-जमनी मसहरियों पर, नर्म-नर्म गद्दों पर कैसी मीठी नींद आएगी। मैंने कभी सोने के उगालदान में नहीं थूका, जाते ही पहला काम करूँगी कि गुलामों को हुक्म दूँगी–

"सोने का उगालदान हाज़िर किया जाए।" और जब उगालदान हाज़िर किया जाएगा तो बड़ी शान से फटाक से थूक दूँगी।

फिर ? फिर क्या करूँगी ?

"फिर ?" हज़ारों गद्दे के नीचे दबे हुए मटर के दाने की तरह चुभने लगी।

फिर धूमधाम से बरात आएगी।

दुल्हन बनूँगी।

दूल्हा के क़दमों की चाप सुनकर दिल धड़केगा।

फिर जब दूल्हा घूँघट उठाएगा।

उफ़ ! मेरे हवासों की घिग्घी बँध गई। मैंने जिंसियात[56] पर कोई मुदल्लल[57] किताब नहीं पढ़ी थी, पॉलिटिक्स, इकानॉमिक्स, तारीख़, जुग़राफ़िया, नाविल, ड्रामा, पोएट्री, सब ही चबाया था मगर हमारे कालेज में प्रेक्टिकल जिंसियात पर न कोई किताब थी और न आपस की बातचीत में कोई हसीन नक़्शा खींचता था।

मुझे कोचवान की लड़की मँगिया ने बताया था कि बहुत ही बुरी चीज़ है शादी। दूल्हा बहुत हरामीपन करता है, और फिर सारी उमर करता है। एक दफ़ा

---

54. सुनहरा 55. स्थानांतरित 56. यौन विज्ञान 57. तर्कपूर्ण

अज़ीम भाई बंबई तलाशे-मआश[58] में गए थे। वहाँ से जो ख़त लिखते थे, वह दुल्हन भाभी मुझसे पढ़वाती थीं या नैयर से क्योंकि छोटी आपा जो उनकी हमराज़ थीं, ब्याहकर चली गई थीं। उसमें कुछ जुमले ऐसे होते थे जिनका मतलब दुल्हन भाभी समझकर लाल हो जाती थीं। हम पूछते तो कहतीं, बस आगे पढ़ो। कभी खुसर-फुसर सुनाई दे जाती। एक बीवी दूसरी से कह रही हैं–

"बस, उन्हें तो गंदी बातों के सिवा किसी बात से दिलचस्पी नहीं। हरदम जान को लगे रहते हैं।" ये वह अपने शौहर नामदार के बारे में कह रही थीं।

एकदम शाही महल की दीवारें मेरा दम घोंटने लगीं। ये नवाब लोग तलाक़ के क़ायल नहीं, बस ज़हर दिलवा देते हैं अगर औरत चीं-चपड़ करे। और मेरी तो किसी से एक घड़ी नहीं बनती। मैं किसी को ख़ुदा-ए-मज़ाजी[59] कैसे मानूँगी। बरसों हुए, नमाज़ भी पढ़ना छोड़ दी। अलीगढ़ तक नमाज़-रोज़े का दस्तूर चला, आई.टी. कालेज में तो ईसाई मज़हब पर शिद्दत[60] से ज़ोर दिया जाता था और चैपल पाबंदी से जाना होता था। हाय ख़ुदा-ए-मज़ाजी और वह भी नवाबज़ादा, कैसे निगला जाएगा ! और नुज़हत, भोली-भाली सहमी हुई सी रहती है। झींगुर तक से डर जाती है।

और फिर सोने का उगालदान ! ऐसा लगा, मैं ख़ुद बड़ा सुनहरा उगालदान हूँ और उसमें थूका मेरे हलक़ में आ रहा है।

मैंने नौकर को जगाया कि जाकर मुन्ने भाई के ताँगावाले से ताकीद से कह दे कि सुबह पाँच बजे ताँगा लेकर आ जाए। दोगुना किराया दूँगी। फिर जल्दी-जल्दी दो ट्रंकों में सामान ठूँसा। मेरा ट्रंक तो तैयार था ही, वहाँ अलमारियों में कपड़े सजाने का फ़ैशन तो था नहीं। नुज़हत, मक्खन और मीनू के कपड़े जितने मिले, भर लिए। शुक्र है, धोबी कपड़े दे गया था और कल मैले कपड़े लेने आएगा। मेरे पास रुपये भी कम थे। अपना किराया, नुज़हत का आधा टिकट। मक्खू चार बरस का था, घपला चल जाएगा, उम्र से छोटा लगता है। और मीनू तो ग्यारह महीने की है। ठीक से खड़ी भी नहीं हो पाती। उन दो को नहीं छोड़ सकती, मुझसे बहुत हिले हुए हैं।

तज्जू, छब्बा ग़ाफ़िल सो रहे थे। नुज़हत को चुपके-चुपके जगाया। उसे कुछ नहीं बताया, कहाँ जा रहे हैं। पाँच बजे स्टेशन पर पहुँचकर टिकट लिया। मैंने मक्खन को और नुज़हत ने मीनू को सँभाला और सवार हो गए। दिल धकड़-पकड़ कर रहा था। जब रतलाम का स्टेशन आया तो जान में जान आई। नुज़हत अजीब नज़रों से मुझे तक रही थी। मैं उससे आँख मिलाते कतरा रही थी। उसे क्या बताऊँ, कैसे बताऊँ !

---

58. रोज़ी की तलाश 59. लौकिक ईश्वर 60. तीव्रता

"फूफीजान, तज्जू और छब्बा !" उसने डरते-डरते पूछ ही लिया।

"दादा से कह दिया है, वह उन्हें ले जाएँगे," मैंने झूठ बोला। वह चुप हो गई।

ऐसा लगता था बिना पतवार के नाव पर सवार हो गई हूँ और पेंदे में सुराख़ है। अजीब दमघोंट एहसास था।

बाद में पता चला, दादा से किसी ने जाके कहा घर खाली पड़ा है। दो बच्चे चौखट पर बैठे रो रहे हैं। नौकर घर का सफ़ाया करके तिड़ी हो गया।

दादा बच्चों को घर ले गए और अम्माँ को जोधपुर तार कर दिया।

मैंने चुप साध ली। आज तक तय नहीं कर पाई कि मेरे लिए उसके सिवा कोई दूसरा रास्ता भी था ! और आगे उन तीन बच्चों के साथ कौन सा रास्ता खोल पाऊँगी !

मगर न जाने ज़िद्दी दिल क्यों बार-बार कहता था—अरे सब ठीक हो जाएगा। दुनिया में ऐसी कोई मुसीबत नहीं जिसका हल न हो।

उलटे बाँस बरेली

जावरा से बरेली पहुँची तो कोई स्टेशन पर लेने नहीं आया था। मैं जिन हालात में जावरा से फ़रार हुई थी, तार देने की मुहलत कहाँ थी ! मेहमानों में सिर्फ़ बाजी रामपुर से आई थीं। छोटी आपा हैदराबाद से आनेवाली थीं। मगर दूल्हा भाई को छुट्टी ही न मिल सकी, इसलिए वह नहीं आ रही थीं। जोधपुर से भी कोई नहीं आया था। अभी शादी में छः-सात दिन बाक़ी थे। नैयर मायों बैठ चुकी थी, गो इंतज़ार था कि रस्म बाद में सबके आने के बाद होगी।

मैंने किसी को नहीं बताया कि अज़ीम भाई और दुल्हन भाभी मेरज टी.बी. हस्पताल में हैं और मैं दो बच्चों को घर में सोता हुआ छोड़ आई हूँ। दिल बहुत परेशान था बच्चों की तरफ़ से। आपा को अज़ीम भाई की बीमारी और बच्चों की तनहाई के बारे में बताकर उनकी शादी में नाशादी[1] फैलाने से क्या फ़ायदा। मगर जब सोचती तो दम टूटने लगता। ऐसी वहशत होती कि जी चाहता, वापस लौट जाऊँ। मगर वापसी का ख़ौफ़ और भी भयानक था।

नैयर कभी मुझे मुँह-फ़क़, सोच में डूबा देखती तो उसे मुझ पर बड़ा तरस आता।

"ए बहन दीवानी हो, जुगनू भाई से शादी क्यों नहीं कर लेती !"

"अरे हटाओ, तुम्हें शादी की पड़ी हुई है। मैं ये तीन बच्चे कैसे सँभालूँगी !"

"क्यों ले आई इन्हें, और इस घुटनों चलती मीनू को लाने का क्या शौक़ चर्राया ?"

"बस ! तुम तो जानती हो, मैं थोड़ी सी पागल हूँ।"

"दुल्हन ममानी और मामूँजान क्यों नहीं आए ?"

"उफ़ कमीनी !" जी चाहा एक घूँसा लगाऊँ मगर ज़ब्त कर गई।

---

1. ग़मी

“उन्हें छुट्टी नहीं मिली। हाँ, तुम्हारे दूल्हा मियाँ आ गए ?”

“आ गए,” नैयर शरमाई। “कहते हैं साथ लंदन ले जाएँगे,” मख़मल की वास्केट पर सलमे के फूल टाँकते हुए कहा और आँखों से लड़ियाँ बहने लगीं।

“क्यों, लंदन जाना नहीं चाहती ?”

“लो, जाना कोई अपने बस की बात है !”

“क्यों, तुम इनकार कर दो। दो साल बाद तो आ ही जाएगा।”

“उनका वहाँ अकेले दिल नहीं करता। इसीलिए तो बीच पढ़ाई में शादी कर रहे हैं।”

“तुम ख़ुद भी जाना चाहती हो ! अरे मज़े रहेंगे।”

“मैं वहाँ मज़े करने के लिए थोड़ी जा रही हूँ।”

“फिर तो बी.ए. कर ही डालो। तुम्हारी ससुराल में सभी लड़कियाँ तालीमयाफ़्ता हैं। रिश्ते की बहन बी.ए., बी. टी. हैं। सगी बहनें तो बस घर में ही पढ़ीं और उन्हें ज़्यादा पढ़ी-लिखी लड़कियाँ पसंद भी नहीं।”

“क्यों ?”

“बस कहते हैं, कोई नौकरी तो नहीं करना।”

“मगर बदरुन्-निसा बाजी और...”

“वो उनकी ददिहालवालियाँ हैं। ननिहाल में बस घरेलू तालीम, ऊमूरे-ख़ानादारी[2], सीना-पिरोना बस बहुत होता है।”

“चुड़ैल, तू इतनी ज़हीन है। थोड़े ही नंबरों से तो थर्ड डिवीज़न मैट्रिक में ले आई थी पूरी यूनिवर्सिटी में। रज़ी को तो फ़ख्र करना चाहिए, उसे तो कभी फ़र्स्ट डिवीज़न भी न मिली होगी। मत कर पाजी से शादी।”

“ए, बस लगी हाँकने। ख़ुदा के लिए मुँह से भी ये बात न निकालना। विलायत पास और फिर माँ-बाप का इकलौता बेटा, इतनी बड़ी जायदाद का मालिक। लाखों में एक है। और मुझमें क्या धरा है ! एक से एक लड़की ख़ानदान में आस लगाए बैठी है।”

नैयर बेहद जाज़िब-नज़र[3], चंपई रंग, नाजुक नक़्शा, मासूमियत का मुजस्समा[4], नाजुक दुबली-पतली। जो कपड़ा पहन लेती, खिल उठता। वह सबकुछ थी, जो मेरी तमन्ना थी कि मैं होती।

और फिर कितनी फ़रमाँबरदार, बुजुर्गों के आगे सर झुकानेवाली, खाना पकाने में मश्शाक, सीने-पिरोने में उसका जवाब नहीं। किस क़दर जाँ-फ़िशानी से[5] उसने अपना चेहरा सँवारा था, ऐसा कारचोब कामदानी और कढ़ाई का काम कि बड़े-बड़े कारीगर अश-अश कर उठें। जो देखता था, उसके सुघड़ापे के गुण गाने

2. घरबार के काम की बातें 3. आकर्षक 4. मूर्ति 5. जान लगाकर

लगता। सारे मुहल्ले में उसके सुघड़ापे की धूम मची थी। मुझ पर एकदम एहसासे-कमतरी पहाड़ बनकर ढह पड़ा।

"तुम कब करोगी शादी ?" उसने मेरा उतरा मुँह देखकर बड़ी नर्मी से पूछा। जी चाहा बता दूँ, अगर सर में कीड़े न भरे होते तो आज शायद इस वक़्त मैं लाल जोड़ा पहने, घूँघट निकाले, बाल-बाल मोती पिरोए कबूतर के अंडे बराबर हीरे का जुगनू पहने, अपने नवाब दूल्हा के क़दमों की आहट पर कान लगाए बैठी होती।

मगर मुझे एकदम हँसी आ गई। मेरा और घूँघट का क्या जोड़ ! मैंने बात का रुख़ मोड़ा—

"अब्बा ने लिखा था यहाँ कोई मुस्लिम स्कूल है लड़कियों का। वहाँ हैडमिस्ट्रेस की ज़रूरत है।"

"ऐ है, फिर नौकरी की झक सवार हो गई ! शादी नहीं करोगी ?"

"करूँगी भई।"

"कब ?"

"बस, तुम्हारे फ़र्ज़ से सुबुकदोश[6] हो जाऊँ तो चट अपनी बरात चढ़वा लूँगी।"

नैयर का मुँह फूल गया। अम्माँ ठीक कहती हैं, बेनत्था बिजार हूँ। उसने घड़ी देखी और मग़रिब की नमाज़ के लिए उठ खड़ी हुई। मैं बालिश्त से मख़मल की सदरी नापने लगी। कितनी पतली थी नैयर की कमर...

दूसरे दिन बाजी, बड़े दूल्हा भाई और मिदहत आ गए। और तीसरे दिन ममानीजान मय अख़्तर-जमीला के आ गईं। इसी शाम को अम्माँ, भाभी, वसीम भाई और उनका बच्चा हकीम आ गए।

अम्माँ ने खा जानेवाली नज़रों से मुझे घूरा और मेरी सिट्टी गुम हो गई।

"नामुराद, तज्जू-छब्बा को छोड़के आ गई !" उन्होंने अकेले में पकड़ ही लिया।

"अम्माँ, किसी से कहना नहीं। सरफ़राज़ चचा मिले तो वह तुम्हें बताएँगे। नवाब साहब मुन्ने भाई की जान के दुश्मन हो रहे थे।"

"ऐ, क्या बक रही है ?"

"क़सम से। सरफ़राज़ चचा ने चुपके से बताया, और नुज़हत को हरम में डालनेवाले थे। और मुझे भी।"

"ऐ, मुए नवाब को बावले कुत्ते ने काटा है जो तुझे हरम में डालके अज़ाब मोल लेता ! मेरी बात याद रखियो, तेरी बड़ी मिट्टी ख़राब होगी।"

"ऊँह, होने दो। मेरी ही तो मिट्टी ख़राब होगी।"

---

6. मुक्त

"ख़ानदान की नाक कटेगी।"

"अब्बा गए, बड़े अब्बा भी रुख़सत हुए, फूफी बादशाही से झगड़ा है। ख़ानदान में अब नाक कौन सी बची है ?"

"मामूँ किसी गिनती में नहीं ?"

"अरे, मामूँ सैकड़ों मील जोधपुर में, उनकी नाकें मेरी छुरियों तक कहाँ पहुँचेंगी ! हाँ अम्माँ, मुन्ने भाई के बारे में आपा को न बताना।"

"ऐ, मैं कोई दीवानी हूँ !"

नैयर की शादी बड़ी धूमधाम से हुई। आपा ने नुज़हत, मक्खन और मीनू के जोड़े रातों-रात सी डाले। मैंने एक सफ़ेद शिफ़ान की साड़ी ख़रीदके उसपे झपाझप नैयर से ठप्पा और किरन टँकवा ली। शादी में बड़े मज़े आए। मैं क़त्तई सास बनने के मूड में नहीं थी। वैसे अख़्तर, जमीला भी सास ही थीं। सालियों में मरघिल्ली सी नुज़हत और ततैया मिर्च आठ बरस की मिदहत थी। लिहाज़ा हमने क़त्तई सालियों का रोल सँभाल लिया और दूल्हावालों की खूब ख़बर ली। रज़ी को भी नाकों चने चबवा दिए। समधिनों के साथ समधिन बन जाते और दूल्हा और उसकी बहनों के साथ सालियाँ बनके नातक़ा[7] बंद करते। नैयर के भाई मुजीब जमीला पर न जाने कबसे दाँत लगाए बैठे थे। धपस्ट में हमने लड़कों को भी अंदर बुला लिया, झूठ बोलकर कि इजाज़त है। वैसे ख़ानदान का मुआमला था, ज़्यादा पर्दे का सवाल नहीं था। फिर तो बहुत से लड़के दर[8] आए। उबटन इस शान से खेला गया कि जवाब नहीं और चौथी के दिन तो हाथ-पैरों की ख़ैर मनानी पड़ी। बुजुर्गों की डाँट-डपट सुनने की न फ़ुरसत और न इरादा। बड़ी-बूढ़ियाँ बेहद ख़फ़ा, मगर पब्लिक क़त्तई बुजुर्गों के बस में रहने को तैयार न थी। जब सुकून हुआ और मेहमान रुख़सत हो गए तो इलज़ाम मेरे सर थोपने की कोशिश की गई। मगर गुज़िश्ता[9] रात और दिन ऊधम में ऐसा गुज़रा था कि डाँट ने लोरी का काम किया और ज़रा सुस्ताने को गावतकिये पर सर टिकाया था कि बेहोशी तारी हो गई।

शादी में गर्ल्ज़ स्कूल के मैनेजर की बेगम भी मिलीं। उन्होंने कहा, महीना भर से स्कूल खुला हुआ है, मगर हेडमिस्ट्रेस का तक़र्रुर[10] नहीं हुआ है। लोगों का तक़ाज़ा है कि मुसलमान हेडमिस्ट्रेस रखी जाए, इसलिए बस शादी का हंगामा ख़त्म होते ही आ जाइए।

तीसरे दिन ख़ुद मैनेजर साहब आए और बात तय हो गई। सौ रुपया महीना, कोठी में जितने कमरे चाहूँ, ले सकती हूँ। मिला हुआ स्कूल है दो क़दम पर, बस बीच में एक दीवार है। मैंने उस दिन जाकर चार्ज ले लिया। हाँ, एक और मुसीबत टूट पड़ी। चौथी के दूसरे दिन भाभी ने एक अदद बच्ची दे डाली। हम लोग जागे

---

7. बोलती 8. अंदर 9. पिछली 10. नियुक्ति

तो मालूम हुआ, बच्ची पैदा हो गई। भाभी ने चूँ भी आवाज़ न निकाली। उफ़, भाभी निरी गाय हैं। नहीं, गाय तो बहुत अरांती है। जब तक मेहमान रहे, मैं स्कूल से सीधी घर आ जाती। जावरे के स्कूल की और बात थी। यहाँ बाक़ायदा आठवीं तक स्कूल था। मैंने नुज़हत को सातवीं में दाख़िल कर लिया और मक्खू को पहली में। दो-चार और छोटे लड़के भी आते थे।

नुज़हत और मक्खू ने एक दफ़ा भी न पूछा कि माँ-बाप कहाँ हैं, और मीनू तो बोलना ही नहीं जानती थी। मैं छुट्टियाँ अज़ीम भाई के यहाँ ही गुज़ारती थी, और फिर जावरा में साथ रहा था। बच्चे मेरे कमरे में ही सोते थे। बाप हमेशा के बीमार और माँ तीमारदार। बच्चे माँ-बाप से ज़्यादा मेरे क़रीब थे।

कभी सोते में मक्खन चौंककर 'दोअम्मीं' को पुकारने लगता। माँ को दुल्हन अम्मी कहता था। मेरा दिल काँप उठता, मगर क्या कर सकती थी ! अम्माँ ने नुज़हत को ले जाना चाहा तो मैंने इनकार कर दिया और झूठ बोल दिया कि मुन्ने भाई ने कहा है, इसकी पढ़ाई का नुक़सान होगा।

''तीन बच्चों को सँभाल लोगी !'' मेरा ख़याल था, वह मीनू और मक्खन को ले जाएँगी।

मैंने कहा, ''हाँ।''

''फिर बीच में बावेला न मचाना। मैं किसी को लेने नहीं भेजूँगी।''

''नहीं, इसकी ज़रूरत नहीं पड़ेगी। अगर पड़ी तो मैं ख़ुद ही पहुँचा जाऊँगी। मुन्ने भाई तो अच्छे होकर आ जाएँ।''

शादी का हंगामा ख़त्म हो गया। मेहमान रुख़सत हो गए। आपा ने खाना पकाने के लिए एक लड़का दे दिया। बरेली में किस बला की गुरबत[11] थी, कौड़ियों में नौकर मिलते थे। दिन में तीन-चार मामा, बावर्ची दफ़्तार में हाज़री देते। गगर स्कूल की एक ग़रीब माई थी, मैंने उसे कोठी में जगह दे दी। मेहतर वग़ैरह तो थे ही, एक चपरासी भी था।

मुजीब और हबीब भी वापस अलीगढ़ जा चुके थे। नैयर की खूब दावतें हुईं और वह भी आँसू बहाती इंग्लैंड सिधारी। मैंने आपा से कहा—

''मेरे पास आ जाओ, आपा। यहाँ बस मुन्ना (यानी उनकी सास) हैं जो सुबह बुर्क़ा सर पे डालके पड़ोस में निकल जाती हैं। सारा दिन अकेली रहती हूँ।''

पहले तो टाल गईं, फिर मैंने नुज़हत को लगा दिया उनके पीछे। वह नुज़हत को बहुत चाहती थीं। दुल्हन भाभी तो नादान थीं। आपा और अम्माँ ने नुज़हत को पाला था। आपा राज़ी हो गईं। कुछ बिस्तर साथ थे, मैंने और ख़रीदना चाहा, मगर आपा के पास दर्जनों दरियाँ और चादरें थीं। सारे बर्तन भी उन्हीं ने दिए।

---

11. ग़रीबी

मैं तनख़्वाह उन्हें दे देती, ज़रूरत होती तो उनसे पैसे माँग लेती। वह ज़रूर अपने पास से भी ख़र्च करती होंगी। महीने के आख़िर में जब नई तनख़्वाह देती तो वह कुछ बचे हुए रुपये पकड़ा देतीं, जो बहुत होते थे। और मैं इधर-उधर ख़र्च कर देती। ख़र्च की मुझे ज़्यादा आदत ही नहीं थी। पास ही एक सिनेमाहाल था, काफ़ी अच्छा वाला। मैनेजर की लड़की स्कूल में पढ़ती थी। बहुत मना करने पर भी वह हर नई फ़िल्म के टिकट भिजवा देते थे। सौ रुपये बहुत होते थे।

मुझसे पहले जो हेडमिस्ट्रेस थीं, वह काफ़ी बुज़ुर्ग और तजर्बाकार थीं। हालाँकि इंटर पास थीं, लेकिन बहुत साल का तजर्बा था। उन्होंने इब्तिदा में स्कूल की बुनियाद डाली थी। मैनेजर साहब ने उन्हें स्कूल नहीं छोड़ने दिया। मिसेज़ मार्क्स बड़ी सख़्त थीं और मुझे हेडमिस्ट्रेस सिर्फ़ इसलिए बनाना पड़ा था कि स्कूल को चंदा देनेवालों का इसरार था। मैनेजर साहब ने मुझे बता दिया था।

"मिसेज़ मार्क्स बहुत ख़फ़ा हैं, ज़रा उनसे होशियार रहिएगा। इंस्पेक्ट्रेस ऑफ़ स्कूल्स, मिस फ़िलिप्स से उनके बड़े गहरे ताल्लुक़ात हैं। ईसाई हैं ना !"

न जाने मेरी कौन सी रग टेढ़ी है कि कोई मज़हब का अड़ंगा लगाए तो बहुत जी जलता है। क़ायदा से स्कूल की बेहतरी के लिए मिसेज़ मार्क्स को हेडमिस्ट्रेस होना चाहिए था। मगर वह ईसाई थीं।

अजब ज़िद की तबीयत है बदक़िस्मती से कि मुझे कोई अच्छी राय भी दे तो उसका उलटा करती हूँ। ख़ुदा जाने क्यों ? मैंने मिसेज़ मार्क्स से चौकस रहने के बजाय उनसे बेहद आदाब से बात की। वह आईं तो मैं खड़ी हो गई। वह घबरा गईं। समझीं, शायद मैं गुस्से में खड़ी हो गई हूँ और अब उन पर रोब झाड़ूँगी।

"बैठिए," मैंने कहा।

वह मुँह फुलाए बैठ गईं।

"मिसेज़ मार्क्स, आप जानती हैं ना, मुझे हेडमिस्ट्रेस बनने का तजर्बा है, न मैं आफ़िस रूटीन समझती हूँ। आपकी और मेरी तनख़्वाह बराबर है, यह ज़्यादती है। ख़ैर, आपका फंड जमा है और मैं यहाँ मुस्तक़िल रहनेवाली नहीं हूँ। मेरे पैर में चक्कर है। मेरा इरादा अगले साल ट्रेनिंग के लिए बाहर जाने का है। यह स्कूल आपका है, आपने इसे ज़िंदगी दी है। आप सबकुछ जानती हैं, मैं कुछ नहीं जानती। मैं झूठी शान की क़ायल नहीं और मैंने ख़ुद को कभी किसी मुग़ालते[12] में नहीं रखा। अगर आप मेरी मदद नहीं करेंगी तो यह स्कूल नहीं चल सकेगा और मैं इस्तीफ़ा देकर चल दूँगी। जोधपुर में मेरा ख़ानदान है, मुझे ख़ुशी से कुबूल कर लेगा और कोई दरवाज़ा न मिला तो शादी भी ख़ानदान में कर लूँगी। मगर मैं अपनी ज़िंदगी फ़िलहाल अपनी मर्ज़ी से गुज़ारना चाहती हूँ। मैं गई तो दूसरी

12. धोखा, भ्रम

मुसलमान हेडमिस्ट्रेस आ जाएगी। आपको कोई फ़र्क़ नहीं पड़ेगा।''

मिसेज़ मार्क्स सन्नाटे में रह गईं। मेरी आवाज़ में ख़ुशामद या नर्मी के बजाय थोड़ी-सी धमकी शामिल थी। उनकी समझ में नहीं आया, मैं क्या बक रही हूँ।

''किसी ने मेरे ख़िलाफ़ कान भरे हैं आपके,'' वह ज़रा खर्री आवाज़ में बोलीं।

''मिसेज़ मार्क्स, अगर मेरे कान किसी का कहा सुनने के आदी होते तो आज मैं यहाँ न होती। मैं अपनी राय ख़ुद क़ायम करने की आदी हूँ।''

''सुना है आप काफ़ी तज़र्बाकार और गुस्सावर हैं। हेडमिस्ट्रेस रह चुकी हैं किसी रियासत में।''

''हेडमिस्ट्रेस और रियासत के गर्ल्स स्कूल में, एक साल से भी कम।''

''मुझे इस स्कूल से लगाव है...लड़कियों की तालीम की मैं शिद्दत[13] से हामी हूँ।''

''ख़ास तौर से मुसलमान लड़कियों से आपको तो ज़्यादा ही हमदर्दी होगी क्योंकि वो हर क़ौम से पीछे हैं।''

''यहाँ क्रिश्चियन लड़कियाँ भी पढ़ती हैं।''

''मिसेज़ मार्क्स, कम से कम हम औरतों को ये हिंदू-मुस्लिम-क्रिश्चियन के चक्कर में नहीं पड़ना चाहिए। मैंने जो भी इल्म हासिल किया है वह क्रिश्चियन टीचर्स ने ही बख़्शा। हमारे मुल्क के ज़्यादातर स्कूलों की बुनियाद ईसाई उस्तादों ने रखी। और मेरे उस्तादों ने कभी मेरे साथ दूसरे फ़िरक़े की तालिबात[14] से मुख़्तलिफ़ बर्ताव रवा[15] नहीं रखा। इल्म की दौलत बाँटते वक़्त उन्होंने मुझे सिर्फ़ तालिबे-इल्म[16] समझा। इस स्कूल में भी ज़्यादा ईसाई उस्ताद हैं। दो हिंदू हैं, दो मुसलमान, एक मैं और एक रज़िया बेगम, जो सिलाई वग़ैरह सिखाती हैं।''

इतने में स्कूल की घंटी बज गई। दूसरी उस्तानियों से मेरा मैनेजर साहब ने तआर्रुफ़[17] करा दिया था। उस दिन हम सबने मिलकर खाना खाया। मैंने अपना खाना घर से नहीं मँगवाया, सबके खाने चक्खे।

''आप तो बिलकुल हेडमिस्ट्रेस नहीं लगतीं !'' मिस लाल जो सबसे कमसिन[18] और तेज़ थी, बोली।

''मैनेज़र साहब और चपरासी के सामने फ़र्स्ट क्लास हेडमिस्ट्रेस लगती हूँ। और हाँ, लड़कियों के सामने मैं कुछ लगने की कोशिश नहीं करती।''

''बहुत डरती हैं आपसे लड़कियाँ।''

''सच्ची बात तो यह है कि मैं लड़कियों से डरती हूँ। इसलिए चेहरे पर रोब तारी कर लेती हूँ सेल्फ़-डिफेंस में। यहाँ की और बात है, सबके सामने मैं आपसे

---

13. तीव्रता 14. छात्राओं 15. प्रचलित 16. छात्र 17. परिचय 18. कमउम्र

भी डरूँगी और रोब तारी कर लूँगी वरना भाँडा फूट जाएगा। क्लास में मुआइना करने आऊँ तो ज़रा होशियार रहिएगा। अगर आप इसी तरह हँस दें तो शामत आ जाएगी।'' मिस लाल बुरी तरह हँस रही थी, चुप हो गई। उस दिन से मिसेज़ मार्क्स ने मुझे तमाम रजिस्टरों का इंदराज समझाया, मुझसे ज़्यादा तो दूसरी टीचर्स जानती थीं। जावरे में एक रजिस्टर था, उसमें लड़कियों के नाम लिखे थे। दो कमरे थे, एक में सब छोटी-बड़ी अमीरज़ादियाँ और कुछ अफ़सरों की बेटियाँ, साहबज़ादियाँ बेंचों पर बैठती थीं। एक मेज़ के पीछे कुर्सी पर मैं बैठती थी। दूसरे दर्जे में नीचे क्लास के क्लर्कों वग़ैरह की निस्बतन[19] ग़रीब लड़कियाँ बैठती थीं जिन्हें एक बड़ी बी क़ुरान की तालीम दिया करती थीं।

अजब मसख़रा तरीक़ा था तालीम का। कुछ को अंग्रेज़ी हरूफ़ याद थे, कुछ लिखना भी जानती थीं, कुछ थोड़े अंग्रेज़ी के जुमले भी बोल लेती थीं। एक हिंदू लड़की छठी जमात का कोर्स पढ़ रही थी। दो ईसाई लड़कियाँ तीसरी-चौथी की प्राइमर लाती थीं। मेरी सिट्टी गुम हो जाती थी। किसी को गिनती भी नहीं आती थी।

मगर सबको अंग्रेज़ी बोलने का शौक़ था, तो बस मैं अंग्रेज़ी बोलना सिखाती थी। निहायत बद-शौक़ और कुंद-ज़ेहन लड़कियाँ थीं। सिर्फ़ एक लड़की बला की ज़हीन और तर्रार थी, शहज़ादी बेगम। बड़ी हँसमुख, कली की तरह खिलती हुई शक्ल। बेहद सज-धजके आती थी। खूब गोटे के कपड़े, झुमके, गुलूबंद, जो वह हर वक़्त पहनने की आदी थी। ज़्यादातर की मँगनियाँ हो गई थीं। चंद के निकाह भी हो गए थे, रुख़सत की मुंतज़िर[20] थीं।

शुक्र ख़ुदा का कि मुझसे बहुत डरती थीं।

बरेली की लड़कियाँ उनसे लाख दर्जा बेहतर थीं और उन्हें पढ़ने का भी शौक़ था। मुझे पढ़ाने से हमेशा दिलचस्पी रही।

मैनेजर साहब भी मेरी काफ़ी मदद करते थे। और पास ही जो लड़कों का स्कूल था, उसके हेडमास्टर साहब बहुत ही ख़लीक़[21] इनसान थे। उन्होंने एजुकेशन पर बहुत सी किताबें पढ़ने को दीं।

एक दिन मैनेजर साहब ने कहा, ''इंस्पेक्ट्रेर. मिस फ़िलिप्स मुआइना करने आ रही हैं।''

मैं क़त्तई मुतास्सिर[22] न हुई तो जलकर बोले–

''मैंने क्या अर्ज़ किया, आपने सुना ?'' वह जब गुस्से में होते थे तो बड़े अदब से बोलने लगते थे।

''सोच रही हूँ मुझे क्या करना होगा !'' मैंने निहायत ठस अंदाज़ में कहा।

---

19. अपेक्षा 20. प्रतीक्षक 21. सुशील 22. प्रभावित

"अरे साहब, इंस्पेक्ट्रेस आ रही हैं और आप...", मारे गुस्सा के वह नीले पड़ गए।

"तो आने दीजिए।"

"बस ! आप भी हद करती हैं !"

"आप इतमीनान रखिए..."

"ख़ाक इतमीनान रखूँ ! और अगर ग्रांट बंद हो गई तो..."

"मैनेजर साहब, क्या स्कूल में आपने कुछ बद-इंतज़ामी देखी, क्लासों में गुल, कूड़ा-करकट ! लड़कियों की तादाद पहले से बढ़ गई है, एक बेंच पर दो को बैठाना पड़ता है। घड़ों में मैं ख़ुद रोज़ पानी बदलवाती हूँ।"

"यह कमबख़्त दफ़्तर..."

"क्या बुराई पैदा कर दी मैंने दफ़्तर में ?"

"ओह, आप समझती नहीं। आपके पास कुछ तसवीरें हैं ?"

"नुमाइश में खिंचवाई थीं।"

"उफ़्फ़ोह, वो आठ आने की चार वाली, दो इंची नहीं। कुछ सीनरियाँ, कैलेंडर ! अच्छा, आप फ़िक्र न कीजिए मैं भिजवा दूँगा। और गुलदान वग़ैरह !"

"यहाँ भी फूल बहुत खिलते हैं जो गुलदान होंगे ! आपसे माली के लिए कहा..."

"माली !...यानी माली ! आपको मालूम है, यह स्कूल कैसे चला रहा हूँ ! इसके पीछे मेरी वकालत ठप हो गई। दर-दर भीख माँगूँ या मुवक्किलों से सर मारूँ ! मेरी बीवी अलग मेरा भेजा चाटती है।"

"तो फिर आपने रज़िया बेगम को बेकार स्कूल में क्यों ठूँस रखा है ? वह करती क्या हैं, सर पकड़े बैठी रहती हैं।"

"आप...आप भी रज़िया बेगम का ताना दे रही हैं ? मुझे आपसे यह उम्मीद न थी। मेरा खयाल था, तालीमयाफ़्ता औरतों को...ख़ैर जाने दीजिए, जो जी चाहे कहिए। मैंने जुर्म किया। रज़िया के मियाँ ने औलाद नहीं हुई तो कमबख़्त को तलाक़ दे दी। क्या उसे रंडी बन जाने देता ! आप ही बताइए, उसका कहाँ ठिकाना है ! कोठी के एक कोने में पड़ी है...पैंतीस रुपया महीना मैं अपनी जेब से भरता हूँ, बीवी हज़ारों गालियाँ देती है। मुहल्लावाले नाक में दम करते हैं। वह बदबख़्त[23] सर पकड़कर न बैठेगी तो क्या रास रचाएगी !" उनकी बड़ी-बड़ी ख़ौफ़नाक आँखों में आँसू छलक आए। "और लोग कहते हैं, वह बदकार है। आपके साथ ही रहती है। आप कह सकती हैं कि वह बदकार है, उसके पास मर्द आते हैं। मैं छिप-छिपकर आता हूँ।"

---

23. अभागन

मेरा दम घुटने लगा।

"मैनेजर साहब, एक बार मुझ पर भरोसा कीजिए। मिस फ़िलिप्स को आने दीजिए, उसके बाद यह मुआहिदा[24] साल भर का...", मैंने दराज़ से अपना तक़र्रुरी[25] काग़ज़ निकालकर उनके सामने रख दिया। "अपने पास रखिए, इसे फाड़ दीजिएगा। बस ... ?"

मैनेजर साहब के जाने के बाद मुझे रज़िया बेगम का ख़याल सताने लगा। हिंदुस्तान की तमाम रज़िया बेगमें मेरी नज़रों के सामने घूम गईं। मेरा ख़ून खौलने लगा। दरो-दीवार पर गुस्सा आने लगा।

ये वकीलों को गर्ल्स स्कूल बनाने का ख़ब्त क्यों होता है ? पापा मियाँ (शेख़ अब्दुल्लाह, बानी अलीगढ़ गर्ल्स कॉलेज) ने भी अपनी ज़िंदगी का सरमाया स्कूल के पीछे लगा दिया। अब ये अब्दुल शकूर को भी वही मर्ज़ लाहक़ हो गया। उन्हें ईनाम में लानत और फटकार के सिवा क्या मिलता है ! यही एक तरीक़ा क़ौम को उनका एहसान मानने का आता है।

मैंने हेडमास्टर साहब को लिखा कि आज जुमा है, आधे दिन का स्कूल होगा। बड़ा करम होगा जो दस मिनट के लिए मिल जाइए। बेचारे फ़ौरन आ गए। उन्होंने माली को हुक्म दिया कि बीस-पच्चीस अच्छे फूलोंवाले गमले लाकर दो-रूया[26] सजा दो। छः-सात गुलदानों में फूल लगाकर कल सुबह ही सब क्लासों में पहुँचा देना। और स्टोर से कुछ नक्शे, कुछ सीनरियाँ लाकर दफ़्तर में अभी सजा दो। और हाँ, एक अच्छा सा क़लमदान भी लेते आना और मेज़पोश भी हरावाला, यहाँ इस मेज़ पर लगा देना। ये काम तो अभी कर दो। माली और चपरासी के जाने के बाद बोले–

"एक दस्ता ब्राउन पेपर का मँगाके उन रजिस्टरों पर चढ़वा दीजिए। बहुत बदरंग हो रहे हैं। कोई फ़िक्र की बात नहीं, सब ठीक हो जाएगा।"

सब टीचर्स जुट गईं। मिसेज़ मार्क्स रजिस्टर चेक करने लगीं कि ख़ानापूरी में कहीं लापरवाही नहीं हुई। आफ़िस खूब ठाठदार लगने लगा। क्लासों पर भी रौनक़ आ गई और फूलों के गमलों से तो बहार आ गई।

मिस फ़िलिप्स निहायत साँवली पर बेइंतिहा सेक्सी, भरे-भरे जिस्म की बुर्दबार[27] ख़ातून थीं। नाक-नक़्शा निहायत सुबुक[28], और आँखें बेइंतिहा ज़हीन और जगमगाती हुई। उन्हें देखकर न जाने क्यों अजंता की ब्लैक प्रिंस याद आने लगी। मेरा दिल भरा हुआ था। मैंने स्कूल की अबतर हालत, मैनेजर साहब की जद्दो-जहद, मिसेज़ मार्क्स और टीचर्स का ख़ुलूस, लड़कियों की तालीम से दिलचस्पी और उनकी मजबूरियाँ दिल खोलकर उनके सामने रख दीं। मैंने उस वक़्त

---

24. अनुबंध 25. नियुक्ति 26. दो क़तारों में 27. सहनशील 28. कोमल, हलका

बाक़ायदा लिखना शुरू नहीं किया था मगर ज़बान हमेशा से चलती थी।

जब मिस फ़िलिप्स जाने लगीं तो आहिस्ता से मुझे क़रीब बुलाकर कहा—

"आज शाम को मेरे यहाँ एक पार्टी है। आना पसंद करेंगी ?"

"ज़रूर..."

"मैं सैयद से कहूँगी, वह आपको लेते आएँगे। यही कोई पाँच बजे।"

सैयद साहब हमारे घर के क़रीब ही रहते थे। एक दिन मैंने हेडमास्टर साहब से कोई किताब मँगवाई। उन्होंने कहा उनके पास नहीं, लाइब्रेरी में मिलेगी। मैं लाइब्रेरी का मेंबर नहीं। सैयद साहब जो आपके पड़ोस में रहते हैं उनसे कहिए, वह आपको भी मेंबर बनवा देंगे।

मैंने चपरासी को पर्चा देकर सैयद साहब के पास भेजा। वह ख़ुद ही चले आए।

निहायत रोमांटिक शक्ल के, इंग्लैंड-रेयडंड, याद नहीं, किसी अच्छे ओहदे पर थे। उनकी बीवी छोटी बी, बेहद भोली सी सूरत की, बड़ी हँसमुख बीवी थीं। दो-चार मुलाक़ातों के बाद वह अकसर आने लगे। बेहद गप्पें मारते। हम दोनों क़रीब पार्क में टहलने भी जाते। विलायत में किसी लड़की से इश्क़ हो गया था, उसने दिल तोड़ दिया, बेहद ग़मगीन अशआर याद थे। आँखों में रस भरके अजीब तरह से शे'र पढ़ते थे कि लगता था, मुझे मुख़ातिब[29] कर रहे हैं। कभी रोमांटिक सा ज़ालिमो-अलम चिपकाकर कह जाते। मैंने क़त्तई नोटिस नहीं लिया क्योंकि अव्वल तो मुझे उनसे इश्क़-आशिक़ी का रिश्ता जोड़ने से दिलचस्पी नहीं थी, दूसरे मुझे आहें भरते, शे'र पढ़ते, मीठी-मीठी निगाहों से देखते आशिक़-मिज़ाज लोग ज़हर लगते हैं। हमारे ख़ानदान में जब इश्क़ चलता था तो एक दूसरे के टाँग खींचने में सबक़त[30] ले जाने की कोशिश की जाती थी। और शे'र तो मैंने अपने मामूँ, चचा और भाइयों को पढ़ते ही नहीं सुना। हाँ, बड़े अब्बा ख़ुद शायर थे। हम तो समझते नहीं थे, उनकी मौजूदगी में तो हमारे अब्बा मियाँ उनके शे'र कान दबाकर सुन लेते थे। उनके जाने के बाद इत्मीनान का साँस लेते थे।

"बहुत बोर करते हैं भाईसाहब और वज़न से गिरे हुए ग़लत शे'र कहते हैं !" बस, बड़े अब्बा के बाद सब शायरों को उन्हीं की सफ़ में खड़ा कर दिया गया।

एक दिन बोले—

"कभी किसी से इश्क किया है।"

"सैकड़ों दफ़ा।" मैंने डींग मारी।

"एँ ?"

"क्यों, क्या नहीं करना चाहिए था ? आपने जो किया ?"

---

29. संबोधित 30. श्रेष्ठता

"एक लड़की से किया, ज़िंदगी में एक बार।"

"बस, एक दफ़ा ? फिर और इश्क़ नहीं किए ?"

"कमाल है ! सच्चा इश्क़ ज़िंदगी में एक ही बार किया जाता है...मुहतरमा !"

"क्या सच ज़िंदगी में सिर्फ़ एक बार ही बोला जाता है ?"

"क्या उलटी बहस करती हो ? उफ़, सारा मूड ख़राब कर दिया।"

"सॉरी !"

इतने में नौकर ने आकर कहा, खाना तैयार है। बीवी बुलाती हैं।

"चलो, आज तुम्हारी पसंद का गोभी-गोश्त पका है। तुम भी चलो।"

"नहीं, आपा इंतज़ार करेंगी।"

"भोला उनसे कह आएगा कि हमारे यहाँ खाओगी।" भोला मेरे घर की तरफ़ चल दिया।

"मुझे भी एक बेहद ज़न्नाटे का इश्क़ हो गया था।"

"अच्छा। कब ?"

"कोई दस-ग्यारह बरस की उम्र में।"

"ओह, पपी लव !"

"अरे नहीं, तेरह-चौदह बरस की उम्र तक चला।"

"अच्छा ! उफ़, क्या हालत होती थी !"

"न पूछिए। शे'र तो समझ में आते नहीं थे पर जो शे'र अभी आप पढ़ रहे थे, वही दिल पर बीतती थी।"

"और महबूब ?"

"बाईस-तेईस बरस का था। मुग़ल शहज़ादा, बेहद सजीला, सुनहरी बाल, गुच्छे के गुच्छे। नीली आँखें, अथाह झीलें कि उन्हें झाँकनेवाला बस डूबता ही चला जाए। क्या घोड़े पर तनके बैठता था, और बाड़ा फलाँगता तो कलेजा मुँह को आ जाए ! एक बात बताऊँ, किसी से कहेंगे तो नहीं..."

"नहीं।"

"मैं उसे देख-देखकर घंटों रोया करती थी। दिल धाँय-धाँय धड़कता था।"

"और उसका क्या हाल था ?"

"उसे ख़बर भी नहीं थी।"

"हत तेरी की, लानत है। तुमने हाले-दिल कहा क्यों नहीं ?"

"अरे, बड़ा गुस्सैल था। मुझसे बारह-पंद्रह बरस बड़ा। चपतें लगाया करता था।"

"भलीमानस, इज़्हारे-इश्क़[31] तो किया होता !"

---

31. प्रेम की अभिव्यक्ति

"अरे, आप नहीं जानते, ऐसा जिन्नाती गुस्सा था, हम सब बच्चे उससे काँपते थे। इज़हारे-इश्क़, हुँह ! वो ज़ोर का झाँपड़ मारता कि दाँत हलक़ में जा गिरते। वैसे ख़्वाबों में बड़ा नर्म पड़ जाता था। ठंडी आहें भरता, कभी मेरा घूँघट उठाता, कितनी बार आरसी मसहफ़[32] के वक़्त बीच में क़ुरान रखा होता। आईने में उसकी नीली-नीली आँखें मुस्कुरातीं ! उफ़, सारा जिस्म पसीने में डूब जाता।"

"फिर ?"

"फिर वो चौथी बार जब मैट्रिक में फ़ेल हुआ तो बंबई भाग गया। सुना, किसी हीरोइन से शादी कर ली।"

"क्या नाम था ?"

"शाहज़ादा मीरज़ा दाऊद बेग बरलास !"

"फिर मुलाक़ात हुई ?"

"नहीं, अब तक तो नहीं हुई मगर दिल कहता है, मरने से पहले एक बार ज़रूर वो गहरी-गहरी नीली झीलें, वो रेशमी बाल, वो चौड़ा सीना। बस एक बार उसके शाने पर सर रखकर सिर्फ़ दो बूँद बहा दूँगी और क़हूँगी, अरे क्या कह सकूँगी ?"

"क़िब्ला भाईसाहब, चलिए खाना ठंडा हो रहा है।"

उस दिन से सैयद साहब मुझे हमेशा भाईसाहब कहते थे।

जब घर पहुँचे तो सैयद साहब ड्राइंगरूम में बैठ गए। मुझे रोका मगर मैं बावर्चीख़ाना में चली गई। छोटी बी चूल्हे के पास झुकी कुछ कर रही थीं। मुझे देखकर कुछ बौखला गईं। चिमटे में कुछ पकड़े थीं, वह जल्दी से छिपा दिया। मैंने सलाम किया तो रूखा सा जवाब देकर मुँह फेर लिया।

मैं समझ गई, उन पर क्या बीत रही है। मैं उनके शौहर के साथ पार्क में घूमकर क़हक़हे लगाती चली आ रही हूँ।

"छोटी बी !" मैंने पास पीढ़ी पर बैठकर पुकारा।

"जी !" वह मुँह मोड़े रहीं।

"ओहो, आज आप मेरा बहुत अदब कर रही हैं।"

वह कुछ न बोलीं।

"यह चिमटे में पकड़े क्या जला रही थीं ?"

"कुछ...कुछ नहीं।"

"छोटी बी। एक राज़ की बात है। किसी से कहेंगी तो नहीं ?"

"राज़ की बात। कैसा राज़ ?"

"आपके मियाँ को इश्क़ हो गया है।"

वह चौंककर मेरा मुँह तकने लगीं।

---

32. धार्मिक पाठ

"और आप कुछ नहीं कहतीं ?"

"क्या कह सकती हूँ ? मैं उनसे कह चुकी हूँ, दूसरी शादी कर लें। बच्चा मेरे नसीब में नहीं।"

"मगर आपके बच्चा हुआ तो था। जिया नहीं तो इसमें आपका क्या क़ुसूर ? आप बाँझ नहीं। मुझे उन औरतों से सख़्त नफ़रत है जो पतिव्रता बनकर मियाँ की शादी करा देती हैं। मेरी बाजी के भी बच्चा नहीं हुआ। उन्होंने भतीजी गोद ली। आप कोई बच्चा क्यों गोद नहीं ले लेतीं ?"

"लेकिन अगर उन्हें कोई दूसरी पसंद आ गई है तो !"

"तो आप उनसे तलाक़ ले लीजिए।"

"हाय अल्लाह, क्या दीवानों जैसी बातें करती हो !"

"अगर औरत एक मर्द से ज़्यादा शौहर नहीं रख सकती तो मर्द को भी एक से ज़्यादा औरत रखना हराम है।"

"क्या जहालत की बातें कर रही हो ? मर्दों को चार..."

"मैं अपने मियाँ को हरगिज़ चार नहीं करने दूँगी। फ़ौरन तलाक़ ले लूँगी।"

"उसकी पहली बीवी...," वह हकलाईं।

"जिसके पहली बीवी होगी उससे शादी मैं हरामकारी समझती हूँ।"

"मगर उन्हें जो उससे मुहब्बत है। मैं उन्हें दुखी नहीं देख सकती।"

"उफ़ ! जी चाहता है, तुम्हारा मुँह तोड़ दूँ। क्या पुरानी, सड़ी बातें कर रही हो ! अगर तुम किसी और मर्द पर आशिक़ नहीं...", छोटी बी गुस्सा से लाल हो गईं। "तो तलाक़ ले लो।"

"ताकि वो इतमीनान से शादी कर सकें !"

उफ़, ये क्या कह गई मैं ! मेरी कुछ समझ में नहीं आया। मैंने लपककर चिमटा उठाया और उसमें चिपका तावीज़ लेकर आग पर रख दिया। "मौलवी साहब ने यही कहा होगा कि जूँ ही तावीज़ जलेगा, आपकी नामुराद रक़ीब भस्म हो जाएगी !"

तावीज जलकर राख हो गया और मैं भस्म नहीं हुई।

"देखा छोटी बी, मैं भस्म नहीं हुई।"

"तावीज़-गंडेवाले ठग होते हैं।"

"नहीं, ये बहुत पहुँचा हुआ मालूम होता है। छोटी बी, क्या तुम मुझे इतना बेवकूफ़ समझती हो ? क्या मैं अंधी हूँ ? तुम मुझसे इतने प्यार से बोलती हो, मेरे लिए ख़रबूज़े की बर्फ़ बनाती हो, आज मेरी पसंद कें दही के पसंदे बनाए हैं। सच बताओ, क्या ये अपने मियाँ पर एहसान करने के लिए करती हो या...," मुझे गुस्सा आने लगा। "अगर मैं किसी मर्द से खुले दिल से मिलती हूँ, क़हक़हे लगाती हूँ, तो वह मुझे ऐसे क्यों देखने लगता है जैसे...जैसे। वो तुम्हें क्या बताऊँ मुझे मर्दों

से बेतकल्लुफ़ी से हँसने-बोलने में कोई उज्र महसूस नहीं होता। मेरा इतना बड़ा ख़ानदान है, बहुत से नौजवान लड़के हैं। हम आपस में लड़ते हैं, झगड़ते हैं, बहसें करते हैं। इसलिए यह तो मेरी आदत है। मुझे ज़हीन, हाज़िरजवाब, दिलचस्प मर्द बहुत पसंद हैं। तेज़-तर्रार दिलचस्प लड़कियों से भी मेरी बड़ी गाढ़ी छनती है। मिस फ़िलिप्स के ब्वाय फ्रेंड पृथ्वीसिंह से मेरी जुमलाबाज़ी चलती है। वह मेरी लेग-पुलिंग करता है, मैं उसकी। मिस फ़िलिप्स क़हक़हे लगाती हैं। उनसे मेरी एक दिन पृथ्वीसिंह के बारे में बात हुई। कहने लगीं, ''बड़ी पतिव्रता, बोर, अनपढ़, बेज़बान औरत है। पृथ्वी बड़ा दिलचस्प आदमी है। हमारी बड़ी दिलचस्प क़िस्म की दोस्ती है। लोग जो चाहें समझें, मैं परवा नहीं करती।''

''अरे, मिस फ़िलिप्स तो उसके संग सोती हैं।''

''ऊँह आपकी बला से, आपके संग तो नहीं सोती ? और छोटी बी, क्या सबूत है ? जब सैयद साहब चले जाते हैं तो आप छोटे ख़ाँ के साथ...'' उन्होंने चूल्हे में से चैला उठाया और हम दोनों हँसने लगे।

''अरे भई, क्या आज भूखा ही मारने का इरादा है ?'' सैयद साहब ने हाँक लगाई।

ख़ाना बेहद मज़े का था। मेरे दिमाग़ में ख़ानदानी बदज़ाती का कीड़ा रेंगा।

''अरे सैयद साहब, आपको मालूम है, प्रिंसिपल साहब बेचारे। च च !''

''क्या हुआ उन्हें ?''

''बाल-बच्चेवाला आदमी, बीवी का पाँव फिर भारी है। और बेचारा...च च...समझ में नहीं आता, क्या होगा। ग़रीब रोज़ मेरे पास आकर रोता है।''

''कौन, सिद्दीक़ी ? क्या बातें कर रही हो ? वह तो...मगर रोता क्यों है ?''

''आपको नहीं मालूम...मगर आपको मालूम भी हो तो, ख़ुदा क़सम क्या चक्कर है, आप कर भी क्या सकते हैं ?''

''क्या बकवास कर रही हो, जाने।''

''आप बनिए मत, जैसे आपको पता ही नहीं। इश्क़ और मुश्क, कहीं छिपता है ? मगर ये मुहतरमा, देखने में क्या भोली शक्ल कि तौबा, मगर सीने में दिल नहीं पत्थर।'' मैंने शिकायतन छोटी बी को घूरा। वह हक्का-बक्का रह गईं।

''तुम...तुम्हारा दिमाग़ तो सलामत है ! मैं...'', छोटी बी गुस्सा से आग-बगूला हो गईं।

''उफ़्फ़ोह, तो तुम्हारा क्या क़ुसूर ? तुम्हारी सूरत किसी को लूट लेगी तो उसमें तुम्हारा क्या कुसूर ? और सितम ये कि तुम्हें पता भी नहीं कि सिद्दीक़ी साहब नीम-पागल हो रहे हैं।''

''किसने कहा ?'' सैयद साहब के हलक़ में निवाला अटकने लगा। ''बेचारे ख़ुद रोज़ हाले-दिल सुनाने आते हैं। देखिए सैयद साहब, शरीफ़ आदमी हैं। ज़बान

से या इशारा-कनाया से कभी किसी को पता चलने न दिया। वह एक नेक, पारसा और मुक़द्दस[33] ख़ातून को बदनाम नहीं करना चाहते।''

''तुमसे ख़ुद सिद्दीक़ी ने कहा ?''

''हाँ, रोज़ आते हैं शाम को। बेचारे मुझे एजुकेशन के मुताल्लिक़ मुख़्तलिफ़ नोट्स देने आते थे।''

''हाँ देखा तो है कई बार। मगर...,'' वह भिन्नाए।

''देखिए सैयद साहब, वह शरीफ़ आदमी हैं। अगर आप गुंडागर्दी पर उतर आए तो मुआमला बिगड़ जाएगा।''

''मगर आप गवाह हैं।''

''मैं ?...भई, मैं साफ़ मुकर जाऊँगी। अगर आपने पूछ-गछ की हिमाक़त की तो फ़साद खड़ा हो जाएगा। मैं तो छुट्टियाँ होते ही उड़ जाऊँगी, अगर बात फैली तो आपकी ही बदनामी होगी।''

सैयद साहब का मुँह फ़क़ था। मगर छोटी बी के चेहरे पर नागवारी के बजाय अजीब सा तास्सुर[34] था। कुछ हैरत, कुछ बनावटी गुस्सा।

उस दिन के बाद न जाने क्या बात थी कि सैयद साहब और छोटी बी ज़्यादा वक़्त साथ ही गुज़ारते। हम दोनों बकवास करते रहते, वह हमारी ख़ातिरें करती रहतीं। आपा भी, जब वह अकेले आते थे तो बेहद खर्री बातें करती थीं। छोटी बी के साथ आने लगे तो बेहद नर्म पड़ गईं।

मैं जब बरेली से अलीगढ़ जाने लगी तो खूब दावतें हुईं जिनमें सिद्दीक़ी साहब, सैयद साहब और छोटी बी भी शरीक हुए।

मैंने कभी किसी को उस फुलझड़ी की तफ़सील नहीं बताई जो मैंने बग़ैर किसी इरादा के, बेसाख़्ता छोड़ दी थी।

---

33. पवित्र 34. भाव

ताले

मेरी ज़िया से मुलाक़ात अजीब अफ़सानवी[1] अंदाज में हुई जबकि इस क़िस्म के अफ़सानों की हदों को मैं अपनी दानिस्त[2] में पार कर चुकी थी। ज़फ़र क़ुरैशी, जिनसे यूँ ही उचटती हुई मुलाक़ात शाहिद अहमद देहलवी के यहाँ हुई थी। जोधपुर जाने के लिए मैं पहले अलीगढ़, फिर वहाँ से देहली जाती, दो-चार दिन वहाँ रहकर जोधपुर रवाना हो जाती। उन्हें मालूम था कि मैं लखनऊ में पढ़ रही हूँ। वह अक्सर किताबें भेजा करते। किसी अच्छे मज़मून का तराशा भी भेज दिया करते। उन्होंने मेरा पता न जाने किसी अंग्रेज़ी मैगज़ीन में छपवा दिया।

मेरे पास बहुत से ख़त आने लगे। निहायत वाहियात क़िस्म की तसवीरें और मुग़ल्लज़ात[3]। मैंने उन्हें डाँट बताई कि मेरा पता फ़ौरन बदलवाएँ और कोई झूठा पता लिख दें। फिर मैंने ख़ुद ही उस मैगज़ीन को अपना निहायत पेचदार ग़लत-सलत पता भेज दिया और इस तरह उन ख़ुतूत से मेरा पीछा छूटा और ज़फ़र क़ुरैशी से भी ख़तो-किताबत बंद हो गई।

इस बात को साल से ज़्यादा गुज़र गया। मैं जावरा से बरेली आ गई थी कि एक दिन मुझे एक निहायत ख़ूबसूरत लिफ़ाफ़े में बेहद उम्दा टाइप किया हुआ, बड़ा मुहज़्ज़ब[4] सा ख़त मिला। मैंने जवाब नहीं दिया तो *शोला-ए-तूर* की एक जिल्द मिली। मैंने शुक्रिया का एक ख़त लिख दिया। ज़िया के ख़त रोज़ आने लगे। उनमें शायरों का ज़िक्र होता, ख़ास तौर पर 'जिगर' मुरादाबादी और 'मजाज़' का कि वो उनके बड़े अज़ीज़ दोस्त हैं, और 'जिगर' साहब पीरो-मुर्शिद। फिर *अंगारे* के बारे में हमारी ख़तो-किताबत होती रही।

मैं भी हफ़्ते में दो ख़त लिखने लगी। हमारी ख़तो-किताबत अंग्रेज़ी में चलती रही। कुछ दिन बाद उन्होंने लिखा कि उन्हें बरेली में कुछ काम है। दो दिन ठहरेंगे।

---

1. कहानी जैसे 2. समझ 3. गालियाँ, 4. सभ्य

अगर मैं उन्हें स्टेशन पर मिल जाऊँ तो साथ लंच खाएँगे। मगर हम एक दूसरे को पहचानेंगे कैसे ?

ज़िया ने बड़ी सादगी से लिखा कि वह ग्यारह बजे की गाड़ी से पहुँचेंगे और फर्स्ट क्लास के डिब्बे से सुर्मई सूट में उतरेंगे, उनके हाथ में अख़बार होगा। और अगर मेरे हाथ में गुलाब का फूल होगा और मैं फ़ीरोज़ी साड़ी पहने हूँगी तो हम एक-दूसरे को पहचान लेंगे।

मैंने उसी साल अपना पहला ड्रामा *फ़सादी* लिखा था जो *साक़ी* के सालनामे[5] में ख़ासे एहतमाम से छपा था, और एक कहानी *नीरा* भेज चुकी थी। *साक़ी* के लिए तीसरी कहानी *गेंदा* क़रीब ख़त्म थी। न जाने मैंने क्यों लिखना शुरू कर दिया था और मैं समझती थी कि शाहिद साहब चूँकि अज़ीम भाई के दोस्त हैं, मुरव्वत में छाप देते हैं। लेकिन जब उनके तक़ाज़े के ख़त आए तो मैंने और लिखने की कोशिश की और चूँकि *गेंदा* मैंने *नये कोब* को भेज दी थी जो उन दिनों शायद लखनऊ से निकलता था।

एक तो काम की ज़िम्मेदारियाँ, फिर पार्टियाँ, दावतें, सिनेमा, कितने ही चक्कर थे। फिर पढ़ने की आदत कि रात को बग़ैर किताब हाथ में पकड़े नींद ही नहीं आती। आज भी ख़्वाह[6] रात के कितने बज जाएँ, ख़्वाह लिखने का काम जारी हो, सोने से पहले दाँत माँझकर कोई किताब ज़रूर पढ़ती हूँ, चाहे वह मेरे नवासे की कॉमिक ही क्यों न हो।

फिर भी मुझे लिखने में ऐसा ही लुत्फ़ आने लगा जैसे पढ़ने में आता है। हमारा सारा ख़ानदान ही बातूनी है और मेरा नंबर कुछ ज़्यादा बोलनेवालों में आता है। लिखते वक़्त मुझे ऐसा लगता है जैसे पढ़नेवाले मेरे सामने बैठे हैं, उनसे बातें कर रही हूँ और वो सुन रहे हैं। कुछ मेरे हमख़याल हैं, कुछ मोतरिज़[7] हैं, कुछ मुस्कुरा रहे हैं, कुछ गुस्सा हो रहे हैं। कुछ का वाक़ई जी जल रहा है। अब भी मैं लिखती हूँ तो यही एहसास छाया रहता है कि बातें कर रही हूँ। लोग बातों में क़िस्से सुनाते हैं, वैसे ही मैं भी किसी वाक़िया को सुना रही हूँ। जैसे लोग साथ में अपनी राय भी चिपकाते जाते हैं, वैसे मैं भी कहानी के किरदार[8] और वाक़ियात पर रायज़नी करती जाती हूँ।

ये लीजिए, बात कहाँ से कहाँ पहुँच गई ! मेरे पास कोई नीली साड़ी नहीं थी और सिर्फ़ शिनाख़्त के लिए नीली साड़ी ख़रीदना हिमाक़त मालूम हुआ। और गुलाब के फूल स्कूल में निहायत फिसड्डी क़िस्म के खिले थे। फूल पकड़े मलिका नूरजहाँ तक अहमक़ लगती। और गेंदे के फूलों की ख़ुशबू से सर में दर्द होने लगता था। आपा की क्यारी में बड़ी सेवा के बाद दो मरघिल्ले, बीमार से, कासनी रंग

5. वार्षिकांक 6. चाहे 7. आपत्ति करनेवाले 8. पात्र

के अंग्रेज़ी नस्ल के फूल खिले थे। अव्वल तो उन्हें तोड़ना जान पर खेलने से कम न था। आपा सुबह-शाम उनको वज़ू का मुतबर्रक[9] पानी पिलाती थीं। दूसरे, वो तोड़ने के बाद अगर गुलदस्ते में पानी डालकर न सजाए जाएँ तो दो मिनट में निढाल होकर गर्दन डाल देते थे। अब मैं इतनी भी नशे में चूर न थी कि गुलदान लेकर हीरो की जुस्तजू[10] में स्टेशन का प्लेटफ़ार्म नापती। मगर फ़र्स्ट क्लास से जो सुर्मई सूट पहने अख़बार लिए उतरा, उसे देखकर मैं नमक का थंबा बन गई। बिलकुल हूबहू जुगनू, वही बेहद घूँघरवाले ढेरों बाल, मिची-मिची सी आँखें, खुला दहाना, गोरा गंदुमी रंग। पर आख़िरी बार जुगनू को देखा था तो दुबले थे। बस जिस्म भर गया था, बेहद सलीक़े से।

मैं ऐसे सन्नाटे में उन्हें देख रही थी कि ज़िया मुस्कुराते हुए सीधे मेरी तरफ़ बढ़े।

"आदाब अर्ज़ !"

"आदाब अर्ज़ !" नहीं, ये जुगनू नहीं, ज़िया थे जिनकी मुस्कुराहट में उज़्र नहीं, एतमाद था। हम दोनों फ़ौरन बेतकल्लुफ़ी से बातें करते वेटिंगरूम की तरफ़ बढ़ गए। मैंने नीली साड़ी और गुलाब के फूल की रूदाद[11] सुनाई कि ज़िया ने इतनी ज़ोर से क़हक़हे लगाए कि प्लेटफ़ार्म पर लोग चौंक पड़े। इतने ऊँचे क़हक़हे सिर्फ़ अब्बा मियाँ की महफ़िलों में उनके दोस्त-अहबाब लगाया करते थे। या बहुत साल हुए ऐसा क़हक़हा मैंने अपने बावर्चीख़ाने में सालन भूनते हुए सुना था और क़हक़हा नंबर 5, अंडस कोर्ट से आ रहा था जिसके बावर्चीख़ाने की खिड़की मेरे सामने थी। इस क़हक़हे ने कितनी पुरानी यादें जगा दीं। बंबई में लोग दिल खोलकर इस धमाके से नहीं हँसते कि पड़ोसी चौंक पड़ें।

मुझे तजस्सुस[12] ने बहुत उकसाया तो नंबर 5, जिसमें राज बेदी रहते हैं, जाना पड़ा।

"अरे भई राज, ये तुम्हारे यहाँ कौन इतने जानदार क़हक़हे लगा रहा है ?" मैंने हौले से पूछा। और क़हक़हा मेरे सामने खड़ा था। गोरा-चिट्ठा, घने स्याह बाल, भरा हुआ जिस्म।

"ये मोहन राकेश हैं, *सारिका* के एडीटर।"

"ख़ूब, अपनी आमद की इत्तला आप पास-पड़ोसवालों को इस अंदाज़ से देते हैं।" और मोहन राकेश ने फिर मिसाली क़हक़हा लगाया। ऐसा लगा, मैं उन्हें बरसों से जानती हूँ।

उफ़, मैं ज़िया के ज़िक्र पर यूँ कन्नी क्यों काटने लगती हूँ ?

लंच हमने स्टेशन के रेस्टोराँ में खाया, फिर ताँगा में बैठकर इधर-उधर घूमते

9. शुभ, पवित्र 10. तलाश 11. कक्षा 12. जिज्ञासा

रहे। लाइब्रेरी में जा बैठे। ज़िया को हज़ारों शे'र अज़बर[13] थे। मीर, ज़ौक़, ग़ालिब, सौदा, इक़बाल, जोश, जिगर, अख़्तर शीरानी, मजाज़ के अशआर। मुझे निहायत मामूली बातें हर्फ़-ब-हर्फ़ याद रहती हैं, ख़ुसूसन[14] मकालमे[15] बार-बार कान में गूँजा करते हैं, लेकिन अशआर बड़ी मुश्किल से याद रहते हैं, उनके मानी याद रह जाते हैं। मैं उन्हें मानी याद दिलाती।

"वो क्या शे'र है ग़ालिब का, होता है तमाशा..."

"बाज़ीच-ए-इतफ़ाल[16] है दुनिया मिरे आगे
होता है शबो-रोज़ तमाशा मिरे आगे।"

ज़िया फ़ौरन शे'र ही नहीं, पूरी ग़ज़ल सुना देते।

"और वो मरियम का बेटा, क्या है वो..." मैं निहायत ग़ैर-शायराना अंदाज़ में पूछती।

"इब्ने मरियम हुआ करे कोई
मेरे दुख की दवा करे कोई..."

"और वो जन्नत से निकाले जाने पर..." मैं निहायत फूहड़पन से पूछती।

"निकलना ख़ुल्द[17] से आदम का सुनते आए थे लेकिन
बड़े बे-आबरू होकर तिरे कूचे से हम निकले।"

मैंने अपनी याददाश्त पर ख़ुद को शाबाशी दी।

स्कूल-कालेज में बैतबाज़ी[18] में कोई पार्टी मुझे लेने पर हँसी-ख़ुशी राज़ी नहीं होती थी क्योंकि मुझ पर आकर हमेशा पार्टी की हार होती थी।

"आपने कभी इश्क़ किया है ?" वही तुरप का इक्का। जी चाहा, वही जवाब दूँ ! हज़ारों मर्तबा मैं बेइंतिहा ज़ूद-असर[19] हूँ। बड़ी शिद्दत से हमला होता है। चंद घंटों की सोहबत में ही ऐसा लग रहा था, बरसों से ज़िया को जानती हूँ और इस जन्म भर जानती रहूँगी। अगले जन्म का क्या भरोसा ! ख़ानदानवालों और दोस्त-अहबाब का अंदाज़ा है कि मौजूदा जन्म के अतवार[20] देखते हुए बंदर या बिल्ली के रूप में अगला जन्म होगा। मुझे कोई एतराज़ नहीं, मुझे उन दोनों जानवरों से हमेशा उन्स[21] रहा है और ज़माना का मुक़ाबला करने के लिए उनकी कुछ सिफ़ात[22] काम आ जाती हैं। बंदर की चालाकी और बिल्ली का अंदाज़े-मुदाफ़अत।[23]

मैंने यूँ ही दाऊद भाई का ज़िक्र किया।

"पचा लव," उन्होंने हिक़ारत से ठुकरा दिया।

"बिलकुल यही राय सैयद साहब की है।"

"कौन सैयद साहब ? वो एजुकेशन डिपार्टमेंट में डिप्टी इंस्पेक्टर !"

---

13. कंठस्थ 14. विशेषकर 15. संवाद 16. बच्चों का क्रीड़ास्थल 17. स्वर्ग 18. अंताक्षरी 19. जिस पर जल्द असर हो 20. तौर-तरीक़े 21. लगाव 22. गुण 23. प्रतिरक्षा का ढंग

"आप जानते हैं ?"

"हाँ, बहुत अच्छा गाते हैं।"

"तो बस रात का खाना उनके यहाँ।"

"नहीं, आज का एक लम्हा भी ज़ाया नहीं किया जाएगा। हाँ, तो बस और कोई भरपूर मुहब्बत, कोई दिल का दाग़, कुछ ठंडी आहें, वो आपके कज़िन जिनका आपने कई ख़तों में ज़िक्र किया, वो बंबई में डॉक्टर हैं ?"

"ओह, जुगनू।"

"हाँ हाँ, उनसे तो बचपन से लैला-मजनूँवाला मुआमला रहा होगा।"

"ख़ाक।"

"अँधेरे-उजाले पकड़-धकड़, दो-चार मीठे प्यार !"

"कभी नहीं।"

"आपके चेहरे का रंग कह रहा है कि झूठ बोल रही हैं।"

"नहीं, इस वक़्त झूठ का मूड नहीं बल्कि मुझे तो शिकायत है।"

"बड़ा बदमज़ाक़[24] आदमी है, आपको उससे मुहब्बत है ?"

"ये भी पता नहीं, मैं आजकल साइकालोजी पर बहुत पढ़ रही हूँ। और ख़ुद अपनी एनालिसिस कर रही हूँ।"

"कुछ पता चला ?"

"यही कि बहुत बचपन से दिमाग़ में यह बैठ गया कि जिस्मानी प्यार गंदा है।"

"उफ़्फ़ोह, मगर अब तो बचपन गया, और..."

"फिर एक और भूत सवार हो गया कि सब कहते हैं, तालीम पाकर लड़कियाँ आवारा हो जाती हैं। मैं यह साबित करने की धुन में लगी हूँ कि यह ग़लत है।"

"और ज़ेहनी चौकीदार बिठा दिए हैं !"

"हाँ, और उनको बड़ी तनख़्वाह दे रही हूँ।"

"आपको कभी किसी ने प्यार नहीं किया ?"

"एक दफ़ा एक छोटे से बदज़ात कज़िन ने किया था।"

"गाल पर।"

"नहीं, होंटों पर।"

"क्या महसूस हुआ ?"

"सन्नाटे में रह गई। हाथ-पाँव फूल गए। उफ़, मुझे उससे डर लगने लगा था।"

"पकड़ लिया, हाथ मिलाओ।"

---

24. कुरुचिवाला

''क्या पकड़ लिया ?''

''ये ड्रामासाज़ी। झूठ बोलने से कोई फ़ायदा नहीं, मुकरो मत।''

''मैं कहाँ मुकर रही हूँ ?''

''क्या अब भी जिस्मानी प्यार को गंदा समझती हो ?''

''नहीं, बल्कि उसे एक ज़ेह्नी बीमारी समझती हूँ जो माहौल की पैदावार है। मैंने बहुत औरतों से, पढ़ने के बाद, तजर्बा के लिए सवाल किए। आज तक मुझे कोई ऐसी औरत नहीं मिली जिसने इक़रार किया हो कि जिस्मानी मिलाप में उसे लज़्ज़त[25] मिलती है। सब यही कहती हैं कि उनके शौहर उनकी जान को लगे रहते हैं।''

''बदनसीब शौहर !'' एकदम ज़िया का चेहरा उतर गया। ''फिर अगर शौहर दूसरी औरतों की तरफ़ मुतवज्जह[26] होते हैं तो उनका क्या कुसूर ! ऐसी बीवियों से तो रंडियाँ अच्छी।''

''मगर मुझे रंडी ने बताया कि उसे इस फ़ेल[27] से घिन आती है। ग्राहक को लुभाने के लिए वो एक्टिंग करती हैं।''

ज़िया उठकर बेचैनी से टहलने लगे।

''ख़ुदा के लिए यहाँ से चलो। वरना मैं पागल हो जाऊँगा।''

हम बाहर निकले तो एकदम मूड बदल गया। फ़ुटपाथ पर एक मदारी खड़ा, दोनों हाथों में दोगड़ियाँ पकड़े तमाशा दिखा रहा था।

''अख़्तू ने पकाई बड़ियाँ, बख़्तू ने पकाई डाल।''

''अख़्तू की बड़ियाँ जल गईं। बख़्तू का बुरा हाल, जंगे-लाल लड़ेंगे ज़ंगे-लाल...''

वह दोनों गुड़ियों को आपस में लड़ाने लगा। चारों तरफ़ खड़े बच्चे किलकारियाँ मारने लगे। हमें भी बेइख़्तियार हँसी आ गई। वह बार-बार दुहराता और गुड़ियों की इतनी दिलचस्प कुश्ती दिखलाता कि देखनेवाले लोट-पोट हो जाते।

ज़िया ने जेब से पाँच रुपये का नोट निकाला और बाज़ीगर को देकर, जल्दी से मुझे घसीटकर, क़रीब खड़े ताँगे में बैठ गए। बाज़ीगर हक्का-बक्का कभी नोट को, कभी ज़िया को देखता रह गया।

हम एक सिनेमाघर में घुस गए। अंग्रेज़ी की कोई फ़िल्म थी। याद नहीं, कौन सी थी। ज़िया का हाथ बार-बार कुर्सी के हत्थे पर रखे हुए मेरे हाथ से छू जाता और पर्द-ए-सीमी[28] पर धुंध छा जाती। ज़िया के हाथ बहुत ख़ूबसूरत थे। मुलायम लंबी-लंबी उँगलियाँ, सुडौल बादामी नाख़ुन। मैंने इतने ख़ूबसूरत हाथ सिर्फ़ एक इनसान के देखे थे, जुगनू के।

---

25. आनंद 26. आकर्षित 27. कर्म 28. रुपहला पर्दा

"तुम डाक्टर क्यों नहीं बने ?" मैंने ज़िया से पूछा।

"बस, बनते-बनते रह गया। शायरी के चक्कर में साइंस छोड़कर आर्ट्स ले लिया।"

"डाक्टरों की उँगलियाँ लंबी होनी चाहिए। आपरेशन में सहूलत होती है।"

"क्या जुगनू की उँगलियाँ लंबी हैं ?"

"तुम्हें कैसे मालूम ?" हम न जाने कैसे एक ही दिन में 'आप' से 'तुम' पर उतर आए थे।

"तुमने।"

"अरे, मैंने तो जुगनू का ज़िक्र भी नहीं किया।"

"फिर मेरे हाथ देख डाक्टर क्यों याद आए ? तुम्हारे ऊपर जुगनू सवार है।"

"उफ़्फ़ोह, क़त्तई नहीं, हम साथ पले-बढ़े। बचपन में मैं उसे अपना सातवाँ भाई समझती थी। बहुत दिन बाद मालूम हुआ कि वह बड़े मामूँ का लड़का है।"

"ये भाई बनानेवाली आदत निहायत फ़रसूदा[29] है। जो औरतें मर्दों को बहुत भाई-भाई कहती हैं, सख़्त आवारा होती हैं।"

"मैंने तुम्हें तो भाई नहीं कहा।"

"ज़रा भाई कहके तो देखो !" ज़िया ने मेरे गले पर पंजा जमाकर आहिस्ता से दबाया, फिर हाथ सरककर गाल पर आ गया।

"शी।" किसी ने हमारी खुसर-फुसर से चिढ़कर कहा और हम फ़रमाँबरदार बच्चों की तरह फ़िल्म देखने लगे जिसका आगा-पीछा ख़ल्त-मल्त हो गया था।

फ़िल्म के बाद एक होटल में खाना खाने लगे। बरेली का बेहतरीन होटल, न जाने क्या नाम था !

खाने के दरमियान सियासत छिड़ गई। ज़िया पक्के पाकिस्तानी, मैं खरी कांग्रेसी। कुछ हलका गुलाबी रंग भी रशीदा आपा की सोहबत में झलकने लगा था। मुझे यक़ीन था कि मुल्क आज़ाद होगा तब कांग्रेस कम्युनिज़्म ही लागू करेगी क्योंकि गाँधीजी तो आम इनसान के रहनुमा हैं। वह हरिजनों को जीने का हक़ दिलाएँगे। सुना है, उन्होंने भंगियों की बस्ती में सबके साथ खाना खाया। उनके साथ बड़े-बड़े लीडर थे। ये अंग्रेज़ चले गए तो हिंदुस्तान बहिश्ते-बरी[30] का नमूना बन जाएगा। मिस्टर जिन्ना मुल्क का बँटवारा करना चाहते हैं। मुस्लिम लीग का ज़ोर बढ़ता जा रहा है। बड़े-बड़े ताल्लुक़दार और नवाब उनके हमनवा[31] हैं। लखनऊ में जबसे गाँधीजी के दर्शन किए थे, बैरूनी[32] माल इस्तेमाल करना छोड़ दिया था। मेरी खद्दर की साड़ियाँ बिलकुल रेशम की लगती थीं मगर जाड़ों में ही पहनी जा सकती थीं। मुल्क के बँटवारे का ख़याल इंतिहाई मज़हकाख़ेज़[33] लगता था। किसी

---

29. जर्जर, पुराना 30. स्वर्ग 31. साथी 32. विदेशी 33. हास्यास्पद

तरह यक़ीन ही नहीं आता था कि ऐसा हो सकता है।

ज़िया मुझे अजीब नज़रों से देखकर मुस्कुरा रहे थे।

"क्या बात है ?" मैंने पूछा।

"यह ग़लत एहसास नहीं कि मैं तुम्हें बहुत दिन से जानता हूँ।"

"कैसे जानते हो ?"

"मजाज़ ने ज़िक्र किया था। तुम उससे मिलने गई थीं और काफ़ी मुतास्सिर हुई थीं।"

"ओह। हाँ, तीन साल हो गए जब मैं अलीगढ़ में थी तो सूफ़िया के साथ मिली थी।"

"बहुत पसंद है मजाज़ !"

"बहुत।"

"शादी का इरादा है ?"

"क्या जिसे पसंद किया जाए उससे शादी भी की जाए ? मुझे तो जिगर साहब भी बेइंतिहा पसंद हैं। नियाज़ फ़तहपुरी से बेइंतिहा अक़ीदत[34] है। पितरस मेरी जान हैं।"

"और जुगनू ?"

"जुगनू भी।"

"जान हैं ?"

"यह तो उनकी शान में गुस्ताख़ी होगी। नहीं, जुगनू के लिए दिल में अलग ही ख़ाना है।"

"दिल है कि कबूतरों की काबुक।"

"हर दिल कबूतरों की काबुक होता है। मुख़्तलिफ़ ख़ानों में माँ-बाप, भाई-बहन, यार-दोस्त, अदीब और शायर—मेरे दिल में तो एक ख़ाना अद्दा यानी पुराने बावर्ची के लिए भी है। जब छोटी थी तो बावर्चीख़ाना में उनके पास घुसकर बैठ जाती थी। वो हाँडी भूनते। उसमें से गुर्दा निकालकर मुझे खिलाते थे। छोटी-छोटी टिक्कियाँ घी और नमक डालकर मेरे लिए पकाते थे और दूसरे बच्चों से छिपाकर मुझे खिलाते थे। सब भाई-बहनों, रिश्तेदारों के लिए अलग डब्बे हैं। कोई नीचे, कोई ऊपर, और काफ़ी ऊपर। एक ख़ाना मेरी पहली सहेली मँगिया, कोचवान की बेटी के लिए था।"

"था से क्या मतलब ?"

"उसका ब्याह हो गया तो बहुत दूर हो गई। फिर मुझे कुछ नीच समझती थी, बड़ी बहनों से खुसर-फुसर करती थी। कहती थी तुम कुँवारी हो, तुमसे क्या

34. आस्था

बात करें ! बड़ी अकड़ती थी।''

ज़िया मुस्कुराने लगे।

''ज़रा सोचो, उन सबसे शादी कर सकती हूँ ! और ख़ुदा जाने अभी कितने नये ख़ाने पैदा होंगे, कौन-कौन आन बसेगा ?''

''इसका मतलब है, अभी गुंजाइश है ?''

''क़त्तई।''

''बाक़ायदा अर्ज़ी देनी पड़ेगी।''

''नहीं, और हो सकता है कि अर्ज़ी नामंज़ूर हो जाए। कोई रिश्वत-सिफ़ारिश का दख़ल नहीं।''

''ख़ैर, गुंजाइश तो है, इसलिए नाउम्मीद नहीं होना चाहिए। ऊपर के ख़ाने में या नीचे।''

''बीच में भी। हाँ, तो मजाज़ ने ज़िक्र किया था मेरा ?''

''उसके अलावा तुम्हारे भाई अज़ीम बेग चुग़ताई के ज़रिये से भी।''

''अरे, आप उनसे मिल चुके हैं ? कहाँ ? देहली में ?''

''मुलाक़ात नहीं हुई। दरअस्ल ऐसा हुआ कि एक दफ़ा यानी चंद महीने हुए मेरे वालिद ने शादी के लिए इश्तहार[35] दिया था तो चुग़ताई साहब का भी ख़त आया था। तुम उस वक़्त उनके पास ही थीं।''

''ओह तो वह जनाब थे ! हाँ, मुझसे भी उन्होंने डिप्टी कलेक्टर का ज़िक्र किया था। नाम नहीं बताया था।''

''इश्तहार में नाम थोड़ी था ? बड़े-बड़े ताल्लुक़दारों के ख़त आए।''

''दूल्हाओं की इतनी क़िल्लत है हिंदुस्तान में, और फिर डिप्टी कलेक्टर तो राजा होता है। अगर रिश्वत ले तो क्या कहने हैं ! रिश्वत लेते हो ?''

''अभी तक तो मौक़ा नहीं मिला।''

''रिश्वत मत लेना।''

''अगर किसी नवाबज़ादी से पाला पड़ा तो ठाट-बाट कैसे भुगते जाएँगे ?''

''बस तो घर-दामाद बन जाना।''

''उसके बेटे...''

''अरे, किसी अच्छे से थानेदार से पार लगवा देना। किसी डाकू को छोड़ देना, सफ़ाया कर देंगे।''

''तुम्हारे वालिद डिप्टी कलेक्टर थे।''

''बक़ौल शमीम, मेरे वालिद उस मुआमले में निहायत निकम्मे थे।''

''ये शमीम साहब ?''

---

35. विज्ञापन

"क़त्तई साहब नहीं, मुझसे डेढ़ साल बड़े, निहायत मज़ेदार इनसान हैं। मेरे नंबर पाँच भाई। चार दफ़ा मैट्रिक का इम्तहान दिया। महकमा तालीम की बदक़िस्मती और बेईमानी से कामयाब न हो सके। अकसर किसी लखपति की इकलौती बेटी को अग़वा करने के प्लान बनाते रहते हैं। फ़िलहाल तो नाकामी से ही साबक़ा पड़ रहा है। हाँ, तो मुन्ने भाई ने ख़त लिखा था !"

"कि वह ख़ुद जज हैं जावरा स्टेट में, बड़े भाई रेवेन्यू सेक्रेटरी हैं, और नवाब साहब से कुछ दूर का रिश्ता है। उनकी इनायात शामिल-हाल रहेंगी।"

"नवाब साहब की इनायात से जान बचाकर मैं जावरा से फ़रार हुई। पिछले चंद महीनों में बस तख़्ता उलट गया। नन्हे भाई को चौबीस घंटे के अंदर सियासत छोड़ देने का हुक्म मिला। और बड़े मोतबर[36] ज़राया से पता चला कि मुन्ने भाई को डॉक्टर ग़लत दवाएँ दे रहा था। वह मेरज टी.बी. हस्पताल भागे। और इस्तीफ़ा देकर अब जोधपुर आ गए हैं। बिलकुल बिस्तर से लग गए हैं।"

"ऐसी सूरत में तुम्हारा वहाँ रहना ... !"

"सूरत कुछ ज़्यादा ही मकरूह होने लगी। नवाब साहब ने मुझे और मेरी ग्यारह बरस की भतीजी को अपनी बहुएँ बनाने का फ़ैसला सादिर किया।"

"ओह, तो ये ठाठ हैं आपके ! मगर...नवाब साहब की बहू।"

"जी ! मैं और नुज़हत यानी डेढ़ अदद बहुएँ वहाँ से उसी रात सरपट भागीं और बरेली में आकर स्वर्गवास हुईं। लोग मरने को स्वर्गवास क्यों कहते हैं हालाँकि ज़िंदगी में बारहा[37] इनसान स्वर्गवास होने के ज़र्रीं मवाक़े[38] पा सकता है।"

"हिंदी के अलफ़ाज बहुत ज़बान पर चढ़ गए हैं !"

"आजकल मेरे एक मेहरबान ओंकारनाथ शर्मा मुझे हिंदू माइथोलोजी पढ़ा रहे हैं।"

"बड़े मियाँ तुम्हें हिंदू बनाने के चक्कर में होंगे।"

"बड़े मियाँ नहीं, नौजवान हैं। काफ़ी हैंडसम। मुझे तो डर है कि मुझे हिंदू बनाने के बजाय वही न मुशर्रफ़-ब-इस्लाम[39] हो जाएँ। पता है, वह मेरे हाथ का छुआ बड़े मज़े से खा लेते हैं ! बेहद रौशनख़याल हैं। गोश्त नहीं खाते, मगर दस्तरख़्वान पर रखा हो तो छूत नहीं करते। बस एक दिन एक निवाला हलक़ से उतार लें तो कल्याण हो जाए।"

"कुछ चक्कर मालूम होता है।"

"किसी भी मर्द से दो बातें कर लो, वह चक्कर चलाने पर मुसिर हो जाता है। न जाने क्यों, मर्द औरत का सिर्फ़ एक ही इस्तेमाल जानते हैं।"

"यानी जिंसी[40] मिलाप।"

---

36. विश्वस्त 37. अनेकों बार 38. सुनहरे अवसर 39. इस्लाम का कृपा प्राप्त 40 यौन संबंधी

"हाँ, बस घूम-फिरकर खूँटे पर लौट आते हैं।"

"फ़्रायड को पढ़ा है ?"

"मगर मुकम्मल ईमान न ला सकी। कुछ फ़्रॉड भी है फ्रायड में। एक कज है मेरे ज़ेहन में। कितना भी अज़ीम इंटेलेक्चुअल हो, मैं आँख मूँदकर ईमान लाने की क़ायल नहीं। न जाने क्या आदते-बद है कि सबसे पहले उनके क़ौल में लूपहोल तलाश करती हूँ। मुवाफ़िक़त[41] से पहली सारी मुख़ालिफ़त की देख-रेख कर लेना चाहिए। मैं किसी भी मक़ोले पर धड़ से ईमान लाने की क़ायल नहीं। पहला लफ़्ज़ मेरी ज़बान से शायद 'क्यों' निकला होगा, हालाँकि इस क्यों ने मुझे बड़ी मार खिलाई है।"

"क्या निकाह के दो बोल इतने अहम हैं ?"

"क़त्तई नहीं। ख़ुद मेरे अब्बा ने जो अम्माँ के दीवाने थे, न जाने किस प्यास की तलब में एक ख़ातून से शादी कर ली थी। शायद इसलिए कि वह अम्माँ से बिलकुल मुख़्तलिफ़ होंगी। सदियों से मर्द नए-नए ज़ायक़े लेने का आदी बन चुका है। वह तो मेरी भोली-भाली जाहिल माँ लोहे की लाट साबित हुईं और सारे ख़ानदान को रिश्वत देकर भड़का दिया। सबने मिलकर मेरे सूरमा अब्बा को चित कर दिया और उन्होंने महीना भर के अंदर तलाक़ दे दी। मगर मेरे आवारा, दस नंबरी चचा मियाँ एक धोबन भगा लाए थे। ख़ानदान में उसे कोई मर्तबा न मिल सका। हमेशा ज़मीन पर या पीढ़ी पर, ज़रा फ़ासले पर बैठती थी। चचा मियाँ के अलावा सब ही की चाकरी करती थी। उसके बेटे के नाम उन्होंने अपना आबाई मकान कर दिया था, और उसको लाने के बाद किसी दूसरी औरत के पास नहीं गए। एक दफ़ा मज़ेदार खाना पकाने पर ख़ुश होकर बोले, 'बुढ़िया, माँग, क्या माँगती है ! आज दरिया-ए-रहमत जोश में है।' बुढ़िया ने लिजाजत से कहा, 'मज्जा जी, निकाह कर लो, ये हराम नहीं झेला जाता।' बस चचा मियाँ ने जूता उतारके पलेथन निकाल दिया। 'हरामज़ादी, हम चुग़ताई, तुझ धोबन से निकाह करके ख़ानदान को रुसवा करेंगे ?' मेरे दिल में उनकी कोताह-नज़री[42] को छोड़कर उस क़द्र की बड़ी इज़्ज़त है जो दरअस्ल उन्होंने बुढ़िया की की, जबकि निकाह करके भी बेवफ़ाई करना मर्द का हक़ समझा जाता है। बल्कि मर्दानगी।'

"तुम्हें ऐसी मुहब्बत देनेवाला मिले तो ?"

"तो ज़िंदगी छलक उठेगी।"

ज़िया मुझे अजीब नज़रों से देख रहे थे। यानी मैं निहायत जोशोख़रोश से उन्हें दावत दे रही थी। ख़ुदा समझे, मेरी ज़बान को वाक़ई लगाम नहीं।

---

41. अनुरूपता 42. घटियापन

''दीवाली की तीन दिन की छुट्टी है।''

''हाँ। सोच रही हूँ दो दिन की और छुट्टी ले लूँ, फिर इतवार पड़ता है। छः दिन के लिए अलीगढ़ का चक्कर लगा आऊँ। बहुत जी चाह रहा है।''

''लखनऊ चलो ना !''

लखनऊ ! कॉलेज छोड़ने के बाद लखनऊ जाना ही न हो सका था।

''हाँ, बस दो दिन के लिए।''

''ख़याल बुरा नहीं, आई.टी. कालेज की अकसर याद सताती है।''

''तो फिर तय है ?''

''क़त्तई।''

''उसी तरह बारह बजे की गाड़ी से आऊँगा।''

''मैं स्टेशन पहुँच जाऊँगी। सामान रखकर कहीं घूमने चल देंगे।''

''और शाम की गाड़ी से लखनऊ। वापसी में मुझे भी एक दिन के लिए बरेली आना है।''

रात को होटल में खाना खाया। बातों में दस बज गए।

''बहुत देर हो गई। आपा परेशान होंगी,'' मैं उठ खड़ी हुई।

''अरे, अभी तो शाम शुरू हुई है।''

''तुम नहीं जानते, आपा को हौल सवार हो जाते हैं। सैयद साहब और मैनेजर साहब के पास आदमी दौड़ाएँगी। बरेली शहर में मेरी ढूँढैया पड़ जाएगी। वैसे ही तुम्हारे साथ घूमने-फिरने पर चेमेगोइयाँ[43] हो रही होंगी।''

''लोगों की बकवास की परवाह करती हो !''

''मैं शहर के इकलौते मुस्लिम गर्ल्स स्कूल की हेडमिस्ट्रेस हूँ। मेरे चाल-चलन, रखरखाव पर कितनी नज़रें जमी हुई हैं। मैं नीमपागल हो सकती हूँ मगर ग़ैर ज़िम्मेदारी से मुझे घिन आती है। मैं जानती हूँ, मुस्लिम स्कूल किन मुश्किलात का मुक़ाबला करते हैं, और मुसलमान तालीमयाफ़्ता लड़कियों पर क़ौम की नज़र किस उम्मीद में पड़ती है कि यह एक टेढ़ा क़दम उठाए तो पैरों तले से फ़र्श खींच लो। मैं क़ौम की ख़सलत[44] चुटकी बजाते में न बदल सकती हूँ, न उम्मीद करती हूँ। एक ज़माना चाहिए।''

''रशीदजहाँ को तो गुरू मानती हो।''

''हाँ, मगर गुरू की हर बात की तक़लीद[45] आँखें बंद करके नहीं करती। मैं अपनी अक़्ल के मुताबिक़ ख़ुद फ़ैसला करती हूँ और इसे गुरू से बग़ावत का नाम नहीं देती। मैं बेहद जाहिल, तंगख़याल इनसान के वजूद पर भी शिद्दत से एहतिजाज[46] नहीं करती। हर इनसान अपने माहौल का अक्स होता है। उसी माहौल

---

43. कानाफूसियाँ 44. प्रकृति 45. अनुकरण 46. विरोध

की गिरफ़्त में क़ैद होता है। उसे धक्के देकर या घसीटकर नहीं निकाला जा सकता।"

"रूस के कम्युनिज़्म की भी क़ायल हो, मज़हब पर जब्रिया पाबंदी और मुँह पर ताले डालने की भी क़ायल ! तुम्हारी बातों में बड़ा तज़ाद[47] है।"

"तज़ाद तो ज़िंदगी की निशानी है। मैं पत्थर का ताजमहल तो हूँ नहीं कि बस तवाज़ुन[48] ही तवाज़ुन हो। मेरे दिमाग़ में अनगिनत सवालात आपस में जूतमपैज़ार करते रहते हैं। उन्हें सुलझाना, उलझाना और फिर सुलझाना, यही तो ज़िंदगी है। मुझे खाने-कपड़े की फ़िक्र नहीं। आपा इतनी सलीक़ामंद हैं, वह सब सँभाल लेती हैं। बचपन में फूहड़पने पर मारा करती थीं, अब बड़बड़ाती हैं। कभी उनसे नफ़रत थी और दुआ माँगा करती थी कि अल्लाह करे, मर जाएँ। अब सोचती हूँ, बरेली में आपा न होतीं तो कैसे गुज़र होती। दिन-बदिन आपा की क़द्र दिल में बढ़ती जा रही है। एक दिन बोलीं—तुम्हारी हरकतों पर खून खौलता है मगर टाल जाती हूँ कि बड़ी उस्तानी हो। लड़कियों के सामने बेइज़्ज़ती से रोब न रहेगा। वरना अब भी तुमने जूतियाँ खाने की बातें नहीं छोड़ीं।"

मैंने तख़्त पर उनके हिसाबों कूड़ा फैला रखा था। कहानी लिखते-लिखते उठ गई। सफ़हे न उड़ें, इसलिए उन पर चाय की प्यालियाँ, चमचे और गिलास जमा दिए। साथ ही कल की जल्दी से उतारी साड़ी भी पड़ी थी। कंघा भी आईना की मेज़ पर रखना भूल गई। दो सोडे की बोतलें भी लुढ़क रही थीं। मैंने कह दिया था, कोई हाथ न लगाए। स्कूल से लौटी तो देखा तख़्त निहायत साफ़-सुथरा, पेपरवेट की तरह इस्तेमाल किए हुए बर्तन ग़ायब, काग़ज़ इंतिहाई सलीक़े से गावतकिये के नीचे। दम निकल गया। मैं लिखते वक़्त सफ़हात पर नंबर नहीं डालती, ऐसे रखती जाती हूँ कि बाद में नंबर एक साथ डालूँ तो गड़बड़ न हो। आपा ने सब औंधा-सीधा कर दिया। अरे मैं चली, तुम मुझे बातों में लगाकर...", मैं जल्दी से बटुवा उठाकर खड़ी हो गई।

ज़िया मुझे पहुँचाने आए। हम बाहर पड़ी कुर्सियों पर बैठ गए। आपा खँकारीं तो पता चल गया मेरे आने की ख़बर हो गई, अब इतमीनान से सो जाएँगी।

हम रात के दो बजे तक बातें करते रहे। कमरे में बिजली जली, आपा शायद बच्चों को देख रही थीं। ज़िया जल्दी से खड़े हो गए।

"मालूम होता है, क़िले में जगार हो गई। दो बज रहे हैं, अब चलना चाहिए। कल सुबह..."

"तुम मत आना। जानते हो, आस-पास की कोठियों की खिड़कियों के पर्दे हिलने लगते हैं।"

---

47. अंतर्विरोध 48. संतुलन

दूसरा दिन भी न जाने कब आया, कब गुज़र गया।

आसपास अनगिनत ख़्वाब छोड़ गया। ट्रेन में ज़िया को सवार कराके मैं भी उनके साथ बैठ गई। एकदम दोनों को चुप लग गई। बड़ी घुटन् हो रही थी। ये दो दिन एक कौंदे की तरह लपके और बुझ गए। ज़बानों पर भारी-भारी ताले झूलने लगे।

गार्ड ने झंडी हिलाई। हम चौंककर खड़े हो गए और दो जिस्म एक धमाके से एक हो गए। मेरे अनाड़ी नातजर्बाकार होंट आसमान की बुलंदियों को छूने लगे।

एक झटके से मुझे ज़िया ने जल्दी से ट्रेन से उतार दिया, मगर हमारे हाथ जुड़े रहे।

रेल जैसे एकदम भन्नाकर भाग खड़ी हुई। ज़िया का लंबी उँगलियोंवाला हाथ दूर तक हवा में मेरे वजूद को पुकारता रहा।

थोड़ी देर के लिए मैंने आँखें बंद कर लीं। प्लेटफ़ार्म जैसे रेल के पीछे भाग रहा हो। घन-गरज के सैकड़ों भारी-भरकम फ़ौलादी ताले धड़ाधड़ टूटकर बिखर रहे थे और अनगिनत दरवाज़े खुलते जा रहे थे। अनजानी राहदारियों[49] के अजनबी दरवाज़े।

"हैलो, भाईसाहब !" जैसे कोहरे में से सैयद साहब का ह्योला[50] वाज़ह हुआ। "ख़ैरियत ?"

मगर सारे ताले खुलने के बाद उस दिन पहली बार मेरे होंटों पर भारी सा ताला लग गया। तड़ाख़ से हस्ब-दस्तूर जवाब देने के बजाय उन्होंने मेरा बाज़ू पकड़ा तो मैं निहायत गुस्से में उनके साथ चलने लगी।

"लड़का अच्छा है।" वह बुज़ुर्गाना अंदाज में बोले।

"जासूसी हो रही थी ?" रंग उगलने लगा।

"क्यों भाईसाहब, इस नाचीज़ पुरतक़सीर बिरादरे-ख़ुर्द[51] को चौकीदारी की भी इजाज़त नहीं ? ऐ लड़की, ये दो दिन कहाँ गुलछर्रे उड़ाती रही ? जब देखो ग़ायब, आख़िर यह क़िस्सा क्या है ?"

"मगर आप मेरे चौकीदार कब मुक़र्रर हो गए ?"

"अरे, आधा बरेली तुम्हारी चौकीदारी पर मामूर[52] है ! आजकल सिवाय इस क़िस्से के और महफ़िलों में ज़िक्र ही किस बात का होता है ! मुस्लिम लीग के बाद बस तुम्हारा और तुम्हारे गुलफ़ाम का ही ज़िक्रे-ख़ैर चलता है। कल मिस फ़िलिप्स के यहाँ..."

"यानी बात मिस फ़िलिप्स तक पहुँची !"

"वह इंस्पेक्ट्रेस ऑफ़ गर्ल्स स्कूल हैं। अगर किसी स्कूल में किसी को छींक

---

49. गलियारों 50. साया 51. कुसूरवार छोटा भाई 52. नियुक्त

भी आती है तो उन्हें इत्तला पहुँच जाती है। और यह तो अच्छा-ख़ासा मुंतजाइटिस का केस लगता है। क्यों यार, कितने पानी में हो ?"

मुझे बे-इख़्तियार हँसी आ गई। सैयद साहब में बड़ी ख़ुशगवार तब्दीली आई थी। आपा, जो पहले उनके आने पर कलस सी जाती थीं, अब वह आते तो बड़ी ख़ातिर करतीं। उनके घर भी जाने लगी थीं।

"बाक़ी सब ख़ैरियत है। आपकी ख़ैरियत ख़ुदावंद ताला से नेक-मतलूब[53] है।" मैंने ख़ुशी से कहा।

मगर ताले मेरे होंटों से सरककर दिल की गहराइयों में और ज़ेह्न के हिस्सास[54] रौज़नों[55] पर जड़ गए। मेरे होंट तिलिस्मे-होशरूबा को दूर झटककर ज़मीन पर उतर आए।

"चलिए, छोटी बी के हाथ की पनीर की पकौड़ियों को बहुत जी चाह रहा है।"

"चलिए मुकर्रमी[56] भाईसाहब, पनीर की पकौड़ियाँ इंतिहाई मुक़व्वी-ए-दिलो-दिमाग़[57] होती हैं। जैसे ख़मीरा गावज़बान मदरिद।"

---

53. वांछित 54. संवेदनशील 55. झरोखों 56. सम्मानित 57. दिल-दिमाग़ को ताक़त देनेवाली

तालीमे-निस्वाँ[1] : एक वबाल

पहला घंटा मैं दफ़्तर के काम में सर्फ़[2] करती, दूसरा आठवीं जमात को अंग्रेज़ी पढ़ाने में। तीसरा घंटा हिसाब का लेने के बाद रज़िया बेगम को क़ुरान और दीनियात[3] के लिए सुपुर्द करके फिर आफिस में क्लर्क को ज़रूरी ख़तों के जवाब लिखवाने में गुज़र जाता।

दफ़्तर में दाख़िल हुई तो मैनेजर साहब को देखकर दिल धक् से रह गया।

फिर एकदम गुस्सा चढ़ने लगा। मेरी निजी ज़िंदगी में दख़लअंदाज़ होने का उन्हें कोई हक़ नहीं। मैं क़त्तई झगड़ने के मूड में आ गई।

''आदाब अर्ज़ !'' मैंने निहायत मसनूई[4] ख़ुशमिज़ाजी से कहा।

जवाब नदारद।

मैंने किताबें मेज़ पर फेंक दीं। मैनेजर साहब ने चौंककर मेरी तरफ़ देखा। उनके चेहरे पर हस्बे-दस्तूर[5] बारह बज रहे थे। वहशतज़दा[6] आँखें, कड़वा मुँह, जैसे ज़बान पर कुनैन की गोली रोल रहे हों।

''मैनेजर साहब, मुआहिदा[7] जब चाहें तोड़ सकते हैं। मैं क़त्तई एहतिजाज[8] नहीं करूँगी।''

''जी !'' उन्होंने जैसे कुएँ की तह से उभरते हुए कहा।

''मैंने तो आपसे कह दिया था, मैं नातजर्बाकार हूँ, स्कूल...''

''उफ़्फ़ोह...मगर...मगर मुझे आपसे यह उम्मीद नहीं थी। मैं समझता था, आप मुख़्तलिफ़[9]...''

''क्या ? यानी मुख़्तलिफ़ से आपका मतलब...''

''देखिए, मैं बहुत परेशान हूँ। मैं आपसे यह कहने आया था कि अगर आपको तकलीफ़ न हो तो ज़ाहिदा और आबिदा को अपने साथ रख लीजिए।''

---

1. स्त्री-शिक्षा 2. व्यय 3. धर्मशास्त्र 4. कृत्रिम 5. नियमानुसर 6. भयग्रस्त 7. अनुबंध 8. विरोध 9. भिन्न

"मगर, यानी, बात क्या है मैनेजर साहब ?" मैं शशदर[10] रह गई। मैं क़त्तई अपने चाल-चलन पर मैनेजर साहब का लेक्चर सुनने से पहले ही ऐलान-जंग करने का इरादा कर चुकी थी।

"सारा बरेली जानता है तो आपसे भी मेरी बेगम साहिबा ने दुखड़ा रोया होगा।"

"वो बात ये है कि मैनेजर साहब, मुझे घरेलू झगड़ों की ऐसी आदत सी पड़ चुकी है कि एक-आध बार के बाद अगर वही रें-रें दुहराई जाए तो मैं एकदम बिलकुल अपना स्विच ऑफ़ कर देती हूँ। ज़ाहिरा मालूम होता है, बड़े ग़ौर से सुन रही हूँ। बाक़ायदा च-च और तौबा-तौबा कहती हूँ, मगर मक़सद कुछ नहीं होता। बेगम साहब उड़ाती रहती हैं कबूतर, मैं न जाने क्या सोचती रहती हूँ। मगर लड़कियों को मेरे यहाँ रखने की बात समझ में नहीं आई।"

"मैं अपनी बेटियों को आला तालीम[11] देना चाहता हूँ।"

"आपकी दोनों बेटियाँ निहायत ज़हीन और पढ़ने की शौक़ीन हैं। कौन रोकता है पढ़ाने से ?"

"मगर मेरी बीवी जानती हैं कि उनकी तालीम में रोड़ा अटका तो मुझे कोफ़्त होगी।"

"ओह समझी, यानी वह ब्लैकमेल कर रही हैं ?"

"अजी एक सिरे से पढ़ाने के ही ख़िलाफ़ हैं।"

"आपका जी जलाने को कहती होंगी। मैंने उन्हें रज़िया बेगम के बारे में बहुत समझाया। मेरे ख़याल में वह रज़िया बेगम को सिर्फ़ आपको जलाने के लिए बीच में लाती हैं। अस्ल वजह कुछ और है।"

"वजह पैसा है। यानी पैसा नहीं है, बस यह शिकायत है कि स्कूल के पीछे मैंने अपनी रोज़ी का खून कर दिया।"

"मगर आप अपना सारा वक़्त तो स्कूल में नहीं सर्फ़ करते। मेरे ख़याल में आपको इतनी फ़िक्र न करना चाहिए।"

"फ़िक्र न करूँ ? आपको पता है, मेरे स्कूल को आग लगाने की धमकियाँ दी जा रही हैं ! लीज़ पर ली है ये कोठी और मुलहिक़ा[12] स्कूल की इमारत, अभी तक फ़र्नीचर की क़िस्तें भर रहा हूँ। पूछिए कैसे ?"

मेरे पूछे बग़ैर वह बोले—

"मैंने महकमा तालीम को तमाम ख़र्च पेश करके स्कूल के लिए ग्रांट ली, क़र्ज़ का ज़िक्र नहीं किया। मालिक-मकान, फ़र्नीचरवाले से पूरी रसीदें लेकर नत्थी कर दीं। तीन माह की तनख़्वाह की रसीदें असातज़ा[13] से पेशगी ले लीं।"

---

10. स्तब्ध 11. उच्च शिक्षा 12. संलग्न 13. अध्यापकगण

"यानी बग़ैर अदायगी किए !"

"जी ! और ये जुर्म है, फ्रॉड है। मगर मिसेज़ मार्क्स ने मेरी बड़ी मदद की। उन्होंने ही तमाम उस्तानियाँ मुक़र्रर कीं, बग़ैर तनख़्वाह तीन महीना काम करने पर तैयार किया। उसके बाद घर-घर हम लोग चंदा माँगने गए, और किसी न किसी तरह से ग्रांट भी मिल गई और स्कूल चलने लगा। लेकिन रजिस्टर में दिखाई हुई काफ़ी रक़म की अदायगी नहीं हो पाई है। उफ़, मैं आपको कैसे बताऊँ, क्या चक्कर है। आप नहीं समझेंगी।"

वाक़ई मैं नहीं समझी। मैनेजर साहब ने ख़ासी बेईमानी कर डाली, सारे रजिस्टर, रसीदें झूठी हैं। लोग कहते हैं, वह चंदा जमा करके खा गए। मेरा जी उलझने लगा।

"मगर लड़कियों को वह यहाँ रखने देंगी ?"

"यहाँ न रह सकीं तो उन्हें कहीं और भेजूँगा। वह उन्हें हर वक़्त डाँटती हैं, पढ़ने नहीं देतीं। हमारे लड़ाई-झगड़ों से भी बच्चियाँ परेशान होती हैं। छोटा है हमारा घर।"

"आप बच्चियों को भेज दें, आज ही।"

"बल्कि अभी। हाँ, मैं फ़ी बच्चा आपको तीन रुपया महीना दे दिया करूँगा।"

"तीन रुपया फ़ी लड़की ? यानी बोर्डिंग में तीन रुपया महीना !" अलीगढ़ में तो सत्रह रुपया फ़ीस थी, और आई टी. कालेज में सब मिलाकर बीस रुपया हो जाते थे।

"क्यों, क्या कम है ?"

"मैनेजर साहब, तीन रुपया !"

"हिसाब लगा लीजिए। एक रुपया का बीस सेर आटा। दस सेर फ़ी लड़की बहुत होगा। और छः पैसे सेर बड़े का गोश्त है, अगर पाव भर भी दोनों ने खाया तो..."

"डेढ़ पैसा रोज़।"

"रहा घी, तो मेरी बच्चियों को तेल की आदत है। दो सेर खाया तो भी कितने का होगा ?"

"बारह आने का।" घी-तेल का भाव मुझे मालूम था।

"पाव भर दूध नहीं, बस छटाँक भर काफ़ी होगा। चाय दीजिएगा और पैसे के दो बिस्कुट दोनों के लिए काफ़ी पेट-भराऊ होते हैं। या बासी रोटी दे दीजिएगा।"

"मगर फिर तो मुझे मुनाफ़ा ही मुनाफ़ा हो जाएगा !"

"नहीं, लालटेन का तेल, लकड़ी-कोयला। मैं अगले महीने से बढ़ा दूँगा। ये

पाँच रुपये रखिए, शाम को एक रुपया भिजवा दूँगा।''

''लकड़ी इनके लिए अलग से तो जलेगी नहीं, और लालटेन भी।''

''फिर भी।''

''ये रुपये आप रखिए मैनेजर साहब, बच्चियाँ बहुत ज़हीन और प्यारी हैं।''

''ख़ैर, शाम को या कल भिजवा दूँगा। तो उन्हें ज़रा बुलवाइए, मैं बात करना चाहता हूँ। उन्हें आज ही से रख लीजिए। सामान भिजवा दूँगा। बिस्तर, कपड़े, वग़ैरह।''

''मगर एक शर्त है, मैनेजर साहब !''

''क्या और कोई शर्तें बाक़ी हैं ?''

''जी हाँ। मैं बच्चियों को रखूँगी मगर पैसे नहीं लूँगी।''

''नहीं, पैसे आपको लेने होंगे। मैं अपनी बच्चियों का बार[14] आप पर नहीं डाल सकता।''

''मैनेजर साहब, दुनिया में कोई बच्चा नहीं जो किसी पर बार साबित हो।''

''नहीं...मैं।''

''मैनेजर साहब, आप मुझे बहुत तनख़्वाह देते हैं और मैं ट्रेंड भी नहीं। सौ रुपया बहुत होते हैं, और फिर मुझे आप बड़ी पाबंदी से देते हैं। हाँ, तो तय है।''

''मगर...''

''देखिए, फ़िज़ूल बहस से फ़ायदा नहीं। छः रुपया पूरे ख़र्च नहीं होते और मैं आपसे मुनाफ़ा लेने के लिए तैयार नहीं।''

''आप मुझे शरमिंदा कर रही हैं।'' उनके चेहरे पर कर्ब तारी हो गया।[15] मेरा भी गला भर आया। मैंने घंटी बजाई। मामा आई तो मैंने कहा, ''ज़ाहिदा, आबिदा को भेज दो। और तुम ज़रा जाकर मेरी आपा से कहो, एक केतली चाय और बिस्कुट भेज दें।''

बच्चियाँ आईं। आबिदा तो ज़रा हिम्मतवाली थी मगर ज़ाहिदा का तो मेरी सूरत से दम निकलता था। दोनों चुहियों की तरह सहमी हुई आईं।

''मैं अभी आई।'' मैं उठकर क्लासों का चक्कर लगाने लगी। नहीं चाहती थी कि बाप-बेटियों के दरमियान होनेवाली बातें सुनूँ। शायद बच्चियाँ रोईं-पीटीं। ज़ाहिदा रों-रों कर रही थी।

मामा चाय की ट्रे लेकर आई तो मैं उसके साथ दफ़्तर में दाख़िल हुई। बच्चियाँ खिलखिलाकर हँस रही थीं, मुझे देखकर एकदम चुप हो गईं।

''जाओ अपनी क्लास में।'' मैनेजर साहब ने प्यार से दोनों को दरवाज़े की तरफ़ ढकेला। वो गिरती-पड़ती भागीं।

---

14. बोझा 15. दर्द छा गया

''आपसे बहुत डरती हैं। ख़ुदा के लिए, उनके दिल से डर निकालिए,'' मैनेजर साहब फिर ज़बान पर कुनैन की गोली रोलने लगे।

''साथ रहेंगी तो डर निकल जाएगा।''

''मैंने सुना है, आपसे सब लड़कियाँ डरती हैं !''

''अच्छा ? मुझे पता भी नहीं, मगर क्लास में तो बड़ी अच्छी तरह से काम करती हैं। ख़ास तौर पर आबिदा। माशाअल्ला, बहुत तेज़ है वह। क़त्तई नहीं डरती, बल्कि उसे तो मैं डाँटती भी हूँ। हर सवाल का जवाब पटापट देने लगती है। किसी को बोलने ही नहीं देती।''

''ज़ाहिदा तो लरज़ रही थी। मुझे बड़ी तकलीफ़ हुई।''

''अब मैं क्या करूँ, मेरी शक्ल ही भयानक है।''

''अगर ऐसी बात होती तो मिस दास को देखकर तो हार्ट फ़ेल हो जाना चाहिए था। वाक़ई बेचारी जी भरके डरावनी है। पढ़ाती भी ठीक से नहीं और बच्चों को मारती है।''

''उसकी क्लास में लड़कियाँ क़हक़हे लगाती हैं।''

''मगर आप जाती होंगी तो साँप सूँघ जाता होगा।''

''पता नहीं क्यों ?''

''आप ज़रा ग्रिम (Grim) रहती होंगी।''

''शायद !''

''हसीब को भी आपसे शिकायत है।''

''अच्छा !'' मैं भूल ही गई थी, हसीब उनके छोटे भाई थे। साल भर की बच्ची छोड़के उनकी जवान बीवी मर गई थी।

''हैंडसम लड़का है, मेरा भाई नहीं लगता। उसका रंग अम्माँजान की तरह साफ़ है।''

मैनेजर साहब कई बार हसीब के हुस्न और उसकी मरहूम बीवी का ज़िक्र कर चुके थे। ठंडी साँस भरके बोले–

''मेरा ख़याल था आप उसे पसंद करेंगी, मगर आप बड़ी रुखाई से मिलीं।''

''मैनेजर साहब, ज़रा याद कीजिए; आपने जब आई थी मैं तो क्या कहा था कि मुसलमानों का स्कूल है, लोग बड़े नैरो-माइंडेड हैं।''

''मगर हसीब तो निहायत शरीफ़ लड़का है।''

''मुझे तो कोई यहाँ अभी तक रज़ील[16] नहीं मिला। सिद्दीक़ी साहब, शंकर जी और शर्माजी, मिस्टर जैकब और उस दिन मिस्टर मार्क्स आए थे, बड़े ही भले आदमी हैं।''

---

16. कमीना

"वो तो मिशनरी है। आपको ईसाई बनाने की कोशिश नहीं की ? तमाम भंगियों, चमारों को ईसाई बनाता फिरता है।"

"बदक़िस्मती से मैं भंगी-चमार नहीं।"

"ओहो, मेरा यह मतलब तो हरगिज़ नहीं। आप अच्छे ख़ानदान की हैं, आप ख़ुदा न करे क्यों..."

"अच्छे-बुरे ख़ानदान और मज़हब से क्या वास्ता ?"

"वास्ता तो है। सुना है, शर्मा जी बहुत गीता-रामायण सुना रहे हैं आजकल।"

"हाँ। शायद वह मुझे हिंदू करना चाहते होंगे।"

"क़त्तई, बड़ा कट्टर आर्यसमाजी है।"

"आप भी तो कट्टर मुसलमान हैं !"

"बहम्दुल्लाह।"[17]

"आप शायद मुझे मुसलमान करने पर तुले हुए होंगे।"

"क्या, यानी क्या मतलब ! आप माशाअल्लाह मुसलमान हैं।"

"मगर मुझे ईसाई मज़हब से बड़ी दिलचस्पी है। और अब हिंदुइज़्म के बारे में इतनी तफ़सील से पढ़ रही हूँ तो...मगर आप फ़िक्र न कीजिए, मेरी ज़ात पर न इस्लाम को फ़ख्र है, और न किसी मज़हब को फ़ख्र करने का मौक़ा मिलेगा। माफ़ कीजिएगा मैनेजर साहब, नारेबाज़ी और चीज़ है और सही मानों में मुसलमान, हिंदू या ईसाई होना मुश्किल है। मुझे तो सिवाय दो-एक के कोई नहीं नज़र आया। आप नमाज़ पढ़ते हैं ? मेरा मतलब है ईद, बक़रीद और कभी-कभी जुमा के अलावा।"

"नमाज़ नहीं पढ़ता बेशक।"

"और रोज़ा ?"

"मगर इससे यह तो मतलब नहीं कि मुझे ख़ुदा के वजूद से तौबा-तौबा इनकार है या मैं मुनकिर या मुशरिक[18] हूँ।"

"आप बड़े पक्के मुसलमान हैं। मुस्लिम गर्ल्स स्कूल चला रहे हैं। फ़िक्र न कीजिए, आपको ज़रूर जन्नत में ज़मर्रुद का महल मिलेगा।"

"लाहौल विला क़ुव्वत, मैं ये गर्ल्स स्कूल क़त्तई किसी जज़ा[19] की उम्मीद में नहीं चला रहा हूँ, आप...मेरा मतलब है..."

मैं हँसने लगी। "मैं जानती हूँ, आपको लड़कियों की तालीम से दिलचस्पी है। और बख़ुदा मज़ाक नहीं, मुझे यक़ीन है, ख़ुदा आपसे ख़ुश होगा। क्योंकि मिस फ़िलिप्स ने मुझसे कहा है कि अगर मैं इलाहाबाद चली जाऊँ तो बहुत जल्दी

---

17. तारीफ़ हो अल्लाह की 18. ईश्वर की सत्ता में किसी और को शरीक करनेवाला 19. पुरस्कार

काम बन जाएगा और बोर्डिंग के लिए ग्रांट...मगर मैनेजर साहब, बोर्डिंग तो है ही नहीं। मिस फ़िलिप्स बोलीं, वह एक दिन बोर्डिंग का मुआइना करने आएँगी।''

''ओह माई गॉड। मैंने काफ़ी दिन हुए, बोर्डिंग के लिए अलाहदा ग्रांट की अर्ज़ी दे दी है। आपको बताना ही भूल गया। वह फ़ाइल भी मेरे घर पर पड़ी है। आपने...उनसे कुछ कहा तो नहीं।''

''नहीं, मैं समझ गई, आपने कोई बोर्डिंग का चक्कर चलाया होगा। मगर मुझे बता तो दिया होता। जो फट् से मुँह से निकल जाता तो ... !''

''मेरी मिट्टी पलीद हो जाती। अच्छा तो मैं चला। हाँ, बच्चियों का सामान भेज दूँगा। फ़ैल तो बहुत मचाएगी। ख़ैर, शाम को हसीब सामान पहुँचा देगा।''

फिर चलते-चलते बड़ी मिस्कीन[20] सूरत बनाकर बोले—

''ज़रा ठीक से बातचीत कर लीजिएगा। बड़ा दुखी बच्चा है।''

''मैं कुछ कम दुखी बच्ची हूँ !''

''यह तो न कहिए,'' वह ज़रा तल्ख़ी से बोले। ''फूल खिल रहे हैं आपके चेहरे पर।''

''आपके जासूसों ने एक-एक पल की ख़बर दी होगी।''

''कमाल करती हैं। मैं जासूस लगाऊँगा आपके पीछे ! अजी ये शह्र बरेली है, यहाँ लोगों को सबकी फ़िक्र लगी रहती है।''

''सिवाय अपने गरेबान के।''

''मगर वह लफ़ंगा मुझे क़त्तई पसंद नहीं। वह क्या नाम सैयद, आप उससे ज़्यादा मेलजोल न बढ़ाएँ तो अच्छा है।''

स्कूल छूट गया था। मामा दो दफ़ा दूर से इशारा कर चुकी थी कि आपा बुला रही हैं। मैंने जल्दी से वादा कर लिया—

''क़त्तई नहीं बढ़ाऊँगी।'' अगर मैं किसी बात पर बग़ैर बहस किए राज़ी हो जाऊँ तो इसका मतलब बिलकुल उलटा होता है। मुझे कहना चाहिए था, ''क़त्तई मेल बढ़ाऊँगी। किसी की मजाल है जो मुझे रोके। मगर उन्हें दूसरे से मेलजोल पर क्यों एतराज़ नहीं ? फ़ौरन ही वजह मालूम हो गई।

''वहाँ ज़िया साहब का बड़ा रसूख़ है। सरकारी आदमी हैं। उनसे कहिए, इलाहाबाद में ज़रा हमारा केस आगे बढ़वाएँ।''

''ज़रूर लिखूँगी।'' मैंने जलकर कहा और उनके बाहर जाने से पहले ही घर की तरफ़ चल दी। घर पहुँची तो मेरी चीख़ निकल गई।

''बाजी !''

''भिन्नू कितनी देर से बुलवा रहे हैं, आती ही नहीं।'' बाजी ने मेरी पीठ

---

20. उतरी हुई

पर दो घूँसे जमाए। हाय, मेरी बाजी के प्यारे घूँसे और मीठे-मीठी चुटकियाँ।

मिदहत दरवाज़े में से झाँक रही थी। थोड़ी देर शरमाई, फिर भागी आई और धड़ से मेरे ऊपर गिर गई।

खाने की मेज़ पर ज़ाहिदा-आबिदा सहमी हुई चिड़ियों की तरह बैठी हुई कनखियों से मुझे देख रही थीं। बाजी के घूँसे मेरी पीठ पर पड़ते देखकर कुछ हैरतज़दा थीं, कुछ मुतमइन[21] ! मैं उन्हें कम कुलक्खनी[22] लग रही थी।

बाजी को मैंने लिखा था कि मिदहत मौलवी से कैसे पढ़ रही होगी, उसे मेरे पास भेज दीजिए। दूल्हा भाई ने बहुत मुख़ालिफ़त की, मगर वह बाजी की हर ज़िद पूरी करते थे। इसके अलावा उन्होंने कहा, मैंने भाई की बच्ची ली है। बड़ी बहन पढ़ रही है, अगर छोटी जाहिल रह गई तो मुझे कोसेगी। उसके वालिदैन को भी दुख होगा। अगर पढ़वाने नहीं दोगे तो मैं बच्ची वापस उनके माँ-बाप को दे दूँगी।

दूल्हा भाई मिदहत पर जान छिड़कते थे। साले की बच्ची ही नहीं, उनकी भतीजी की बेटी थी। रामपुर में छट्ठी जमात तक स्कूल था। उसके बाद दो साल से वह घर पर ही पढ़ रही थी। ग्यारह बरस की थी मगर बेहद ज़हीन थी। नुज़हत की सेहत भी ख़राब रहती थी। वह मोटी-ताज़ी थी। नुज़हत आठवें में थी और वह सातवें में दाख़िल हो गई।

मैंने मक्खन को भी दाख़िल कर लिया था। बच्चियों की क्लास में आपा भी होमवर्क में मदद करती थीं। अब चार लड़कियाँ हो गईं, तो वाक़ई बोर्डिंग की बुनियाद सी पड़ गई। मैंने एक बड़े से कमरे में चारों को भर दिया। बाजी को बग़ैर मिदहत के नींद नहीं आती थी मगर वह बोर्डिंग में रहने पर मुसिर थी।[23] बाजी हफ़्ता भर रहीं, फिर मिदहत को छोड़कर चली गईं।

नुज़हत बड़ी मिस्कीन थी। मेरे साथ बरेली आकर तो बिलकुल सन्नाटे में गुंग हो गई थी। हर वक़्त सहमी सी रहती। आपा का हाथ बँटाती। छोटे बहन-भाई पर हर वक़्त नज़र रखती।

मिदहत बड़े लाडों की पाली थी। मुँहज़ोर, बेइंतिहा शरीर[24] । पहले मुझे बाजी के रिश्ते से ख़ालाजान कहती थी। बरेली आकर फूफीजान कहने लगी। मैंने वजह पूछी तो बोली—

"आप हमारी फूफी हैं, ख़ाला थोड़ी हैं। हमें ख़ालाएँ बुरी लगती हैं।"

"क्यों ?" मैंने पूछा।

"हर वक़्त मना करती हैं। सलीक़ा से चलो। भागने भी नहीं देतीं, और बुरी-बुरी बातें करती हैं।"

---

21. संतुष्ट 22. कुलक्षणी 23. ज़िद कर रही थी 24. शरारती

"क्या बुरी-बुरी बातें !"

"हर वक़्त शादी-शादी लगाए रखती हैं।"

"शादी में क्या बुराई है ?"

"हम शादी नहीं करेंगे। हमने अम्मी से कह दिया है।"

"वो क्या बोलीं ?"

"कुछ भी नहीं। वो तो बस न पढ़ने पर मारती हैं।"

नुज़हत हमारी पहली भतीजी थी, इसलिए सब ही को प्यारी थी। और अम्माँ-अब्बा की तो बेइंतिहा लाडली थी। आपा भी बहुत चाहती थीं। वह जाने क्यों इतनी उदास और परेशान रहती थी कि सब ही को उसकी फ़िक्र रहती थी। कभी मैं उसे खोया देखकर अपने पास लिटा लेती तो मिदहत फ़ौरन चढ़ बैठती और मौक़ा-ब-मौक़ा नुज़हत को पीट भी देती। मैं बहुत कहती, नुज़हत उस चुड़ैल को मार, मगर वह मारना जानती ही नहीं थी। मजबूरन मुझे मिदहत की ठुकाई करनी पड़ती। मगर वह बला की ढीठ थी। बजाय दुखी होने के, मुझसे लिपट जाती। उसे किसी ने नहीं मारा था, वह उस मार को भी तरसती थी। इतने लाड किए गए थे कि ऊब गई थी।

बोर्डिंग में बड़ा सा सेहन था। खेलकूद के लिए खूब जगह थी। मगर ज़ाहिदा-आबिदा बला की शरमीली और नुज़हत मरघिल्ली। ऊँच-नीच, आँखमिचौली, किसी खेल में भी जान न पड़ पाती। सिर्फ़ मिदहत ऊधम मचाकर सबको चित कर देती। मैंने गप्पल और गुल्ली-डंडा भी सिखाया जिस पर मैनेजर साहब बड़े परेशान हुए।

"सारे शह्र में ख़बर फैल रही है, आप लड़कियों को लड़कों के खेल सिखा रही हैं।"

"सब खेल बच्चों के होते हैं, उनकी कोई जिंस[25] नहीं होती," मैंने बहस शुरू कर दी। "आख़िर कौन-से खेल सिखाऊँ ! बैडमिंटन के लिए आपसे कहा, आप टाल गए। फिर बताइए, बच्चों को कब तक आँखमिचौली खिलाती रहूँ !"

नुज़हत हर खेल में पीछे रहती मगर न जाने कैसे वह मिदहत पर गुल्ली-डंडे में सबक़त ले गई। मिदहत हार की आदी नहीं थी। कभी एकदम बिगड़के नुज़हत को मारने लगती। एक क़यामत थी उन दोनों बहनों के दरमियान समझौता कराना। नुज़हत शिकायत भी नहीं करती थी जिस पर मुझे बहुत गुस्सा आता। घर में एक जगादरी[26] इमली का पेड़ था। मैंने बच्चियों को पेड़ पर चढ़ना भी सिखाना शुरू किया जिस पर बड़ी ले-दे हुई। मगर लड़कियाँ मेरी शह पाकर किसी की नहीं सुनती थीं। बल्कि वक़्फ़ा में स्कूल की लड़कियाँ भी आकर गुल्ली-डंडा खेलतीं

25. लिंग 26. भारी-भरकम

और पेड़ पर चढ़तीं। बेहद क़ाबिले-एतराज़ बात समझी जाती, इसलिए लड़कियाँ समझतीं वो बड़ा तीर मार रही हैं और ज़िद में क़ाबिले-एतराज़ खेल खेलतीं।

मैनेजर साहब बेहद दुखी हो जाते।

"ख़ुदा के लिए, यह आप क्या कर रही हैं ? मेरे किए-धरे पर पानी फिर जाएगा।"

"आपको मालूम है, स्कूल में लड़कियों की तादाद दिन-ब-दिन बढ़ रही है। हमारे पास जगह भी नहीं रही है। एक बेंच पर दो-दो लड़कियों को बिठाना पड़ता है। तीन लड़कियाँ तो गवर्नमेंट स्कूल से आ गईं कि उनका घर हमारे स्कूल के पिछवाड़े है। हमने कह दिया था, जगह नहीं, कुछ दिन चटाई पर बैठना होगा।"

"मगर...वो क़दीर साहब कह रहे थे बच्चियों को होमवर्क बहुत मिलता है। अगर नहीं करतीं तो सख़्ती होती है।"

"ये वालिदैन होमवर्क और स्कूल के डिसिप्लिन में दख़ल देनेवाले कौन होते हैं ? और यह तो आपको मालूम है कि मार-पीट पर उस दिन से सख़्त रोक लगा दी है जिस दिन एक टीचर ने लड़की को मारा तो ख़ून जारी हो गया। किसी तरह बंद नहीं हुआ तो मुझे हस्पताल ले जाना पड़ा।"

"उनका कहना है कि आपने जान-बूझकर बात को बढ़ा दिया। मुझसे तो पूछ लिया होता।"

"अगर बच्ची को कुछ हो जाता तो क्या ज़िम्मेदारी आप लेते ! मैं जो समझूँगी ठीक, वही करूँगी। आपकी इजाज़त लेने नहीं जा सकूँगी कि इतने में लड़की मर जाए। बच्चों को मारने की मैं क़ायल नहीं और मारना भी किस तरह का होता है। मुझे उस्तादों की शक़ावत[27] क़त्तई गवारा नहीं।"

"उस दिन बेचारी बहुत परेशान थीं।"

"अगर किसी उस्तानी का शौहर पड़ोसन से पींग बढ़ाए तो उसका गुस्सा बच्चे की जान पर।"

"अरे आहिस्ता बोलिए, बेचारी बड़ी दुखी है। शौहर घर के ख़र्च के लिए कौड़ी नहीं देता। छः बच्चे..."

"तो किसने कहा था, छः बच्चे पैदा करो ! और अब जो सातवाँ उठाए फिर रही हैं। मैंने बहुत कहा, एक डाक्टरनी मेरी दोस्त है, आप..."

"ख़ुदा के लिए, आप लोगों को ऐसी ख़ौफ़नाक राय न दीजिए। इस्क़ाते-हमल[28] जुर्म है।"

"ज़रूरत से ज़्यादा बच्चे पैदा करना इससे बड़ा जुर्म है। क्या हाल है उनके बच्चों का ! बड़ी लड़की न जाने किसके साथ भाग गई। वापस आई तो वह उसका

---

27. निर्ममता 28. गर्भपात

गला घोंटने पर तुल गईं। वह मेरे पास काँपती, थरथराती आई, मैंने उसे पनाह दी तो कौन सा जुर्म किया !''

''ख़्वाहमख़्वाह आपको किसी के मामले में दख़ल देने की क्या ज़रूरत है ? पता है क्या अफ़वाहें उड़ रही हैं, कि बोर्डिंग की एक लड़की हामिला हो गई। और...''

''उफ़्फ़ोह ! फ़रज़ाना हामिला क़त्तई नहीं हुई और न मैंने उसका एबॉर्शन करवाया। और रहा ख़्वाहमख़्वाह किसी के मुआमले में दख़ल देने का सवाल, तो दुनिया का हर मुआमला हर इनसान का निजी मामला है।''

''मैं एक लड़की की ज़िंदगी से खेलनेवालों से क़त्तई हमदर्दी नहीं रखती।''

''मगर दर्दे-सर मोल लेने से फ़ायदा ?''

''क़त्तई कोई दर्दे-सर नहीं, मुझे कोई ज़ेह्नी या जिस्मानी कोफ़्त नहीं उठानी पड़ी। मैनेजर साहब, एतराज़ करनेवाले इससे ज़्यादा क्या कर सकते हैं कि मुझे निकाल दिया जाए ? तो क़िब्ला :

मुल्के-ख़ुदा तंग नेस्त
पाए मिरा लंग नेस्त !''[29]

''आपको बदनामी का भी ख़ौफ़ नहीं ?''

''मैं सिर्फ़ उस फ़ैल को घिनावना समझती हूँ जिसे मेरा ज़मीर क़ुबूल न करे। ज़िंदगी में अब तक जो भी क़दम उठाया है, ग़लत साबित नहीं हुआ।''

''मगर रिस्क लेने से फ़ायदा ?''

''यूँ तो ज़िंदगी के हर क़दम को रिस्क समझ लिया जाए तो इनसान मिट्टी का तूदा बन जाए। मैनेजर साहब, आपसे पहले भी अर्ज़ कर चुकी हूँ कि मुआहिदा आपने किया है। मैं तो पक्के काग़ज़ को कोई अहमियत नहीं देती, पक्के काग़ज़ के बावजूद उसे कच्चा बनाया जा सकता है। मेरे वालिद जज थे और मेरे दो भाई वकील हैं। मैंने कोई ऐसा क़दम नहीं उठाया कि क़ानून की हदों से बाहर हो। सिर्फ़ आपकी मर्ज़ी से यहाँ तक़र्रुर हुआ है और आपकी मर्ज़ी...''

''मेरी मर्ज़ी आपको मालूम है। मैंने अपनी बेटियाँ आपके सुपुर्द की हैं। मगर इस दुनिया को क्या करूँ ?''

''ऐसा कीजिए ख़ुद को हर जुर्म से बरी उज़िम्मा[30] समझकर मुझे आगे कर दीजिए।''

''लाहौल विला क़ुव्वत, आपने मुझे क्या समझ रखा है ? मैं इतना बुज़दिल भी नहीं।''

''यह तो मैं जानती हूँ कि आपने ये स्कूल खोला और चला रहे हैं। आपके

---

29. ख़ुदा की दुनिया तंग नहीं है और मेरा पाँव लँगड़ा नहीं है 30. दायित्वमुक्त

अलावा पापा मियाँ यानी अलीगढ़ गर्ल्स कॉलेज के बानी से, उनके तजर्बात से भी अंदाज़ा हुआ। गर्ल्स स्कूल और वह भी मुसलमानों के लिए खोलना, बैठे-बिठाए जान पर अज़ाब नाज़िल करना है। लेकिन जो लड़कियाँ यहाँ से तालीम पाकर जाएँगी, वो आपकी कुर्बानियों को याद रखेंगी। ज़रा सोचिए, कितने घरों में इसका यह नन्हा सा दिया रौशनी पहुँचाएगा।''

''बदनामी क्या है ? यही ना कि जो लोग आपकी मर्ज़ी से ज़िंदगी गुज़ारने पर तैयार नहीं, अपनी मर्ज़ी से जीते और मरते हैं, वो आपको बुरे लगते हैं। और जो आपके यक़ीन पर यक़ीन रखते हैं वो अच्छे लगते हैं। मुझे अच्छा या बुरा लगने की न परवाह है, न ज़रूरत। मैं अपनी ज़िंदगी में किसी को टाँग नहीं अड़ाने दूँगी।''

''ज़िंदगी तनहा बड़ी कठिन गुज़रेगी।''

''झेल जाऊँगी। क्योंकि अपने गुनाह और सवाब का इलज़ाम किसी पर न थोप सकूँगी। रहा तनहाई का सवाल, तो मैं कभी तनहा नहीं रहती। हज़ारों यादें, अनगिनत ख़यालात हंगामा बरपा किए रहते हैं।''

''आपको किसी की ज़रूरत नहीं ?''

''है, बेइंतिहा है। मुझे हर एक की ज़रूरत है। किसी को नहीं खो सकती।''

''हूँ, ये आपके दोस्त, मेरा मतलब है वह साहब जो आपको रोज़ाना ख़त लिखते हैं बल्कि किसी रोज़ दो-दो ख़त रवाना फ़रमाते हैं, बहुत अच्छे आदमी मालूम होते हैं !''

डाक मैनेजर साहब का चपरासी यानी स्कूल का चपरासी, उनका ख़ानसामाँ था जो स्कूल की ड्यूटी ख़त्म करने के बाद उनके घर का भी काम करता था। वही रोज़ाना डाक लाता था और पहले मैनेजर साहब उस पर नज़र डालते थे, बल्कि शायद सेंसर करते थे। उनका ख़याल था कि शहर के लफ़ंगे स्कूल की टीचरों और लड़कियों को बेहूदा ख़त लिखते हैं। इसलिए वह मोहतात रहते हैं।

मैं सन्नाटे में रह गई। अगर मैनेजर साहब ने ख़त सेंसर किए हैं तो बस क़यामत की टूटी समझो। ज़िया के ख़त बेहद खूबसूरत शे'रों से सजे और इश्क़ के फ़लसफ़ा में डूबे, बेहद नशा-आवर हुआ करते थे। वह दो बार और बरेली आ चुके थे। सुबह आते, हम दिन भर साथ रहते, शाम को चले जाते। पिछली बार कार से आए और हम न जाने कहाँ-कहाँ घूमते फिरे थे।

मैनेजर साहब की हरकत पर मेरा जी तो बहुत जला मगर मैंने अपने चेहरे से न ज़ाहिर होने दिया। मैं निहायत ढीठ हूँ।

इससे पहले कि बात बढ़ती, सैयद साहब आ गए।

''भाईसाहब ! मलिक-ए-आलम ने आपको तलब फ़रमाया है। उनके मैके से अमरूदों का पार्सल आया है। कचालू बनाए गए हैं। आपा और बच्चों के लिए भेज

दिए हैं अमरूद।''

''अच्छा, मैं चलता हूँ।'' मैनेजर साहब उठ खड़े हुए।

''अब ख़ुश्क चेहरा बनाता है मुझे देखकर जैसे मैं उसकी बेटी को अग़वा करने आया हूँ।''

''हालाँकि आप मलिक-ए-आलम की टट्टी की आड़ फ़ौरन ले लेते हैं, फिर भी। और नीयत में खोट भी नहीं।''

''क्या खोटे-खरे की बड़ी परवाह है ?''

''रुपया खोटा हो तो घाटे का इमकान हो सकता है। सिर्फ़ नीयत का खोट तो...''

''वरग़ला भी नहीं सकता ?''

''क्या सिर्फ़ वरग़लाने से भी क़ुव्वते-मर्दुमी[31] में इज़ाफ़ा होता है ?''

''उफ़्फ़ोह बड़े भाईसाहब, आप तो हर बात का बतंगड़ बना देती हैं। इस वक़्त दिल बहुत उदास है।''

''क्यों, क्या कोई नए तावीज़ सुलगाए जा रहे हैं ?''

''पता नहीं, हो सकता है। पता है, मैं उन तावीज़ों से कुछ डरने लगा हूँ।''

''कुछ क्या, काफ़ी डरने लगे हैं। यह सआदतमंदी[32] का सबूत है और आपको फ़ख्र होना चाहिए कि आप काफ़ी पत्नीव्रता होते जा रहे हैं, आपका अवश्य कल्याण होगा बच्चा !''

''यह पंडा आप पर बड़ा हावी होता जा रहा है। क्या बेहूदा कहानी छपी है आपकी *साक़ी* में !''

''काफ़िर ! क्यों, क्या बात बुरी है ?''

''लाहौल विला क़ुव्वत ! निहायत बेहूदा ख़यालात हैं आपके, मैनेजर साहब को शुक्र है कि पढ़ने की फ़ुर्सत नहीं, वरना शामत आ जाती।''

''क्या शामत आ सकती है ? यही ना कि निकाल दी जाऊँगी बयक-बीनी दो-गोश।[33] तो वैसे भी मैं साल के आख़िर में जा रही हूँ। दो महीना की तो बात ही है। मगर कहानी पर आपको ज़ाती[34] तौर पर क्या एतराज़ है ? कोई नई बात तो नहीं कही। आप ख़ुद एक ईसाई लड़की से शादी करने पर तुले हुए थे, वही अड़ गई कि छोटी बी को तलाक़ दो। और कितनी हिंदू-मुस्लिम शादियाँ होती हैं। इस मौज़ू पर कहानियाँ भी बहुत लिखी गई हैं। और किसी ज़माने में तो अकसर रोमांटिक कहानियों की हीरोइन पारसी हसीना हुआ करती थी।''

''वो क़त्तई और बात थी।''

''वो कैसे ?''

---

31. मर्दानगी 32. विनम्रता 33. एक साथ दोनों कान पकड़कर 34. निजी

"हिंदू, ईसाई, पारसी लड़की, यानी महबूबा हो सकती है।"

"और हिंदू, ईसाई या पारसी हीरो नहीं हो सकता।"

"भई, मैं चला, झाड़ का काँटा बन जाती हो। अच्छा तो अमरूद के कचालू !"

"भाड़ में जाएँ अमरूद के कचालू।"

"देखो, तुम्हारे ही भले के लिए कहता हूँ। ये बरेली है और याद है वो असग़री बेगम का क़िस्सा !"

"हाँ, याद है। भला कोई भूल सकता है ?"

"तो फिर चलो।"

"बस ये दो ख़तों का जवाब लिखकर आती हूँ।"

असग़री बेगम !

स्वामी श्रद्धानन्द का क़त्ल !

उनके क़ातिल अब्दुर्रशीद को फाँसी !

जावरा में अज़ीम भाई के पास असग़री बेगम का ख़त आया था। उन दिनों उन पर एक आफ़त टूटी थी। शाहिद अहमद देहलवी के वालिद ने एक किताब *उम्मत की माएँ* लिखी जिस पर मुसलमानों ने एतराज़ किया और वह किताब बैन हो गई। शाहिद साहब को न जाने क्या सूझी, उसे फिर मैदान में ले आए। उस पर एहतिजाज हुआ तो अज़ीम भाई ने उन्हें लिखा कि किताबें उन्हें भेज दी जाएँ। रियासत जोधपुर ख़ुदमुख़्तार[35] है और ब्रिटिश सरकार की लगाई हुई बंदिशों पर यहाँ अमल नहीं किया जाता। मैं इस किताब की हिफ़ाज़त करूँगा, देखता हूँ मुझे कौन रोकता है !

यह ख़त फ़ौरन अख़बार में छप गया। अज़ीम भाई ख़ुद को महफ़ूज समझने लगे और किताबों का पार्सल वसूल करने की ख़बर भी छपवा दी।

अज़ीम भाई ताँगा में कचहरी जाते थे। एक दिन देखा ताँगा तो मौजूद है लेकिन ताँगावाला कोई नया है। उससे पूछा तो बोला, मेरा भाई बीमार है, मैं उसकी जगह पर दो-चार दिन ताँगा चलाऊँगा। अज़ीम भाई बैठ गए। थोड़ी दूर चले थे कि दो आदमियों ने ताँगा रुकवाया।

"हम भी कचहरी जा रहे हैं। कोई सवारी नहीं मिल रही है। अगर आपको एतराज़ न हो तो..."

"बेठिए, मुझे कोई एतराज़ नहीं।"

ताँगेवाला एक सुनसान जगह ताँगा ले गया। रोककर दोनों आदमी उतरे और अज़ीम भाई पर लकड़ियों की बारिश कर दी। धान-पान से आदमी, पहली चोट

35. स्वायत्त

में ही ढेर हो गए। दो-चार और लगाकर वो लोग ग़ायब हो गए, मय ताँगेवाले के।

अज़ीम भाई को होश आया तो बड़ी मुश्किल से सड़क पर पहुँचे, ताँगा लिया और घर आए।

"ताँगा उलट गया," उन्होंने सबको यही बताया। मगर इसहाक़ भाई सब-इंस्पेक्टर थे, वह उनके घिस्से में नहीं आए, क्योंकि ताँगा से गिरने की चोटें बेंतों की मार से मुख़्तलिफ़ होती हैं।

"कितने आदमी थे ?" उन्होंने चुपके से पूछा।

"दो, और ताँगेवाला।" अज़ीम भाई क़ुबूल दिए।

दूसरे दिन अख़बार में निकला कि जोधपुर में ब्रिटिश क़ानून न चल सके, लेकिन इस्लाम जोधपुर में भी ज़िंदा है और मुसलमानों ने अभी चूड़ियाँ नहीं पहनी हैं।

दूसरे दिन इसहाक़ भाई, बड़े मामूँ, छोटे मामूँ जमा हुए और जोधपुर के मुसलमानों की शरायत[36] पेश कीं।

अज़ीम बेग चुग़ताई मस्जिद में आकर अपने मुसलमान होने का सुबूत दें और किताबें जलाएँ, उन्हें मुआफ़ कर दिया जाएगा।

अज़ीम भाई का बुख़ार उतर गया था मगर बग़ैर सहारे चल नहीं पाते थे। नहा-धोकर बड़े मामूँ की मोटर में मस्जिद गए। नमाज़ पढ़ी, तौबा की, मुआफ़ी माँगी और मस्जिद की सीढ़ियों के नीचे किताबों के ढेर को आग लगाई।

मुसलमानों ने बड़ी दरियादिली से माफ़ कर दिया और खूब गले मिले। जिस पर अज़ीम भाई का ख़याल था कि इतनी ज़ोर-ज़ोर से भींचने के बजाय दो-चार बेंत मार लेते तो बेहतर था।

इस वाक़िये की तफ़सील छपी तो उनके पास सैकड़ों ख़त आए। कुछ शाबाशी के, कुछ एहतिजाज के। उनमें एक ख़त असग़री बेगम का था। अज़ीम भाई ने जिन ख़तों के जवाब दिए उनमें एक ख़त असग़री बेगम का भी था। उनकी काफ़ी ख़तो-किताबत चलती रही। एक ख़त के साथ उन्होंने अपनी ज़िंदगी की दास्तान भेजी जो कहीं शाया[37] नहीं हो सकती थी क्योंकि नए सिरे से लोगों में इश्तआल[38] पैदा होने का अंदेशा था। अज़ीम भाई हमेशा मुझे अपनी दिलचस्प डाक पढ़ने को देते थे।

असग़री बेगम की दास्ताने-हयात[39] ने मुझे बेहद मुतास्सिर किया। मैंने उसका ख़ुलासा अपनी डायरी में लिख लिया था। आज वह डायरी मेरी रहनुमाई का काम अंजाम दे रही है और मेरा क़लम वह अमृत और ज़हर उगल रहा है।

असग़री बेगम बेइंतिहा ज़हीन और हसीन ख़ातून थीं। उन्होंने ज़िंदगी का

---

36. शर्तें 37. प्रकाशित 38. उत्तेजना 39. जीवन-कथा

बड़ी हिम्मत से मुक़ाबला किया था। बंबई से वह एक रिसाला *तनवीर* भी निकालती थीं। नज़्म व नस्र[40], दोनों पर दस्तरस[41] हासिल थी। मुझे उनकी जद्दो-जहद ने बेइंतिहा मुतास्सिर किया।

मैंने सैयद साहब को उनकी शख़्सियत के मुताल्लिक़ बताया। डायरी में से कुछ हिस्से पढ़कर सुनाए। वह भी सन्नाटे में रह गए और बोले—

"भई, मैं किसी ऐसे फ़ज़ीहते में टाँग नहीं अड़ाता जिसमें झगड़े का इमकान[42] हो। और तुम्हें भी यही राय दूँगा कि ख़्वाहमख़्वाह सिर्फ़ किसी के जज़्बात को ठेस लगाकर चटख़ारे लेना हिमाक़त है। लोगों का मज़हका[43] उड़ाकर, चिढ़ाकर किसी पर एतराज़ करने का क्या हक़ है ?"

"और वो लोग जो पढ़ी-लिखी लड़कियों को गालियाँ देते हैं, क्या वो मुझ पर नहीं चिपकतीं ? मुझे जवाब देने का भी हक़ है ! जो पाबंदियाँ मेरा दम घोंटती हैं, जिन्होंने बहुत सी ज़िंदगियों को मस्ख़[44] कर रखा है। मेरा जी जलता है तो..."

"जले फफोले फोड़ने लगती हो।"

"और क्या उन पर अंगारे डाल दूँ !"

"बड़े भाईसाहब, बिरादरे-ख़ुर्द[45] माफ़ी चाहता है। इतनी कड़वी बातें करके मुँह का मज़ा ख़राब हो गया। अमरूदों के कचालू का एक दौर हो जाए फिर चाहे निमकौलियाँ पीसकर हलक़ में उँडेल देना।"

मगर हम अनजाने तौर पर असग़री बेगम का ज़िक्र करते रहे।

कचालू ही नहीं, दोपहर का खाना भी खाया। आपा खाना लेकर बच्चों समेत आ गईं। ज़ाहिदा, आबिदा अपने घर गई हुई थीं। छोटी बी बच्चों पर क़ुर्बान होती रहीं।

यह क्या ज़्यादती है अल्लाह मियाँ ! कहीं बच्चों की कीचड़, कहीं किसी गोद में रेत के बगूले !

मगर छोटी बी कोई बच्चा गोद क्यों नहीं ले लेती ? कोई क्या, चाहें तो घर भर सकती हैं। हिंदोस्तान के तो हर ख़ाक के ज़र्रे के साथ झूल रहा है।

लाडली बेटी, ख़ासी लाडली बीवी। उनकी ज़िंदगी का अलमिया[46] है कि उनकी गोद सूनी है। मद्रुस हैं ! और असग़री बेगम की गोद में तो बस अंगारे ही अंगारे थे।

असग़री बेगम की झोली के अंगारे फूल बन गए ! उनकी हिम्मत और जुरअत ने उन्हें अज़ाबे-दोज़ख़ से निकालकर जन्नते-अर्ज़ी[47] बख़्श दी।

उन्होंने अज़ीम भाई के नाम एक ख़त लिखा। ख़त तो बस नाम का था,

---

40. गद्य 41. अधिकार 42. संभावना 43. उपहास 44. विकृत 45. छोटा भाई 46. त्रासदी 47. पार्थिव स्वर्ग

पूरा नाविलट था। उन्होंने वह मुझे पढ़ने को दिया। मैं असग़री बेगम से बेहद मुतास्सिर हुई।

आम तौर पर जब औरत पर बुरा वक़्त पड़ता है तो वह किसी मर्द को सहारा बनाकर उस दोज़ख़ से भागती है। यह रिवाज बरस-हा-बरस से हर मुल्क में चलता आया है और आज भी हिंदुस्तान ही में नहीं, यूरोप और अमेरिका में भी नौजवान लड़के-लड़कियाँ अपने घर से भागकर गुंडों के गिरोह के हत्थे चढ़ जाते हैं और गुमराही के रास्ते पर पड़ जाते हैं। आज अमेरिका का यह सबसे अहम मसला बन चुका है। पुलिस मफ़लूज[48] हो चुकी है। कमसिन लड़कियाँ गुरबत की मारी नहीं बल्कि रंगीन ज़िंदगी की भूखी, वालिदैन के ज़रूरत से ज़्यादा प्यार से उकताकर या वाहियात अदब और फ़िल्मों के दिखाए ग्लैमर से मसहूर[49] होकर भाग निकलती हैं। बड़े शहरों में पहुँच जाती हैं जहाँ बड़े ताक़तवर गिरोह उन्हें अपने शिकंजे में कस लेते हैं। उन्हें सब्ज़बाग़ दिखाए जाते हैं—मॉडल और फ़िल्मी हीरोइन बनने के, रोमान और जगमगाती ज़िंदगी के, फिर उन्हें नशा की आदत डाली जाती है। ये नशा जब उनकी रगों में सरायत कर जाता है[50] और उसके बग़ैर ज़िंदगी दुश्वार हो जाती है तो फिर उन्हें ये नशा-आवर ज़हर बेचने और जिस्मफ़रोशी, और मुख़्तलिफ़ जरायम के लिए इस्तेमाल किया जाता है।

इस ब्यौपार में पुलिस भी उन गुंडों से हार जाती है क्योंकि छोटे कारिंदे बड़े ज़बरदस्त गुंडों से वाबस्ता[51] होते हैं जो उनसे भी बड़े गुंडों की मुट्ठी में होते हैं जिनकी पहुँच पुलिस अफ़सरों और हाकिमों तक होती है। बड़े-बड़े ओहदेदार उनका हुक्म बजा लाने में ख़ैरियत और मुनाफ़ा हासिल करते हैं। ईमानदार अफ़सर का जीना मुश्किल है। अपनी रोज़ी और अपने बाल-बच्चों की ज़िंदगी की ख़ातिर उसे समझौता करना पड़ता है या ज़िंदगी से हाथ धोना पड़ता है। पुलिस कितनी भी ईमानदार हो, बेबस हो जाती है और समझौते के सिवा कोई दूसरा रास्ता ही नहीं।

हिंदुस्तान में सदियों से कमसिन लड़कियों को बहका-फुसलाकर गुमराह करने का दस्तूर चल रहा है। समाज-सुधार की कोई स्कीम कामयाब होती नज़र नहीं आती। बाज़ार की ज़ीनत[52] के लिए कमसिन लड़कियाँ और ज़बरदस्त का राज क़ायम करने के लिए कारिंदों की ज़रूरत ये अग़वा किए जानेवाले मासूम बच्चे ही पूरी कर सकते हैं। छोटे शहरों में छोटे पैमाने पर और बड़े शहरों में निहायत शानदार पैमाने पर ये ग़ैरक़ानूनी क़ानून फल-फूल रहा है। मग़रिब से हथियार, मशीन ही नहीं, ख़यालात, उसूल, सौदागरी भी इंपोर्ट होते हैं और बड़े शहरों में कमसिन बच्चों के इस्तेमाल में मग़रिबी हथकंडे बड़े सूदमंद[53] साबित हो रहे हैं।

---

48. लक़वाग्रस्त 49. जादू से प्रभावित 50. दौड़ जाता है 51. संबंधित 52. शोभा 53. लाभकर

आज जब मैं माज़ी[54] के गली-कूचों में सरगर्दां हूँ[55], ज़मान-ए-हाल[56] मेरे सामने है। बंबई, देहली, लखनऊ और कलकत्ता में मैंने कमसिन बच्चों की बदहाली का मुतालिया[57] किया। तीन साल हुए मैंने गाँव का दौरा भी किया। उन वालिदैन से भी मुलाक़ात हुई जिनके बच्चे शह्‌रों में गुम हो गए हैं। फिर उन बड़े शह्‌रों में बाज़ारे-हुस्न के मुताल्लिक़ मालूमात हासिल कीं, दलालों से मुलाक़ात हुई, बड़ी मुश्किल से उन्होंने मुझे अपना दोस्त समझकर मेरी इज़्ज़त-अफ़ज़ाई की कि मुझे वो मालूमात पहुँचाईं जिसकी उम्मीद न थी। मेरे यहाँ कितने ही लड़कियाँ-लड़के आते हैं, मैं उन्हें दुखी और परेशान फ़नकार[58] कहकर लोगों से मिलाती हूँ। मैं उन्हें नीचा नहीं समझती बल्कि उस निज़ाम पर लानत भेजती हूँ जो उन्हें इस तरह इस्तेमाल कर रहा है।

पस्ती में गिरने के हज़ारों किस्सों में चंद ऐसी भी दास्तानें हैं जिनके सहारे मेरे दिल में इनसान की वक़अत ज़िंदा है।

आला बी, बानी अलीगढ़ ग़र्ल्स कालेज ने मुझे कितने ही वाक़ियात ऐसे बताए जिनसे उन्हें ज़िंदगी में सिर्फ़ कालेज के वजूद की वजह से वास्ता पड़ा। उन वाक़ियात की तफ़सील न पापा मियाँ यानी शेख़ अब्दुल्लाह ने अपनी और आला बी की सवानेह-उम्री[59] में तहरीर की और न कोई उनका तहरीरी सुबूत छोड़ा।

मगर बातों-बातों में वह उन लड़कियों का ज़िक्र करती थीं जो उनकी पनाह में आईं, तालीम हासिल की और ज़िंदगी में कामयाबी हासिल की। उनमें से एक लड़की थी जिसका मैं नाम नहीं लूँगी, जिसका मियाँ और सास उसे जिस्मफ़रोशी पर मजबूर कर रहे थे। यह लड़की पंजाब के किसी गाँव से भागकर आई थी। बस, घर से निकल पड़ी थी, उसके पेट में चंद माह का हमल था। यह उसकी ख़ुशनसीबी थी कि उसे रेल में एक ऐसी बीवी मिल गई जो अलीगढ़ गर्ल्स स्कूल अपनी बेटी को दाख़िल कराने ले जा रही थीं। रहम खाकर उन्होंने उस बदनसीब को सहारा दिया और आला बी के सुपुर्द कर दिया।

आला बी घबरा गईं। उसे बोर्डिंग में नहीं रख सकती थीं, स्कूल में भी दाख़िल नहीं कर सकती थीं क्योंकि उसे अलिफ़-बे की भी पहचान नहीं थी।

आला बी ने उसे अपनी रिश्ते की भांजी कहकर साथ रखा। घर का इंतज़ाम उसके सुपुर्द कर दिया, यहाँ तक कि उनकी बेटियों को भी बड़े होकर अस्लियत का पता चला। उन्होंने उसे बेवा मशहूर कर रखा था। उसके लड़का पैदा हुआ जिसे सारा घर बेहद चाहता था और दूसरे बच्चों की तरह उसके नाम के साथ भी 'अब्दुल्लाह' लगाया जाता था। वह बच्चा अच्छा लायक़ निकला और पाकिस्तान में बड़ी ख़ुशहाल ज़िंदगी गुज़ार रहा है।

---

54. अतीत 55. भटक रही हूँ 56. वर्तमान 57. अध्ययन 58. कलाकार 59. जीवनी

आला बी बताती थीं, एक दिन अचानक तीन लड़कियाँ सीधी स्टेशन से कोठी पहुँचीं। उनमें से सबसे बड़ी अट्ठारह-उन्नीस की थी, दूसरी चौदह-पंद्रह की और एक बच्ची सिर्फ़ चार साल की थी।

आला बी घबरा गईं। और भी कई लड़कियाँ मुफ़्त बोर्डिंग में रहती थीं। न जाने कैसे माँग-ताँगकर अपनी ज़रूरियात से काटकर बोर्डिंग का ख़र्च चल रहा था। एकदम तीन लड़कियाँ, जिनमें से एक इतनी ज़रा सी बच्ची ! बोर्डिंग था, यतीमख़ाना नहीं खोला था। रातों की नींदें हराम हो गईं।

"अगर आपने पनाह न दी तो हम तीनों कपड़ों में आग लगा लगाकर भस्म हो जाएँगी या कुएँ में कूद पड़ेंगी।" बड़ी लड़की ने धमकी दी और आला बी सहम गईं।

बोर्डिंग में लड़की गुम हो सकती है, किसी को पता नहीं चल सकता कि वह कहाँ गई। उन तीनों के वालिदैन बक़ैदे-हयात[60] थे। बड़ी लड़की की शादी एक बड़ी उम्र के ठेकेदार से हुई थी जो पहले ही दो बीवियों का शौहर और दर्जन भर बच्चों का बाप था। और बदनसीब लड़की बिलकुल नौकरों की तरह काम करती। फिर भी सौत के एक अदद भाई उस पर डोरे डालने लगे। जब उसने एहतिजाज किया तो वह आवारा और बदमाश साबित करके चार चोट की मार दी। लड़की क़ुरान-शरीफ़ और उर्दू पढ़ी थी। किसी रिसाले[61] में अलीगढ़ गर्ल्स स्कूल का ज़िक्र पढ़कर भाग निकली।

दूसरी लड़की एक बूढ़े बददिमाग़ नानबाई से ब्याही हुई थी जो उसे बहुत दुख देता था। और मज़ा यह कि तीनों निहायत गोरी, नाज़ुक नक़्शे की हसीन लड़कियाँ थीं।

कभी इन तीनों बहनों का अहवाल[62] पेश करूँगी कि किस तरह ये तीनों तारीकी[63] से निकलकर रौशनी में, निहायत कामयाब ज़िंदगी गुज़ारने के क़ाबिल हुईं।

असग़री बेगम के ज़िक्र के साथ ही तीन बहनें याद आ गईं जिन्हें मैं आज तक न भूल सकी।

---

60. जीवित 61. पत्रिका 62. गाथा 63. अंधकार

जहन्नम

बाजी की बारात को ख़ुश-आमदीद कहने बहराइच के रउसा[1] और अफ़सर हार-फूल लेकर स्टेशन पहुँचे। किसी ने दूल्हा को नहीं देखा था। रात को निकाह हुआ था, सब बच्चे-बाले सो रहे थे। नन्हे भाई ज़रा पीछे रह गए, एक वही पहचानते थे। डब्बे में सबसे पहले एक निहायत लंबे-चौड़े, हसीन, पैंतीस-साला जवान उतरे। सब्ज़ किमख़्वाब की शेरवानी, चुस्त पाजामा, सब्ज़ ही रामपुरी बाँकी टोपी, बाक़ी सबकुछ मुरझाए मलगुजे।

लोगों ने जल्दी-जल्दी उन्हें दूल्हा समझकर हार पहना दिए। उन्होंने एक गरजदार क़हक़हा लगाया और बोले—

"साहबो, मैं दूल्हा का चचा हूँ, सोहराब ख़ाँ, वो रहे सफ़दर मियाँ।" सफ़दर मियाँ को देखकर अब्बा मियाँ को पसीना आ गया। जैसे दिक़[2] का मरीज़। लंबे बाँस, कच्ची दाढ़ी, माथे पर शिकनें, आँखों में थकान।

इतना याद है झमझम करती, गोरी-गोरी, ढेर सारी औरतें जब ड्योढ़ी से उतरीं तो छड़ियाँ मारी गईं। मैंने एक नीम की सोंटी से समधिनों की पिंडलियाँ उधेड़ना शुरू कीं कि ये चुड़ैलें मेरी बाजी को लेने आई हैं। मुझे कोई घसीटके ले गया और मैं बाजी के पास चिपककर बैठ गई। बाजी बेहद ज़ोर-ज़ोर से खाँस रही थीं। दूर-दूर आवाज़ जा रही थी।

बहुत दिन बाद एक दिन छोटी आपा ने बताया कि बाजी की पहले भी एक जगह से बात आई थी। निहायत लफ़ंगा, रंडीबाज़ ज़मींदार का लड़का था। कोई ख़ान था। दो-एक ख़ून भी कर चुका था। उनके पास एक छोटी सी जागीर थी। पढ़ा-लिखा ख़ाक नहीं था मगर उनके ख़ानदानी जवाहरात और सोने की पाज़ेबों की बड़ी साख बँधी थी। ख़ान की अम्माँ बेगम जब चंद रिश्तेदार बीवियों के साथ

1. रईस लोग 2. क्षय रोग

लौंडियों-बाँदियों का ग़ोल सँभाले आईं तो साथ में चाँदी की पनदनिया और ख़ासदान[3] भी था। और वह लड़के का कम, सोने और मोतियों का ज़्यादा ज़िक्र कर रही थी।

"अल्लाह, झूठ न बुलवाए, कान पकड़के कहती हूँ बुआ, पूरा पाँच सेर का चढ़ावा, पचास हज़ार मेहर और छोटी हवेली साहबज़ादे के नाम है ही, अल्लाह आमीन का एक ही बेटा है।"

जब वह चली गईं तो बाजी भुनभुन करती फिरीं।

"हम नहीं करेंगे उस कुत्ते से शादी।" बाजी बड़ी मुँहफट थीं।

"है है, चुप निगोड़ी। ख़बरदार जो मेरे सामने ज़बान खोली, मुँह झुलस दूँगी," अम्माँ ने डाँटा।

"मुँह झुलसो तो ज़रा। सरकार से कह दूँगी कि..."

"ग़ज़ब ख़ुदा का, मुन्नी, तुझपे अल्लाह को सँवार, किसू ने सुन लिया तो ?"

"ऊँह, क्या करेगा कोई हमारा !"

फिर एक दिन अम्माँ गई हुई थीं हकीमों गली, सफ़ी नाना के यहाँ। वह उनके ख़ालू थे, ज़हूर नाना के दामाद। ख़ान की अम्माँ एक बाँदी के साथ आन धमकीं।

"ऐ भई, हमारी समधिन कहाँ हैं, ऐ समधिन, बी समधिन !"

"क्या है ?" बाजी अंदर से निकलीं।

"ऐ बेटी, तेरी अम्माँ कहाँ हैं। लड़की, सास से रत्ती भर शर्म-लिहाज़ नहीं, छाती पे चढ़ी चली आती हो।"

"तुम ख़ान की माँ हो ?"

"उई, दीदा तो देखो।" वह चौकी पर बैठ गईं।

"हम तुम्हारे पाजी लड़के से शादी हरगिज़ नहीं करेंगे।"

समधिन की घिग्घी बँध गई। उन्होंने ख़्वाब में भी ऐसी दीदाफटी नहीं देखी थी।

"अरी तेरा चेता तो नहीं पिघल गया।"

"चेता तो तुम्हारा पिघला है बड़ी बी।"

"तौबा बच्ची..."

"तुम्हारा इतना तो बेहूदा लड़का है। लफ़ंगा..."

"बस बस, इलाही तौबा...अरी चल हरामज़ादी," उन्होंने बाँदी के धौल जमाकर कहा और सरपट भागीं बड़बड़ातीं।

---

3. एक विशेष प्रकार का पान का डब्बा

"ऐ ग़ज़ब ख़ुदा का, लड़की है या ततैया मिर्च ! अरे, मेरे चाँद को हज़ारों लड़कियाँ लोग थाल में सजाकर देंगे। थू है, क्या लड़की उठाई है नच्छू बी ने।"

उनके जाने के बाद जब अम्माँ आईं तो उन्होंने सर पीट लिया। मगर बाजी हँसती रहीं।

"अबके आएँगी तो अल्लाह क़सम, हम उनकी पिटाई करेंगे।" बाजी धमधम करती कोठे पर चढ़कर पतंगों के बीच देखने लगीं। वह छिपकर कोठे पर ख़ुद भी पतंगें उड़ाती थीं और डोर लूटती थीं, जभी तो अम्माँ को उसकी शादी की इतनी जल्दी थी। लड़कियाँ वैसे ही वालिदैन की छाती का बोझ होती हैं, फिर बाजी जैसी धुआँधार लड़की अल्लाह किसी दुश्मन को भी न दे।

और अब्बा के कानों में भी उड़ती-उड़ती ख़बर पहुँची। उन्होंने चुप साध ली। भला क्या कहते, उन्हें भी ख़ान से चिढ़ थी। ज़मींदारों, ताल्लुक़दारों से दोस्ती थी, लेन-देन था। कोई बच्चा पैदा होता, दूर-दूर से मेहमान आते, तवायफ़ें आतीं। दो-तीन दिन खूब ऊधम मचती, नाच-गाने की महफ़िलें जमतीं। अब्बा मियाँ को गाने-नाच से बड़ी दिलचस्पी थी और बड़ी शानदार महफ़िलें जमा करतीं।

मगर उन्हें रंडियों से ताल्लुक़ात पैदा करने के रिवाज से बहुत नफ़रत थी। एक से ज़्यादा बीवी के भी शिद्दत[4] से मुख़ालिफ़ थे।

बहुत पहले, जब सिर्फ़ सात बच्चे थे—शमीम, मैं और चुन्नू नहीं पैदा हुए थे—अब्बा मियाँ छुट्टी लेकर आगरा में मकान बनवा रहे थे। एक हिस्सा बिल्कुल तैयार था, वहाँ क़याम था। अम्माँ और बच्चे नहीं आए थे।

न जाने क्यों एकदम अम्माँ, छोटे मामूँ और मुन्ने भाई को लेके आ गईं। मुन्ने भाई की खाँसी वबाले-जान हो गई थी। कई महीने से चल रही थी। कुछ आबो-हवा की तब्दीली, कुछ सफ़ी नाना का इलाज, इफ़ाक़ा[5] होने लगा। अम्माँ ज़्यादातर हकीमों गली रहतीं। कभी पंजाशाही भी आ जातीं, मुहल्ले में दावतें होतीं। रोज़ कहीं न कहीं जाना हो जाता।

एक दिन भैंसवाली बड़ी अम्माँ के यहाँ चमेली के मँडवे के नीचे खटोली डाले पड़ी थीं। कुछ शौहरों की मुहब्बत और बेवफ़ाई के क़िस्से चल रहे थे।

"भई, हमारे मियाँ तो बस गोंद हैं, क्या मजाल जो किसी से आँख लड़ाएँ। आए दिन के बच्चों से तो ज़रा साँस लेने की मुहलत मिले।"

"ऐ है, ख़ुदा न करे।"

"सच्ची, मैं तो कहती हूँ एक-आध और कर लो।"

"नच्छू बी, बाज़ मुँह से निकली बात फल जाती है।"

"ख़ाक फलती है।"

---

4. तीव्रता 5. स्वास्थ्य-लाभ

"बन्नो, कुछ बसंत की भी ख़बर है ? मैं सोच रही थी, तुमसे कैसे कहूँ। मेरे तो हवास गुम हो गए जब सुना तो।"

"क्या सुना ?" अम्माँ कुछ बुझ गईं।

"सब तुम्हारी चहेती नंद बादशाही ख़ानम का किया-धरा है।"

"न जाने कहाँ की हाँक रही हो बड़ी अम्माँ !"

फिर बड़ी अम्माँ ने बताया, मकान बनवाने का तो बहाना है। मलबा उठना रह गया है, मगर मिर्ज़ा क़सीम बेग आगरा में बिराजमान हैं।

"कभी सोचा कि क्यों ?" बड़ी अम्माँ बोलीं।

"इसमें सोचने की क्या बात है ?"

फिर बड़ी अम्माँ ने बताया—

राहत ख़ाला, बड़े अब्बा यानी इब्राहीम बेग चुग़ताई की छोटी साली, कमसिनी में बेवा हो गई थीं। मियाँ अच्छी-ख़ासी जायदाद छोड़ गए थे। उर्दू-फ़ारसी की अच्छी-ख़ासी तालीम पाई थी। कुछ शेरो-शायरी से भी दिलचस्पी थी। अम्माँ से दो-चार साल बड़ी होंगी। अम्माँ तेईस-चौबीस की होंगी। गोलमटोल, प्यारी रंगत, सुनहरी घुँघरियाले बाल, शरबती आँखें, फैला हुआ नक़्शा।

और राहत ख़ाला के लंबे स्याह रेशमी बाल, दराज़-क़द[6], दुबली-पतली, हुज़्नो-मलाल की पुतली। तरन्नुम से जब शे'र पढ़तीं तो सुननेवाले झूम उठते, कभी-कभी कोठी में महफ़िल जमती। अब्बा मियाँ भी कुछ फ़ारसी और उर्दू के शे'र कह लेते थे, किसी को सुनाते नहीं थे। या शायद उनकी सोहबत में रगे-शायरी जाग उठी। बच्चे की चीं-पों, ओहदे की ज़िम्मेदारियाँ, कुत्ते, मुर्ग़ियाँ, घोड़े, भैंस, बकरियाँ, एक हंगामा, एक धुआँधार ज़िंदगी ! और फिर आगरा की सुहानी शामें, गुलाबी जाड़ों की बहारें, पुरसुकून[7] नया तामीर किया घर, ख़ुशगवार रोमानी सन्नाटा और लचकते हुए शे'र।

अब्बा मियाँ भरपूर मर्द थे। सरपट घोड़ा दौड़ाते, टेनिस खेलते, बाग़बानी करते। यार-दोस्तों की महफ़िलें, क़हक़हे, हंगामे।

फिर राहत का हुस्ने-सोगवार[8], तनहा ज़िंदगी। उन्हें दौलत का लालच नहीं, सिर्फ़ दो मीठे बोल, महकते हुए शे'र, उमर ख़य्याम की रुबाइयाँ, अनवरी, फ़ानी, हाफ़िज़ शीराज़ी, मीर और ग़ालिब, ज़ौक़, आशुफ़्ता।

अम्माँ सन्नाटे में साँस रोके लेटी रहीं। जैसे उन्हें हिलते-जुलते डर लग रहा हो कि कहीं बिखर न जाएँ, फिर रेज़ा-रेज़ा[9] कौन चुन पाएगा।

वापस आईं तो मेज़ पर खाना लगा था। अब्बा मियाँ अख़बार पढ़ रहे थे।

"कहाँ जाके बैठ रहीं, भूख के मारे दम निकल रहा है।"

---

6. लंबा क़द 7. शांतिपूर्ण 8. मातम कर रहा सौंदर्य 9. कण-कण

अम्माँ ने हाथ मारकर खाने की क़ाबें उछाल दीं—

"अब बस मेरी भत्ती खाना।"

"बेगम !" अब्बा मियाँ ने अम्माँ का यह रूप कभी न देखा था। सहमके रह गए। दिल में चोर जो था। आज ये अलफ़ाज़ लिख रही हूँ तो मेरा क़लम डगमगा रहा है। वह हस्ती, जिसको हम ख़ुदा और रसूल के बाद सबसे मुक़द्दस,[10] सबसे मोतबर समझते थे, आज मेरे क़लम की यह मजाल कि मिर्ज़ा क़सीम बेग चुग़ताई की इकलौती भूल, कमज़ोरी और उसूलशिकनी[11] पर तनक़ीद[12] कर सके ! वह हस्ती जिसकी ज़िंदगी का कोई रुख़ आलूदा[13] न था। मुझे उनकी कोई ज़्यादती, कोई नाइंसाफ़ी, कोई ग़लतक़दम नहीं याद। मैंने उन्हें हर पहलू से एक भरपूर मुकम्मल इनसान की हैसियत से देखा।

राहत ख़ाला का ज़िक्र अमूमन[14] मज़ाक़ में हुआ करता था। वह बड़ी महरूम[15], बेइंतिहा दुखी और अकेली इस दुनिया से रुख़सत हुईं। शायद मेरे आने से पहले ही वह चली गईं।

बात यूँ निकली कि एक दिन शमीम ने अम्माँ के पानदान से पैसे झपट लिए। यह उस वक़्त की बात है जब मेरा बी.ए. का नतीजा आ गया था और अब्बा, जो फ़ालिज के बाद बिलकुल तनदुरुस्त हो गए थे, आरामकुर्सी पर बैठे थे।

"हूँ, तो तुम पास हो गईं !" वह बोले।

"जी।"

"हूँ बेगम, दावत करोगी ?"

"ऐ हटाओ, दावत इस गर्मी में। ओ कमीने ! इधर ला मेरे रुपये।"

मगर शमीम ने रुपये जेब में डाले और दूर टहल गए।

"देख, सौ रुपये वापस रख दे, नहीं तो खाना नहीं दूँगी।"

"कोफ़्ते पके हैं, और शकरक़ंद की खीर।" मैंने इत्तला दी।

"और बड़े मामू के यहाँ से ख़ुश्का और माही क़लिया आया है," भाभी ने तख़्त पर से ख़रबूज़े के बीजों के छिलके झाड़ते हुए कहा।

"कैसी कंजूस माँ है ! अरे अब्बा मियाँ, राहत ख़ाला से ख़्वाहमख़्वाह कुट्टी कर ली। ये अम्माँ तो ऐसी ज़ालिम हैं कि बात-बात पर 'खाना नहीं दूँगी, पानी नहीं दूँगी'। क्या हज़रत उस्मान की कुछ ज़ालिमों से रिश्तेदारी थी ?" हज़रत उस्मान से हमारे ननिहाल का शजरा शुरू होता है।

"अच्छा, ज़्यादा बकबक न कर, बेहया कहीं का ! ग़ज़ब ख़ुदा का, छोटी बहन बी.ए. पास हो गई और निगोड़ा दसवीं में सड़ गया।"

---

10. पवित्र 11. सिद्धांत-हनन 12. आलोचना 13. दूषित 14. आम तौर पर 15. वंचित

"देखिए, हर वक़्त जली-कटी सुनाती रहती हैं। राहत ख़ाला होतीं तो..."

"अरे तो क्या है, अब ब्याह लाओ नई-नवेली अम्माँ।"

"अच्छा, तो ये बात है !" शमीम ने ज़रा खंभे की आड़ लेते हुए कहा, "मैं भी सौत न लाके बिठा दूँ तो मेरा नाम शमीम बेग चुग़ताई नहीं।"

शमीम ऐसे भोंडे मज़ाक करता था पर इस तरह कि हँसी नहीं रुकती थी। उसने ऐसा संजीदा चेहरा बनाकर धमकी दी कि अम्माँ और अब्बा, दोनों को हँसी दबानी मुश्किल हो गई। शमीम ने आकर चुपके से कहा–

"देख, बड़े मियाँ का चेहरा गुलनार हो गया ! दूल्हा बनने के ज़िक्र से खिल उठे।"

"चल बदतमीज़।"

"अरे, तो क्या मज़ाक़ कर रहा हूँ ! क़सम ख़ुदा की, थोड़ा ख़िज़ाब लगा लें तो अब भी जवान धरे हैं। न चेहरे पर झुर्री, न हाथों पर बुढ़ापा।" फिर ऊँची आवाज़ से बोले–

"शरअ में तो चार का हुक्म है। सच्ची, नई अम्माँ कुछ तो ख़याल करेगी।"

इतने में मामूँ आ गए और खाना लगने लगा।

खाने के बाद मैंने अम्माँ से पूछा–

"बी, ये राहत ख़ाला का क्या क़िस्सा था ?"

तब उन्होंने शुरू से लेकर आख़िर तक पूरा क़िस्सा सुनाया।

खाना उलटकर अम्माँ रोने बैठ गईं।

अब्बा ख़ामोश सर झुकाए बैठे रहे। फिर बोले–

"बेगम, हम तुम्हारे मुजरिम हैं। हमसे ग़लती हो गई, हमने निकाह कर लिया।"

"मुझे मालूम है।"

"तुम जो सज़ा दो, हमें मंजूर है।"

"मेरे बच्चे बुलवा दो। मैं आगरा में रहूँगी।"

"यह क्या कह रही हो बेगम, हम तुम्हारे और बच्चों के बग़ैर कैसे जिएँगे ?"

"तुम्हारी लाडली।"

"तुम हो हमारी लाडली। हमारी ज़िंदगी, हमारा माज़ी[16] और मुस्तक़बिल[17] !"

"मगर निकाह करते वक़्त...," अम्माँ का गला बंद होने लगा। "सात बच्चों के बाप..."

"हमें ख़बर नहीं हम उस वक़्त कहाँ थे। जब हमें होश आया और निकाहनामा पर हमने दस्तख़त देखे तो हमारे होश उड़ गए। हम उसी वक़्त वहाँ

16. अतीत 17. भविष्य

से उठकर चले आए।''

''फूफी बादशाही के यहाँ हुआ निकाह।''

''हाँ।''

''हूँ, तो उनके दिल की तमन्ना पूरी हो ही गई। मेरी माँग उजाड़कर चैन आ गया।''

''अभी तो हम ज़िंदा हैं बेगम। काश, मर जाते। नहीं, हमें मरने का कोई हक़ नहीं। हम जीना चाहते हैं।''

''मैं जानती हूँ, बादशाही ख़ानम ने तुम्हें कुछ खिला दिया होगा।''

''नहीं, बादशाही ने कुछ नहीं खिलाया।''

''तो फिर इतने नन्हे तो नहीं।''

अम्माँ नहीं जानतीं, इनसान कभी कितना नन्हा हो जाता है, बिलकुल सिफ़र रह जाता है। मगर अब्बा मियाँ झूठ नहीं कह रहे थे। इनसान अपने बचाव के लिए ज़ेह्न में दीवारें खड़ी कर लेता है। जिन ख़्वाहिशों के आर-पार नहीं देखना चाहता उन पर ख़ुदफ़रामोशी[18] के दबीज़[19] पर्दे डाल लेता है। ख़ुद अंदर गुम हो जाता है और ढूँढकर हार जाता है। एक बाउसूल इनसान के लिए कोई उसूल तोड़ना बड़े जोखम का काम है। जागते में ख़्वाब की कैफ़ियत तारी कर लेता है। रेशम के कीड़े की तरह एक खोल बुन लेता है।

''मुझे तलाक़ तो नहीं दोगे ?'' अम्माँ ने नन्ही सी आवाज़ में पूछा।

''तलाक़ ? बेगम !''

''मेरे बच्चे तलाक़न के बच्चे कहलाएँगे। कोई मेरी बेटियों को क़बूलेगा नहीं कि जैसी माँ वैसी बेटी, कोई तो खोट होगा कि क़सीम बेग चुग़ताई को तलाक़ देना पड़ा। अच्छा, मेरे सर पर हाथ रखकर क़सम खाओ कि मुझे तलाक़ नहीं दोगे।'' उन्होंने अब्बा मियाँ का हाथ उठाकर सर पर रख लिया।

''हमने उसे हाथ नहीं लगाया है और हम क़सम खाते हैं कि हम उसे हाथ लगाएँ तो हम करीम बेग चुग़ताई के नुत्फ़े से नहीं।''

''है है नहीं, ये...तो गुनाह होगा।''

''हमारा ज़मीर जिस बात को गुनाह समझता है वह गुनाह है।''

''अल्लाह के वास्ते ये दहरियापन[20] ग़ारत करो। अल्लाह का क़हर...''

''हम सह लेंगे।''

''यह तो कुफ़्र है, इसका अज़ाब बच्चे भुगतेंगे।''

''ख़ुदा के यहाँ क़त्तई ऐसी अंधाधुंध नहीं होगी। यक़ीनन हर इनसान अपने आमाल[21] की सज़ा और जज़ा[22] पाएगा।''

---

18. आत्मविस्मृति 19. मोटा 20. नास्तिकता 21. अमल (बहुवचन) 22. पुरस्कार

"सरकार," थोड़ी देर ख़ामोश रहने के बाद बोलीं।

"हाँ, बेगम।"

"अब तुम हज़ार शादियाँ भी कर लो, मुझे परवा नहीं।"

"क्यों, क्या अब तुम्हें हमसे मुहब्बत नहीं रही ?"

"ये बात नहीं।"

"शरीफ़ बीवियाँ मुहब्बत नहीं करतीं, अपने ख़ुदा-ए-मजाज़ी[23] की परस्तिश करती हैं।"

"बेगम, परस्तिश पत्थरों की की जाती है। हम इनसान हैं, तुम्हारे अपने।"

"तो बस आज ही चलो। ख़ाक डालो उस कोठी को, बननी होगी बन जाएगी।"

उसी दिन अम्माँ अब्बा मियाँ को लेकर कानपुर रवाना हो गईं। कानपुर में फ़िरक़ावाराना कशीदगी[24] बढ़ रही थी। अब्बा मियाँ की अजीब पालिसी थी। वैसे तो अफ़सरों और रईसों से बड़े गहरे ताल्लुक़ात रखते थे, साथ-साथ हर जुमा को नमाज़ पढ़ने शह्र की मुख़्तलिफ़ मस्जिदों में ज़रूर जाते, मय बेटों के, और वहाँ के मौलवियों और मुल्लाओं से मज़हब, फ़िक़ा[25] और हदीस[26] पर बातचीत करते। दह्रिये[27] थे फिर भी मुख़्तलिफ़ मज़ाहिब पर मवाद[28] पढ़ते रहते थे। उनके मुख़ालिफ़ीन उनके दह्रियेपन की पब्लिसिटी करके उनकी मुख़ालिफ़त करते मगर उनकी पालिसी के आगे मात खा जाते।

हिंदुओं से उनके बहुत जल्दी मरासिम[29] पैदा हो जाते कि वे समझते थे, ये तो नास्तिक है। अब्बा मियाँ की दोस्ती की जड़ें बड़ी मज़बूत और गहरी होती थीं और ख़ानदानी दोस्ती क़ायम हो जाती। बीवियाँ, लड़के-लड़कियाँ घुल-मिल जाते। अम्माँ जब अपनी हिंदू सहेलियों की दावत करतीं तो महराज को बुलाकर बिलकुल कोरे बर्तन मँगवातीं। किसी बच्चे तक को उस तरफ़ फटकने की इजाज़त न थी। बीवियाँ ख़ुद पूरियाँ बेलतीं, पत्तलें धोकर लगातीं। अमूमन बरामदा धोकर खाना परोसा जाता। हमें छूतछात से उलझन होने के बजाय मज़ा आता। बड़े सहमे हुए, मुअद्दब[30] से अलग रहते। कुछ ऐसा लगता था, हमने उसे छू लिया तो ये लोग भस्म हो जाएँगे।

"ये लोग काफ़िर हैं," जुगनू हमारे बूझ-बुझक्कड़ फ़रमाते। "अगर हम आयतुल-कुर्सी[31] पढ़ दें तो अभी जलकर ख़ाक हो जाएँगे।"

"नहीं जुगनू, मत पढ़ना। शीला, मेरी दोस्त, भस्म हो गई तो मैं मर जाऊँगी। पिछली पूजा पर उसने मुझे सबसे छिपाकर एक उँगली चंदन दिया था जो शाम

---

23. लौकिक ईश्वर (पति) 24. सांप्रदायिक कटुता 25. विधिशास्त्र 26. मुहम्मद साहब के वचन 27. नास्तिक 28. सामग्री 29. संबंध 30. अदब के साथ 31. क़ुरान-शरीफ़ की एक आयत

तक मेरी मुट्ठी में महकता रहा। सुबह भी ख़ुशबू आ रही थी।''

और जुगनू तो निहायत पक्के मुसलमान थे, हमने सबसे पहले क़ुरान पढ़ लिया था। मुझे तो पूरी नमाज़ भी नहीं आती थी, सिर्फ़ एक दाढ़ का रोज़ा रखती थी।

हमें यह छूतछात कुछ पुरअसरार[32] और रोमांटिक सी लगती थी। बेचारे डरते हैं, कोई आफ़त न टूट पड़े। जब यह एहसास नहीं पैदा हुआ था कि हमें गंदा समझते हैं। यह तो बड़े होकर पता चला और बहुत गुस्सा आया। यही वजह थी कि अब्बा मियाँ को पता चल गया कि मुहर्रम में बड़े ज़ोर की फ़साद की दोनों तरफ़ तैयारियाँ हो रही हैं। उन्होंने कलेक्टर से कहा हमें पेशबंदी करना चाहिए। मगर उसने कहा, तुम्हारा वहम है, इस क़िस्म के ख़यालात मत फैलाओ कि इसी रवैया से फ़साद उभरते हैं।

कलेक्टर ने सारी पेशबंदियाँ रद्द कर दीं, मगर अब्बा मियाँ दोनों फ़िरक़ों से राहो-रस्म की वजह से बहुत परेशान थे। प्लान यह बना था कि अबके ताज़िया इतना ऊँचा बनाया जाए कि जब सड़क पर से गुज़रे तो किनारे उगे पुराने पीपल के पेड़ की डालियाँ आड़े आ जाएँ।

''बात राज़ की है सरकार, पर आप तो हमारे अपने हैं।'' सिरकीवाला, जिसने कबूतरों का काबुक और मुर्ग़ियों के पिंजरे बनाए थे, मुहर्रम में ताज़ियों के ढाँचे तैयार करता था। उसने अपना समझकर राज़ की बात कह दी। ''पूरा डेढ़ फुट ताज़िया ऊँचा रहेगा।''

''डेढ़ फ़ुट नहीं गुज़र पाएगा ?''

''अच्छी तरह पेड़ की ऊँचाई नाप ली गई है, सरकार। डाली क्या, पूरा कुंदा काटना पड़ेगा।''

अब्बा मियाँ घोड़ी पर उस सड़क तक निकल गए। पेड़ बहुत पुराना, शानदार और घना था। उसकी जड़ में एक चौका सा बना था। छाल पर गेरुवे रंग चढ़ाकर एक पत्थर नीचे रख दिया गया था जिस पर गुलाल और पन्नी से सजावट की गई थी। एक क़िस्म का शिवलिंग लगता था। फूल-पत्ते, खीलें, बताशे और अकसर एक दिया भी कोई चढ़ा जाता था। राहगीर पेड़ के नीचे आराम करते और नमस्कार कर लेते। न जाने कितने साल से कोई अल्लाह का बंदा फूल भी चढ़ाया करता था। ख़ुद हमारी मुलाज़िमा[33] पठानी का भी अक़ीदा[34] था कि पेट वाली, जुमेरात को फूल चढ़ाए तो यक़ीनी बेटा होने की गारंटी है। कुछ दिनों से लोगों की तवज्जह पेड़ की तरफ़ ज़रूरत से ज़्यादा बढ़ गई थी। कुलावे भी बँधने लगे थे, मिठाई के दोने भी चढ़ने लगे थे जो सड़क पर बैठा फ़क़ीर फ़ौरन झपट लेता।

---

32. रहस्यपूर्ण 33. नौकरानी 34. आस्था

कभी कोई दूसरा भी अपना हक़ जताने लगता तो मार-पीट शुरू हो जाती और मिठाई कुत्ते के हिस्से में आती। उस साल मुहर्रम पर बड़ा जोशो-ख़रोश था। लखनऊ के बाँके बिला टिकट आ रहे थे। काकोरी-मलीहाबाद से ढोल-ताशे पीटनेवाले, पटाबाज़, मशालची आ रहे थे। ग़रज़ बड़ी धूम थी। अब्बा मियाँ की नींदें हराम हो रही थीं। उन्होंने अपने चंद मुख़लिस दोस्तों से, जो दोनों फ़िरक़ों के मुहज़्ज़ब और सुलहपसंद मिज़ाज के थे, यूँही तज़किरा[35] किया और बातों-बातों में यह तय पाया कि सरकार इस फ़साद की अहमियत को नज़रअंदाज़ करना चाह रही है। अब्बा मियाँ सरकार के बड़े फ़रमाँबरदार माने जाते थे। दिलों में उनकी इज़्ज़त भी थी और ब्रिटिश राज के मुख़ालिफ़ीन को उनसे नफ़रत भी थी। कुछ भी हो, अब्बा मियाँ हिंदुस्तानी ही थे। नौकरी भी अहम थी और ख़ून-ख़राबे से ख़ौफ़ज़दा थे।

बड़े सोच-विचार के बाद तय हुआ कि जितने लोग दोनों तरफ़ से शरीक हो सकते हों, हों, तकल्लुफ़ न करें। क्योंकि जिस सड़क से जुलूस ताज़ियों का गुज़रनेवाला था, सड़क के किनारे ख़िलक़त[36] जमा होगी। अगर उस भीड़ में ख़ुद न जा सकें तो कम-अज़-कम तगड़े तनदुरुस्त जवानों को तो भेज ही दें। नौकरों ही को भेज दें।

चंद ज़मींदारों से अब्बा मियाँ ने बात की। उन्होंने बड़े फ़ख़्र से अपने लठैत भेज दिए जो जुलूसवाले दिन से पहले अब्बा मियाँ से दो-दो, तीन-तीन की टुकड़ियों में मिले। अम्माँ को कुछ ख़बर न थी। नन्हे भाई, इसहाक़ भाई, छोटे भाई, इसहाक़ भाई के दो बड़े भाई शफ़्क़्क़त और मक़बूल, और अब्बा के दोस्त के लड़के अदम उस्मान और अदम सुलेमान जिन्हें उन्होंने छोटी-सी उम्र से पाला था। उनके अलावा बावर्ची, बहिश्ती, दरबान और दो-तीन चौकीदार जो मुसलमान थे, मुक़र्रर किए गए कि जब मुहल्ला से ताज़िया गश्त के लिए उठे तो साथ हो लें और ताज़िया के आसपास ही रहें। मौक़ा मिले तो कंधा भी दें।

फिर माली, धोबी, मेहतर, कोचवान, ग्रासकट, घोसी, उसका मददगार, ऊपर के काम के नौकर हिंदुओं के साथ पेड़ के आसपास घूमते रहें।

"क्या गोली चलेगी साब ?" उन्होंने पूछा।

"नहीं, गोली नहीं चलेगी। मगर हमारे साथ सिपाही, इंस्पेक्टर और सुपरिंटेंडेंट होंगे। हम जुलूस के आसपास ही रहेंगे। सिपाहियों में ज़्यादा मुसलमान हैं, और उनसे हमारी बात न हो सकी। हमने किसी सरकारी मुलाज़िम से बात नहीं की है। हमारा मक़सद फ़साद की रोकथाम है।"

"मगर सरकार, वहाँ तो दूर-दूर से गुंडे बुलाए गए हैं।"

---

35. ज़िक्र 36. जनता

"दस-बारह गुंडे बुलाए गए होंगे। बस इतने ही फ़साद शुरू करने के लिए काफ़ी समझे जाते हैं। और हमने गिनती क़रीब-क़रीब मालूम कर ली है। एक दफ़ा झगड़ा शुरू हो जाए, फिर तो गुंडे जान बचाकर सरक लेंगे। अहमक़ जोशीले नौजवान घमसान में कूद पड़ेंगे।"

नन्हे भाई कमसिन थे मगर खूब तगड़े थे। बाक़ी लड़के भी काफ़ी छोटे थे मगर उम्र के उस दौर से गुज़र रहे थे जब मारपीट में लज़्ज़त[37] मिलती है। चंद लोगों ने चाकू ले जाने की राय दी। अब्बा ने सख़्ती से मना कर दिया।

"बेंत भी नहीं।"

"तिनका भी नहीं, वरना जाने की कोई ज़रूरत नहीं। जान प्यारी है तो घर में बैठो।"

अम्माँ बड़ी धूमधाम से मुहर्रम मनाती थीं। चूड़ियाँ उतार देती थीं, सफ़ेद दुपट्टा अशरे तक ओढ़ती थीं। पहली, पाँचवीं, सातवीं, नवीं, दसवीं को शरबत शीरमाल, कबाब, तरबतर हलवे बाँटे जाते थे।

अब्बा ने नवीं की रात को अम्माँ को बता दिया कि फ़साद की रोकथाम के लिए उनकी ड्यूटी लगी है। अम्माँ ने मातम शुरू कर दिया, गरेबान में झूल गईं।

"अब तो रात हो गई, हम अपनी नौकरी से सुबुकदोश[38] भी नहीं हो सकते। हमने ग़लती की, तुम्हें बता दिया।"

"अगर कुछ हो गया तो !"

"हम कहते हैं, कुछ नहीं होगा। हमने कभी तुमसे झूठ बोला है ?"

अम्माँ मरऊब हो गईं।[39] मगर सुबह जाने लगे तो सदक़े का बकरा नीम से बँधा था। अम्माँ बार-बार बैतुलख़ुला[40] जा रही थीं। सब लड़कियाँ, मुग़लानियाँ और मुहल्ला की औरतें जमा होकर क़ुरानख़्वानी करके उस मीलों दूर सड़क की तरफ़ फूँक रही थीं जिधर से जुलूस गुज़रनेवाला था और मौत का फ़रिश्ता मँडला रहा था।

अम्माँ दरवाज़े तक दौड़ती साथ चलीं। चौखट फलाँगने से पहले पकड़ लिया और वापस लाकर दादी अम्माँ को सलाम करवाया, बूढ़ी बी यानी अब्बा की फूफी और अम्माँ की दादी से दुआएँ दिलवाईं। फिर क़िब्ला[41] की तरफ़ बैठाकर कहा, आयतुल-कुर्सी पढ़ो।

"भई याद नहीं, देर हो रही है। तुम पढ़ दो बेगम।"

अम्माँ को तो कुछ याद ही नहीं रहता था मगर खूब सी दुआएँ पढ़कर फूँकीं। और बच्चों को क़ुरान पढ़ने बिठा दिया।

---

37. आनंद 38. भारमुक्त 39. रोब में आ गईं 40. शौचालय 41. क़ाबा

दर्जनों ढोल बज रहे थे। झाँझ कानों के पर्दे फाड़े दे रहे थे। पैक कमर में घंटियाँ ठनकाते, बल्लम बुलंद किए भागते निकल जाते। उफ़, इस मौक़े पर बच्चे कहाँ से कुलबुलाकर निकल पड़ते हैं।

सुपरिंटेंडेंट अंग्रेज़ था, उसका मुँह चुक़ंदर की तरह लाल हो रहा था। सिपाहियों की कतारें दो-रूयाँ पैदल चल रही थीं। इतने बड़े जुलूस की निगहदाश्त[42] पर सिर्फ़ लाठीबंद बारह सिपाही थे। इंस्पेक्टर हिंदू और सब-इंस्पेक्टर मुसलमान थे। पूरी पुलिस फ़ोर्स में सिर्फ़ तीन-चार हिंदू, बाक़ी मुसलमान और एक अंग्रेज़ था। वही हुआ, जिसका प्लान बनाया गया था। ताज़िया सिर्फ़ चंद इंच बड़ा था, कंधा देनेवाले पंजों के बल चल रहे थे और काफ़ी क़द-आवर थे। फिर भी छः-सात इंच का सवाल था। सिवाय कुंदा काटने के और कोई चारा नहीं था। दो-चार मनचले लपके, पेड़ पर चढ़े। हाथापाई शुरू हो गई।

अब्बा मियाँ ने कहा, 'ठहरो !' उनकी आवाज़ में हाथी की चिंघाड़ थी।

अब्बा मियाँ ठीक कुंदे के नीचे खड़े होकर ऊपर देखने लगे--

"अगर कुंदा न काटा जाए !"

"ताज़िया नहीं निकल सकता।"

"अगर..."

"ताज़िया झुकेगा नहीं, बेहुरमती[43] होगी।"

"नहीं, ताज़िया झुकेगा नहीं, मगर निकल जाएगा।"

"वो कैसे ?"

एकदम तीन-चार आदमी फावड़ा लिए भीड़ से निकले।

"हम सड़क खोद डालेंगे।"

"मगर सड़क ?...नई सड़क।"

"फिर बन जाएगी। कंकर ही तो कटे हैं।" अब्बा फावड़ा चलाने लगे। जल्दी से ख़ानसामाँ ने फावड़ा छीन लिया और जुट गया। अब्बा मियाँ ने देखा, आसपास बहुत से अपने प्यारे दोस्त, ख़िदमतगार मौजूद थे।

"व्हाट इज़ दिस नॉनसेंस स्पावयलिंग दि न्यू रोड।" सुपरिंटेंडेंट बोला। उसे सख़्त गुस्सा आ रहा था।

मगर दम भर में डेढ़ गज़ लंबी-चौड़ी, फ़ुट भर गहरी क़ब्र सी ख़ुद गई और फ़िरक़ावाराना फ़साद दफ़न हो गया। अब्बा ने लपककर ताज़िया को कंधा दिया। उनका क़द छोटा था, दूसरी तरफ़ से बहिश्ती[44] ने उचक लिया। दो-चार और बढ़े। बाक़ी के लोगों को ताज़िया का तवाजुन[45] क़ायम करने के लिए घुटनों में झोल डालना पड़ा।

---

42. निगरानी 43. बेइज़्ज़ती 44. भिश्ती 45. संतुलन

अब्बा मियाँ की इस पालिसी का शहूर भर में ग़लग़ला[46] मच गया। फ़सादपसंद तो गिनती के ही होते हैं। अक्सरियत[47] तो सुलहपसंदों ही की होती है। न ख़ून-ख़राबा हुआ, न गोली चली।

थोड़ी देर तो अंग्रेज़ अफ़सर चीं-ब-जबीं[48] चलता रहा। फिर उसके चेहरे से रऊनत[49] की सुर्ख़ी उतरने लगी और वहीं अगले इतवार शिकार का प्रोग्राम बन गया। अब्बा मियाँ चुटकियों में बड़े देर-पा[50] दोस्त बना लेते थे।

लोगों का ख़याल था कि इतनी कामयाब तरकीब पर अब्बा मियाँ को तरक़्क़ी मिलेगी। उन्हें हिसाब से कलेक्टर बन जाना चाहिए था, ख़ानबहादुर का ख़िताब तो सन् ग्यारह में मिल गया था। मगर जब उन पर कमेटी बैठ गई और संस्पेंड कर दिए गए तो सब मबहूत[51] रह गए।

"आपको मालूम था कि फ़साद होगा ?"

"जी हाँ !" अब्बा मियाँ ने जवाब दिया।

"क्या उसमें शरीक थे ?"

"नहीं।"

"तो फिर इतनी पक्की ख़बर कैसे मिली ?"

"मेरा रसूख़ है। शहूर के दोनों फ़िरक़ों के लोगों से मेरा गहरा ताल्लुक़ है। मैं कान खुले रखता हूँ और दिमाग़ हाज़िर।"

मगर कमेटी के मेंबर अंग्रेज़ थे। सिर्फ़ दो हिंदू और मुसलमान थे जो बिलकुल गुमसुम बैठे थे और हर बात पर रज़ामंदी का इज़हार कर देते थे।

"मैंने जो कुछ भी किया उसके नतीजे में फ़साद टल गया और तमाम वो फ़सादात, जो दूसरे शहूरों में यहाँ की ख़बर से होनेवाले थे, माँद पड़ गए। हुए ही नहीं और हुए तो बहुत कमज़ोर।"

"यह तो ठीक है। मगर तुमने सड़क खोदने की इजाज़त नहीं ली थी और जो भी प्लान बनाया था उसे हमारे सामने पेश करके अमल-पैरा होने की इजाज़त नहीं तलब की। उससे तुम्हारी बाग़ियाना तबीयत का अंदाज़ा होता है जो हुकूमत के लिए बहुत बड़ा ख़तरा बन सकती है।"

फिर अब्बा मियाँ के वकील बोले—

"एक शहरी की हैसियत से मेरे मुवक्किल ने जो क़दम अपनी ज़िम्मेदारी पर उठाया वह दुरुस्त साबित हुआ। सिर्फ़ सड़क खोदने पर म्यूनिसिपेल्टी बाज़पुर्स[52] कर सकती है और जुर्माना हो सकता है।"

"सरकारी अफ़सर को शहरियत[53] के सवाल को बाद में लाना होगा। पहला सवाल ड्यूटी और प्रोटोकोल का है। हर बात क़ायदे से होनी चाहिए। उसूल

46. शोर 47. बहुमत 48. माथे पर बल डाले 49. दंभ 50. टिकाऊ 51. स्तब्ध 52. पूछताछ 53. नागरिकता

तोड़ना बग़ावत की निशानदेही करता है।"

और अब्बा को वह अंग्रेज़ी नज़्म याद आ गई–

Charge of the light Brigade :
"Their's not to reason why
Their's is but to do and die."

जब वकील ने, जो बड़े कट्टर हिंदू थे, यह नज़्म धीमी आवाज़ में दोहराई तो कमेटी के मेंबर बेहद बिगड़े। मगर अब्बा मियाँ बिलकुल मुतमइन थे। उनकी तरक़्क़ी नहीं हुई, मुअत्तली के अहकामात[54] मंसूख़ होकर तबादला हो गया क्योंकि मिश्राजी ने लंदन तक जाने की धमकी दे दी थी। बात रफ़ा-दफ़ा हो गई और अब्बा कानपुर के दोस्तों को छोड़कर लखनऊ चले गए जहाँ उनका पहले भी तक़र्रुर हुआ था जब छोटी आपा पैदा हुई थीं।

मेरी याददाश्त मुझे फिर वापस लौटाकर बहराइच ले जा रही है। हमारा पहला मकान मामूली सा था। आसपास के मकानात थे जिनसे अम्माँ तो ख़ुश थीं, अब्बा मियाँ को वहशत होती थी। उस घर का मुझे इमली का पेड़ याद है जो दीवार के पीछे सुग़रा, बतूल के घर में था, मगर आधा हमारे आँगन में झुक आया था। क़रीब न खेत थे, न जंगल। फाटक के आगे सड़क थी, इसलिए पहरेदार किसी बच्चे को बाहर नहीं निकलने देता था। घोड़े सिर्फ़ दो रह गए थे। दो भैंसें भी थीं। मुर्ग़ियाँ भी झाबों में भरके रेल से आ गई थीं। अहाता बहुत बड़ा न था मगर दीवार फाँदकर कूद जाते तो एक पुरानी धुंधार कोठी थी।

गुरू का कहना था, वहाँ भूत रहते हैं। हमारी ननिहाल के लोग बड़े बातूनी थे और जुगनू भी बड़ी लंबी-चौड़ी बातें बघारा करते थे। वह जयगढ़ के भूतों, चुड़ैलों और जिन्नों के क़िस्से सुनाकर रूह क़ब्ज़ किया करते थे। बंदरों को हंनुमानजी का रिश्तेदार कहकर हमें उन्हें सलाम करने की राय देते थे और हम हनुमानजी से बेहद मरऊब थे। कोचवान झिंगुरीराम के पीछे पड़कर हम उनसे रामायण की कहानियाँ सुना करते थे।

हनुमानजी की दुम में आग लगी तो सारी लंका फूँक दी। बचपन से मेरी आदत है कि जो भी कहानी सुनती थी, तख़य्युल[55] में वह सारा ड्रामा नज़र आने लगता था। अब तो फ़िल्मों में देखा मगर उससे पहले जब बहुत छोटी थी जब ही मैंने कोचवान से सुनकर हनुमानजी को लंका फूँकते देख लिया था। बंदर, जो अमूमन बेवकूफ़ी की हरकतें करते हैं, मुझे बेहद होशियार नज़र आते थे जैसे अभी बोल पड़ेंगे। और फिर छिंगुली पर पहाड़ उठाना कमाल था। लक्ष्मणजी घायल हो गए, तब संजीवनी बूटी लाने हनुमानजी चले। बूटी बहुत ढूँढी, न मिली तो पूरा

54. आदेश 55. कल्पना

पहाड़ उठा लाए। मुझे बेहद होशियारी की बात लगती थी। मुझसे जब कोई ख़ास तागा या सूई मँगवाई जाती तो मैं बार-बार के चक्कर और डाँट से बचने के लिए पूरी बुक़ची उठा लाती थी। उस पर मुझे डाँट पड़ती थी कि काहिल मद्दस हूँ। और मैं बुक़ची वापस रखते हुए बड़ी फ़िक्रमंद हो जाती थी कि हनुमानजी ने भी पहाड़ वापस लौटाया होगा कि नहीं। कोचवान से पूछना कभी याद न रहा।

जब भी बड़े सुर में झूमकर कोचवान कोई रामायण की कथा सुनाते, आख़िर में कहते—

"बोलो, श्रीराम की जय !"

और हम बड़े ज़ोर की जय-जयकार करते। कहानी का बेहतरीन हिस्सा गला फाड़कर जय-जयकार करना ही लगता था। और कोचवान का कहना था, जो एक बार भी राम-नाम ले ले, उसका कल्याण हो जाता है।

लेकिन जुगनू ने कहा, जय-जयकार करने के बाद मेरी ज़बान दोज़ख़ में जलेगी। मुझे दोज़ख़ से बहुत डर लगता था। मेरी सिट्टी गुम हो गई। दोज़ख़ के इतने भयानक नक़्शे जुगनू ने खींचे थे और मैंने तख़य्युल में खून-पीप के प्याले पीते, आरों से चिरते, अंगारों पर कबाब होते, साँप मुँह में घुसते देखकर सोते में चीख़ें मारी थीं। मैं किसी शर्त पर दोज़ख़ में जाने को तैयार न थी। उधर कोचवान कहता था श्रीरामचंद्र की जय न बोली तो नरक में जाऊँगी। नरक कमबख़्त भी ख़ौफ़नाक जगह है। वहाँ भी साँप, बिच्छू, अंगारे और जिस्म को चीरने के औज़ार हैं जिनके ख़याल से ही रूह फ़ना होती है।

मेरी बड़ी मुश्किल है। इंदिरा कहती है, अगर मैंने जीसस क्राइस्ट के स्टैच्यू के सामने घुटने टेककर गुनाहों से तौबा नहीं की तो सफ़ा[56] हेल में जाऊँगी। मैं उन तीनों ख़ौफ़नाक मुक़ामात पर जाने पर राज़ी नहीं। मगर जुगनू कहते हैं, गुर्ज़ मार-मारकर मुझे ले जाया जाएगा।

"मैं कहीं भाग जाऊँगी।"

"अरे, फ़रिश्तों से कहाँ बचकर भागोगी !"

जब बाजी थी तो कोई मारने की धमकी देता तो बाजी की गोद में छिप जाती थी। मगर बाजी कहाँ होगी ! वह तो अपने लंबे बाँस दूल्हा के साथ ससुराल गई। और मैं दुनिया भर की ससुरालों का मातम करने लगती। उफ़ ! नफ़रत थी मुझे उन नामाक़ूल ससुरालों से। ये भी कोई चौथी जगह होगी, दोज़ख़, नरक और हेल की रिश्तेदार ससुराल ! भाबू के यहाँ बड़ी ज़ोरदार मजलिसें हुआ करती थीं। सुग़रा और बतूल ज़ोर का मातम करती थीं। मैं और बच्चों के साथ मजलिसों में तबर्रुक[57] की ताक में जाती थी और मरसिये सुनकर बेहद बोर होती थी।

---

56. साफ़ तौर पर 57. प्रसाद

फिर मैं कुछ बड़ी हुई और ग़ौर से सुनने लगी। तब भी कुछ ज़्यादा समझ में नहीं आया। मगर एक दिन अली असग़र की शहादत का बयान मेरे पल्ले पड़ गया। छः माह के मासूम बच्चे के गले में त्रिफला तीर लगा और वह ख़ून में लथपथ हो गया।

सब बीवियाँ ऊँची आवाज़ में रो रही थीं। मुझे भी बहुत ज़ोर से रोना आ गया। बीवियाँ तो निहायत मुहज़्ज़ब[58] अंदाज़ से लय-सुर में रो रही थीं, मैं बेहिसाब चिंघाड़ने लगी। मेरी आवाज़ हमेशा जुमला रोनेवालों से ऊँची जाती थी। साथ में मैंने वहीं चाँदनी पर मचलना शुरू कर दिया। एहतिजाज का यह तरीक़ा हमेशा कामयाब साबित हुआ करता था।

मगर उलटा असर हुआ। मुझे ढिठाई से मचलने पर घसीटकर मजलिस से बाहर कर दिया गया और दूसरे भी मेरे साथ ही निकाल दिए गए।

घर पहुँचकर भाइयों ने मेरी शिकायत की।

"भूतनी वहाँ मचलने लगी। हम सबको निकलवा दिया। मिठाई भी नहीं मिली।"

"क्यों मचल रही थी ?"

"तो क्यों मारा ?"

"किसे नाशुदनी ?"

"छः महीने के बच्चे को। ज़रा सा था बेचारा।"

"ऐ है, किसका बच्चा मर गया ?" ख़ाला अम्माँ ख़र्राटे रोककर चौंकीं।

"ऐ, दीवानी है कमबख़्त।"

"तो मारा ही क्यों ?" मैं अड़ गई।

"ऐ, न जाने क्या बक रही है ख़ुराफ़ात। चल दूर हो।"

मैं रोती हुई लिहाफ़ोंवाली कोठरी में मैले गावतकिये से लगकर खूब रोई। रात को मुझे अकेले सोते डर लग रहा था।

"शेख़ानी बुआ, तुम्हारे पास आ जाऊँ !"

"आय जाओ।" उन्होंने सरककर मुझे पास लिटा लिया। बाजी के बाद जब शेख़ानी बुआ को फ़ुरसत मिलती तो मेरी जूएँ निकालतीं। पाँच फूल में तुलनेवाली शहज़ादी की कहानी सुनातीं।

"फिर भी एक रोज़ छः फूल चढ़ गए पर पल्ला न झुका।"

"क्यों, क्या बहुत मोटी हो गई थी ? शहज़ादी बहुत खाती थी ?" मैं ख़ुद भी तो बहुत खाती थी।

"अरे नाहीं, ऊका सपने में सहजादा दिखाई दे गवा।"

---

58. सभ्य

"शहज़ादे ने उसे भारी कर दिया ?"

"नाहीं भाई, ऊ बात ई है कि ऊका सहजादे से इसक होई गवा।"

"इसक क्या होता है बुआ ?"

"ऐ भाई, तुम तो भेजा खाए जात हो। भागो, हम न सुनावेंगे कहानी।" उफ़, मेरी 'क्यों' बड़ी बेढब थी। मैंने शेख़ानी बुआ से पूछा, "अली असग़र को क्यों मारा ?"

"का मालूम।"

"किसने मारा ?"

"अजीद मारिस रहे।"

"क्यों ?"

"अरे भाई, हम का जानी, ऊ खराब रहे, बच्चे का मार डारिस, अब सोइ जाओ।" और मैं सो गई थी। मगर रात को कई बार चौंककर चीख़ें मारती रही।

वह तो चंद साल हुए, एक मजलिस में असग़र मासूम की शहादत का ज़िक्र सुना तो मुझे याद आया कि वह हज़रत अनीस थे जिन्होंने मुझे झिंझोड़ डाला था।

जब रन में हुसैन असग़रे-बेपीर को लाए
लख़्ते-जिगरे-बानुए-दिलगीर[59] को लाए
जल्लादों में उस साहिबे-तौक़ीर[60] को लाए
हाथों में धरे चाँद-सी तस्वीर को लाए
शब्बीर[61] ने उस चाँद को हाथों पे उठाया
चिल्ले से कमाँबाज़ ने वाँ तीर मिलाया।

और फिर—

तब ख़म[62] हो के उसे मिस्ले-कमाँ[63] शह[64] ने बचाया
मानिंदे-अजल[65] नावके-ज़ुल्मो-सितम[66] आया
शब्बीर छिपाते रहे नाज़ों के पले को
बाज़ू पे लगा तोड़ के नन्हे से गले को
दिल सहम गया, चौंक पड़े असग़रे-मह-रू[67]
गर्दन से लहू बहने लगा, आँख से आँसू
फ़व्वारा छुटा हलक़ से बच्चे के लहू का
सब खून में तर हो गया नन्हा सा शलूका[68]
दम आके रुका हलक़ में उस तिश्नागुलू[69] का
ख़ूँ मुँह से उगलने लगा वो दूध का भूका

---

59. बानू के जिगर के टुकड़े को 60. प्रतिष्ठित प्राणी 61. हज़रत इमाम हुसैन 62. तिरछा 63. धनुष की तरह 64. इमाम हुसैन 65. मृत्यु समान 66. अत्याचारी तीर 67. चाँद जैसे असग़र 68. बच्चा 69. प्यासा

अब्बा मियाँ से मेरी शिकायत की गई।

"अब्बा मियाँ, ये सुअरिया मातम करती है।" शमीम काफ़ी बदज़ात है। हरदम लगाई-बुझाई से काम।

"तुम मातम करती हो ?" अब्बा मियाँ ने मुझे पास बुलाकर पूछा। मैंने मुँडिया हिला दी।

"कैसे करती हो ?" मैंने नमूना पेश किया।

"ऐसे नहीं।" अब्बा मियाँ ने मेरा हाथ पकड़कर ज़ोर-ज़ोर से सीने पर मारा। "जितनी ज़ोर से मातम करो, उतना ही ज़्यादा सवाब मिलता है।"

"ऊइ, ये क्या कमबख़्त को शह दे रहे हैं, वैसे ही दीवानी है। मातम करना हराम है। गुनाह होता है," अम्माँ बोलीं।

"याद है, तुम्हारी मैना को बिल्ली खा गई थी तो कितना मातम किया था ?"

"ऐ वाह, मैंने छाती तो नहीं कूटी थी !"

"माथा तो कूटा था।"

"ऐ, जब तो नादान थी।"

"तो ये बेचारी कौन सी बूढ़ी हो गई है ? बेगम, भयानक मज़ालिम[70] के ज़िक्र से बच्चे सहम ही जाते हैं तो क्या गुनाहगार होते हैं ? ख़ैर तुम अपनी नज़रो-नियाज़ से अच्छा-ख़ासा सवाब कमा लेती हो। हम सबकी मग़फ़िरत[71] हो जाएगी। और सुना है, तुमने हमारे गुर्दे के ऑपरेशन के वक़्त अजमेर में चादर चढ़ाई और फिर भी इतमीनान न हुआ तो सत्यनारायण की कथा भी करवाई। पंडितजी को धोती और दोशाला दिया। हमने तुमसे पूछा भी नहीं। तुमने हमारे लिए जो कुछ भी किया, वह गुनाह था या सवाब, हराम था या हलाल, हमने तुमसे कभी कुछ नहीं पूछा।"

मेरी बड़ी मुसीबत में जान थी। कोचवान कहानी नहीं सुनाता।

"शबरी ने श्रीरामचंद्र को झूटे[72] बेर खिलाए थे। वह कहानी सुनाओ कोचवान।" मैं ख़ुशामद करती हूँ।

"फिर सियारामचंद्र की जय बोलोगी ?" वह शर्त लगाता है। मैं राज़ी हो जाती हूँ।

"शबरी ने श्रीरामचंद्रजी को बेर खिलाए तो आधे काट-काटकर..."

"क्यों ?"

"कि बेर में कोई कीड़ा-वीड़ा न हो, अच्छे-अच्छे बेर खिलाए, कीड़ा लगे बेर फेंक दिए। बोलो सियारामचंद्र की जय।" मैं इधर-उधर देखकर जय बोल देती हूँ। वरना फिर वह सूर्पणखा के नाक-कान काटने का क़िस्सा हरगिज़ नहीं सुनाएगा। इधर-उधर इसलिए देख लेती हूँ कि जुगनू कहते हैं, जय बोलने से सख़्त गुनाह

---

70. अत्याचार 71. मुक्ति 72. जूठे

होता है। मेरी ज़बान में फ़रिश्ते काँटे चुभोएँगे और दहकती आग में मेरी ज़बान जलाई जाएगी।

मैं रात से बहुत डरती हूँ। डरावने ख़्वाब मुझे बहुत सताते हैं। ख़्वाब में देखती हूँ कि मेरी ज़बान दहकते कोयलों पर मेंढक की तरह फुदक रही है। मैं चीख़ने लगती हूँ और धमोका मारके जगा दी जाती हूँ। फिर आँख बंद करते डरती हूँ। जुगनू की राय है कि मुझे ज़बान पर कुनैन मलनी चाहिए। मगर कुनैन ताला में रहती है, इसलिए सिर्फ़ नमक से ज़बान घिसकर पाक कर लेती हूँ। मुझे दोज़ख़ से बहुत डर लगता है, और कोचवान के नरक से भी, और शीला टॉमस के हेल से भी, क्योंकि तीनों बहुत डरावने हैं।

अब मैं इन तीनों मुक़ामात[73] में से किसी में भी नहीं जाऊँगी। मैंने फ़ैसला कर लिया है कि मैं तो बस जन्नत ही में जाऊँगी।

"देख लेना, फ़रिश्ते तुम्हें दोज़ख़ की आग में झोंक देंगे," जुगनू डराते हैं।

"मैं ऐसी सरपट भागूँगी कि बस।"

"कहाँ भागोगी लल्ली ?"

"लिहाफ़ोंवाली कोठरी में छिप जाऊँगी।" मगर मैं जुगनू को नहीं बताती। वह इतने वसूक़ से अहकामाते-इलाही[74] सादिर फ़रमाते हैं कि लगता है कि उनका काफ़ी रसूख़ है। उन्होंने क़ुरान-शरीफ़ जो ख़त्म कर लिया है और मैं पहले सीपारे में ही फँसी हूँ।

नहीं, मेरी मुक्ति मुहाल है।

मगर ख़ैर, ख़त आया है कि बाजी आ रही हैं। मेरा वजूद जाग पड़ता है।

---

73. स्थानों 74. ईश्वरीय आदेश

रौशनी–रौशनी–रौशनी

लखनऊ जाने के लिए मैं पहले अलीगढ़ गई। मुझे लखनऊ का जुग़राफ़िया क़त्तई नहीं मालूम था। भला जोधपुर से सीधे लखनऊ कैसे जाती ? वैसे अलीगढ़ में कुछ दिल को ढारस बँधानेवाले भी थे। नया क़दम उठाने से पहले पापा मियाँ और आला बी से बातचीत करना चाहती थी। बजाय अपनी ममानीजान के यहाँ ठहरने के, ख़ातून आपा से इजाज़त लेकर बोर्डिंग हाउस ही में ठहरी। नसीर तो लाहौर केनेड कालेज एक साल पहले ही चली गई थीं। हमीदा सलामुद्दीन फ़र्स्ट इयर में थी। पहले भी उसके साथ रहती थी। मालूम हुआ, अलीगढ़ से तो कोई लड़की लखनऊ नहीं जा रही है। इसलिए अकेले ही लखनऊ रवाना हो गई।

लखनऊ का प्लेटफ़ार्म ही अलीगढ़ के मुक़ाबले में मरऊबकुन साबित हुआ। उस वक़्त अलीगढ़ में सब ही सड़कें कंकड़ की थीं और बेहद नाहमवार[1]। लखनऊ में पहली बार सीमेंट की सड़क देखी। जोधपुर अभी निहायत पिछड़ा हुआ था। लखनऊ इन मुक़ामात के मुक़ाबले में पेरिस लग रहा था।

जब मेरा ताँगा कालेज के पोर्टिको के सामने रुका तो चंद मिनट मैं साकित खड़ी पोर्टिको के बुलंद सुतून को नज़रों से नापती रही। मैंने इतनी शानदार इमारत पहली बार देखी थी। आई. टी. कालेज एशिया का सबसे शानदार वीमेंस कालेज था और शायद अब भी है। कोई और कालेज इतना वसीअ[2] और मरऊबकुन नहीं। आई. टी. कालेज से शानदार यूनिवर्सिटी बरसों बाद सिर्फ़ मास्को में नज़र आई जहाँ जाकर आँखें खुल जाती हैं।

प्रिंसिपल मिस शिनैन के सामने पहुँची तो उन्होंने उठकर हाथ मिलाया, ख़ुश-आमदेद कहा जैसे मैं कोई मुअज़्ज़िज़[3] मेहमान हूँ। छः फुट से निकलता हुआ क़द, निहायत मासूम सूरत, गुलाब की पंखुड़ी जैसा रंग, गहरी नीली आँखें, सर

1. असमतल 2. लंबा-चौड़ा 3. सम्मानित

पर रुपहले बालों का ताज, भारी-भरकम जिस्म, इतनी ज़ोर से मेरा हाथ दबाया कि उँगलियाँ चटख़ गईं।

लक़ो-दक़ कालेज में तनहाई के ख़ौफ़ से मैंने डबलरूम पसंद किया। ख़ुदा जाने, कौन मेट मिलेगी। मैं चंद नौवारिद तुलबा[4] में से थी। बोर्डिंग हाउस ख़ाली पड़ा था। मैट्रन ने मुझे कमरा पसंद करने की इजाज़त दे दी। दो पलंग पड़े थे, मैंने एक पर बिस्तर बिछाकर एक निहायत भड़कदार मारवाड़ी बँधाई के काम का पलंगपोश बिछा दिया। कपड़े अलमारी में जमा दिए।

अब समझ में नहीं आया, क्या करूँ ? बस जिधर मुँह उठा, चलने लगी। चेहरे पर बड़ी संजीदगी जैसे निहायत ज़रूरी काम से जा रही हूँ और क़त्तई जहाँ जाने का क़स्द[5] है, पहुँच जाऊँगी।

दो-चार लड़कियाँ आपस में बातें करतीं, क़हक़हा लगाती गुज़र गईं। उन्होंने जैसे मुझे देखा ही नहीं। तनहाई का एहसास दम घोंटने लगा।

दोपहर का खाना ही नहीं खाया कि पता ही नहीं था, कहाँ है डाइनिंगरूम। रोने को जी चाह रहा है। शाम की चाय की घंटी पर मैंने आवाज़ की सिम्त[6] क़दम उठा दिए और डाइनिंगरूम का सुराग़ मिल गया। इक्का-दुक्का लड़कियाँ बैठी आपस में बेतकल्लुफ़ी से बातें कर रही थीं।

भूख बहुत लगी थी, वरना मैं तो खाना गोल कर जाती। अकेलापन खाए जा रहा था।

"तुसीं पंजाबी ओ।" एक छोटे से क़द की गोल-मटोल सी लड़की आकर सामने बैठ गई।

"नहीं।"

"मैं पंजाबी हूँ, एलमा मोहनलाल।"

मैंने अपना नाम बताया जो मुश्किल से गिरफ़्त में आया।

"हालाँकि तुम पंजाबी लगती हो और मैं हिंदुस्तानी।" अमूमन पंजाबी अपने अलावा सबको हिंदुस्तानी कहते थे।

"क्या सब्जेक्ट लिए हैं ? मैंने तो पालिटिक्स और इकानमिक्स ली है।"

"अरे, यही सब्जेक्ट मैंने भी लिए हैं।" एलमा चहकी। "कौन से होस्टल में हो ?"

"निशात में डबलरूम है।"

"अरे बाबा, अपन तो डार्मेट्री में हैं।"

"तो मेरे कमरे में आ जाओ।"

"ना भई, बहुत महँगा है। तुम डोम में आ जाओ, एक रुपया फ़ी कस,

---

4. नए छात्रों में 5. इरादा 6. तरफ़

छः लड़कियाँ हैं हम। अभी दो पलंग ख़ाली हैं। आ जाओ। सच्ची, बड़ा मज़ा आएगा। साथ पढ़ेंगे मिलकर।"

तीन होस्टल थे—निशात, नौबहार और मैत्रीभवन। सबसे महँगा और नया निशात था, फिर नौबहार और सबसे पुराना मैत्रीभवन था, जिसमें डार्मेट्री थी।

मैं एलमा के साथ उसकी डार्मेट्री में गई तो पाँचवीं लड़की आ गई। वह ज़ोहरा अबुलहसन थी जो अलीगढ़ से मैट्रिक करके आई थी। नैयर के क्लास में थी और डे-स्कालर थी। बस हलकी सी जान-पहचान थी। मगर बस, अलीगढ़ की लड़की देखकर दिल झूम उठा।

मैं उसे अपने कमरे में ले आई थी। बहुत अमीर और लाडली थी। दुबली-पतली, साँवली बल्कि काली मिस शिनैन ने उसकी मिस्कीन सूरत देखकर मैत्रीभवन भिजवा दिया था।

आई. टी. कालेज का बोर्डिंग हाउस भी तबक़ों में बँटा हुआ था। निशात में अमीर और विलायती लड़कियाँ रहती थीं। नौबहार में दरमियाना दर्जे की हैसियत की और मैत्रीभवन में कम-हैसियत और ज़्यादातर ईसाई लड़कियाँ थीं।

क्योंकि मिशनरी कालेज था, ईसाई लड़कियों को बहुत रिआयतें हासिल थीं। बहुतों की फ़ीस माफ़ थी। खाने का कम देना पड़ता था। वज़ीफ़े सब ही ईसाई लड़कियों को मिलते थे। चूँकि हिंदू बावर्चियों ने गाय का गोश्त पकाने से इनकार कर दिया था, इसलिए सारा अमला ईसाई और मुसलमान था। मेहतर, माली, चौकीदार जो तादाद में दर्जन भर से ऊपर होंगे, सब हरिजन से ईसाई हो गए थे। मुसलमान बेहद अक्खड़-मिज़ाज थे और मुसलमान लड़कियों से कुछ गुस्सा भी होते थे और मुरव्वत भी बरतते थे। ज़्यादा मक्खन के तोस देते थे।

ईसाई जिस तबक़े से लाए गए थे उनसे विलायती असातज़ा[7] ज़्यादा छूतछात करते थे। वो डाइनिंगरूम में दाख़िल नहीं हो पाते थे। अंग्रेज़ और अमरीकन लड़कियों की अलग मेज़ थी, उन्हें कुछ अंग्रेज़ी खाना मिलता था। उनमें बहुत गोरी एंग्लो-इंडियन भी शामिल कर ली गई थीं जिनमें इंदिरा दयाल, डाक्टर गिरजादयाल और उनकी डाक्टर मेम की सुर्ख़-सफ़ेद लड़की थी। विलायत रह आई थी, स्कर्ट और फ्राक पहनती थी। यह उन्हीं डाक्टर की बेटी थीं जिनकी मेमसाहब ने हमारी माँ के ज़्यादातर जापे किए थे। बड़ी गहरी दोस्त थीं। अब्बा मियाँ की जब बदली होती तो वह गिरजादयाल को भी किसी तरह वहीं ट्रांस्फ़र करा ले जाते। बचपन में बहराइच में हमारा काफ़ी मेलजोल था और उनका बड़ा बेटा भाऊ हमें बहुत सताया करता था। खूब ठुकाई करता। रोते तो चिढ़ाता।

इंदिरा ने जब याद दिलाया तो पहले मैंने उसके भाई की ख़ैरियत पूछी जो

7. अध्यापकगण

इंतिहा मरखना और गोरा था। फिर उसे हम अपने हॉस्टल में ले आए। तीसरे दिन सुल्ताना और आमिना भी आ गईं। हमने उन्हें ताँगे में देखकर ही पकड़ लिया और हमारे कमरे के बाद जो डबलरूम था, वह उन्हें दिलवा दिया। हम बार-बार बीच के कमरे से गुज़रकर एक-दूसरे के पास आते-जाते रहते थे। इसलिए वह सीनियर लड़की कमरा छोड़कर मैत्रीभवन चली गई जहाँ लड़कियाँ बहुत पढ़ाकू थीं। उसका बी.ए. का आख़िरी साल था और सुल्ताना और आमिना, बिलकुल बराबर के कमरे में आ गईं। ज़ुहरा, सुल्ताना, आमिना एफ़.ए. के पहले साल में थीं। मगर अलीगढ़ के नाते हम अकसर साथ ही रहते थे।

सबसे ज़्यादा जिस बात ने मुझे मुतास्सिर किया वह लाइब्रेरी और ड्राउजिंगरूम था। इतनी ख़ूबसूरत और वसीअ लाइब्रेरी मैंने इससे पहले नहीं देखी थी। अलीगढ़ कालेज में एक कमरे में चार अलमारियाँ खड़ी थीं जिनमें उर्दू और अंग्रेज़ी की किताबें थीं। दो-चार डिक्शनरियाँ और इनसाइक्लोपेडिया भी। आई. टी. कालेज में कई हज़ार किताबें थीं। पहले चंद दिन तो सिर्फ़ किताबें देखने में सर्फ़ हो गए। पढ़ाई शुरू होने में अभी चंद दिन बाक़ी थे। एक हफ़्ता तो लड़कियों को जमने में लग जाता था। गेम्ज़ लड़कियाँ अपनी मर्ज़ी से खेल रही थीं। नोटिस बोर्ड पर मुख़्तलिफ़ खेलों में हिस्सा लेनेवाली लड़कियाँ अपने नाम लिख रही थीं। हम चारों ने हर गेम में नाम लिखवा लिए। बास्केट बॉल, वालीबॉल और बैडमिंटन तो अलीगढ़ से ही आ गया था, बेस बॉल और हॉकी और टेनिस नए खेल थे।

हमारे हॉस्टल में सिर्फ़ डाक्टर टकर थीं। वह अस्सी बरस की थीं और अंग्रेज़ी उनके ज़िम्मे थी। डाक्टर टकर छोटे से क़द की कम-रू, बेइंतिहा सफ़ेद ख़ातून थीं और हमें पहली बार पता चला कि सफ़ेद रंग बदसूरत भी हो सकता है। सर पर निहायत मुख़्तसर से सफ़ेद लड़कों की तरह कटे हुए बाल थे। अमूमन बहुत सादा लिबास पहना करती थीं।

डाक्टर टकर कैंब्रिज, हारवर्ड और कैलिफ़ोर्निया यूनिवर्सिटी में पढ़ा चुकी थीं और एक तरह से रिटायर हो चुकी थीं। इजाबेला थाबर्न कालेज में आराम करने आई थीं। मगर सारी उम्र पढ़ाने के बाद बेकारी से वहशत होने लगी और फिर पढ़ाना शुरू कर दिया। उनके शागिर्द मिनिस्टर और सेनेटर थे। कमांडर-इन-चीफ़ और जनरल थे। उनका इल्म बहरे-ज़ख़्ख़ार[8] था जिसकी थाह नहीं मिलती थी। शेक्सपियर तो उन्हें अज़बर[9] था। पढ़ाना शुरू करती और किताब खोलकर सफ़हा उलटने की भी ज़रूरत न महसूस करतीं। यही हाल बनार्ड शॉ और तमाम इंग्लिश शुअरा के कलाम का था। लड़कियाँ किताबें खोल लेतीं और वह डाइस पर टहल-

---

8. विशाल समुद्र 9. कंठस्थ

टहलकर सबक़ दिया करतीं। इस क़दर मसहूरकुन[10] अंदाज़ में पढ़ाती थीं कि तालिबे-इल्म[11] मदहोश हो जाते।

अलीगढ़ में ख़ातून आपा इंग्लिश की बेहतरीन उस्ताद मानी जाती थीं और उनके पढ़ाए हुए सबक़ दिमाग़ का एक हिस्सा बन जाते थे। मगर जब ख़ातून आपा की उस्ताद टकर से वास्ता पड़ा तो मालूम हुआ, इल्म का एक समंदर है जो उमड़ा चला आता है। मुझे वह दिन हमेशा याद रहेगा जब उन्होंने वड्र्सवर्थ की नज़्म Little Match Girl और We are Seven क्लास में पढ़ाया तो पहले सन्नाटा, फिर सिसकियाँ और फिर भों-भों शुरू हो गई। ख़ुद डाक्टर टकर का मुँह सुर्ख़ अंगारा हो रहा था और चियाँ सी फीकी, नीली आँखें भर आई थीं। वह ख़ुद इतनी डूबकर पढ़ाती थीं कि बूढ़े हाथ-पैर लरज़ने लगते थे।

जब दूसरी क्लास की लड़कियाँ दरवाज़े पर आके डट गईं तब हमें पता चला कि घंटा ख़त्म हो गया। डाक्टर टकर की हर क्लास में यही होता कि बैठी हुई लड़कियाँ उठने को तैयार न होतीं और दूसरी क्लास की लड़कियाँ घुसकर एहतिजाज[12] करतीं।

डाक्टर टकर कभी लॉन पर चहलक़दमी के लिए निकलतीं तो लड़कियाँ उन्हें घेर लेतीं। दुनिया के हर मौज़ू पर वह इतने प्यारे अंदाज़ में गुफ़्तगू करतीं कि दिमाग़ की खिड़कियाँ खुलने लगतीं। बेहद ख़ुशमिज़ाज थीं, मूड आ जाता तो मज़हकाखेज़ किरदार[13] की इतनी दिलचस्प नक़ल करतीं कि हम लोग हँसते-हँसते बेदम हो जाते। कभी फ़ॉल्सटॉफ़ बन जातीं, कभी डेविड कापरफ़ील्ड का मिस्टर बार्क्स, कभी शाइलॉक, कभी एकदम पोर्शिया, कभी बनार्ड शॉ की कैनेडा तो कभी क्लियोपेट्रा। बाइबिल भी काफ़ी अज़बर थी। उन्होंने अभी फ़ैसला नहीं किया था कि फ़ाइनल में बनार्ड शॉ का और शेक्सपियर का कौन सा ड्रामा लेंगी। स्लेबस में तीन-तीन ड्रामों में से एक-एक सेलेक्ट करना था। इसी तरह नज़्म के हिस्से में भी वड्र्सवर्थ, मैथ्यू ऑर्नल्ड, बायरन, कीट्स, शेली और मिल्टन के बारे में भी कुछ तय नहीं किया था कि कौन-कौन से हिस्से कोर्स में होंगे। बस कह दिया, सब शेक्सपियर के ड्रामे दिलचस्प किताब की तरह पढ़ डालो। तमाम शुअरा का पूरा कलाम किताबी सूरत में दो-दो रुपया में सस्ता एडीशन हज़रतगंज से ख़रीद लाओ और सब तेज़ी से पढ़ जाओ।

मेरी अंग्रेज़ी अलीगढ़ के मेयार[14] से भी कमज़ोर थी क्योंकि मैंने अंग्रेज़ी बहुत देर में और बड़ी तेज़ी से पढ़ी थी। अंग्रेज़ी शुअरा की एक-आध नज़्म कोर्स में थी, रट डाली थी। मानी भी कुछ क्लास में, कुछ 'कुंजी' की मदद से अज़बर कर लिए थे। मगर जानकारी होते हुए भी तहरीरी तौर पर मार खानी पड़ती थी। जो समझती

10. जादू करनेवाले 11. छात्र 12. विरोध 13. हास्यास्पद पात्र 14. मानदंड, स्तर

थी उसे लिखने के लिए ज़बान की कमज़ोरी कुचल देती थी। बयान में भी मार खानी पड़ती थी, क्योंकि बोलने की महारथ न थी। बाक़ायदा हर जुमला का तरजुमा करके बोलती थी। दिमाग़ में बहुत कुछ भरा हुआ हो और अदायगी का रास्ता न मिले तो बड़ी ज़ेहनी कोफ़्त होती है। मगर कालेजों में 'कुंजी' एक ऐसी नेमत है कि दिक़्क़त तो हुई मगर शौक़ में कमी न आई। फिर डिक्शनरी भी काम आई।

लाइब्रेरी में जाकर मुझ पर अजीब नशा सा सवार हो जाता है। पुरानी और नई किताबों की एक अजीब मसहूरकुन ख़ुशबू होती है जो दाख़िल होते ही हर चहार-तरफ़ से दिमाग़ पर हमला-आवर होती है। मैं घंटों किताबें खोल-खोलकर उन्हें जी भरके सूँघा करती। अब भी नई किताब और रिसाले न जाने क्यों मैं खोलकर पहले बेइख़्तियार सूँघती हूँ। चीनी और रूसी किताबों में ख़ुदा मालूम कैसा गोंद लगा होता था कि सड़े हुए गोश्त की बू आती थी और जी मतलाने लगता था। मैंने चाहा, थोड़ा यू.डी. कोलोन छिड़कूँ तो और भी भयानक बदबू आने लगी। मैं ही जानती हूँ, मैंने कैसे नाक बंद करके उन किताबों को पढ़ा है। मुझे किताबों से इश्क़ है। मेरे बिस्तर पर किताबें और रिसाले न पड़े हों तो वहशत होती है। मेरे घर के हर कोने में किसी न किसी सूरत में किताबें रखी हैं। यहाँ तक कि ग़ुस्लख़ाने में भी कॉमिक और इधर-उधर के हलके-फुलके रिसाले रखे रहते हैं। यही हाल मेरी बेटियों का है और मेरा नवासा भी किताबों का दीवाना है। जब सो जाता है तो उसके सीने और पहलू से किताबें समेटनी पड़ती हैं। शाहिद को भी किताबों से इश्क़ था, उनके एक हाथ में सिगरेट और दूसरे में किताब ज़रूर रहती थी। किताबें ख़रीदने का तो जुनून था। शायद कोई महीना ऐसा जाता हो जो दो-तीन सौ की किताबें न ख़रीदते हों। ऐसी किताबें जो नायाब हों, पुरानी किताबों के दुकानों से ख़रीदते थे। उन्होंने इतनी लाजवाब किताबें जमा की थीं कि मेरा पढ़ते-पढ़ते दिमाग़ घूम गया। उन्हें पढ़ने की कम फ़ुरसत मिलती थी।

मैंने उनकी ज़िंदगी में ख़ुद किताब कभी नहीं ख़रीदी। ज़रूरत ही न पड़ी। इतनी किताबें पढ़ना आसान काम न था मगर ख़ुदा किताबचोरों को समझे, बहुत सी किताबें उड़ा ले गए। तब मैंने बेहतरीन किताबें लोहे की अलमारी में रखकर कुंजी खो दी है जिसकी जाए-रिहाइश[15] सिर्फ़ मुझे मालूम है।

मैंने मुकम्मल कलाम उन तमाम शुअरा का और शेक्सपियर और बनार्ड शॉ को पढ़ ही डाला। चंद किताबें पढ़ने के बाद फिर 'कुंजी' की ज़रूरत न रही और नस्र[16] में ब्रांटी सिस्टर्स से शुरू करके तमाम रूसी अदीब ख़ास तौर पर चेख़व, तालस्ताय, गोर्की, दास्तायेव्स्की, फिर चार्ल्स डिकेंस, एमिली ज़ोला, बाल्ज़क, माम,

15. निवास स्थान 16. गद्य

हेमिंग्वे को भी पढ़ा।

मैं कभी हसरत से किताबों से भरी अलमारियों को देखती कि ज़िंदगियाँ चाहिए इन सबको पढ़ डालने के लिए। फिर कालेज की पढ़ाई, मुक़र्ररा[17] वक़्त पर लाइट बंद कर देनी पड़ती। कभी कोई किताब जान को लग जाती और रौशनी बुझाने का घंटा बज जाता। फिर मैट्रन आकर टोकती और बग़ैर रौशनी गुल किए सर से न टलती तो जी जलकर ख़ाक हो जाता। मेरे ऊपर अकसर जुर्माना होता। तब मैं किसी सीनियर यानी बी.ए. फ़ाइनल, एम.ए. या बी.एड. के कमरे में जाकर पढ़ती। अगर वहाँ भी मैट्रन के आने की चाप सुनती तो बाथरूम में जाकर बैठ जाती। उफ़, मेरे मिज़ाज में बला की ज़िद थी।

डाक्टर टकर ने मेरा और नास मारा। वह मेरे कमरे से थोड़ी दूर रहती थीं। बुढ़ापे में नींद मुश्किल से आती है। खाने के बाद जब वह अपने कमरे में सोने के लिए आतीं तो मैं उनकी ताक में बैठी रहती। मैं उन्हें विश करती और वह बात करने लगतीं, फिर मुझे कमरे में बुला लेतीं, सोने की घंटी बज जाती। पाँच, फिर दस और पंद्रह मिनट गुज़र जाते, उनकी बातों से मेरी प्यास और बढ़ती। वह जिन किताबों के किरदार का ज़िक्र करतीं, दूसरे दिन मैं उन्हें किताबों में ढूँढती। इसके अलावा उन्होंने शाम को खाने के बाद इल्मी बातचीत के उनवान से एक दिलचस्प मशग़ला शुरू किया था। जो लड़कियाँ चाहें, आध घंटा उनके पास जाकर सवाल-जवाब में शिरकत कर सकती थीं। लड़कियाँ टूट पड़ीं। उनका छोटा सा कमरा खचाखच भर जाता। हम ज़मीन पर बैठ जाते, वह आरामकुर्सी पर, कभी कोई नज़्म या ड्रामे का टुकड़ा, कभी होमर और वर्जिल के बारे में मिसालों के साथ बातचीत, कभी बाइबिल की तफ़सीर[18]। चंद लड़कियों का ख़याल था कि बुढ़िया हमें क्रिस्टान बना रही है। कुछ भी हो, हमारी मालूमात में इज़ाफ़ा ही होता था। उन्होंने एक दिन अंग्रेज़ी मौसीक़ी के बारे में भी बताया। हर हॉस्टल में ड्राइंगरूम था जहाँ प्यानो रखा रहता था। लड़कियाँ प्रेक्टिस करती थीं या प्रोफ़ेसर दिल बहलाने को शग़ल करती थी। हमारे कान मग़रिबी मौसीक़ी से क़त्तई ना-आशना[19] थे। 'बस गॉड सेव द किंग' अलीगढ़ में पहले गाया जाता था जिसे हम बस मुँह फाड़-फाड़कर बग़ैर आवाज़ के गाते थे। अब्बा मियाँ गाना सुनना पसंद करते थे, मगर घर में कोई हिंदुस्तानी गाना भी नहीं जानता था।

डाक्टर टकर ने म्युज़िक ऐपरेशश की बैठक में हमें जो गाना सुनाया तो मारे हँसी के दम निकल गया। विलायती सुर हमारे कानों के लिए क़त्तई अजनबी थे। हम लोग मुँह पर पल्लू रखकर बेदम हो गए।

डाक्टर टकर का मुँह सुर्ख़ हो गया। उन्होंने बताया कि यह गाना एक हब्शी

---

17. निर्धारित 18. टीका 19. अपरिचित

गवैये, पाल रॉब्सन ने गाया है और शाहकार समझा जाता है। उन्होंने बार-बार रिकार्ड बजाया और कहा, ग़ौर से सुनो, उस गवैये की आवाज़ में वोल्गा नदी की घन-गरज है। आँखें बंद कर लो और सोचो, तुम नाव में सवार वोल्गा नदी पार कर रही हो। दरिया में भयानक तूफ़ान आ रहा है, देवज़ाद मौजें[20], बादल की गरज, पानी का अताब और अकेला बेसहारा माँझी, मजबूरो-लाचार नीग्रो माँझी जिसकी ज़िंदगी एक तूफ़ान में घिरी हुई है।

हम खिसियाने शरमिंदा सुनते रहे और जब तीसरी बार उन्होंने बिजली बुझाकर रिकार्ड बजाया तो रोंगटे खड़े हो गए।

फिर उन्होंने अमरीकी नीग्रो के बारे में पढ़ने की राय दी। शुमाल और जुनूब की जंग, नीग्रो की दुर्गत, और मैंने Uncle Tom's Cabin पढ़ा और पाल रॉब्सन की आवाज़ की अज़्मत[21] पहचानी।

दूसरा मज़मून 'सियासत' पहले सबक़ से ही दिल को जकड़ने में कामयाब हो गया। पॉलिटिक्स की प्रोफ़ेसर मिस चाको साउथ इंडियन थीं। बिलकुल नीग्रो जैसा चिकना मख़मली रंग, घुँघरवाले बाल, बड़ा सा जूड़ा, सीधी माँग, बेहद रसीली, चमकदार और बड़ी-बड़ी आँखें, खिंची हुई भवें, गहरे ऊदे, ज़रा फैले हुए होंट और जगमगाते हुए सफ़ेद झक दाँत, निहायत मौज़ूँ सुडौल जिस्म, लँबी हंसनी जैसी गर्दन। ज़्यादातर सफ़ेदफ़ाम उस्ताद मुअम्मर, भद्दी और कम-रू थीं। उनमें मिस चाको स्याह हंसनी की तरह पर वक़ार-चाल से चलतीं तो बिलकुल किसी मुल्क की शहज़ादी मालूम होतीं। उनकी आवाज़ भारी मगर इंतिहाई गहरी और पुरअसर थी।

कालेज की बहुत-सी लड़कियाँ उनकी दीवानी थीं। हम सब ही उन पर मरते थे क्योंकि वह बेहद अच्छा लेक्चर देती थीं कि ज़ेहन में बैठ जाता था।

मिस चाको बहुत भड़कदार काही, कॉकरेज़ी, ऊदी, नीली मद्रासी साड़ियाँ पहनती थीं जिनसे उनकी हस्ती निहायत पुरअसरार[22] और गंभीर लगती। वह बहुत कम हँसती थीं। अमूमन तुलबा की किसी कोताही और ग़लती पर हँस पड़ती थीं और वह लड़की रो पड़ती थी।

सियासत के साथ तारीख़ पढ़ना ज़रूरी थी।

कीड़े से मेंढक, फिर बंदर से इनसान। थ्योरी ऑफ इवाल्यूशन, यानी इर्तक़ा[23] की मंज़िलें। कुन-फ़ैकुन ![24] ख़ुदाए-बरतर ने फ़रमाया, 'हो जा' और दुनिया तामीर हो गई, फिर मिट्टी से हज़रत आदम को तख़लीक किया और सिजदा करने का हुक्म सादिर फ़रमाया।

---

20. दानवाकार लहरें 21. महानता 22. रहस्यमय 23. उद्‌विकास 24. ईश्वर का संबोधन, 'हो जा !'

फ़रिश्तों का सरदारे-आला इकलीस[25] बग़ावत पर तुल गया। मिट्टी के हक़ीर पुतले को सिजदा करने से इनकार कर दिया। और रांद-ए-दरगाह[26] हुआ। मगर उसे रहती दुनिया तक इनसान को वरग़लाकर ख़ुदा की हुक्म-उदूली की इजाज़त मिल गई।

आदम जन्नत में बोर हुए तो उनकी दिलबस्तगी[27] की ख़ातिर हौवा बना दी गईं। औरत, मर्द का खिलौना।

इबलीस जानता था कि आदम उसके चकमे में नहीं आएँगे। लिहाज़ा हौवा को भड़काया और बा-दिले-नाख़्वास्ता[28] आदम ने भी शजरे-ममनूआ[29] से फल तोड़कर खा लिया क्योंकि इबलीस की बहकाई हौवा ने आदम को भी वरग़लाया। शैतान की चेली औरत ! इसी की वजह से दोनों दुनिया में फेंके गए।

आदम और हौवा के रोज़ एक लड़का और एक लड़की पैदा होने लगे। एक दिन पैदा होनेवाले जो फ़ौरन जवान हो जाते थे, एक दूसरे पर हराम क़रार पाते थे। एक दिन पैदा होनेवाले दूसरे दिन पैदा होनेवाले से ही शादी कर सकते थे। मगर बदज़ात क़ाबील नेक-निहाद हाबील की ज़ायज़ औरत पर रीझ गया। शैतान ने उसे क़त्ल करने का हुनर सिखाया और इस तरह क़ाबील के हाथों दुनिया का पहला क़त्ल एक औरत के कारण हुआ। भाई ने भाई का ख़ून बहाया।

औरत फिर फ़साद की जड़ !

सियात के मज़मून में हिस्ट्री का मुतालिया[30] भी ज़रूरी है। मिस चाको जो नन थीं, बड़ी ख़ूबसूरती से इर्तक़ा की थ्योरी पढ़ा रही थीं।

कीड़े, मेंढक, फिर बंदर, फिर इनसान ज़हूर में आया। पिछले हफ़्ता वेस्पर्ज़ यानी शाम की दुआ में उन्होंने कुन-फ़ैकुन की रूदाद[31] सुनाई थी। दिमाग़ क़लाबाज़ियाँ खाने लगा। डरते-डरते इज़हारे-ख़याल किया।

मिस चाको की तंज़िया[32] हँसी बड़ी ज़हरीली होती थी। बड़ी-बड़ी ग़िलाफ़ी आँखों में साँप फुंकारने लगते थे। थोड़ी देर क्लास में सन्नाटा रहा।

''अक़ीदे और तारीख़ को ख़ल्त-मल्त[33] मत करो,'' उन्होंने झुककर मेरी नोटबुक देखी। घबराकर और भी गुस्से से बोलीं, ''ये क्या लिख रही हो ?''

''नोट्स,'' मैंने मरी हुई आवाज़ में जवाब दिया।

''मगर ये ... ये,'' उन्होंने कापी उठाकर क्लास को दिखाया।

''ये तो उर्दू है !'' किश्वर बोली।

''मेरी क्लास में संजीगदी से काम होगा,'' मिस चाको ने कापी पटक दी।

''हरूफ़ उर्दू के हैं, मगर अलफाज़ अंग्रेज़ी के हैं।'' मैंने उनके दिए हुए नोट

---

25. शैतान 26. दरबार से बहिष्कृत 27. मनबहलाव 28. अनिच्छापूर्वक 29. निषिद्ध पेड़ 30. अध्ययन 31. कथा 32. व्यंग्यमय 33. गड्डमड्ड

पढ़कर सुनाए।

"मगर ... "

"मिस चाको, आप बहुत तेज़ बोलती हैं, हम इतनी तेज़ी से नहीं लिख पाते। मैं उर्दू में नोट लिखती हूँ, अंग्रेज़ी में आसानी से मुंतक़िल[34] कर लेती हूँ। उर्दू बहुत तेज़ लिखी जाती है। यह एक तरह की शार्टहैंड है।"

नोट सुनकर मिस चाको मुतमइन[35] हो गईं। लड़कियाँ मेरे नोट से अपने छूटे हुए अलफाज़ लिखा करती थीं। इस तरह लेक्चर सुनने का अच्छा मौक़ा मिलता था।

यह तरकीब मेरे बहुत काम आई। हिंदी के हरूफ़ इतने मुख़्तसर नहीं होते। हिंदी की लड़कियाँ भी मेरे नोट माँगा करती थीं।

कई दिन हम बाइबिल के पहले सबक़ पर बहस करते रहे। औरत पर सारी ग़लतियों का बोझ। उसकी सानवी[36] हैसियत। हमें क़त्तई ये ज़ाती[37] हमला महसूस हुआ। दुख भी हुआ और गुस्सा भी आया।

तो फिर कोर्स की किताबें मज़हबी अक़ीदों की काट क्यों करती हैं ? दो मुतज़ाद[38] बातें तुलबा को क्यों पढ़ाई जाती हैं और दोनों पर सिदक़-दिली से[39] ईमान लाने का हुक्म होता है। थ्योरी ऑफ़ इवाल्यूशन से और ही बात मालूम होती है। अगर अक़ीदे पर सवाल का जवाब दें तो मुमतहिन[40] का क्या फ़ैसला होगा ?

पत्थर का ज़माना, फिर लोहे की दरयाफ़्त। हज़ारों साल बंदरों की तरह पेड़ों और ग़ारो में रहा। फिर मकान का तसव्वुर[41] उभरा। ग़ोल क़बीलों की सूरत में जम गए। काश्त और मवेशी पालने का गुर सीखा। शिकार के लिए हथियार बने जो क़बीलों के दरमियान खून-ख़राबे के काम आने लगे।

इब्दिता में औरत और मर्द क़रीब-क़रीब बराबर थे। जिस्मानी तौर पर भी ज़्यादा फ़र्क़ न था। क़बीलों के रहन-सहन में तक़सीमे-मेहनत[42] के उसूल लागू हुए। औरत बच्चा पैदा करती थी जो क़बीला की ताक़त में इज़ाफ़ा करता था। लिहाज़ा उसकी ज़्यादा अहमियत थी। शादी के रिवाज से पहले बच्चे माँ के ही हुआ करते थे जिनके मुख़्तलिफ़ बाप हुआ करते थे, और हक़ जताने का कोई वसीला[43] न था। नाम माँ से चलता था और माँ ही क़बीले की सरदार मानी जाती थी। आहिस्ता-आहिस्ता आरामतलबी ने जिस्मानी तौर पर कमज़ोर बना दिया। जैसे ऐशपरस्त हाकिमों, बादशाहों का वजूद नाकारा हो गया और नाम को बादशाहत रह गई है, इसी तरह औरत की अहमियत ख़त्म हो गई, और वह बच्चे

34. स्थानांतरित 35. संतुष्ट 36. गौण 37. निजी 38. परस्पर-विरोधी 39. सच्चे दिल से 40. परीक्षक 41. धारणा, कल्पना 42. श्रम-विभाजन 43. साधन, उपाय

बनाने की मशीन रह गई, या घर का कामकाज उसके हिस्सा में आया।

क्योंकि क़बीले हर वक़्त एक दूसरे से लड़ते रहते थे। काम ही क्या था सिवाय इसके कि एक दूसरे को मारकर उनकी मिल्कियत पर कब्ज़ा कर लें ? औरत, जो मरनेवालों से पैदा होनेवाली ख़िला[44] को पूरी करती थी, इसलिए वह भी माले-ग़नीमत बन गई। ढोर-डंगर के साथ वह भी लूट ली जाती। जिसके क़ब्ज़े में ज़्यादा औरतें होतीं उसका कुनबा बड़ा और ज़्यादा ताक़तवर होता और वह सरदार बन जाता।

और माल-असबाब की तरह औरतों की भी लूट होती और कब्ज़ा का तसफ़िया[45] करने के लिए क़बीला के अफ़राद[46] अपनी-अपनी औरतों की तादाद भेड़-बकरियों के साथ गिन देते। कोई नई औरत का इज़ाफ़ा होता, वह भी क़बीले को जता दिया जाता कि यह माल फ़लाँ की मिल्कियत है। यह बाद में शादी की सूरत इख़्तियार कर गई। लोगों को जमा करने के लिए, ताकि बाद में गड़बड़ न हो, ढोल पीटकर इत्तला दी जाती। या गाँव में घूम-फिरकर जता दिया जाता कि भाइयो, अच्छी तरह पहचान लो, यह माल फ़लाँ का है। बाद में यही रस्म शादी की धूमधाम बन गई।

क़बीले के अफ़राद दूसरे क़बीलों ही से नहीं, आपस में भी लड़ा करते थे। बाप और बेटे में से जिसको मौक़ा मिल जाता या ज़्यादा ताक़तवर होता तो मार डालता। इसलिए रिश्तों की अहमियत पर ज़ोर दिया गया। बाप-बेटे को पाले-पोसे, मुहब्बत दे। इसके जवाब में बेटा बाप का शुक्रगुज़ार हो और इज़्ज़त करे, फ़रमाँबरदार साबित हो।

बाप के मरने के बाद बेटे उसकी दौलत के मालिक होते थे। साथ में उसकी बीवियों पर भी उनका हक़ हो जाता था। आपस में छीन-झपट और खून-ख़राबा होने लगता। अमूमन सबसे बड़ी औरत का सबसे बड़ा लड़का और बच्चों से ज़्यादा ताक़तवर होता था। उम्र में भी बाप से क़रीब होता था। वह अपनी अहमियत मनवा लेता था। इसलिए बड़ा बेटा वली-अहद मान लिया गया। इसकी वजह से उसकी माँ भी दिलेर हो गई और पटरानी बन गई। सरदार की पहली बीवी, यानी ख़ातूने-अव्वल।

शादी की इतनी ग़ैर-रोमांटिक तफ़सील पढ़कर सारे अरमानों पर ओस पड़ गई। रंगीन ख़्वाब चितकबरे बन गए। औरत की खेत-खलियान और मवेशियों की तरह हिफ़ाज़त होती थी। मालिक और मिल्कियत के लिए अलग-अलग उसूले-ज़िंदगी बन गए। मर्द पालनहार पति और ख़ुदाए-मज़ाजी। औरत के फ़रायज़[47] मर्द की ख़िदमत कि रोज़ी-रोटी की ख़ातिर बराहे-रास्त[48] हवादिसे-ज़माना

---

44. शून्य 45. निपटारा 46. व्यक्ति 47. कर्तव्य 48. प्रत्यक्षतः सीधे-सीधे

का मुक़ाबला नहीं करना पड़ता था जब तक मर्द को ख़ुश करती। ज़्यादा से ज़्यादा सिपाही पैदा करती। महफ़ूज, चैन की ज़िंदगी गुज़ारती। उसके बाद वही अंजाम होता जो बूढ़े नाकारा मवेशियों का होता है। इसीलिए औरत बुढ़ापे से डरती है। उम्र छिपाती है कि आज भी वह शौहर और बेटों के रहम की मोहताज है।

बुढ़ापा तो ठोकरें खाता ही है। जब अपनी हिफ़ाज़त का दम नहीं रहता तो सबसे पहले आदम ख़ुद कमज़ोर और बूढ़े ही का सफ़ाया करते थे। कुछ होशियार बूढ़ियाँ नई नौचियों की तरबियत[49] के लिए ज़िंदा छोड़ दी जातीं जो उन्हें मर्द का दिल जीतने के गुर सिखातीं। ममता का दर्स[50] देतीं ताकि उनके बच्चे बड़े होकर उनसे दूर न हो जाएँ।

'माँ के पैर के नीचे जन्नत है', बच्चों के दिल में बिठाया जाता।

बुज़ुर्गों का क़ौल था, अब भी है, कि लड़की को ज्यादा तालीम नहीं देना चाहिए। तबाह हो जाती है। अच्छी माँ-बीवी बनने की सलाहियतें मर जाती हैं। समझ में नहीं आता, यह मक़ूला[51] मर्दों पर क्यों नहीं लागू होता ? इल्म ख़तरनाक है तो हर जानदार के लिए बराबर का समे-क़ातिल[52] है। ये नहीं कि औरत के साँप काटे तो मर जाए और मर्द सुर्ख़रू हो। एक के लिए ज़ह्‌र, दूसरे के लिए तिर्याक़[53] ! क्या अहमक़ाना मक़ूले बनाए हैं यार लोगों ने !

हमारी सब ही प्रोफ़ेसर दो के सिवा, ग़ैर-शादीशुदा थीं। ये दो हिंदुस्तानी थीं, बाल-बच्चोंवाली थीं। डाक्टर टकर, डाक्टर शिनैन, मिस पियर्सन, मिस जानसन, ग़रज़ सब ही ने शादी नहीं की। एक दिन हमने डाक्टर टकर से पूछ ही लिया :

"आपने शादी क्यों नहीं की ?"

"किसी ने चाहा ही नहीं।"

"क्यों ? आप जवानी में बहुत प्यारी होंगी। लड़कों की कमी थी।"

"हाँ, लड़कों की कमी थी। हर मुल्क में औरतें ज़्यादा पैदा होती हैं। फिर मेरा अस्ल वतन इंग्लैंड है। नौजवान वतन से दूर कॉलोनीज़ में सल्तनते-बर्तानिया का सिक्का जमाने में जुटे हुए थे। सिर्फ़ बूढ़े और निकम्मे रह गए थे। जो वतन से बरसों के लिए जाते थे उनकी बीवियाँ कुँवारियों से बदतर। साथ जातीं तो सऊबतें[54] बरदाश्त करने का दम न था। किसी ज़माने में तो मर्द नेटिव औरतों में ही दिलचस्पी लेने लगते थे। शादियों से कतराते थे। इस पर औरतों ने बहुत गुल मचाया। सफ़ेद लोगों पर काले नेटिव से मेलजोल पर सरकार ने पाबंदी लगा दी। औरतें ख़ुद कालोनीज़ में शौहर की खोज में गईं। बड़े दुख झेले। मरने-कटने में मर्द ही काम आ जाता है। औरतों को उनकी जगह वतन में संन्यास लेना पड़ता

---

49. प्रशिक्षण, लालन-पालन 50. पाठ, उपदेश 51. कहावत 52. मारक विष 53. ज़ह्‌रमार दवा 54. मुसीबतें

है। शादियाँ न हो सकीं तो तालीमे-निस्वाँ[55] लामहाला बढ़ी। मेरा ख़ानदान, बस खाते-पीते लोग थे हम लोग। तालीम इतनी गिराँ[56] नहीं थी। मेरे दो भाई अफ़्रीक़ा में फ़ौत हो गए। उनकी शादी की बातचीत चल रही थी कि मौत की पुकार आ गई। छोटी बहन बेवा हो गई। कुछ ऐसे हालात थे कि इल्म के सिवा हर चीज़ दायरा-ए-इख़्तियार[57] से बाहर थी ... मगर तुम लोग शादी ज़रूर करना।''

''क्यों ?''

''ताकि दुनिया को आला दिमाग़ बच्चे दे सको। मेरे ख़ानदान में सिर्फ़ एक बहन ने शादी की। तीन बच्चे हुए।''

''तालीमयाफ़्ता थीं ?''

''हाँ, अड़तीस साल की उम्र में एक टाँग का दूल्हा मिला। स्कूल टीचर थी ऐलिस, उसकी औलाद ने तालीम पाई। पोते-नवासे दुनिया के कोने-कोने में फैले हुए हैं। एक मुल्क को तरक़्क़ी करने के लिए तालीमयाफ़्ता माँओं की ज़रूरत होती है। क्या तुम कोई ऐसी मिसाल दे सकती हो कि माँ ग्रेजुएट हो और औलाद जाहिल रह गई हो ? जिस ख़ानदान की औरत तालीम पा ले, उसके मर्द आला तालीम पाते हैं।''

आज डाक्टर टकर की बातें याद करके हिसाब लगाती हूँ तो वाक़ई उनकी पढ़ाई हुई जितनी तालिबात[58] हैं किसी के बच्चे जाहिल नहीं।

''ज़हीन माँ का दूध ज़हानतबख़्श होता है,'' डॉक्टर टकर ने कहा था।

फिर एकदम नई तालिबात को ख़ुश-आमदेद कहने की तैयारियाँ होने लगीं। अब हम आई. टी. की रवायात और उसूलों से अच्छी तरह वाकिफ़ हो गए थे। टर्मिनल इक्ज़ाम्स शुरू होनेवाले थे। उससे पहले हम आई. टी. के 'शहरी' बना दिए गए।

ऐलान किया गया कि सब लड़कियाँ आई. टी. कलर यानी सफ़ेद और सुनहरे रंग के लिबास पहनेंगी। ज़्यादातर ने सफ़ेद सूती साड़ियाँ, ज़र्द कन्नी की ख़रीद ली थीं। हफ़्ता, इतवार छुट्टी हुआ करती थी, इसलिए जुमा की सहपहर को सारा स्टाफ़ और तालिबात पोर्टिको में जमा हुईं। नई लड़कियाँ पोर्टिको के बाहर सीढ़ियों के नीचे, और स्टाफ़ और पुरानी तालिबात पोर्टिको में। सुनहरी और सफ़ेद क्रेप पेपर के लंबे-लंबे फ़ीते सुतूनों से बाँधकर दरबंदी की गई। दूर मेमोरियल प्यानो की सुर छेड़ रही थी। मिस शिनैन ने बड़ी गंभीर आवाज़ में क़सम ली। हम उनके अलफ़ाज़ दुहराते गए।

''हम कालेज के उसूलों की पाबंदी करेंगे।''

''आपस में मज़हब, रंग, ज़ात-पात की तफ़रीक़[59] को भूलकर मुहब्बत और

---

55. स्त्री-शिक्षा 56. महँगी 57. अधिकार क्षेत्र 58. छात्राएँ 59. भेदभाव

दोस्ती का मान करेंगे।"

"दिल लगाकर इल्म हासिल करेंगे ताकि उसे दूसरों तक पहुँचा सकें।"

"कॉलेज के सामान को अपना जानकर एहतियात से इस्तेमाल करेंगे।"

"लाइब्रेरी को इबादतगाह का दर्जा देंगे।"

"प्रोफ़ेसर को अपना बुज़ुर्ग दोस्त समझेंगे और बेतकल्लुफ़ अपनी मुश्किलात में राय लेंगे।"

"कोई ऐसी हरकत नहीं करेंगे कि कालेज के नाम पर हर्फ़ आए।"[60]

"पाबंदी-ए-वक़्त की क़द्र करेंगे।"

दिल ज़ोर-ज़ोर से धड़क रहा था। हाथ ठंडे हो रहे थे।

उसके बाद मिस शिनैन ने सुनहरी, सफ़ेद फ़ीते खोल दिए और कहा–

"आज तुम अस्ली मानों में कालेज में दाख़िल होकर इस कुनबे का एक फ़र्द बन गईं। हम वादा करते हैं, जो इल्म हमारे उस्तादों ने बतौर क़र्ज़ हमें दिया है हम तुम्हें देंगे कि तुम दूसरों तक पहुँचाओ ताकि यह इल्म का लेन-देन चलता रहे। हम तुम्हें ख़ुश-आमदेद कहते हैं।"

हम लोग सीढ़ियाँ चढ़ते वक़्त बड़े जज़्बाती हो गए। जैसे किसी इबादतगाह में दाख़िल हो रहे हैं। तालियों के शोर में बिलकुल मेहमानों की तरह इस्तक़बाल किया गया।

फिर डिनर हुआ। कालेज के गाने गए। चुटकुले सुनाए और बेतहाशा क़हक़हे लगाए। साल बड़ा मुबारक गुज़रा।

एक तो महात्मा गाँधी के दर्शन हुए। आई. टी. कालेज अमरीकी इदारा था। मेथोडिस्ट चर्च से वाबस्ता।[61] क्लास में हम आज़ादी से हुकूमते-बर्तानिया की पॉलिसी पर एतराज़ कर सकते थे। ग़दर और ब्रिटिश राज पर खुलकर बात कर सकते थे। अमरीका ने बर्तानिया का राज कैसे ख़त्म किया, यह बर्तानिया की नौआबादियात में से एक था। हमें हिंदुस्तानी लीडरों की तक़रीरें सुनने की इजाज़त ही नहीं बल्कि तलक़ीन[62] की जाती थी। अमरीका उस वक़्त तक सामराजी ताक़त नहीं बना था। और बर्तानवी नौआबादियात[63] से हमदर्दी थी। अमरीकी क़ौम खुले दिल की साफ़-गो और मुख़लिस थी। न हथियार का धंधा होता था, न दूसरे मुल्कों से तिजारती लेन-देन इतना वसीअ था। ज़रूरत के मुताबिक़ पैदावार थी और किसी मुल्क का ख़ाम माल[64] के मुआमले में दस्तनिगर[65] नहीं था। अमरीकी मस्नूआत[66] को बाज़ार की ज़रूरत थी।

और बड़े मज़े की बात है कि आज अमरीका का सबसे बड़ा हरीफ़ रूस,

---

60. धब्बा लगे 61. संबद्ध 62. उपदेश 63. उपनिवेशों 64. कच्चे माल 65. मोहताज 66. कारख़ानों में बने माल

अमरीका की हमदर्दी वसूल कर रहा था।

हमने रूस की मदद के लिए कपड़े और चंदा जमा किया था क्योंकि मिस शिनैन ने बताया था कि इस साल रूस में बड़ी सख़्त सर्दी पड़ी थी और मुल्क बड़े कठिन दौर से गुज़र रहा था।

उन्हीं दिनों एक फिल्म 'रास्पूटीन' आई थी। उसे देखने से पहले ज़ार रूस और ज़ारीना के बारे में बाक़ायदा लेक्चर दिए गए। किस तरह ज़ारीना रास्पूटीन की दीवानी थी। उसे पैग़ंबर समझती थी। अमीरज़ादियाँ उसकी मुहब्बत में दीवानी थीं। और वह सब पर दस्ते-शफ़क़त[67] फेरता था।

'कैथरीन द ग्रेट' फ़िल्म देखने से पहले हमें कैथरीन के बारे में मवाद[68] जमा करने में मदद दी गई। बड़ी गर्मागर्म बहसें क्लास में हुईं।

यूनिवर्सिटी में कभी किसी मशहूर शख़्सियत को मदऊ[69] किया जाता तो हमें जाने की इजाज़त दी जाती। ख़ालिदा अदीब ख़ानम से यूनिवर्सिटी में मिलने के बाद उन्हें अपने कालेज में भी मदऊ किया। उनके मुताल्लिक़ जितना भी मवाद मिल सका, हमने पढ़ा। वह आईं तो उनसे सवालात किए। तुर्की के इन्क़लाब के मुताल्लिक़ उनसे गुफ़्तगू की। कोई इकॉनमिक्स या पॉलिटिक्स का प्रोफ़ेसर लेक्चर टूर पर आता तो हम बाक़ायदगी से शरीक होते। फिर क्लास में मुबाहिसा करते।

यूनिवर्सिटी पहली बार गए तो मिस शिनैन ने असेंबली हाल में हमें समझाया—चूँकि पहली बार हम लड़कों के साथ बैठेंगे, इसलिए हमें एहतियात बरतनी होगी। बाज़ छिछोरे लड़के ओछे मज़ाक़ करने लगते हैं। कोई ऐसी बात नहीं होनी चाहिए कि लोग मोतरिज़[70] हों। अभी लोग मख़लूत तालीम[71] के आदी नहीं हैं।

मुझे आमतौर पर बुजुर्गाना नसीहतों से चिढ़ थी। मगर आई. टी. की प्रोफ़ेसर ऐसी नर्मी से मुस्कुराके दोस्ताना अंदाज़ में राय देतीं कि मैं बड़ी फ़रमाँबरदारी से सुन लेती और कभी सरकशी[72] का मुज़ाहिरा[73] नहीं किया। बात कहने का अंदाज़ कुछ ऐसा होता था कि अथॉरिटी और दबाव की बू नहीं आती थी।

मुझे हर बात में दिलचस्पी थी। मज़ा आता। वह आज़ादी और रौशनी, जो उस माहौल में मिल रही थी, मेरा दिमाग़ तेज़ी से जज़्ब करने में ग़र्क़ था। नए-नए दरवाज़े और खिड़कियाँ दिमाग़ में खुल रहे थे। इल्मो-दानिश के इस बेपनाह तूफ़ान में चंद बूँदें भी इनसान समेट ले तो राहे रौशन होने के इमकानात[74] बढ़ जाते हैं। मैंने फ़ौलादी दीवारों से सर टकराया था और सर में कोई दरार नहीं पड़ी

---

67. वात्सल्य का हाथ 68. सामग्री 69. निमंत्रित 70. आपत्तिकर्त्ता 71. सहशिक्षा 72. उद्दंडता 73. प्रदर्शन 74. संभावनाएँ

थी। दिन-ब-दिन मुझे अपने शऊर का क़द बुलंद होता दिखाई दे रहा था और दुनिया बड़ी प्यारी-प्यारी लग रही थी।

मुश्किल यह है कि दिमाग़ के साथ क़ुदरत ने जिस्म भी मुंसलिक[75] कर दिया है। दिमाग़ और जिस्म में कभी खटपट भी हो जाती है, कभी इस धर-पटक में राहों के दिये बुझ भी जाते हैं। तवाज़ुन[76] क़ायम नहीं रहता। उनमें से एक की मौत दोनों को ले डूबती है।

लखनऊ में पहली मर्तबा आज़ादी से बाज़ारों में घूमने के मवाक़ा[77] के साथ लड़कों से भी वास्ता पड़ा।

अलीगढ़ में तो कालेज के लड़के दूर फ़ासले पर, एक गुंजलक[78] सा ख़्वाब थे। लड़की के दिल में जो ख़ौफ़ जिंसे-मुख़ालिफ़[79] के लिए बचपन से बिठाया जाता है उसकी जड़ें बड़ी गहरी और मज़बूत होती हैं। मैं चूँकि भाइयों की सोहबत में पली थी, बाप का सर पर साया नहीं, कुर्ब[80] मयस्सर हुआ था, रिश्ता के भाइयों को भुगता था, लिहाज़ा लड़के मुझे हौवा नहीं लगते थे, और एक शरीफ़ लड़की मर्द ज़ात को हौवा न समझे तो यक़ीनन वह नेक-निहाद नहीं हो सकती। सुल्ताना, आमिना भी ज़ेहनी तौर पर मर्द ज़ात से ख़ायफ़[81] थीं, न मरऊब, हर ख़ानदान में नालायक मर्द होते ही हैं। उनसे मवाज़ना[82] करके तालीमयाफ़्ता लड़की के ज़ेहन से औरत की कमतरी के सारे मक़ूले धूल हो जाते हैं। औरत का मर्द पर सबक़त ले जाना ख़िलाफ़े-क़ुदरत नहीं है। और पिटा हुआ यक़ीन कि औरत मर्द से कमतर है, फ़र्द की सतह पर आकर अहमक़ाना साबित हो सकता है।

फिर भी यह क़ुदरत का तक़ाज़ा है कि जिंसे-मुख़ालिफ़ का वजूद एक दूसरे के लिए हंगामाख़ेज़ होता है। जब यूनिवर्सिटी जाते तो इस एहसास से ख़ौफ़ज़दा होकर हम बस गठ बनाकर साथ-साथ रहते, क्योंकि गिरोह में हर हमले की मुदाफ़अत[83] की ताक़त होती है।

यूनिवर्सिटी में क्लासरूम या लेक्चर हॉल में अगर लेक्चर क़ाबिल और ज़ोरदार होता तो ऐसे महव हो जाते[84] कि एक दूसरे के जिंसी वजूद को भी फ़रामोश[85] कर देते। हाँ, कोई बोर लेक्चरार होता तो निगाहें आसपास भटकने लगतीं और मानुस-गंध की फ़ित्ना-परदाज़िया[86] शुरू हो जातीं। मगर अमूमन ऐसा बहुत कम होता। और लेक्चरार चाहे अपने मज़मून पर क़ुदरत[87] न रखता हो, उस रवैये को बरदाश्त नहीं कर सकता था। अमूमन यूनिवर्सिटी तब ही जाना होता था जब कोई मशहूर दानिशवर[88] आता और हम ऐसे मसहूर[89] हो जाते कि कभी ध्यान

---

75. संबद्ध 76. संतुलन 77. अवसरों 78. धुँधला, मलगुजा 79. विपरीत लिंग 80. सामीप्य 81. भयभीत 82. तुलना 83. प्रतिरक्षा 84. खो जाते 85. विस्मृत 86. ऊधम, उपद्रव 87. अधिकार 88. बुद्धिजीवी 89. मंत्रमुग्ध

नहीं भटका। लड़के-लड़कियाँ मेयारी[90] तालिबे-इल्म साबित होते।

लेकिन हॉल से निकलकर फिर फ़िज़ा में बारूद की बू फैल जाती और लड़कियाँ गल्ले की सूरत में अलग और लड़के भेड़ियों के ग़ोल की तरह पीछे-पीछे। ख़ासतौर पर एक लड़का हैरी तो बस बेपनाह था। लड़कियाँ उसे 'हाय' कहा करती थीं। उसका नाम मेडोसा भी रख दिया था कि मेडोसा वह आसेब[91] था जिसे देखनेवाला पहली नज़र में पत्थर हो जाता था। हैरी का छः फ़ुट से भी कुछ निकला हुआ क़द, डस लेनेवाली ग़िलाफ़ी आँखें, विलायती माँ और बंगाली बाप के मेल से मीठा शहद जैसा रंग, ऊदे होंटों में से बिजली की तरह कौंदती हुई मोतियों की क़तार। हैरी की दहशत सिंफ़े-नाज़ुक पर बेतरह बैठी हुई थी। उसने बड़े-बड़े शिकार किए थे। जब स्कूल ही में था तो कानवेंट की एक नन का तक़दुस[92] भंग कर चुका था। काफ़ी दिन से वह आई. टी. के गिरोह को कालेज के फाटक तक पहुँचाने जा रहा था और यह भी पता चल गया था कि वह निशातमहल ग्रुप पर दस्ते-शफ़क़त फेर रहा था। हमारे गिरोह में सुल्ताना और कई क़त्तालए-आलम थीं। सुल्ताना तो निहायत फक्कड़ थी। मगर आमिना, उसकी छोटी बहन, बेहद भोली और गुलाब के फूल की तरह नाज़ुक थी। बेहद पढ़ाकू, जिंसे-मुख़ालिफ़ से बेख़बर, क़त्तई लुक़्म-ए-तर[93] थी। सबसे छोटी मगर सबसे ज़्यादा बुर्दबार[94] बुज़ुर्ग़ाना नसीहतें, उसूलों की पाबंदी की याद-दिहानी, दौलते-इल्म की अहमियत पर काफ़ी ज़ोर था। एक दिन हम सीढ़ियों पर बैठे क़हक़हे लगा रहे थे कि आमिना मुँह सुजाए कमरे से निकलीं और डाँटने लगीं।

''ख़ुद नहीं पढ़तीं तो दूसरे को भी नहीं पढ़ने देतीं,'' जब वह बड़बड़ाने लग गई तो मैंने कहा।

''अच्छा दादी अम्माँ, अब मुँह पर ताला डाल लेंगे।''

एकदम आमिना रोती हुई कमरे में भाग गई। सुबह बात का जवाब नदारद। दो-तीन दिन गुज़र गए। साथ खाना-पीना, उठना-बैठना मगर बात का जवाब नदारद। या ख़ुदा क्या माजरा है !

''कहती है, तुमने उसे गाली दी।''

''गाली ?''

''हाँ दादी।''

ओह, यानी अपने दादा की बीवी। ''मगर वह तो कभी के इंतक़ाल फ़रमा गए।'' न जाने क्यों हँसी का दौरा पड़ गया। यह फूल सी बच्ची और मेरे दादा ! जो आगरा में मनों मिट्टी तले बेख़बर सो रहे थे और मैं उनके नाते जोड़ रही थी। मैंने बड़ी मुश्किल से समझाया कि यह तो कहावत है। जो छोटी बच्ची बुज़ुर्ग़ाना

---

90. स्तरीय 91. प्रेत 92. पवित्रता 93. तर माल 94. सहनशील

बातें करती हैं उन्हें तंज़िया[95] दादी-अम्माँ कह देते हैं। बड़ा फुसलाया तब जाके हँसी।

हम जब भी बाहर निकलते, आमिना हमेशा बीच में रहती, यानी क़िलाबंद। कहीं कोई लड़का कुहनी मारता न निकल जाए। मेरे एक दफ़ा एक लड़का कुहनी मारके आगे चलने लगा। बेसाख़्ता मैंने बढ़के उसकी पीठ पर एक कसके धमोका जड़ दिया। हरकत ऐसी बे-इख़्तियारी थी कि मैं ख़ुद बौखला गई और लड़कों ने क़हक़हे लगाने शुरू कर दिए। वह लड़का सरपट भागा। मेरे साथ एल्मा थी, उसने बहुत डाँटा।

शमीम जब मारता था तो मेरा भी बे-इख़्तियार हाथ उठ जाता था। फिर भी जब मेरी बहुत ले-दे हुई तो मुझे अपनी हरकत बहुत बेजा लगी। बात फैल गई और उस्तादों तक पहुँची। लेकिन किसी ने ज़िक्र न छेड़ा, न मलामत की। क्लास में कभी उस्ताद ऐसे देखती कि जी चाहता, चूहे के बिल में घुस जाऊँ। मैंने निस्वानी वक़ार[96] को ठेस लगाई थी।

मगर दिल के किसी कोने में कोई कहता था, मैंने कोई जुर्म नहीं किया ! वह यक़ीनन शैतान होगा। उस शैतान ने बचपन में भी मार खिलवाई और अब भी रुसवाई[97] की डगर पर ले जा रहा है। शैतान के सर इलज़ाम थोपकर मुझे गोना सुकून हुआ। शैतानी हरकतों की मैं ज़िम्मेदार नहीं थी।

मुझे नहीं याद कि मुझे कभी किसी ने छेड़ा हो। राह चलते या तो मैं साथवालों से इतने जोशो-ख़रोश से बातें करती हूँ कि सिवाय अपनी आवाज़ के और कुछ नहीं सुनाई देता। वरना न जाने कहाँ दूर ख़िलाओं[98] में खो जाती हूँ कि कुछ न सुनाई दे, न दिखाई दे। अकसर हादिसे से बची हूँ। मोटरकार का हार्न ऐसी हालत में कभी नहीं सुनाई देता। अकसर कहीं की कहीं निकल जाती हूँ। जब जागती हूँ तो पलटकर सीधी राह चलने लगती हूँ। इधर-उधर देखती हूँ, किसी को मेरी हिमाक़त का पता तो नहीं चला। भला किसी को क्या पता, मैं भटक गई हूँ।

मैंने अपने बड़े उलझे हुए मसाइल लंबी चहलक़दमी के दौरान सुलझाए हैं, कहानियाँ एडिट की हैं, बुरे वक़्त टाले हैं। अब भी जब कहीं सुई अटक जाती है मैं मेरीन ड्राइव पर समंदर के किनारे चौपाटी की तरफ़ चलना शुरू कर देती हूँ। रास्ता में कभी कोई जान-पहचान का मिल जाता है। मैं बातों-बातों में अपने मसले को किसी कहानी का प्लाट कहकर या किसी और के सर थोपकर निहायत ग़ैर-जानिबदारी[99] से तबादला-ख़याल करती हूँ। तनी हुई डोरियाँ नर्म पड़ जाती हैं।

साल के ख़ात्मे पर जब बी.ए. सीनियर की लड़कियों को अलविदाई डिनर

---

95. व्यंग्य में 96. स्त्री की प्रतिष्ठा 97. बदनामी 98. शून्य 99. तटस्थता

दिया गया तो फिर आई. टी. कालेज की रवायत के मुताबिक़ खूब रंग जमा। बहुत ही जज़्बाती रस्म अदा की गई। हॉल का सारा फ़र्नीचर दीवारों से लगा दिया गया। बीच में रुख़सत होनेवाली लड़कियाँ एक हलक़े में खड़ी हुईं और जिनका आख़िरी साल था, वह उनके पीछे खड़ी हुईं। अगली क़तार की लड़कियों के हाथ में मिट्टी की हाँडियों की रंगबिरंगी क़ंदीले थीं जिनमें चिराग़ रौशन थे। कालेज के गानों के बाद आख़िरी रस्म में सीनियर लड़कियों ने वो क़ंदीलें जूनियर लड़कियों को सौंप दीं।

"यह इल्म की शमा जो हमें हमारी सीनियर बहनों ने थमाई थी, हम तुम्हें सौंपते हैं।"

"यह बुझने न पाए।"

बे-इख़्तियार लड़कियाँ फूटकर रो पड़ीं। प्रोफ़ेसरों की आँखें भी नम हो गईं। उन कंदीलों की रौशनी आज तक दिमाग़ में महफ़ूज[100] है।

●●●

---

100. सुरक्षित